SURVEILLANCE

Cet ouvrage est issu des actes du colloque des jeudi 6
et vendredi 7 avril 2023, organisé sous la direction scientifique
de Laure Laref et Michaël Laref dans le cadre d'un projet
de recherche INES par le C3RD (Centre de recherche sur les relations
entre les risques et le droit) en partenariat avec le Centre interdisciplinaire
de recherche appliquée au champ pénitentiaire (École nationale
d'administration pénitentiaire) et les éditions Dalloz (*Actualité juridique
pénale* et *Revue de droit de la propriété intellectuelle et du numérique*)
et avec le soutien de la Fondation de la Catho de Lille
et de la région Hauts-de-France. Il est enrichi par ailleurs
de plusieurs contributions écrites *ad hoc*.

SURVEILLANCE

Sous la direction de
Laure Laref et Michaël Laref

Avec les contributions de

Olivier Aïm, Séverine Arsène, Nadia Beddiar, Guillaume Brie, Didier Bigo, Bernard Bossu, Yann Bruna, Xavier Cabannes, Florent Castagnino, Pierre-Alain Clément, Philippe Collet, Aude Denizot, Roxana Family, André Ferragne, Tony Ferri, David Forest, Jean-Paul Fourmentraux, Jean-Gabriel Ganascia, Catherine Giraud-Bonnet, Mehdi Kébir, Laure Laref, Michaël Laref, Jérôme Lasserre Capdeville, Benoît Le Blanc, Pauline Le Monnier de Gouville, Caroline Lequesne, Franck Ludwiczak, Jean-Pierre Marguénaud, Patrick Perrot, Delphine Pollet-Panoussis, Myriam Quéméner, Franck Renucci, Naoko Tokumitsu, Anaïs Tschanz

Lefebvre Dalloz

DALLOZ

2024

DALLOZ

Tour Lefebvre Dalloz – 10, place des Vosges
CS90358 – 92072 Paris La Défense Cedex

ISBN : 978-2-247-23077-8

Sommaire

Avant-propos

OLIVIER AÏM

Auteur de l'ouvrage Les théories de la surveillance. Du panoptique aux Surveillance Studies[1], *maître de conférences de sciences de l'information et de la communication à Sorbonne Université Celsa, GRIPIC – Groupe de recherches interdisciplinaires sur les processus d'information et de communication*

Le champ des études surveillancielles connaît un double paradoxe : alors que les enjeux liés aux nouvelles technologies, aux données et à la vie privée ont pris une importance considérable dans tous les pans de nos vies numériques, le domaine de la recherche sur la surveillance est resté pendant un long moment particulièrement peu investi au sein de notre monde académique. Et ce alors même que le point de départ de la réflexion sur la surveillance – et c'est là qu'intervient le double plan du paradoxe – est français et date de 1975 avec la publication de *Surveiller et punir* de Michel Foucault !

Aussi aura-t-il fallu attendre presque cinquante ans pour que le premier colloque d'envergure consacré à ce sujet se tienne en France au mois d'avril 2023 sous la forme d'un programme ample intitulé tout simplement « Surveillance ». C'est grâce à l'initiative de Laure et Michaël Laref que ce colloque a pu advenir et faire événement en rassemblant la plupart des chercheurs et des chercheuses qui se sont intéressés depuis quelques années à cette question au sein de leurs disciplines respectives : sociologie, informatique, sciences de l'information et de la communication, sciences politiques, économie, philosophie et art. Disciplines auxquelles il convient, bien évidemment, d'ajouter le droit. Car cette initiative s'est faite au sein d'une université, l'Université catholique de Lille, et d'un laboratoire, le C3RD, qui est spécialisé dans les liens entre risques et sciences juridiques. Ce point est tout sauf anodin. Il signale une tradition de réflexion juridique qui a toujours existé, y compris dans la discrétion académique évoquée plus haut. Ne serait-ce que dans le contexte de la naissance de la CNIL qui fit suite au scandale du projet gouvernemental « SAFARI » de 1974 (soit le « Système automatisé pour les fichiers administratifs et pour le répertoire des identités ») dont l'objectif était, comme

1. Armand Colin, coll. « U », 2020, 256 p.

son nom l'indique, de recouper et d'interconnecter les fichiers individuels de la population française. Fichiers, outil informatique, identification... Voilà les termes du débat qui n'a cessé de grossir à travers le temps, à la faveur de l'évolution des techniques et des dispositifs : des bases de données aux plateformes, de l'informatique au numérique, des logiciels aux algorithmes.

L'intérêt du colloque qui s'est tenu à Lille en 2023 est d'avoir ouvert le questionnement juridique à une indispensable mise en perspective et en résonance interdisciplinaire. C'était déjà là toute la pertinence du courant de recherche appelé *surveillance studies*, qui s'est structurée depuis 2002 dans les universités anglo-saxonnes. Sans se rabattre strictement sur ce courant, l'enjeu du colloque a été de rappeler la nécessité du croisement de toute la gamme des différentes sciences humaines : du droit jusqu'au design, en passant par le champ politique et esthétique, ainsi que le consacre, par exemple, la notion de « sousveillance ». S'il reste beaucoup à accomplir en termes de définition, de compréhension et d'analyse des différentes « économies politiques de la visibilité » (Foucault), les apports principaux du colloque ont permis de montrer que la surveillance ne peut plus être appréhendée d'un seul bloc, comme une notion abstraite, panoptique et écrasante. La surveillance est un objet à part entière de connaissance, qui se présente dans un réseau toujours plus complexe de représentations, de réglementations, de pratiques et d'agentivités. Autrement dit, moins comme un « diagramme », ainsi qu'on le pensait depuis Bentham et Foucault, que comme une « culture » (David Lyon) au sens plein du terme.

Le colloque organisé par Laure et Michaël Laref restera, en cela, un moment décisif dans le processus de reconnaissance de ce champ d'études et de mise en mouvement d'un programme de recherche fort et autonome. Si bien que l'ouvrage que publient aujourd'hui les éditions Dalloz rend pleinement compte de l'importance de ce moment, tout en ajoutant un certain nombre de textes complémentaires qui en prolongent la portée et l'ouverture interdisciplinaire.

Propos introductifs

La surveillance dans tous ses états

LAURE LAREF ET MICHAËL LAREF

Enseignants en droit privé et sciences criminelles à la faculté de droit de l'Université catholique de Lille et chercheurs au sein du laboratoire C3RD

« La plus grande menace sur la liberté, c'est la liberté elle-même. Comment défendre la liberté contre elle-même ? En garantissant à tous la sécurité. La sécurité, c'est la liberté. La sécurité, c'est la protection. La protection, c'est la surveillance. La surveillance, c'est la liberté[1]. » Un roman dystopique, une provocation de l'esprit, une réflexion sur un choix de société. Quelle place pour la surveillance et pour quelle(s) perspective(s) ?

Heureux hasard du calendrier, l'ouvrage proposé fait le choix d'apporter des éléments de réponse à ces interrogations quarante ans après le décès de Foucault, auteur, faut-il encore le rappeler, de *Surveiller et punir*[2], et, d'un point de vue fictionnel, quarante après *1984* d'Orwell[3], chacun de ces ouvrages participant d'une littérature fondatrice en la matière. Avec toute l'humilité qui s'impose, l'ouvrage *Surveillance* prend le parti d'interroger les problématiques afférentes à la surveillance en rassemblant au sein de quatre parties distinctes – surveillance préventive, surveillance probatoire, surveillance punitive, surveillance anticipative –, précédées de précieux prolégomènes s'articulant autour de cette épineuse notion[4], les actes d'un colloque pluridisciplinaire (juridique, sociologique, criminologique, géographique, informatique...) organisé à la

1. J.-C. Ruffin, *Globalia*, Gallimard, 2016, p. 67.
2. Dont on commémora, en 2025, les 50 ans de la première parution (1975). M. Foucault, *Surveiller et punir. Naissance de la prison*, Gallimard, coll. « Tel », n° 225, 2022.
3. En outre, paru en 1949, il y a donc 75 ans aujourd'hui. G. Orwell, *1984*, Gallimard, coll. « Du monde entier », 2018. Ajoutons que l'intrigue du non moins célèbre *Minority Report* de P. K. Dick se construit en 2054.
4. V. cet ouvrage, « Prolègomènes » et les contributions d'O. Aïm, « Les études surveillancielles : état des lieux et perspectives épistémologiques » ; D. Bigo, « Sécurité, surveillance

faculté de droit de l'Université catholique de Lille les 6 et 7 avril 2023. Une telle démarche s'imposait tant la surveillance suppose aujourd'hui de décloisonner les savoirs, de questionner les expériences et d'en éprouver les incertitudes et les limites. La vigueur du mouvement des *surveillance studies* le confirme[5].

C'est qu'en effet, la surveillance n'a cessé de s'étendre, tant dans la sphère publique que dans la sphère privée[6], chacun conservant en mémoire des références désormais illustres : *Echelon*, *Prism*, *Palantir*, *GAFAM*, *BATX*, *Cambridge Analytica*, etc. Si beaucoup d'entre elles mettent en cause une surveillance étatique – voire interétatique –, s'y superposent désormais une surveillance horizontale[7] mais aussi ascendante. La surveillance des « surveillés » se conjugue alors à la « surveillance des surveillants » : surveiller celui qui surveille[8]. En tout état de cause, c'est d'abord une surveillance de l'*autre*. Mais, l'autre étant aussi soi, c'est encore une auto-surveillance qui s'installe et qui va emprunter les formes de la surveillance verticale descendante classique : l'auto-surveillance sécuritaire (*e.g.* les caméras de surveillance personnelle) ou encore sanitaire (*e.g.* les montres connectées) en sont des exemples particulièrement topiques. Surveillance de soi-même, par soi-même, voire une permissivité de la surveillance sur soi pour permettre cette auto-surveillance en offrant alors l'ensemble de ses données à des tiers et interrogeant incidemment les limites du droit au respect de la vie privée[9]. La surveillance ainsi se propage et se dilue dans les habitudes de chacun si bien qu'elle semble muer en une forme de « surveillance totale[10] » qui, liquide, s'infiltre dans ce que d'aucuns ont dénommé une « culture de la surveillance[11] ».

Pour autant, la surveillance étatique peut poursuivre l'objectif légitime de prévenir certains risques dont la réalisation pourrait engendrer des conséquences telles qu'elles pourraient compromettre la stabilité économique[12],

et démocratie : une relation taraudée par la suspicion et la prédiction ? » et D. Forest, « Le capitalisme de surveillance ».

5. Sur ces dernières, v. O. Aïm, *Les théories de la surveillance. Du panoptique aux* Surveillance Studies, Armand Colin, coll. « U », 2020.

6. Sur cette évolution, v. not. E. Sadin, *Surveillance globale. Enquête sur les nouvelles formes de contrôle*, Flammarion, coll. « Climats », 2009.

7. V. cet ouvrage, B. Bossu, « La surveillance du salarié mise en œuvre par l'employeur »; Y. Bruna, « La surveillance par géolocalisation : du gain informationnel à la fabrique de la preuve » et D. Pollet-Panoussis, « Les lanceurs d'alerte, nouvelles vigies citoyennes ».

8. V. cet ouvrage J.-P. Fourmentraux, « Surveillance. L'œil du contre-pouvoir ».

9. La vie privée apparaît ainsi évolutive en considération de ce que l'on admet encore d'intime et de secret au fil du temps (et, certainement, des générations) et, corrélativement, de la pesanteur de la surveillance. Sur cette évolution de la vie privée, v. spéc. P. Ariès et G. Duby (dir.), *Histoire de la vie privée*, 4 t., Points, coll. « Histoire », 1999-2000.

10. Et, déjà, Rule et sa « surveillance totale »

11. D. Lyon, *The Culture of Surveillance*, Cambridge, Polity Press, 2018. V. déjà, du même auteur, « Surveillance, Liquidity and The Ethics of Visibility », *Revue internationale de philosophie* 2016/3, vol. 277, p. 365-379.

12. V. cet ouvrage, R. Family, « Surveillance et compliance » ; J. Lasserre Capdeville, « La surveillance des établissements bancaires » et X. Cabannes, « De la recherche de renseignements sur le contribuable à la surveillance des contribuables ».

voire la sécurité publique[13], les exemples étant trop nombreux pour pouvoir les citer. Mais cette surveillance s'appuie incidemment sur des outils dont la démultiplication et la technicité inquiètent de nombreux observateurs, spécifiquement ceux chargés de garantir la préservation des droits de l'homme. Leur vigilance se fait particulièrement pressante lorsque leur déploiement s'opère dans l'espace public, et par les pouvoirs publics. Dans le prolongement de la classique vidéoprotection qui s'est étendue *rationae materiae* et *ratione loci* pour finir déployée *urbi et orbi*[14], des techniques, technologies et sciences de plus en plus innovantes ont fait leur apparition et ont emprunté un chemin similaire permettant l'avènement de la *smart city*[15], et son itération sécuritaire, la *safe city*. Dans le même temps, les frontières entre espace public et espace privé tendent à s'effacer, sous l'effet conjugué d'une volonté préventive exacerbée[16] et des nécessités pénales, qu'elles soient de nature procédurale, probatoire ou punitive[17]. Ainsi en est-il des multiples systèmes d'interception – notamment des correspondances –, de sonorisation, de traçage ou encore de géolocalisation[18]. Les capacités de voir et d'entendre, passant du *Panopticon* (tout voir) au *Panacousticon* (tout entendre), se sont ainsi développées et ont renouvelé dans leurs modalités les méthodes de surveillance classiques qui leur préexistaient[19]. L'ouïe s'affine. Le regard s'étend. Les barrières s'effacent. Les drones permettent de survoler les obstacles et les scanners de les mettre à nu. Quand ces derniers sont corporels, l'enveloppe organique n'apparaît plus comme une limite, passant de la surveillance à la transparence du corps et au pouvoir et au contrôle sur ce dernier. Elle l'est d'autant moins lorsque ces outils sont couplés à des technologies tout aussi intrusives et pourtant parfois consenties, certains faisant le choix d'une « surveillance

---

13. P.-A. Clément, « L'extension du domaine de la lutte contre le terrorisme : la surveillance de la radicalisation dans le milieu sportif ».

14. V. not. CNCDH, avis A-2024-5 sur la surveillance dans l'espace public, 20 juin 2024.

15. V. cet ouvrage, F. Castagnino, « Surveillance, "safe cities" et prédiction ».

16. V. cet ouvrage, P. Le Monnier de Gouville, « Les mesures de surveillance dans le cadre de la lutte antiterroriste. Du renseignement à la pré-preuve ».

17. V. cet ouvrage, « Surveiller et punir, 40 ans après » et les contributions de F. Ludwiczak, « Surveillance et alternatives aux poursuites pénales » ; M. Kébir, « La surveillance, vue par un juge de l'application des peines » ; N. Beddiar, « La surveillance des mineurs » ; A. Ferragne, « La surveillance en milieu fermé : une punition à une punition ? » ; G. Brie, « L'injonction actuelle à la prédiction. L'exemple de la prison » ; A. Tschanz, « Surveillance, contrôle et normalisation de la détention ? "Il y a une technologie pour ça !" » et T. Ferri, « La logique de la détention domiciliaire sous surveillance électronique (DDSE) : quelle subjectivité pour les condamnés, quelle forme sociale pour la collectivité ? ».

18. Sur ces points, et sous l'angle surveillanciel, v. L. Laref, *La surveillance en droit pénal*, thèse, dactyl., Limoges, Université de Limoges, 2020 et, à paraître, *in* « Bibliothèque des thèses », Mare & Martin, 2024.

19. V. cet ouvrage, M. Quéméner, « Criminalité d'affaires et cyber-enquêtes : le renforcement des dispositifs et outils de surveillance numérique » ; C. Giraud-Bonnet, « L'infiltration, une technique de surveillance antédiluvienne au service de la modernité » et P. Collet, « La surveillance en procédure pénale ».

négociée[20] », en se laisser insérer, à titre d'exemple, une puce *RFID* permettant leur identification. La même surveillance transactionnelle se retrouve avec la biométrie : la biologie s'est rendue soluble dans l'informatique et lui a donné naissance, sans que ne soit toujours prise en compte toute la mesure des dangers sous-jacents (*e.g.* les *biohackers*) pourtant déjà existants : le vol de données identifiantes et immutables. Peu sont ceux qui renoncent pourtant à mettre au ban leur passeport. L'entreprise se poursuit au-delà encore afin de briser les dernières résistances : c'est ainsi que les neurosciences tentent quant à elles, du charnel au spirituel, d'abattre les barrières de l'esprit : aujourd'hui, aux fins de prouver; demain, de surveiller; après-demain, de contrôler[21] ? En effet, si les techniques les plus élémentaires se contentaient alors de surprendre et de saisir le corps et les éléments qui pouvaient s'en dissocier, par division, disjonction ou détachement, à l'instar des marqueurs corporels externes et des prélèvements (qu'ils soient d'urine, de sperme, de sang...), il semble qu'aujourd'hui, elles étendent leur emprise à l'être en son entier.

Toutes ces évolutions invitent à questionner le caractère dystopique du détonnant *Minority Report* de Philip K. Dick (1956) et à le relever de la catégorie de la science-fiction – et de l'anticipation – à celle des romans historiques. Loin d'avoir imaginé l'enthousiasme naissant autour de ses fameux *precogs* et de leurs capacités divinatoires, l'auteur s'est pourtant positionné en un véritable prophète. Aux méthodes et outils de surveillance déjà évoqués s'en agrègent désormais de nouveaux qui, loin de s'opposer aux précédents ou de s'y substituer, les complètent : les données, les fichiers et le *big data* ; les algorithmes, l'intelligence artificielle, et la reconnaissance faciale[22]. Dans leur prolongement, la fameuse – fumeuse? – question de la prédictivité que ces techniques, et d'autres, pourraient permettre. Celle-ci concentre aujourd'hui de nombreux travaux, singulièrement dans le champ pénal[23], les Pr G. Giudicelli-Delage et H. Matsopoulou ayant, entre autres auteurs, approché ce processus d'anticipation du passage à l'acte[24]. Le Pr Delmas-Marty expliquait en ce sens que « Prédire le crime pourrait devenir la fonction principale d'une justice

20. En droit social, on a pu par exemple observer, comme contrepartie proposée, une facilité d'accès aux fins de pénétrer dans l'entreprise et de s'y déplacer ou encore pour commander ses repas.

21. Sur ce contrôle, v. not. O. Razac, *Une société de contrôle? Enfermements, surveillance électronique, gestion des risques et gouvernementalité algorithmique*, Kimé, 2023.

22. V. cet ouvrage, P. Perrot, « Intelligence artificielle et sécurité intérieure : de la protection des citoyens à la surveillance des criminels » et C. Lequesne-Roth, « La surveillance des foules sous l'empire du règlement européen sur l'intelligence artificielle ».

23. V. cet ouvrage, G. Brie, « L'injonction actuelle à la prédiction. L'exemple de la prison ».

24. H. Matsopoulou et G. Giudicelli-Delage, « Le criminel sans le crime », in *Science-fiction et science juridique*, IRJS, coll. « Les voies du droit », 2013, p. 123. V. aussi *Surveillance & Society* 2013/1-2, vol. 11, « Surveillance Futures », spéc. C. Gad et L. K. Hansenpp, « A Closed Circuit Technological Vision: On *Minority Report*, event detection, and enabling technologies », *ib.*, p. 158-162.

pénale qui fait du principe de précaution son principe directeur et de l'anticipation un substitut à la punition » ajoutant que « Cette justice n'aurait plus de pénal que le nom de son code [...][25] », renvoyant alors l'essentiel des règles à cet autre code absorbant : le Code de la sécurité intérieure. Les *precogs* approchent finalement. Les IA physiognomoniques[26] en témoignent, agrégat de technologies qui rappellent les dérives criminologiques « pseudo-scientifiques » qui ont un temps été à l'œuvre : la phrénologie[27] du criminologue Cesare Lombroso[28] et sa théorie de *l'Homme criminel*[29], cette dernière paraissant n'être qu'une forme revisitée ou plus exactement une itération de la physiognomonie du théologien helvétique, Johann-Kaspar Lavater[30]. Identifier le « risque » pour mieux le surveiller et le neutraliser. Cette société du risque[31] appelle la société de surveillance, et avec elle les équilibres à trouver par les plus hautes instances. C'est ainsi que la Cour de justice de l'Union européenne et la Cour européenne des droits de l'homme[32] sont régulièrement tenues d'en ajuster la balance pour tenter d'encadrer le développement des dispositifs de surveillance[33] et la surveillance de masse révélée qui, portée par

25. M. Delmas-Marty, « Vers une justice pénale prédictive », in *Humanisme et Justice. Mélanges en l'honneur de G. Giudicelli-Delage*, Dalloz, 2016, p. 57.

26. V. C. Lequesne Roth (dir.), *Surveiller les foules. Pour un encadrement des IA « physiognomoniques »*, Observatoire de l'éthique publique, avr. 2023, 92 p. V. déjà, du même auteur, « Les nouveaux visages de la surveillance : les IA physiognomoniques », *in* « Surveiller et anticiper. Réflexion prospectives : anticiper les pratiques de surveillance de demain », colloque *Surveillance*, L. Laref et M. Laref (dir.), Faculté de droit de l'UC Lille 6-7 avr. 2023.

27. Dérivant de la physionomie (la forme, les traits, les expressions du visage), la physiognomonie (dont on en retrouve d'ailleurs la trace chez les pré-socratiques ou encore Aristote, Hegel et Balzac, dans *La comédie humaine*) apparaît être la « connaissance » de la signification de ces derniers dans un rapport psychologique entre apparence (et surtout particularités physiques) et caractère : la personnalité de la personne. La phrénologie, ou crânioscopie, est quant à elle l'étude spécifique du crâne.

28. Mais, v. déjà les thèses de Franz Joseph Gall (not., avec G. Spurzheim, *Anatomie et physiologie du système nerveux en général et du cerveau en particulier*, avec des observations sur la possibilité de reconnaître plusieurs dispositions intellectuelles et morales de l'homme et des animaux par la configuration de leurs têtes, 4 t., reliés en 2 vol., Paris, F. Schoell, 1810-1819). Et, v. aussi, en lien avec l'École positiviste italienne, celles de Raffaele Garofalo et Enrico Ferri. V. encore, en lien, l'identification anthropométrique d'Alphonse Bertillon. V., *contra*, les écrits de G. Tarde, et spéc. *La criminalité comparée*, Paris, Alcan 1886.

29. *L'Uomo delinquente*, 1879 (*L'homme criminel. Criminel-né – Fou moral – Épileptique. Étude anthropologique et médico-légale*, Paris, Alcan, 1887). Il sera maintes fois réédité, jusqu'en 1897, gagnant en densité.

30. V., parmi d'autres, Johann-Kaspar Lavater, *Essai sur la physiognomonie [...]*, 4 vol., La Haye, I. van Cleef Libraire, 1781-1803 ; *L'art de connaître les hommes par la physionomie*, 10 vol., Paris, L. Prudhomme (Paris), 1806-1809 ; *Nouveau manuel du physionomiste et du phrénologiste [...]*, Paris, Roret, 1838 (ouvrage posthume).

31. U. Beck, *La société du risque. Sur la voie d'une autre modernité*, Flammarion, 2008.

32. V. L. Laref, V° « Surveillance », *in* C. Laurent-Boutot *et alii*, *Dictionnaire thématique de la Convention européenne des droits de l'homme*, Pedone, 2022, p. 396-400.

33. V. cet ouvrage, M. Laref, « Preuve issue d'un moyen de surveillance et limites dérivées de la Convention de sauvegarde des droits de l'Homme et des libertés fondamentales, approche syncrétiste d'une hétérodoxie malheureuse ».

la frénésie sécuritaire ambiante[34], trouverait selon certains sa légitimité dans la sécurité nationale. Sécurité contre l'ennemi, cet ennemi multiple[35], « invisible », qui justifierait toutes les atteintes, « la métaphore guerrière, comme libérée de toute contrainte[, étant devenue] un véritable paradigme[36] ». C'est vrai en matière de sécurité publique, cela s'est vérifié avec autant d'acuité en matière sanitaire, toutes deux appelant la vigilance permanente de tous, par tous[37]. Le panoptique sécuritaire s'est endormi et le coronoptique sanitaire s'est éveillé[38]. Cet effet circulaire se poursuit. La raréfaction des ressources premières inquiète et les esquisses d'une surveillance énergétique se dévoilent. D'ailleurs, tous se nourrissent mutuellement[39].

Si la surveillance étatique continue de nourrir les réflexions, la surveillance privée n'est cependant pas en reste. Parfois encouragée par les pouvoirs publics au nom d'une coproduction de la sécurité exaltée[40], beaucoup sont enclins à apporter leur pierre à l'édifice dès lors que cette surveillance se drape de l'objectif de sécurité. Le surveillé devient à son tour surveillant dans une forme de « contre-surveillance[41] », le plus souvent par le truchement de ses appareils connectés, au premier rang desquels se trouvent les *smartphones* et les réseaux sociaux qui encouragent une exposition permanente. La « surveillance sociale » mise en lumière par Alice E. Marwick[42] et qui a trouvé des

34. L. Mucchielli (dir.), *La frénésie sécuritaire. Retour à l'ordre et nouveau contrôle social*, La Découverte, coll. « Sur le vif », 2008.
35. M. Delmas-Marty, « Comment sortir de l'impasse ? », *RSC* 2010. 107 (et, le dossier « Doctrine : Les politiques sécuritaires à la lumière de la doctrine pénale du XIXe au XXIe siècle », *ib.*, p. 3 s.).
36. M. Delmas-Marty, « Le paradigme de la guerre contre le crime : légitimer l'inhumain ? », *RSC* 2007. 461. V. aussi, *id.*, *Libertés et sûreté dans un monde dangereux*, Seuil, coll. « La couleur des idées », 2010. V. encore, sur cette définition de l'ennemi flou, A. Mattelart, *La globalisation de la surveillance. Aux origines de l'ordre sécuritaire*, La Découverte, coll. « Essais », 2008.
37. M. Foessel, *État de vigilance. Critique de la banalité sécuritaire*, Points, coll. « Essais », 2016.
38. V. cet ouvrage, A. Denizot, « La surveillance sanitaire, entre insuffisances et excès ».
39. Témoigne de cette circularité des techniques surveillancielles, l'évolution du « Pass sanitaire » avec QR Code aux fins de se déplacer lors de la pandémie de 2020 due au coronavirus SARS-CoV-2 (dont la circulation des variants entraîne une... surveillance !), vers le « Pass jeux » avec QR Code pour se déplacer dans les périmètres de protection (fondés sur la loi *SILT* du 30 oct. 2017) lors des Jeux olympiques et paralympiques de Paris 2024. V. déjà, E. Sadin, *Surveillance globale. [...]*, préc., qui rappelle les liens qui peuvent coexister (*e.g.* la revente de données commerciales aux organes sécuritaires étatiques).
40. V. cet ouvrage, L. Laref, « De la vigilance citoyenne au vigilantisme ou les affres de l'état de vigilance » ; pour des éléments de droit comparé, v. cet ouvrage, N. Tokumitsu, « La surveillance participative au Japon : une coproduction de la sécurité au nom de la "fabrique de la ville" » et S. Arsène, « Surveillance et Crédit social chinois ».
41. O. Aïm (dir.), « Surveillance et contre-surveillance », *Quaderni*, vol. 108, hiver 2022-2023.
42. A. E. Marwick, « The Public Domain: Social Surveillance in Every Life », *Surveillance & Society* 2012/4, vol. 9, p. 378-393, l'auteur indiquant : « *Social surveillance* is the use of Web 2.0 sites like Twitter, Facebook and Foursquare to see what friends, family, and acquaintances are "up to". »

prolongements chez David Lyon[43] s'est installée, les affaires judiciaires en témoignent : un mari suspicieux, un salarié délateur, un employeur détective... Souvent prompts à la critique à l'endroit de la surveillance étatique, les individus taisent néanmoins ces réticences lorsque la mise en œuvre de ces moyens de surveillance leur permet de satisfaire une curiosité passagère ou de leur apporter des éléments servant leur(s) intérêt(s). À l'inverse, certains font le choix de renverser le prisme initial par la mise en place d'une surveillance ascendante, en lien avec la sous-veillance[44], cet « œil du contre-pouvoir[45] », qui leur permet de rompre l'asymétrie primaire de la surveillance verticale : le regard vient d'en bas, redessinant le modèle « classique » du panoptique puisqu'alors il s'inverse.

C'est un fait, la société de la surveillance s'enracine. L'on lirait presque avec un regard attendri Huxley et son *Meilleur des mondes*, Zamiatine et *Nous autres* ou encore Boye et *Kallocaïne*[46]. Ces auteurs, et d'autres[47], continuent malgré tout d'être perçus comme d'illustres visionnaires. Ce dialogue permanent entre le réel et le fictionnel trouve d'ailleurs désormais une traduction majeure avec la création d'une unité, la *Red Team*, chargée par les autorités d'« imaginer l'au-delà[48] » et, possiblement, la surveillance de demain. Ainsi, encore

43. D. Lyon, *The Culture of Surveillance*, *op. cit*.
44. V. not. sur ce point, les théories développées par S. Mann mais encore J.-G. Ganascia, spéc. *Voir et pouvoir : qui nous surveille ?*, Le Pommier, coll. « Essais », 2009.
45. J.-P. Fourmentraux, *Sousveillance. L'œil du contre-pouvoir*, Les presses du réel, 2023. V. aussi, cet ouvrage, l'article de l'auteur. V. déjà, C. Alloing, « La sousveillance. Vers un renseignement ordinaire », *Hermès. La Revue* 2016/3, vol. 76, p. 68-73. V. aussi, *id.*, « Sousveillance », *in* « Surveiller et prouver. La surveillance ascendante à finalité probatoire », colloque *Surveillance*, L. Laref et M. Laref (dir.), préc.
46. Tout aussi inspirant, *Kallocaïne*, outre la surveillance qui s'y diffuse et qui a peut-être inspiré Orwell, propose d'aller plus loin puisque si l'esprit reste encore un espace préservé de cette dernière, un chimiste met au point un sérum de vérité qui permet d'exercer un contrôle renforcé sur ceux qui, dans leur for intérieur – qui n'en est dès lors plus – rêvent encore de liberté.
47. V. aussi, pour une étude sur la surveillance à l'aune d'autres auteurs, et notamment du célèbre linguiste J. R. R. Tolkien dont la lecture de l'œuvre, qui se situe entre les célèbres théories de Bentham (puis de Taylor et Weber) et avant le non moins célèbre Foucault (puis Deleuze et, déjà, Rule préc.), semble être tournée toute entière vers une critique de la surveillance (et des pratiques surveillancielles) et de l'utilitarisme, M. Laref, « Bentham Tolkien Foucault : "Sauron is watching you", ou du panoptique à la surveillance (et au contrôle) dans *Le seigneur des anneaux* », in *Le droit dans la saga le seigneur des anneaux*, Enrick B éd., coll. « Le meilleur du droit », 2023, p. 221.
48. Créée en 2019 par le ministère des armées (plus spéc. l'Agence de l'innovation de défense [et la DGRIS]), la Red Team « de futurologues et auteurs de science-fiction pour "imaginer l'au-delà" » regroupe des « prospectivistes » (*i.e.* des auteurs, des scénaristes ou encore des dessinateurs de science-fiction) aux fins d'imaginer des scénarios (et donc d'anticiper) sur les menaces du futur pouvant mettre en danger la France (les intérêts, l'intégrité et la souveraineté à Horizon 2030 et 2060). V. Agence de l'innovation de défense, « Document d'orientation de l'innovation de Défense. Imaginer au-delà », DOID-2019, 2019, p. 22 et 24 (disponible en ligne, à l'adresse : [https://www.defense.gouv.fr/aid/actualites/document-dorientation-linnovation-defense-doid]). D'ailleurs, le document ne manque pas de préciser que « Si l'existence de la "Red Team" est publique, ses travaux seront en

aujourd'hui, en contemplation des différentes techniques mobilisées et des enjeux soulevés, la question demeure bel et bien *in fine* de savoir si *1984* est derrière ou devant nous[49]. Cet ouvrage ne pouvait donc recevoir, à titre conclusif, que les propos orwelliens[50] d'un Professeur, précurseur lui aussi, à bien des égards.

revanche confidentiels, compte tenu de leur sensibilité et pour se prémunir d'inspirer de potentiels adversaires », *ib.*, p. 22. Et, sur ses scénarios, v. Agence de l'innovation de défense, « La Red Team défense publie ses deux premiers scénarios », 20 oct. 2021 [https://www.defense.gouv.fr/aid/actualites/red-team-defense-publie-ses-deux-premiers-scenarios] ; Direction générale de l'armement, « Menaces du futur : la Red Team Défense dévoile de nouveaux scenarios de fiction », 3 juill. 2023 [https://www.defense.gouv.fr/dga/actualites/menaces-du-futur-red-team-defense-devoile-nouveaux-scenarios-fiction]. *Adde*, pour une vue d'ensemble, le site [https://redteamdefense.org/].

49. V. cet ouvrage, J.-G. Ganascia, « IA, veillance, surveillance et sousveillance. 1984 est-elle derrière ou devant nous ? »

50. V. cet ouvrage, J.-P. Marguénaud, « Propos conclusifs distanciés et orwelliens ».

Approche conceptuelle de la surveillance

Les études surveillancielles : état des lieux et perspectives épistémologiques

OLIVIER AÏM
Maître de conférences de sciences de l'information et de la communication à Sorbonne Université Celsa, GRIPIC – Groupe de recherches interdisciplinaires sur les processus d'information et de communication

Depuis une trentaine d'années le champ des théories sur la surveillance n'a cessé de se développer, en se fondant sur le constat d'une inflation et d'une complexification des techniques et des enjeux liés à cette question. Si le courant des *surveillance studies* se présente comme son versant le plus évident (bien que peu investi encore en France), d'autres approches émergent et s'imposent depuis peu, pour former un ensemble disciplinaire, théorique et heuristique beaucoup plus ample. On pourrait ainsi citer de nombreux travaux au sein des études économiques, juridiques, visuelles, féministes, au sein de la philosophie des écrans ou des sciences de l'information et de la communication, notamment. L'objectif de cet article est ainsi d'offrir un panorama des approches permettant de repérer les coordonnées principales de ce champ en pleine expansion et de tracer les perspectives de recherche possibles en termes de terrains, d'analyses et de méthodes. Pour cela, nous opterons pour une présentation en trois temps : les constats, les obstacles et les perspectives épistémologiques du domaine émergent des études surveillancielles.

I. CONSTATS

Au sein du monde académique, le courant des *Surveillance studies* a le mérite et l'intérêt d'offrir depuis vingt ans une véritable aventure épistémologique, que ce soit en termes de structuration autour d'un réseau internationalement reconnu (*Surveillance Studies Network* ou *SSN*) ou que ce soit en termes de diffusion autour d'une revue de référence *(Surveillance & Society*[1]*)* qui produit des numéros de manière régulière et qui rencontre un lectorat important, tout en faisant l'objet d'une légitime reconnaissance. Aussi a-t-on affaire à un courant bien installé, qui rayonne de sa dimension interdisciplinaire, voire « transdisciplinaire » (Monahan et Murakami Wood, 2018).

Toutefois, ceci doit être immédiatement énoncé avec plusieurs nuances. Une première nuance, importante, consiste à rappeler que le courant est plus ou moins implanté selon les espaces universitaires et géographiques. Le champ francophone, et notamment français, ne bénéficie pas de la même structuration, et est très peu représenté, même si les choses sont en train de changer depuis 2020, année marquée par la publication de plusieurs ouvrages et articles, ainsi que par l'organisation de plusieurs événements de recherche.

Il reste qu'une deuxième réserve encore plus importante doit être relevée : les théories de la surveillance sont nombreuses, souvent éclatées ou nomades, et ne se limitent pas au champ des *surveillance studies*. La surveillance est abordée, décrite, analysée dans de nombreuses disciplines et de nombreux projets académiques adjacents, parallèles ou même étrangers aux *surveillance studies* : il n'est que de penser au domaine « économique[2] », sociologique[3], médiatique ou juridique, avec de nombreux travaux portant sur la vie privée notamment ou la pénalité[4].

En réalité, il y a une pluralité d'approches, de traditions et de questionnements autour de la surveillance. Mais aussi, et ce serait déjà une troisième réserve, beaucoup de lacunes en termes réflexifs : les travaux prennent le risque de l'hyperspécialisation, si ce n'est de l'éclatement. Nous partirons, à cet égard, d'un autre constat davantage gnoséologique peut-être : on est tous conscients de l'omniprésence des questions de surveillance, jusqu'à la saturation de certaines préoccupations dans l'actualité de tous les jours, mais c'est peut-être précisément cette inflation empirique qui, par son caractère dilué et obsidional, fait écran à un travail de synthèse théorique d'autant plus nécessaire.

En contexte académique, cela se manifeste par une première tentation de type descriptif : couvrir tous les champs et toutes les pistes surveillanciels, au risque de produire un empilement de descriptions et d'enquêtes, selon un principe de focalisation d'ordre avant tout thématique (la ville, l'école, la famille, le travail, etc.). Lié à cette accumulation descriptive, un écueil s'est

1. *Surveillance & Society* [queensu.ca].
2. S. Zuboff, *The Age of Surveillance Capitalism*, 2019 ; J. Lauer, *A History of Consumer Surveillance and Financial Identity in America*, Columbia University Press, 2017.
3. B. E. Harcourt, *La société d'exposition*, Paris, Seuil, 2020.
4. H. Nissembaum, *Privacy in Context. Technology, Policy, and the Integrity of Social Life*, Stanford, 2010 ; W. Hartzog, *Privacy's Blueprint. The Battle to Control the Design of New Technologies*, Cambridge, MA/Londres, Harvard University Press ; O. Razac, *Une société sous contrôle ? Enfermements, surveillance électronique, gestion des risques et gouvernementalité algorithmique*, Paris, éd. Kimé, 2023.

massivement installé au cours de la structuration du champ des *surveillance studies* : le déterminisme technologique.

Si elle date bien de quarante ans (comme l'indique dans le dernier numéro anniversaire David Lyon[5]), l'histoire des *surveillance studies* est marquée par une surdétermination de la donnée technique de la « nouvelle surveillance » (Lyon et Marx, 2002), en vertu de la scansion suivante : télé-, vidéo-, cyber-surveillance. Au point que, dans ce courant d'études, la surveillance finit par être implicitement définie comme celle des données, ou « (big) dataveillance[6] ». Le fait est que la technologie constitue un angle facile pour aborder la surveillance, qui charrie souvent ses propres déterminations ou ses propres dystopies. Toujours est-il qu'il y a une prégnance de la sollicitation technologique, de son urgence, de ses crises, de ses injonctions, de ses exceptionnalités, de sa banalisation ou de ses « envoûtements » (Citton, 2017). Toute une fascination qui se fait parfois au détriment de la prise en compte de ses appropriations, de ses acceptabilités, voire de ses sollicitations. Le champ des études sur la surveillance est riche, foisonnant, mais il a sous-estimé, et sous-estime peut-être encore en partie, le poids des usages et des désirs, malgré l'importance du concept d'« agencement surveillanciel » (Haggerty et Ericson, 2000). Au fond, on a préféré chez Deleuze le modèle des « sociétés de contrôle » (1988) à celui de l'agencement. Ces choix ont déterminé une approche trop dominante de la surveillance, qui se heurte à un certain nombre d'obstacles épistémologiques persistants.

II. OBSTACLES ÉPISTÉMOLOGIQUES

Sur la base de ces constats, quatre obstacles principaux nous semblent se présenter pour l'étude de la surveillance.

1. La confusion des notions

Dans le champ d'études de la surveillance, il y a, en réalite, encore beaucoup de confusions et d'alignements faussement équivalents : surveillance = contrôle = espionnage = sécurité = renseignement ; ou bien : surveillance = captation = capture = profilage = traçage ! Il en ressort un évident déficit théorique ici en termes de définition du champ et de l'objet même du champ, en même temps qu'un tropisme axiologique quasi unanime vers ce que Florent Castagnino appelle « l'ontologie négative » de la surveillance[7]. Or, il faut bien rappeler ici combien Bentham lui-même était le premier conscient

5. D. Lyon, « Reflections on Forty Years of "Surveillance Studies" », *Surveillance & Society*, « 20th Anniversary Issue », 2022.
6. R. Clarke, « Dataveillance » [http://www.rogerclarke.com/DV/].
7. F. Castagnino, « Critique des *surveillance studies*. Éléments pour une sociologie de la surveillance », *Déviance et Société* 2018.

de cette impasse analytique : il clôt notamment ses écrits panoptiques en insistant sur la distinction nécessaire entre surveillance et espionnage !

D'un point de vue épistémologique plus large, la surveillance est un objet frappé d'une grande ambivalence : à la fois omniprésent dans les enquêtes et les descriptions quotidiennes (médiatiques, journalistiques, vernaculaires) et absent en tant qu'objet notionnel et conceptuel clairement établi. Nous parlons évidemment à gros traits, car on voit arriver des travaux, le plus souvent à l'extérieur du champ des *surveillance studies*, mais aussi parfois à l'intérieur, qui tentent de clarifier les notions : il en est ainsi récemment de Gary T. Marx (2015) et de David Lyon (2022).

Il demeure que la surveillance est le plus souvent évoquée, postulée, brandie même comme une évidence, souvent « négative », sans faire l'objet d'une définition claire. Sans doute aussi parce que cette question est longtemps restée satellitaire, voire ancillaire, d'autres questions plus structurées en termes de cadrage théorique : le contrôle social, la pénalité, la discrimination, la bureaucratie, la déviance, la prison ; bref : le politique. Toujours est-il que deux autres obstacles épistémologiques procèdent directement de ce trouble sémantique : la tentation panique et l'absence d'ancrage historique.

2. La tentation panique

En parlant de tentation panique, il s'agit de souligner que la réflexion sur la surveillance est prise dans un double étau : l'obsession pour la mise à jour technologique permanente qui la caractérise, d'un côté, et la volonté de réduire, de l'autre côté, l'étude de la surveillance à la recherche essentialisante de la « nouvelle surveillance ». Si les coordonnées techniques évoluent, on observe parallèlement qu'à travers le temps persiste une emblématique dominante de la surveillance, lestée par une iconographie propre qui en est devenue sa mythologie : panoptique, orwellienne, intrusive, paranoïde. L'imagerie même de la surveillance est souvent très limitée : à la caméra notamment, à l'œil qui voit tout ou à une schématisation de la ville sécuritaire et quadrillée. Parler de surveillance se limite souvent à décrire les évolutions technologiques comme des dystopies : de *Big Brother* à *Black Mirror*. Gary T. Marx parlait récemment de la « tapisserie des concepts » (Marx, 2015) pour évoquer cet obstacle épistémologique qu'il faut entendre comme une tapisserie de formules plus ou moins figées : société de la surveillance, société du contrôle, société sécuritaire, société de la transparence, etc. En réalité, la tapisserie des concepts s'impose avant tout comme une tapisserie des paniques !

3. Absence d'une histoire

Or, la panique se développe sur le fond d'une erreur bien repérée en théorie des techniques : celle de la « passion nécrologique » qui envisage les régimes techno-biopolitiques dans une grande logique de substitution mécanique. Il s'agit bien évidemment d'une simplification téléologique, qui ne se vérifie pas du tout dans les opérations concrètes du surveiller et du punir. La discipline n'a pas été évincée par la sécurité ou le contrôle. En pratique et en théorie, la surveillance est toujours le fait d'agencements composites. On a pu l'éprouver grandeur nature avec la crise sanitaire du Covid, et Olivier Razac le montre admirablement bien dans son dernier livre paru en 2023 sous le titre *Une société de contrôle*.

Mais à la place d'un travail historique étayé, on préfère le plus souvent la commodité d'une lecture linéaire faite d'une succession de *post-scripta* à la Deleuze. Seulement, le post-criptum ne fait pas l'histoire. Et la vérité est que nous ne savons pas grand-chose de la surveillance d'un point de vue historique. Là aussi, les travaux commencent à advenir[8]. Mais il nous manque une histoire politique, juridique, religieuse, sanitaire ou architecturale solide de la surveillance : ce à quoi il conviendrait d'ajouter l'importance d'une histoire matérielle, médiatique, médiologique à faire !

4. Et, plus généralement, la part manquante du « spectacle »...

La lacune en matière historique rejoindrait alors ce que nous appellerons la part manquante du spectacle. On connaît la formule, ou plutôt la sentence, foucaldienne : « Notre société n'est pas celle du spectacle, mais de la surveillance ! » Au fond, Michel Foucault tend à opposer ainsi les deux « économies de la visibilité » fondatrices de la modernité : le spectacle (issu du situationnisme) et la surveillance (déterminée par les technologies de contrôle). L'une et l'autre sont pourtant indispensables pour qui veut comprendre les enjeux de « l'époque de la surveillabilité » (Aïm, 2020) que nous vivons actuellement. Tel est, d'ailleurs, le point commun entre les travaux importants que nous avons déjà évoqués de Shoshana Zuboff, de Bernard Harcourt, d'Olivier Razac, ainsi que ceux relatifs à l'hypothèse de la « culture de la surveillance » bien décrite par David Lyon en 2018. Tous et toutes se retrouvent dans un projet de réconciliation de ces deux économies de la visibilité qu'il faudrait désormais décrire comme des pragmatiques de la visibilité et de la « contre-visibilité » (Aïm, 2023).

De fait, la reprise en compte de la dimension spectaculaire offre, en première analyse, l'insigne avantage épistémologique d'intégrer à la recherche et à l'analyse les logiques participatives de la surveillance, la question devenue centrale des écrans, les enjeux du marketing et de la consommation ainsi que les implications multiples du design. Mais cela nous conduit déjà au domaine des perspectives...

8. A. Marklund et L. Skouvig (dir.), *Histories of Surveillance from Antiquity to the Digital Era*, Routledge, 2021.

III. PERSPECTIVES DE RECHERCHE

Si les obstacles épistémologiques sont de taille, les perspectives qui s'ouvrent pour les études surveillancielles sont proportionnellement immenses. Là aussi, nous pouvons en distinguer quatre principales.

1. La pertinence du concept d'« agencement surveillanciel »

La réconciliation entre l'économie de la visibilité d'ordre spectaculaire (les médias, les plateformes, le design, etc.) et d'ordre surveillanciel réaffirme la force heuristique du concept d'agencement pour appréhender la nature composite de la surveillance et de ses dispositifs. À commencer par les agencements qui reposent sur la participation des individus ou des populations à l'effort de surveillance. Les modèles sociopolitiques sont de plus en plus nombreux et prennent le visage de la « vigilance[9] », de la « transparence » ou de la « shareveillance[10] », tout en s'inscrivant dans une praxis de plus en plus active : le « signalement », le *« naming »*, le *« checking »*, le *« watching »*, et, plus généralement, toutes les « performances d'écran » (Aïm, 2023b) associées, qui attestent de la montée en puissance d'une nouvelle « agentivité » de la surveillance sociale.

2. De l'« économie de la visibilité » à la *pragmatique* de la visibilité

Voilà pourquoi, dans le prolongement de ces nouveaux agencements surveillanciels, il est nécessaire de prendre en considération la dimension *vécue* de la surveillance. Loin d'être uniquement subie, la surveillance est dorénavant agie, négociée, partagée, performée. En ce sens, une catégorie émerge : le « rendre visible » (Aïm, 2023a) qui se présente comme une prétention, une revendication à documenter concrètement des enjeux sociaux, sociétaux, politiques, ou autres, sous la forme d'images, de vidéos ou de toute autre forme de captures d'écran. Cette pragmatique a l'avantage analytique de remotiver les apports croisés de la sociologie et du droit dans des travaux très nombreux qui touchent notamment aux questions des données et de la vie privée.

3. La sousveillance et l'hypothèse « réflectionniste »

La dimension juridique et politique devient centrale dans la mesure où la surveillance s'élabore sous nos yeux à la faveur des nouvelles agentivités et des nouvelles pratiques de regard qui en découlent. Nous ne citerons ici que l'œuvre de Nicolas Mirzoeff sur la visualité et la contre-visualité[11] qui

9. M. Foessel, *État de vigilance. Critique de la banalité sécuritaire*, 2010, postface, 2016, Seuil, coll. « Points ».
10. C. Birchall, *Shareveillance. The Dangers of Openly Sharing and Covertly Collecting Data*, University of Minnesota Press, 2017.
11. N. Mirzoeff, *Right to Look. A Counterhistory of Visuality*, Duke University Press, 2011.

engagent un « droit de regard » au double sens du terme : la logique de résistance à la surveillance et l'application d'un autre regard, contradictoire, sur les conflictualités et leur histoire. C'est là qu'on peut mesurer à nouveaux frais la richesse et la diversité des disciplines engagées dans l'étude de la surveillance. La dimension médiatique et sociale des nouvelles performances d'écran ont, ainsi, partie liée avec l'histoire et l'art, à travers les régimes de représentation et de contre-représentation. Ce que Steve Mann avait évoqué dès l'origine de la revue *Surveillance & Society* sous le nom de « réflectionnisme[12] ». Depuis, on a vu monter en puissance les références et les pratiques autour de la sousveillance (Fourmentraux, 2023) et du *watching*, précisément à l'articulation des enjeux esthétiques et politiques de la « visualité » sociale.

4. Ouvertures sur le « surveillanciel »

Dans le prolongement du spectacle, de l'économie, du design, des médias, il nous paraît utile enfin de finir sous forme d'ouverture en opérant la distinction entre la surveillance et le « surveillanciel ». D'un point de vue lexicologique, *surveillance* est un déverbal qui, en se faisant substantif, a développé à la fin du 18e siècle :

- un « signifié de puissance » autour des questions policières, militaires, juridiques et pénitentiaires, associée à la notion de risque et de sécurité :
- et une « prédilection » sémantique pour la dimension verticale et panoptique de la surveillance.

Si la dimension « gouvernementale » et « géopolitique » de la surveillance n'a évidemment pas disparu, il est indispensable de noter des processus très nombreux et très profonds qui se développent sous des formes de plus en plus diffuses, discrètes, adoucies, banalisées. L'ensemble de ces enjeux – que l'on désigne généralement par le caractère « liquide[13] », pervasif, ubiquitaire, social, rhizomatique, datafié, algorithmique ou capitalistique de la surveillance – renvoie, en réalité, à des processus et des manifestations extrêmement diverses. Et c'est bien pour cela qu'il devient particulièrement limitatif de ne considérer que « l'ontologie négative » des processus en jeu. Toute une série de nouvelles orientations analytiques mérite d'être appréhendée, qui dépasse la « tapisserie des paniques » pour envisager la pluralité axiologique des nouvelles agentivités qui en constituent aussi de nouvelles valences.

La piste « surveillancielle » offre ainsi l'avantage de dépasser la verticalité d'une surveillance bien trop réifiée par son assimilation à l'espionnage ou au contrôle social. En ce sens, la tâche est immense mais doit conduire les

12. S. Mann, J. Nolan et B. Wellman, « Sousveillance: Inventing and Using Wearable Computing Devices for Data Collection in Surveillance Environnements », *Surveillance & Society*, Vol. 1, n° 3, 2003.

13. Z. Bauman, « Devoir de protection, protection des libertés : entre "surveillance liquide" et politiques sécuritaires », entretien avec Olivier Hassid, in *Politiques sécuritaires et surveillance numérique*, CNRS éd., coll. « Les Essentiels d'Hermès », 2014.

recherches sur la piste renouvelée « des » surveillances et de l'attention qu'il incombe de porter sur la pluralité des enjeux sociaux, politiques et culturels de la surveillance comme droit, comme revendication et, peut-être même, comme soin. Ce qui doit nous conduire à évaluer, examiner, mettre en réseau les surveillances *autres*, à commencer par celles qui s'inscrivent dans les perspectives environnementales, sanitaires, éthiques de la responsabilité partagée entre les regards du pouvoir et ceux de la population.

BIBLIOGRAPHIE

Olivier Aïm, *Les théories de la surveillance. Du panopticon aux* surveillance studies, Paris, Armand Colin, coll. « U », 2020.

Olivier Aïm (dir.), « Surveillance et contre-surveillance », *Quaderni*, n° 108, 2023a.

Olivier Aïm (dir.), « La surveillance comme performance d'écran », *Études digitales*, n° 12, 2023b.

Zygmunt Bauman, « Devoir de protection, protection des libertés : entre "surveillance liquide" et politiques sécuritaires », entretien avec Olivier Hassid, in *Politiques sécuritaires et surveillance numérique*, CNRS éd., coll. « Les Essentiels d'Hermès », 2014.

Clare Birchall, *Shareveillance. The Dangers of Openly Sharing and Covertly Collecting Data*, University of Minnesota Press, 2017.

Florent Castagnino, « Critique des *surveillance studies*. Éléments pour une sociologie de la surveillance », *Déviance et Société*, 2018.

Yves Citton, *Médiarchie*, Paris, Seuil, 2017.

Roger Clarke, « Dataveillance » [http://www.rogerclarke.com/DV/].

Gilles Deleuze, « Post-scriptum sur les sociétés de contrôle », in *Pourparlers 1972-1990*, Paris, Minuit, 1990.

Michaël Foessel, *État de vigilance. Critique de la banalité sécuritaire*, 2010, postface, 2016, Seuil, coll. « Points ».

Jean-Paul Fourmentraux, *Sousveillance*, Les Presses du réel, 2023.

Kevin D. Haggerty et Richard V. Ericson, « The surveillant assemblage », *The British Journal of Sociology*, 2000.

Bernard E. Harcourt, *La société d'exposition*, Paris, Seuil, 2020.

Woodrow Hartzog, *Privacy's Blueprint. The Battle to Control the Design of New Technologies*, Cambridge, MA/Londres, Harvard University Press.

Josh Lauer, *A History of Consumer Surveillance and Financial Identity in America*, Columbia University Press, 2017.

David Lyon, « Surveillance studies: Understanding visibility, mobility and the phenetic fix », *Surveillance & Society*, Vol. 1, n° 1, 2002.

David Lyon, « Reflections on Forty Years of "Surveillance Studies" », *Surveillance & Society*, « 20th Anniversary Issue », 2022.

David Lyon, « Surveillance », *Internet Policy Review*, 2022.

Steve Mann, Jason Nolan et Barry Wellman, « Sousveillance: Inventing and Using Wearable Computing Devices for Data Collection in Surveillance Environnements », *Surveillance & Society*, Vol. 1, n° 3, 2003.

Andreas Marklund et Laura Skouvig (dir.), *Histories of Surveillance from Antiquity to the Digital Era*, Routledge, 2021.

Gary T. Marx, « What's New About the "New Surveillance"? Classifying for Change and Continuity », *Surveillance & Society*, Vol. 1, n° 1, 2002.

Gary T. Marx, *Surveillance Studies*, Massachusetts Institute of Technology, Cambridge, MA, USA, 2015.

Nicholas Mirzoeff, *Right to Look. A Counterhistory of Visuality*, Duke University Press, 2011.

Torin Monahan et David Murakami Wood, *Surveillance Studies: A Reader*, Oxford University Press, 2018.

Helen Nissembaum, *Privacy in Context. Technology, Policy, and the Integrity of Social Life*, Stanford, 2010.

Olivier Razac, *Une société de contrôle ? Enfermements, surveillance électronique, gestion des risques et gouvernementalité algorithmique*, Paris, Kimé, 2023.

Shoshana Zuboff, *The Age of Surveillance Capitalism*, 2019

Sécurité, surveillance et démocratie : une relation taraudée par la suspicion et la prédiction ?

DIDIER BIGO

Professeur émérite de Sciences Po Paris et chercheur associé au CERI – Centre de recherches internationales, Global chair Professor of social Justice, University of Liverpool, United Kingdom

Ce chapitre explore la relation entre sécurité, surveillance et démocratie en mettant en évidence qu'au-delà des mots, ce sont de profondes divergences d'approches qui déterminent le choix des dénotations et connotations associées à ces termes. La conception de chaque terme ne peut être étudiée de manière isolée. Les mettre en relation est nécessaire en discutant le rapport entre sécurité et démocratie à travers une focale qui intègre une discussion sur les moyens de la surveillance et sur l'épistémè qui conduit cette dernière. On se rend compte alors qu'un tournant majeur affecte l'idée que les acteurs se font de l'État, du gouvernement, des modalités de séparation des pouvoirs, des mécanismes de contrôle démocratique, des nécessités de protéger une nation de la guerre et de la subversion par des usages secrets de la violence et de la surveillance par des autorités publiques. Les disciplines convoquées sont différentes. Sociologie de l'État et des phénomènes de violence transnationale, criminologie critique, études de surveillance permettent de faire une sociogenèse des pratiques des « professionnels » de la sécurité et des hommes politiques en se détournant des essentialismes et des questions éternelles. C'est ce retour vers les « pratiques » et leurs justifications incluant les pratiques théoriques de ceux qui mettent en œuvre les actions de violence et de surveillance au nom de la sécurité qui permet de comprendre cette inflexion donnant à nouveau une telle importance aux notions qui justifient la sécurité : suspicion « légitime » et prédiction « scientifique ».

Une configuration spécifique de la surveillance qui détruit les conditions de bases de la démocratie en privilégiant suspicion légitime et prédiction scientifique

Comme nous l'avons récemment analysé, suspecter et prédire pour prévenir le pire est devenu le principe organisateur du nouveau dispositif de sécurité-surveillance contemporain touchant tout autant la sécurité extérieure qu'intérieure et ayant pour conséquence de remettre en cause le principe de la présomption d'innocence pour tous et le remplaçant par l'idée d'une suspicion, soi-disant légitime dans une société du risque catastrophique[1]. Il ne s'agit plus de douter mais d'affirmer que la société démocratique ne survivra que si elle abandonne la présomption d'innocence (au sens fort du terme) de l'humain. C'est d'une certaine manière, comme le signalait avec force Mireille Delmas-Marty dans ses derniers écrits, un retour en arrière par rapport à Hegel et Beccaria pour qui l'humanité de l'homme se conçoit par sa possibilité de s'amender, de changer d'opinion jusqu'au dernier moment avant l'action, le sauvant ainsi de la prédétermination[2]. À l'inverse, le passage par les nombres et les grands nombres favorise cette idée que les tendances du passé s'imposent et ne laissent pas de place au libre arbitre[3]. Statistiquement, celui-ci est réduit à une rare singularité. C'est donc aussi une remise en cause du pacte social et de la présomption d'innocence individuelle au profit d'une protection de la société dans son ensemble dont les pages lumineuses de Michel Foucault ont montré à quel point l'autoritarisme et le fascisme s'originent dans ce mouvement selon lequel « il faut défendre la société » et dont il voyait le retour dans une certaine criminologie et des politiques pénales s'instaurant dans les années 1980, en particulier avec les mesures de sûreté, les peines incompressibles, et potentiellement la « détention indéfinie » que les années 2000 ont revalidé comme politique nécessaire dans les discours de contre-terrorisme[4].

À cela il faut ajouter une fascination de la technique d'autant plus forte qu'elle est couplée, à l'ère de l'internet et des réseaux sociaux, avec la capacité du numérique à calculer « beaucoup et vite ».

Si la surveillance comme modalité d'exercice du pouvoir a une longue histoire, ce qui fait rupture (ou bifurcation) dans les pratiques contemporaines, c'est l'échelle à laquelle on peut l'utiliser, la facilité pour les surveillants de contrôler facilement de nombreux suspects potentiels en « quelques clics de

---

1. D. Bigo, « The dispositif of security-surveillance: legacy of Michel Foucault in Foucault studies 2024 », *in* E.-P. Guittet et M. Perier, « Suspicion et exception », *Cultures & Conflits* 2005, 58 (2):5-12.
2. M. Delmas-Marty, *Libertés et sûretés dans un monde dangereux*, Seuil, 2010 ; M. Delmas-Marty, *Pour un droit commun*, Seuil, 2016.
3. A. Desrosières, *The Politics of Large Numbers*, 1998.
4. M. Foucault, *Il faut défendre la société. Cours au Collège de France*, Paris, Seuil, 1997 ; M. Foucault, *Mal faire, dire vrai. Fonction de l'aveu en justice*, Louvain-la-Neuve, Université, 2012, introduction F. Brion.

souris », et la transmission des données entre eux dans le cadre de collaborations (inter)nationales ; transmission qui dès lors est plus rapide que les déplacements physiques des « cibles » (voir le rôle des PNR de sécurité dans le trafic aérien). La « toile » du numérique quand elle est utilisée à des fins de surveillance permet en effet de retrouver les traces d'actions passées, d'accumuler les données en masse *(big data)*, de les organiser en séries via des algorithmes et de leur appliquer des raisonnements fondés sur des corrélations dont les causalités échappent à la logique, via ce qu'on appelle depuis peu des intelligences artificielles à capacité générative. Cela fait de cette surveillance à dis-tance et à dis-temps, une véritable « bénédiction » pour tous les acteurs des services secrets *sigint*, polices spécialisées, gardes-frontières ou firmes para-privées et mercenaires qui sont des tenants de ce qu'ils appellent une suspicion « légitime » à capacité prédictive et donc préventive[5].

Sortir du paradigme unique de la sécurité comme prévention et protection

Pour comprendre comment a pu se mettre en place une vision alternative permettant de sortir du paradigme étatique dominant repris par les disciplines de la science politique, de la philosophie dite « réaliste » et du droit positif, il faut revenir à la fin des années 1970 et à certains débats universitaires au sein même du courant dominant des « réalistes » en sciences politique ainsi que sur l'essor de la sociologie de l'international. Loin d'exister depuis longtemps, la terminologie d'études de sécurité n'est apparue qu'à la fin des années 1970, même si elle se veut dépositaire d'une longue tradition. Les études de sécurité ont en effet longtemps été considérées comme un sous-domaine des relations internationales et elles ne se sont différenciées des relations internationales qu'au moment où ces dernières ont commencé à se concentrer davantage sur le comportementalisme, l'économie mondiale, les organisations internationales et la collaboration entre les États. Ce sont les approches les plus traditionnelles de relations internationales qui ont défendu leur « pré-carré » en l'appelant études de sécurité et études du renseignement. Elles ont essayé de maintenir la spécificité de l'international comme un horizon où l'anarchie justifie en permanence l'ordre sociétal interne. Seulement ce « radicalisme » a généré des oppositions au milieu des années 1980. Certaines voix venant de l'école réaliste elle-même ont insisté sur le fait que le concept de sécurité internationale ne pouvait être réduit au militaire et devait être élargi pour faire face aux changements dans le monde en général. Barry Buzan plaida pour une extension du programme de sécurité aux secteurs politique, économique,

5. D. Bigo, « Detention of Foreigner, States of Exception, and the Social Practices of Control of the Banopticon », *in* P. Kuram Rajaram (dir.), *Borderscapes*, University of Minesotta Press, 2007 ; M.-L. Basilien-Gainche, « Leave and Let Die: The EU Banopticon Approach to Migrants at Sea », *in* V. Moreno-Lax et E. Papastavridis (dir.), *« Boat Refugees » and Migrants at Sea. A Comprehensive Approach*, 327-52. Brill, 2016.

environnemental et sociétal plutôt qu'aux seuls secteurs militaires. Il fit valoir que chaque domaine avait sa propre forme de sécurité et que, dans certains cas, l'État n'était pas l'acteur principal, mais il maintint quand même l'unité de la notion de sécurité en affirmant que toutes les formes de sécurité sont liées à une « menace existentielle » spécifique et que dès lors la légitimation des différents secteurs de la sécurité est justifiée si la survie de leur « objet référent » est en jeu[6].

Les études critiques de sécurité

Cet « élargissement » du cadre de référence de la sécurité a suscité à partir de la fin de la bipolarité, soit presque dix ans après la parution du livre, un débat émotionnel très vif sur les limites des relations internationales et sur leur prétention à la prédiction. On peut considérer avec du recul que ce débat a obligé les relations internationales à repenser leur manière de penser la relation entre l'intérieur et l'extérieur de l'État, l'ordre public national et l'ordre public international. Il a fallu que les deux faces de Janus se retournent l'une vers l'autre et acceptent de se regarder. La sécurité de l'ordre guerrier et celle de l'ordre sociétal devaient composer entre elles. La mondialisation succédait à la guerre froide et cela impliquait une vision différente plus transnationale. En conséquence, dans un contexte où les services de police se rendaient à l'étranger et où les agences militaires étaient impliquées à l'intérieur du pays, les études sur la sécurité ne pouvaient plus être monopolisées par les relations internationales, un paradoxe que les promoteurs néo-modernes de l'élargissement n'avaient pas anticipé.

Les études de sécurité, avec leur nouvel accent sur le maintien de l'ordre, la criminalité, la justice, l'ordre social et la surveillance, ont commencé à travailler de manière transdisciplinaire avec la sociologie, la politique, la linguistique et la criminologie. Pour une minorité d'universitaires en relations internationales, souvent situés en marge, cette rencontre avec d'autres disciplines a été libératrice. D'autres disciplines comme la géographie, la sociologie du développement discutant la sécurité, le primat du national n'avait pas forcément lieu d'être. La première innovation que l'on a attribuée à l'université d'Aberystwyth a alors été l'émergence (ou la résurgence) de l'idée de « sécurité humaine » transformant l'État en responsable de la violence et se voulant émancipatrice à l'égard de la domination en mettant l'accent sur les besoins humains. La seconde a été la critique de l'idée de sécurité en tant que chose, valeur ou même perception. Au lieu de cela, la sécurité a été comprise comme le résultat d'un processus de sécurisation à partir d'un acte de langage accepté par un certain public, qui a transformé tout « objet » ou « cible » en un domaine de « sécurité », différent de la politique

6. B. Buzan, *People, States, and Fear: An Agenda for International Security Studies in the Post-Cold War Era*, 1re éd. 1983, 2e éd. Boulder, CO, L. Rienner, 1991.

normale, impliquant des moyens exceptionnels, souvent coercitifs[7]. Ce tournant linguistique, associé à une approche beaucoup plus constructiviste, et dénommé *Copenhagen School*, a remis alors en question la valeur positive de la sécurité comme protection et a permis d'axer la recherche sur les processus de sécurisation et de désécurisation. Le troisième axe d'innovation a placé cette inflexion linguistique dans une perspective plus sociologique et sociétale en intégrant les processus d'(in)sécurisation non seulement dans les processus politiques, mais aussi dans les pratiques quotidiennes des bureaucraties publiques et privées et leur utilisation des technologies traditionnelles et nouvelles pour gouverner leurs populations spécifiques. Inspirée par les travaux des sociologues regroupés dans la revue *Cultures & Conflits*, elle a été nommée la « Paris School[8] ».

C'est l'engagement de cette minorité avec les études de surveillance qui produisit une rencontre très riche avec les études de surveillance en sociologie et c'est à partir d'elles que la problématisation que nous avons évoquée d'une transmutation du concept de sécurité en forme de suspicion préventive a pu se mettre en place, mais il a fallu aussi y intégrer les avancées des études de surveillance qui s'étaient développées en parallèles mais qui avaient peu de liens, avant les années 1990, avec les études de sécurité critique.

Les études de surveillance

Le réseau des premiers chercheurs en études de surveillance a été fortement influencé par les travaux de Gary Marx sur l'infiltration policière[9]. En analysant les techniques policières utilisées contre les mouvements de défense des droits civiques en Amérique, il a établi un lien entre la sociologie politique et la sociologie du maintien de l'ordre (très souvent considérée aux États-Unis sous l'angle du fonctionnalisme). Il a développé l'idée d'un regard surveillant dont la distribution était plus large que n'importe quelle forme d'organisation policière, et était largement répandue dans les sociétés libérales, dites démocratiques. Loin d'être irréconciliables, il semblait que formes démocratiques du régime et surveillance faisaient bon ménage, mais c'était un concubinage secret plutôt qu'un mariage. Gary Marx a été aussi central par sa posture à la fois sceptique quant à la montée en puissance des bases de données dans le domaine bureaucratique et cynique quant à leur prétendue efficacité. De même, Haggerty et Ericson ont analysé la façon dont les organisations

7. O. Waever, B. Buzan, M. Kelstrup et P. Lemaitre, *Identity, Migration and the New Security Agenda in Europe*, New York, St., Pinter Publishers, 1993.

8. Collective, CASE « Critical Approaches to Security in Europe: A Networked Manifesto », *Security Dialogue* 1er déc. 2006, 37, n° 4:443-487 ; C. Peoples et N. Vaughan-Williams, *Critical Security Studies: An Introduction*, London, Routledge, 2010. Pour une discussion v. D. Bigo et E. Mc Cluskey, « What Is a Paris Approach? Deconstructing Security », *in* A. Gheciu et W. C. Wolforth (dir.), *Oxford Handbook of International Security*, Oxford Univ. Press, 2017.

9. G. T. Marx, *Undercover: Police Surveillance in America*, University of California Press, 1988.

policières ne sont qu'un réseau d'évaluation des risques, par la façon dont ils certifient et authentifient la vérité sur la violence, le vol et la corruption et relient les individus non seulement à l'État, mais aussi à la « sécurité sociale » et aux technologies « d'assurance » qui distribuent la protection[10]. Des liens théoriques ont donc été établis avec les travaux de Michel Foucault et de François Ewald[11].

L'ouvrage *Surveiller et punir* de Foucault a donné aux études sur la surveillance une position qui a une fois de plus remis en question les hypothèses sur la sécurité dans un contexte de mondialisation et dans un récit libéral-réaliste. La notion benthamienne de panopticon que Michel Foucault a élevée au rang de vérité du programme des sociétés disciplinaires a été largement discutée, et parfois sur-utilisée[12]. Dans le même temps, peu de chercheurs ont compris la différence entre la vérité du programme du dispositif et sa logique diagrammatique, critiquant ainsi Foucault comme si Foucault était Bentham ! Néanmoins, cette influence d'un discours critique neutralisant l'« essentialisation » de la sécurité en tant que besoin ou valeur a permis de développer la notion de surveillance comme concept-clé, alors que la notion de sécurité était laissée en jachère et réorientée vers la gouvernementalité et le risque.

David Lyon, entre autres, a joué un rôle central pour l'attention sur la terminologie de la surveillance, par opposition à la sécurité, au contrôle ou au maintien de l'ordre. Les premiers travaux ont expliqué que la surveillance électronique, la surveillance des données, était un phénomène répandu dans les sociétés « libérales » et que cette surveillance n'était pas ou pas seulement un instrument renforçant la domination et la verticalisation des relations de pouvoir. Cet intérêt pour le gouvernement des populations, et pour les techniques qui les construisent et les délimitent (par exemple les statistiques), a renforcé les études sur la surveillance qui avaient développé leur propre voie en se concentrant davantage sur les nouvelles technologies[13].

Comme le résume David Wood, à partir de la fin des années 1970 et jusque dans les années 1980, l'étude de la surveillance est restée une activité occasionnelle, secondaire pour ceux qui étudiaient les médias, la police ou les prisons. Après que l'ordinateur a été réduit à une taille qui lui permettait de tenir sur un bureau, et que la révolution économique néolibérale du thatchérisme et de la reaganomanie a donné lieu à une

---

10. K. D. Haggerty et R. V. Ericson, « The Surveillant Assemblage », *The British Journal of Sociology* 2000, 51, n° 4:605-622.
11. F. Ewald, *L'État providence*, Grasset, 2014 ; F. Ewald et D. Kessler, « Les noces du risque et de la politique », *Le Débat* 2000, 2:55-72.
12. D. Lyon (dir.), *Theorizing Surveillance: The Panopticon and Beyond*, Cullompton, Devon, Willan Publishing, 2006.
13. D. Lyon, K. D. Haggerty et K. Ball (dir.), *Routledge Handbook of Surveillance Studies*, Abingdon-New York, Oxon-Routledge, 2012.

explosion de la gestion des finances, du lieu de travail, l'impact des bases de données dans la vie quotidienne a été une préoccupation majeure pour les sociologues et les économistes, ainsi que les spécialistes de la gestion d'entreprise[14].

Avec Oscar Gandy et d'autres, David Lyon a montré comment la surveillance est devenue horizontalement répandue et rhizomatique, investie dans de nombreux sites différents par le biais d'anciennes et de nouvelles technologies. Elle a été qualifiée de « liquide » par Zygmunt Bauman et David Lyon, et cela leur a permis de comprendre que la surveillance circulait, connectait et reconnectait différentes sphères du social, recadrant leurs frontières et créant de nouveaux réseaux d'information et de pouvoir. L'image traditionnelle d'une modalité de surveillance descendante, réduite au maintien de l'ordre, a été considérée comme inefficace pour comprendre ce qui était à l'œuvre[15]. Les idées d'assemblage de sécurité, de surveillance à la fois intime et globale se sont répandues, et se sont concentrées de plus en plus sur les possibilités technologiques. Cette relation avec les technologies a été à la fois un moteur et une limite pour les études sur la surveillance.

L'accent mis sur les « nouvelles technologies » a parfois donné l'impression d'un monde « nouveau » où le terme « nouveau » n'a pas été sérieusement discuté. Les historiens n'ont pas collaboré au développement des études de la surveillance et elle s'est caractérisée parfois par un fétichisme de la technique et une dépolitisation des questions posées par les premiers spécialistes de la surveillance au milieu des années 1970. Plus précisément, les questions politiques liées à la surveillance ont parfois été réduites à des choix de politique publique ou à une critique de sa gestion, ce qui ne tient pas compte de la raison d'être de la surveillance.

Les études d'impact, en particulier celles du Royaume-Uni, s'attachent même de nos jours à justifier la surveillance pour « le bien du citoyen », revenant ainsi à des visions très traditionnelles de la sécurité dans les sociétés libérales. Paradoxalement, alors que l'on voyait une dimension critique toucher les études traditionnelles sur la sécurité, la « normalisation » des études sur la surveillance a eu lieu en même temps. Néanmoins, approches critiques de la sécurité et études de surveillance ont convergé autour de certains cas emblématiques comme Echelon, les accords UE-FBI, l'existence de Gladio et d'autres réseaux transnationaux de clubs d'analystes du renseignement, ou des réunions de police spécialisées sur le terrorisme, la drogue, le hooliganisme, l'immigration illégale, les faux documents, ont recréé les liens entre études de sécurité et de surveillance. L'analyse de ces cas, et celui encore plus emblématique de la surveillance à grande échelle de la NSA dénoncée par Edward Snowden, a suscité des discussions sur les logiques transnationales

---

14. D. Murakami Wood, « Situating Surveillance Studies », *Surveillance & Society* 2009:52-61.
15. Z. Bauman et D. Lyon, *Liquid Surveillance. A Conversation*, Cambridge, UK ; Malden, MA: Polity Press, 2013.

de la surveillance, ainsi que sur l'estompement des distinctions entre les formes internes et externes de la surveillance[16].

La tendance d'autres études sur la mondialisation a été d'éviter ces questions afin de regrouper la sécurité, l'insécurité, le danger, la surveillance, la liberté sous la seule catégorie du risque, et de créer un creuset où chaque événement de la vie est un risque, à la fois comme une opportunité et comme un danger. Je ne développerai pas ici la critique de cette approche, qui transforme le crime, le changement social et la guerre en un risque qui peut être actuariel et prédit. Il s'agit néanmoins d'une préoccupation commune aux études sur la sécurité et la surveillance. Si elles veulent éviter de devenir l'auxiliaire des techniques managériales, elles doivent souligner qu'il est impossible de surveiller l'avenir et de le transformer en un futur antérieur, un futur déjà connu. En conclusion, il reste encore à travailler les « jointures » entre ces approches afin de convaincre les hommes politiques et les citoyens du monde que les usages de la sécurité comme programme politique génèrent l'autoritarisme et aggravent les solutions en détruisant les principes fondamentaux du droit.

Cela ne se fait pas facilement. On peut bien sûr encourager les juges à ne pas être trop déférent à ceux qui les ont nommés ou qui font avancer leurs carrières en refusant par-là les caricatures politiques d'un gouvernement des juges qui renverserait la démocratie parlementaire, régulièrement foulée aux pieds par l'exécutif et les logiques de discipline des partis, quand ce n'est pas par l'utilisation routinière d'articles écrits dans un contexte où il devait être un dernier recours exceptionnel. Mais les soutiens aux juges anti-corruption et des droits de l'homme déclarés uniquement par pétition ou sondages ne sauraient rendre compte du soutien effectif et inverser les tendances de ce futur antérieur qui donne avec des années d'avance les favoris et ceux qui vont gagner les prochaines élections afin de contraindre les imaginaires politiques alternatifs. Les juges eux-mêmes ont tendance à se laisser influencer par ces « prophéties autorisées ». Il en va de même pour les nombreux mécanismes de contrôle et de supervision qui existent, mais qui sont quasiment tous sous-dimensionnés en termes de pouvoirs effectifs, de capacité d'auto-saisine et d'indépendance. Il y a même parfois un cynisme politique à leur faire jouer un rôle qui est plutôt celui d'une pantomime que d'un acte de contrôle démocratique tant le design initial a été conçu pour qu'ils échouent. Les grandes mobilisations politiques peuvent certes se faire mais elles restent occasionnelles, segmentées sur des sujets différents et elles

16. K. D. Haggerty et M. Samatas, *Surveillance and Democracy*, Routledge Taylor & Francis Group, 2010 ; D. Bigo, « Security, Surveillance and Democracy », in *Routledge Handbook of Surveillance Studies*, Taylor & Francis, 2012 ; Z. Bauman, D. Bigo, P. Esteves, E. Guild, V. Jabri, D. Lyon et R. B. J. Walker, « After Snowden: Rethinking the Impact of Surveillance », *International Political Sociology* 2014, 8, n° 2:121-144 ; D. Bigo, E. McCluskey et F. Tréguer, *Intelligence Oversight in Times of Transnational Impunity: Who Will Watch the Watchers?*, Taylor & Francis, 2023.

épuisent les militants, les partisans, les électeurs sans créer des conditions de changement. La politique passe difficilement par ces canaux traditionnels. L'image d'une surveillance numérique renforce ce que les Anglais appellent le « *chilling effect* » mais il ne faut rien exagérer. Dans certains pays aux « sociétés ouvertes », elle n'existe que de manière très relative, n'en déplaise aux cybersécuritaires de tout bord, et elle ne fait que détourner les messages vers la moquerie, l'ironie dont les effets sont délétères sur le politique, mais différent de ceux d'un climat de peur. Est-ce à dire avec de tels constats qu'il est trop tard, que la technocratie et le populisme d'ultra-droite sont les seules options, que les médias ne font rien pour transmettre les réactions qui couvent sous la soi-disant indifférence au politique, et ce, qu'il s'agisse des médias les plus classiques tenus par des groupes économiques restreints aux médias plus récents passant par des plates-formes numériques les plus diverses et dont on peut craindre qu'elles véhiculent des propagandes ou des idées fixes et fausses. Non, pas forcément, le politique se réinvente dans les contre-mesures ou contre-conduites (pour reprendre le terme de Michel Foucault) les plus infimes, les plus éparpillées, qu'il s'agisse d'outils de contre-surveillance (sousveillance), de renforcement des moyens d'obtenir une protection des données personnelles ou tout simplement de réunions, de conversations, d'affiches, de choix culturels qui subvertissent ou caricaturent à l'extrême par quelques contre-conduites les tentatives de ces futurologues voulant imposer leurs vues du futur comme inéluctable. Ces contre-conduites existent, se développent de plus en plus, et forgent notre avenir. Elles ne sont pas infra-politique, elles sont au contraire les formes du présent qui résistent le mieux à ces futurs antérieurs.

Le capitalisme de surveillance

DAVID FOREST

Maître de conférences HDR associé à l'Université Paris 1 Panthéon-Sorbonne, CERDI – Centre d'études et de recherche en droit de l'immatériel (Paris Saclay)

Les périodes historiques sont désignées par des syntagmes, formules et néologismes qui, en deux mots, parfois plus, prétendent en saisir la substance pour les fixer commodément dans une frise historique. Les naturaliser en quelque sorte. On pense ici notamment à « la société post-industrielle » proposée au mitan des années 1970 par le sociologue américain Daniel Bell[1], ou au début des années 1990 à « la société de l'information », notion-cadre à géométrie variable qui désigne la convergence informatique-audiovisuel-télécommunications et son potentiel de croissance. Sur un versant sociétal, à la « société de la connaissance » promue par l'Union européenne alors qu'en 1993, de l'autre côté de l'Atlantique, Al Gore lance le grand chantier des « Autoroutes de l'information » *(Information Superhighway)*[2].

C'est dans ce moment que le sociologue Erik Neveu rédige un bref ouvrage de réflexion et de synthèse intitulé : *Une société de communication*[3] *?* principalement à destination d'étudiants en science politique et communication, avec un succès certain. La sixième édition conservant curieusement son point d'interrogation comme s'il s'agissait en somme de vérifier la consistance véritable d'une formule publicitaire. L'auteur énumérait divers mythes de cette société de communication entendus au sens d'illusions parmi lesquels l'instantanéité, l'ubiquité, la convivialité, etc. Il évoquait par ailleurs « l'ubac du mythe » *(sic)*, métaphore géologique renvoyant à la face sombre, à l'envers ou l'avers de cette société dont le qualificatif devait faire époque.

---

1. D. Bell, *The Coming of Post-Industrial Society: A Venture in Social Forecasting*, New York, Basic Books, 1973 traduit en France sous le titre *Vers la société post-industrielle. Essai de prospective sociologique*, Paris, Robert Laffont, 1976.
2. V. not. D. Forest, *Le prophétisme communicationnel. La société de l'information et ses futurs*, Paris, Syllepse, coll. « Matériologiques », 2004, not. p. 3-13.
3. E. Neveu, *Une société de communication ?*, 6ᵉ éd., Paris, LGDJ, coll. « Clefs », 2020.

Ce double inverse, énoncé mais impensé, demeure alors à l'état de menace. Internet est, d'abord et avant tout, présenté comme espace de liberté au point d'être comparé à un Far West ou une zone de non-droit. Trois images frappantes et pourtant anecdotiques symbolisent la surveillance et le contrôle[4] : le panoptique de Jeremy Bentham, la caméra de vidéosurveillance et la figure de « Big Brother », le personnage emblématique du roman *1984* de George Orwell, associée à l'appareil d'État supposé omniscient[5]. Ce triptyque évoque une menace omniprésente tout à la fois proche et lointaine, impalpable et incarnée dans la panoplie jamais exhaustive d'un attirail sécuritaire sans cesse perfectionné[6]. Ces images symboliques éreintées car surmobilisées sont devenues au fil du temps autant de butées et « personnages conceptuels[7] ».

C'est le sociologue marxiste Manuel Castells qui, en 1990, précise le régime économique de la période en proposant le syntagme « capitalisme informationnel » dans sa trilogie « La société en réseaux[8] » avec pour ambition de décrire « la révolution technique centrée sur des procédés informatiques » et la « restructuration totale » du capitalisme autour de la mise en réseau d'entreprises hyper-flexibles. La surveillance est alors celle de la chaîne de production, pas encore celle de l'internaute-consommateur.

Vingt ans plus tard, un autre syntagme marquant une proximité avec le précédent s'impose : « le capitalisme cognitif » qui trouve son origine dans le livre *Empire* de Michael Hardt et Antonio Negri[9]. Cette analyse post-marxiste (ou « marxienne ») des transformations du travail et des luttes à l'heure de l'économie informationnelle et des réseaux techniques sous hégémonie américaine rencontre une très grande audience notamment dans les milieux altermondialistes et dans les cénacles de la gauche radicale et critique. L'économiste français Yann-Moullier Boutang la reprend et la réinvestie en la déformant dans *Le capitalisme cognitif. La Nouvelle Grande Transformation*[10] en référence à l'ouvrage maître de Karl Polanyi : *La grande transformation*[11] qui étudiait la

4. L'entretien donné en 1990 par Gilles Deleuze sur « les sociétés de contrôle » demeure méconnu. « Post-scriptum sur les sociétés de contrôle », *Pourparlers (1972-1990)*, Paris, Minuit, 1990.

5. En 1974, déjà, le juge de la Cour suprême William O. Douglas observait à propos d'une affaire de base de données que « l'ordinateur est devenu le cœur d'un système de surveillance qui transforme la société en un monde transparent d'un âge orwellien ».

6. V. D. Forest, *Abécédaire de la société de surveillance*, Paris, Syllepse, 2009.

7. Cette notion élaborée par Gilles Deleuze et Félix Guattari désigne des personnages fictifs ou semi-fictifs créés par un ou plusieurs auteurs afin de véhiculer un concept. V. *Qu'est-ce que la philosophie ?*, Paris, Minuit, 1991.

8. M. Castells, *La société en réseaux. L'ère de l'information*, t. 1, Paris, Fayard, 1998 ; *Le pouvoir de l'identité*, t. 2, Fayard, 1999 ; *Fin de millénaire*, t. 3, Fayard, 1999.

9. M. Hardt et A. Negri, *Empire*, Paris, Exils, 2000.

10. *Le capitalisme cognitif. La Nouvelle Grande Transformation*, Paris, éd. Amsterdam, coll. « Multitudes/Idées », 2007 (2e éd. révisée et augmentée, 2008).

11. K. Polanyi, *La grande transformation. Aux origines politiques et économiques de notre temps*, Paris, Gallimard, coll. « Tel », 2009.

grande mue du capitalisme à la fin du 19e siècle et la marchandisation de ce qui demeurait jusqu'alors « hors marché ». Parce qu'il repose sur l'idée d'un rapprochement entre cerveaux distants à l'échelle planétaire au moyen des réseaux numériques, « le capitalisme cognitif » se trouve fréquemment associé et confondu avec la théorie plastique de « l'intelligence collective[12] ».

C'est du côté de la gauche radicale que ses critiques les plus vives sont venues : absence de fondement empirique, absolutisme et mésusage voire méconnaissance des catégories marxistes, dépassement de la distinction entre valeur d'usage et d'échange notamment[13]. Autre fait remarquable, les données personnelles et la question de leur usage – ignorance ou mépris ? – ne sont jamais évoquées ni d'ailleurs de manière générale le sujet de la vie privée.

Entre-temps, les principales plateformes de l'Internet marchand (GAFAM, BATX, etc.) ont bâti et imposé une économie de la « data » les données personnelles essentiellement qui permettent d'élaborer les profils commerciaux indispensables pour cibler l'internaute-consommateur.

Dans un nouveau contexte de transformation quasi systématique des sphères de l'activité humaine en données désignée par le néologisme « datafication », Shoshana Zuboff, professeure émérite de psychologie sociale à la Harvard Business School, dans *The Age of Surveillance Capitalism. The Fight for a Human Future at the New Frontier of Power* (New York, PublicAffairs, 2019) pose le constat suivant : le numérique a transformé le capitalisme au point d'en renouveler la nature et le faire entrer dans une nouvelle période, celle de la « surveillance[14] ». *L'âge du capitalisme de surveillance* (titre de sa traduction française)[15] se présente comme une enquête au long cours mêlant expertise et théorie dont quelques concepts-clés ont rapidement rencontré un large écho. L'adoption rapide du syntagme « capitalisme de surveillance » en témoigne. Le débat autour des notions dégagées par Zuboff a profité d'une contestation inédite à l'égard des GAFAM amorcée par l'affaire Cambridge Analytica. Cette société avait exploité à partir de 2014 les données de 87 millions d'utilisateurs de Facebook pour influencer les intentions de vote en faveur d'hommes politiques. Son intervention aurait ainsi été décisive dans l'élection de Donald Trump à la présidence

12. V. D. Forest, « "L'intelligence collective" : anatomie d'un poncif », *Questions de communication* 2009, n° 15.
13. D. Forest, « De quoi le "capitalisme cognitif" est-il le nom ? », *Quaderni*, hiver 2009/10, n° 71, p. 85-90.
14. En 2014, deux universitaires américains, John Bellamy Foster et Robert W. McChesney, avaient formulé et développé le concept de « capitalisme de surveillance » dans un article de la *Monthly Review*, dont le titre, « Surveillance Capitalism Monopoly-Finance Capital, the Military-Industrial Complex, and the Digital Age », indique toutefois une approche plus restrictive que celle de Zuboff. L'analyse qu'elle développe est, en effet, plus ambitieuse dès lors qu'il s'agit d'étudier les conditions d'une nouvelle grande transformation au sens de Karl Polanyi.
15. Traduit en français par B. Formentelli et A.-S. Homassel, *L'âge du capitalisme de surveillance*, Paris, Zulma, 2020.

des États-Unis. Largement reprise, commentée, disséquée et louangée, l'analyse de Zuboff a également été critiquée voire dénoncée, essentiellement mais pas seulement, à gauche du spectre politique.

Selon l'auteure, le capitalisme de surveillance exploite non seulement le travail[16] et les ressources naturelles, mais également et essentiellement, l'expérience humaine pour la traduire en données comportementales. Google devenu Alphabet, constitue un archétype pour Zuboff qui, minutieusement et patiemment, décrit la manière dont la firme de Mountain View s'est transformée en entreprise d'exploitation du « surplus comportemental » après la découverte de la valeur de la publicité ciblée. Cette entreprise a, en effet, extrait une matière première à partir des requêtes sur son moteur de recherche pour produire un « sous-produit » alimentant un nouveau marché des « actifs de surveillance ». Ceux-ci ont pour objet de prévoir et modifier le comportement humain en vue de générer des revenus et contrôler les marchés. De quelle manière, selon quelles séquences et quelle rationalité?

En premier lieu, les individus font l'objet d'une opération technologiquement avancée d'extraction de « matière première ». La notion centrale de « surplus comportemental » *(behavioral surplus)* fait reposer l'économie du numérique sur l'extraction des données. « Si c'est gratuit, c'est vous le produit. » L'auteure fait un sort à la fameuse formule dans les termes suivants : « Vous n'êtes pas le produit, vous êtes la carcasse abandonnée. Le produit provient du surplus qui est arraché à votre vie. » Ce « surplus » est transformé en « produits de prédiction » par le recours à l'intelligence artificielle (IA) via des « moyens de modification des comportements » toujours plus sophistiqués. La capture des données nourrit les algorithmes qui viennent en retour guider les conduites, les deux se renforçant mutuellement dans une boucle de rétroaction.

En deuxième lieu, ces produits de prédictions sont négociés sur un marché, largement invisible aux yeux des individus concernés, dans lequel « Le capitalisme de surveillance sait tout de nous, alors que ses opérations sont conçues pour que nous n'en sachions rien. [...] Il prédit notre avenir pour que d'autres en tirent profit, et pas nous ». Les entreprises qui achètent les comportements futurs sont, en réalité, les véritables clients du capitalisme de surveillance. La technologie a, ainsi, été orientée vers une recherche de profit accélérée et de gains de productivité au prix d'une immixtion continue, et inédite par son ampleur, dans les existences. Chaque clic devient « un actif à traquer ».

La finalité de cette exploitation consiste à « améliorer le contrôle que d'autres ont sur nous », sans droit de regard sur les conditions de l'extraction

16. Depuis son premier essai, *In the Age of the Smart Machine. The Futur of Work and Power* (New York, Basic Books, 1988), Zuboff s'intéresse aux conséquences des nouvelles technologies de l'information et de la communication, notamment leur impact sur les travailleurs et les organisations.

ni sur ses produits. Justifiée par la « personnalisation » des services, cette traque des données s'effectue, en réalité, au seul bénéfice d'un nouveau type de pouvoir que l'auteure dénomme « instrumentarisme ». Zuboff discerne dans les stratégies déployées une « course à l'augmentation des degrés de certitude » dans laquelle les exploitants de données n'ont d'autres choix que de resserrer leur emprise sur l'activité sociale.

L'horizon du capitalisme de surveillance n'est, en réalité, pas tant d'accroître la prédictibilité des comportements que de parvenir à les piloter. « Il ne suffit plus d'automatiser les flux d'informations nous concernant, prévient-elle, le but est maintenant de nous automatiser. » Le profilage fondé sur des corrélations statistiques à l'insu des personnes concernées permet d'anticiper leur conduite en reconfigurant en permanence leur environnement physique et informationnel[17]. Ce pilotage peut se doter de dispositifs d'incitation subtils, à l'exemple du jeu vidéo en réalité augmentée « Pokémon Go » dont le modèle économique repose sur le guidage des déambulations vers des destinations commerciales.

Le capitalisme de surveillance produit une ombre de données et de traitements, un « texte fantôme » secret et croissant. « Un texte à propos de nous, mais pas pour nous, relève l'auteure, Bien au contraire, il est créé, conservé et exploité à notre insu au bénéfice d'autres que nous. » Le processus décrit conduit, d'une part, à une « dépossession » des données dès lors qu'elles ne sont jamais « rendues », et, d'autre part, à une « asymétrie de pouvoir ». Car « Big Other » (« Grand Autre ») en vient finalement à nous connaître « mieux que nous-mêmes ». Quand le totalitarisme opère par la violence, *Big Other* parvient à modifier de manière *soft* et invisible les comportements qui favorisent des objectifs commerciaux définis par d'autres que les personnes concernées.

L'opposition entre « pouvoir instrumental » du capitalisme de surveillance et « pouvoir totalitaire » des dictatures n'emporte pas la conviction d'Evgueni Morozov qui, dans une longue recension de l'ouvrage, a porté au plus vif le fer de la critique[18]. Se focaliser sur la dimension disciplinaire des

---

17. Les philosophes du droit Antoinette Rouvroy et Thomas Berns avaient proposé au mitan des années 2010 le concept de « gouvernementalité algorithmique » inspiré des travaux de Foucault, pour décrire la « rationalité numérique » et singulièrement celle des algorithmes. Elle emprunte au philosophe Michel Foucault le concept de « gouvernementalité » développé en 1978 dans son cours au Collège de France (*Sécurité, Territoire, Population*, Paris, Seuil, 2004). Il s'entend d'un certain type de contrôle ou de pouvoir de l'État sur les populations, par exemple un type de surveillance, et de la « rationalité » propre au gouvernement de ces populations. Le gouvernement n'est qu'une dimension parmi d'autres (la souveraineté, la discipline, etc.) de cette « gouvernementalité ». A. Rouvroy, « Gouvernementalité algorithmique et perspectives d'émancipation : le disparate comme condition de l'individuation par la relation ? », *Réseaux* 2013, n° 177 ; T. Berns, *Des données et des Hommes. Droits et libertés fondamentaux dans un monde de données massives*, rapport au bureau du Comité consultatif pour la protection des personnes à l'égard du traitement automatisé des données à caractère personnel, 11 janv. 2016.
18. E. Morozov, « Capitalism's New Clothes », *The Baffler*, 2019.

dispositifs déployés conduit, selon Morozov, à négliger leur ressort économique, si bien qu'« en cherchant à expliquer et à dénoncer ce qu'il y a de neuf dans la dynamique de surveillance du capitalisme, Zuboff ne normalise que trop le capitalisme lui-même ».

L'économiste français Cédric Durand qui revendique une approche marxiste, rejoint et complète l'analyse de Zuboff : les individus sont pris dans un rapport d'exploitation qui se manifeste non seulement par une intrusion dans leur sphère privée mais en outre par une aliénation à une forme de travail productif des données[19]. Si l'exploitation du travail joue toujours un rôle central dans la formation d'une masse globale de plus-value, la spécificité actuelle réside, selon Durand, dans les mécanismes de capture qui permettent à des capitaux de nourrir leurs profits par prélèvement sur cette masse globale en se déconnectant des processus productifs. Ce qui prend le pas, c'est « une relation de capture ». Durand rapproche « Big Other » du « spectre » au sens de Jacques Derrida[20]. Le spectre dispose en effet de « l'insigne suprême du pouvoir : voir sans être vu » car l'individu est pris dans un « effet de visière ». Mais contrairement à la plupart des spectres, « Big Other ne se contente pas d'habiter nos vies, il joue avec » dans un travail de « modelage existentiel » fait de recommandations, suggestions et obligations qui affectent en profondeur les comportements au mépris de l'intégrité de l'autonomie individuelle.

En s'appuyant sur la défense d'un « fondamentalisme de la liberté d'expression libertarienne » et sur la seule autorégulation, les GAFAM auraient protégé le processus d'extraction de tout regard critique, ce qui leur permet, selon Zuboff, d'approfondir l'asymétrie de pouvoir. L'auteure plaide pour une régulation effective inspirée du règlement européen sur la protection des données (RGPD) adopté en 2016, qui accorde une plus large part au consentement des personnes concernées[21]. Durand rappelle qu'après la Seconde Guerre mondiale et les procès de Nuremberg, le « consentement éclairé » a été posé comme l'un des réquisits éthiques pour les expérimentations sur les sujets humains. Il rappelle également les contestations théoriques à l'interventionnisme étatique sous la forme d'une régulation-réglementation.

19. C. Durand, *Techno-féodalisme. Critique de l'économie numérique*, Paris, Zones, 2020. D'autres, comme Dominique Bourg, ont comparé le pouvoir des plateformes à une féodalité *sui generis*. Depuis la période féodale, après la réforme grégorienne jusqu'aux temps modernes, l'Europe a connu un régime de double souveraineté : à celle des États, se superposait la souveraineté de l'Église catholique, « donneur d'ordre universel » organisant la vie de millions d'individus. D. Bourg, *Le Marché contre l'Humanité*, Paris, PUF, 2019.

20. *Spectres de Marx*, Paris, Galilée, coll. « La philosophie en effet », 1993.

21. En Californie, le California Consumer Privacy Act (CCPA) du 28 juin 2018 modifié par le California Privacy Rights Act (CPRA) du 3 nov. 2020 a pour objet de protéger la vie privée des consommateurs résidants en Californie. Cette législation s'inspire du RGPD : c'est le cas de la notion d'« information personnelle » qui marque une proximité avec la « donnée à caractère personnelle ». La loi californienne centrée sur les discriminations en matière de consommation et la propriété des informations personnelles, s'en distingue toutefois fortement sur d'autres points. Le CCPA a inspiré à son tour l'adoption de législations semblables dans certains États fédérés (Virginie, Colorado, Connecticut et Utah).

Friedrich Hayek posait ainsi l'incompatibilité entre le caractère intrinsèquement dispersé de la connaissance et l'intervention publique car le marché seul permet de mobiliser les connaissances « par essence inaccessibles, du fait de leur caractère tacite et situé ».

Morozov décerne dans la thèse de Zuboff un « *a-priori* normatif » car celle-ci se fonderait sur « une sanctification de l'individu libéral » dont le principal horizon est « la protection de la souveraineté des choix du consommateur isolé », au détriment d'une réflexion sur un registre d'action plus collectif. *Idem* chez Durand quand il constate chez Zuboff la place centrale de la théorie atomistique libérale d'un être humain libre et autonome.

Dans son ouvrage, l'historien des sciences et promoteur du logiciel libre Christophe Massuti, se propose de revenir aux « sources du capitalisme de surveillance[22] », et d'analyser la transformation du capitalisme sous l'effet de la surveillance érigée en « paradigme ». Tout en s'inspirant des concepts de Zuboff, il pointe les limites d'une analyse qui, parce qu'elle présuppose son efficacité, ferait l'économie de la critique du marché prédictif. Cette position traduirait dès lors une adhésion au marketing et aux « promesses autoréalisatrices de la Tech ». Et si Zuboff invite à renforcer la protection des données, en renforçant le consentement et en rejetant les marchés qui dépossèdent des données, elle resterait silencieuse sur les conditions et moyens d'une réappropriation.

Alors que depuis les années 2000, le « consensus de la Silicon Valley » se focalise sur des enjeux d'innovation et d'entreprenariat dans l'économie de la connaissance, Durand met en évidence la résurgence paradoxale dans les sociétés contemporaines d'un « métabolisme paradoxal de type médiéval » qu'il dénomme « l'hypothèse technoféodale ». Outre la logique territoriale d'accaparement des sources de données, la boucle de rétroaction inhérente aux services numériques crée pour les sujets une situation de dépendance. Non seulement parce que les algorithmes qui se nourrissent de l'observation des pratiques, deviennent des moyens de production indispensables à l'existence ordinaire, mais encore parce que l'inscription des individus dans les plateformes y est rendue durable par un « effet de verrouillage » dû à la personnalisation de l'interface et à des coûts de sortie élevés. Les plateformes deviennent ainsi des fiefs. Dans ce contexte, Zuboff ne rendrait que partiellement compte du « processus ascendant de cristallisation symbolique de la puissance collective *(potentia)* [qui] rétroagit sous forme de pouvoir *(potestat)* exercé par des organisations qui poursuivent leurs propres fins ».

Les entreprises théoriques ambitieuses pour conceptualiser l'économie politique des données se signalent encore par leur rareté. Voilà sans doute, en dépit de ses critiques, une raison suffisante pour lire, relire (et critiquer) Zuboff.

22. C. Massuti, *Affaires privées. Aux sources du capitalisme de surveillance*, Caen, C&F éditions, coll. « Société numérique », 2020.

PREMIÈRE PARTIE

Surveiller et prévenir

La surveillance sanitaire, entre insuffisances et excès

AUDE DENIZOT

Professeur agrégé de droit privé et sciences criminelles
à l'Université du Mans, Laboratoire Themis-UM

Le domaine de la surveillance sanitaire est immense, puisqu'il couvre à la fois la santé et l'hygiène. Sont ainsi concernés non seulement les épidémies et les denrées alimentaires, mais encore la pollution et l'urbanisme, la distribution des eaux, l'évacuation des déchets, bref tout ce qui touche au milieu de vie[1]. Car les habitations insalubres, les rejets d'industries polluantes, les voies de circulation étroites sont tout aussi dangereux pour la santé qu'une maladie venue d'un ailleurs lointain. Dès lors, évoquer la surveillance sanitaire, c'est faire référence à un très vaste ensemble de normes techniques par lesquelles l'État s'assure que les citoyens vivent dans un environnement sain. Ces préoccupations sont anciennes ; la surveillance sanitaire s'est très tôt manifestée notamment à travers des règles portuaires spécifiques ou encore des normes relatives aux aliments[2], pour s'étendre, peu à peu, à d'autres secteurs.

À la fin du XXe siècle, la surveillance sanitaire prend une autre dimension. Différents scandales révèlent que le risque sanitaire ne provient plus directement de la maladie ou des conditions d'hygiène, mais du système de surveillance lui-même. La naissance du concept de « sécurité sanitaire », au début des années 1990, après les crises du sang contaminé et de l'hormone de croissance, symbolise cette prise de conscience d'un nouveau risque, le risque iatrogène[3].

Au XXIe siècle, la surveillance sanitaire se métamorphose, car elle entre en résonance avec l'émergence d'un état sécuritaire. Le recours généralisé à des technologies de pointe pour surveiller la population mène le juriste à envisager différemment le concept même de surveillance, et de surveillance sanitaire, celle-ci étant alors instrumentalisée au service d'une dictature

1. B. Parance, « Les enjeux de santé environnementale », *EEI* 2017, n° 12. Dossier 27.
2. V. la Charte de la boucherie de 1303 de Mirepoix.
3. D. Tabuteau, « Sécurité sanitaire et droit de la santé », *RDSS* 2007. 823.

sanitaire parfaitement mise en évidence par la doctrine[4]. Ainsi, autrefois très technique, et ciblée sur des normes médicales et hygiénistes, la surveillance sanitaire se concrétise aussi aujourd'hui à travers des normes plus générales de suppression des libertés. Cette métamorphose de la surveillance sanitaire s'est manifestée avec une rapidité et une vigueur surprenante lors de la crise sanitaire du Covid-19, laquelle permit de déployer à grande échelle des pratiques combinant nouvelles technologies et recours à la sous-traitance. Cette crise du Covid a donc été un formidable laboratoire pour l'État autoritaire, sorte de test de l'efficacité et de l'acceptabilité d'une société de surveillance.

Or, ce nouveau visage de la surveillance sanitaire se dessine au moment même où les scandales se multiplient. Il y a eu l'impréparation inouïe à la crise du Covid, avec une sous-estimation coupable des signaux d'alerte[5]. Ceux qui avaient prévenu sur les risques très probables de pandémies n'ont pas été entendus[6] – un manque d'écoute caractéristique de notre système de surveillance sanitaire. Dans le domaine des produits de santé, de nombreuses affaires sont en cours : la responsabilité des laboratoires[7], de l'État[8] et de l'ANSM[9] est mise en cause, et le défaut de vigilance de ces acteurs est régulièrement pointé du doigt. Les dispositifs étatiques de surveillance sanitaire semblent incapables d'anticiper et de gérer ces crises. Sur fond de pénurie, de résurgence des maladies disparues et d'augmentation du taux de mortalité infantile, la production des médicaments et des dispositifs médicaux échappe totalement au contrôle des pouvoirs publics. Du côté alimentaire, un rapport d'information du Sénat de 2017 a fait état « de la persistance de risques sanitaires traditionnels massifs, de la confirmation de risques émergents et de l'émergence de nouveaux risques », un bilan inquiétant[10]. Certains de ces risques sont d'ailleurs encore mal connus, comme tous ceux

4. C. Dounot, « Urgence sanitaire et société disciplinaire. Le culte de l'efficacité validé par le droit », *in* G. Drago, J. Hautebert et C. Eoche-Duval (dir.), *Pandémie, droit et cultes*, Mare & Martin, 2023, p. 47.

5. H. Bergerson, O. Borraz, P. Castel et F. Dedieu, *Covid 19, une crise organisationnelle*, Presses Sc. po., 2020.

6. P. Pédrot, « Les incidences de la covid-19 sur la gouvernance des systèmes de santé », *in* P. Oudot, S. Farhi et Ovadia (dir.), *Covid et droit. Le système juridique à l'épreuve de la première vague épidémique*, 2021, p. 207, spéc. 209.

7. Parmi lesquels Servier, Sanofi, Pfizer, Merck et Bayer.

8. CE 16 nov. 2020, n° 393108, n° 393902 et n° 393904, *AJDA* 2020. 2233, *Just. & cass.* 2021. 165, concl. V. Villette, *LPA* 23 déc. 2020, p. 24, note Eskenazy, *JCP* 2021, n° 98, note S. Brimo, *Dr. adm.* févr. 2021, n° 9, comm. C. Lantero; TA Montreuil, 2 juill. 2020, n° 1704275; R. Felsenheld, « La responsabilité du fait de la police des médicaments. L'affaire de la Dépakine », *RFDA* 2020. 1131 ; S. Brimo, « La carence de l'État dans l'affaire de la Dépakine », *AJDA* 2020. 2102. V. égal. S. Brimo, « L'absence de responsabilité de l'État dans l'affaire PIP ou les carences de la réglementation des dispositifs médicaux », *JCP* 2021. Actu. 98; L. Bloch, « Prothèses PIP : pas de responsabilité de l'État », *RCA* 2021, n° 1, al. 1.

9. T. corr. Paris, 29 mars 2021.

10. Rapp. inf. n° 442 (2016-2017), 23 févr. 2017.

qui sont liés à l'usage d'antibiotiques en élevage et en agriculture. Le récent scandale de l'eau en bouteille montre à quel point l'industrie agroalimentaire n'est guère surveillée en amont.

La surveillance sanitaire des années 2020 se développe donc autour d'un paradoxe. D'un côté, le poids de l'État est de plus en plus étouffant, le contrôle des individus s'accentue, l'intrusion dans la vie privée se banalise. De l'autre, les scandales se succèdent et se répètent selon un schéma structurel similaire. Ce n'est donc pas un malheureux hasard si des risques sanitaires surviennent : ils sont le fruit d'un système défaillant, qui ne parvient pas à tirer les leçons de ses échecs. À cet égard, la situation en matière sanitaire n'est qu'un exemple d'un désastre plus général, avec un État à la fois oppressant et incompétent dans tous les domaines : justice, éducation, agriculture, santé... La surveillance sanitaire s'avère ainsi à la fois insuffisante (I) et étouffante (II).

I. UNE SURVEILLANCE INSUFFISANTE

La surveillance sanitaire est incontestablement utile. On sait combien, par exemple, le travail de la DGCCRF est essentiel. La surveillance est cependant insuffisante en ce qu'elle ne permet pas de mettre fin à des dysfonctionnements structurels. On ciblera nos propos sur les produits de santé, en ayant à l'esprit que les autres domaines ne sont pas épargnés. Deux reproches peuvent être faits au système actuel : le droit de la surveillance est défaillant, tant pour prévenir les risques sanitaires (A), que pour punir les responsables (B).

A. L'INCAPACITÉ À PRÉVENIR LES RISQUES

La catastrophe du Mediator a été l'occasion de repenser le système de surveillance des producteurs de produits de santé, avec une meilleure gouvernance pour la nouvelle ANSM, de manière à assurer une plus grande indépendance et une plus grande transparence. Hélas, malgré ces réformes, les problèmes demeurent, ce qu'a révélé avec éclat l'enquête *Implant files*. Les affaires se suivent et se ressemblent : celles des machines Haemonetics, des respirateurs Philips, de la Dépakine et de l'Androcur, des prothèses PIP et du Cytotec. Le scandale le plus significatif est peut-être celui des implants contraceptifs Bayer, affaire dans laquelle l'ANSM a décidé d'écarter les conclusions alarmantes d'un expert de l'école des Mines qu'elle avait mandé, pour ne pas remettre en cause le bilan bénéfice/risque de l'implant dangereux. Au lieu de surveiller, l'État étouffe les signaux d'alerte. À cet égard, les reports successifs de la date d'entrée en vigueur des nouveaux textes sur les dispositifs médicaux témoignent d'une forme de renoncement des pouvoirs publics, d'une politique du fait accompli et de la toute-puissance des producteurs de produits de santé[11].

L'incapacité de l'État à prévenir les risques sanitaires est également mise en lumière par le rôle décisif des lanceurs d'alerte. Ce sont le plus souvent des patients qui découvrent la dangerosité d'un produit. Tel fut le cas pour le Levothyrox, le Cytotec, la Dépakine, et pour le scandale de l'oxyde d'éthylène[12] ou celui des eaux en bouteille. Lorsque ce sont les médecins qui tirent la sonnette d'alarme, ils ne sont pas écoutés : le docteur Irène Frachon pour le Mediator, ou encore le docteur Marinetti qui avait écrit à plusieurs reprises à l'Affsaps pour signaler les défauts des prothèses PIP. Ces exemples témoignent de l'immobilisme total des structures censées réagir immédiatement. Manque de moyens et conflit d'intérêts expliquent pour une grande part l'inefficacité des procédures mises en place.

B. L'INCAPACITÉ À PUNIR LES RESPONSABLES

La veille sanitaire n'a aucun sens si ceux qui contournent les règles ne sont pas repérés et punis. Or, les pouvoirs publics s'avèrent incapables de donner des suites satisfaisantes aux scandales sanitaires. La faute lucrative, si souvent commise dans le domaine pharmaceutique ou alimentaire, n'est toujours pas sanctionnée, alors qu'il y a des années que cette incohérence du droit de la responsabilité a été repérée. En droit pénal, les sanctions sont également insuffisantes, dans leur montant et dans leur principe. Certes, l'augmentation du *quantum* des amendes n'est pas une solution miraculeuse[13], mais elle aurait au moins l'avantage de soulager les caisses de l'État. En revanche, la doctrine souligne le fort impact des peines d'emprisonnement[14]. Or, les juridictions ont tendance à aménager ces peines pour éviter aux dirigeants les désagréments de l'incarcération. Le procès en appel du Mediator est à cet égard révélateur[15] : la condamnation de Jean-Philippe Seta à un an de prison ferme, mais sous bracelet électronique, montre la frilosité des juridictions à envoyer des dirigeants en prison. De même, le montant de l'amende prononcée à l'encontre de ce dirigeant est ridicule. Le refus, par les juges d'appel,

11. Règlement (UE) 2023/607 du Parlement européen et du Conseil du 15 mars 2023 ; règlement (UE) 2022/112 du Parlement européen et du Conseil. Il apparaît qu'un grand nombre de fabricants, en particulier des petites et moyennes entreprises, ne sont pas suffisamment préparés pour démontrer le respect des exigences du règlement (UE) 2017/745, pourtant adopté en 2017.

12. Le rapport de l'IGAS signale le rôle majeur de la lanceuse d'alerte : M. Dahan, B. Maquart et A. Lorrain-Itty, *Contrôle du cadre juridique s'appliquant à la stérilisation à l'oxyde d'éthylène des biberons, tétines et téterelles utilisés dans les établissements de santé, ainsi que de l'ampleur de cette pratique*, IGAS, RM2012 - 032P.

13. J.-P. Wils, « La pénalisation du droit communautaire est-elle la solution ? » *RLC* 2005, n° 3, p. 139.

14. J.-P. Wils, préc.

15. Paris, 20 déc. 2023 (non publié).

de publier les sanctions prononcées contre Servier dans des spots télévisés diffusés aux heures de grande écoute, de même que le refus de confisquer les bénéfices de la société au risque de mettre en péril le groupe, illustrent l'incapacité du droit à prendre la vie des patients au sérieux[16]. À l'inverse, les tribunaux se montrent parfois assez sévères pour les lanceurs d'alerte[17].

Il reste donc beaucoup à faire pour que la surveillance sanitaire des produits de santé soit efficace. À l'heure actuelle, une entreprise a encore intérêt à produire un médicament dangereux ou un aliment toxique, car les bénéfices dépasseront de loin les retombées négatives en termes d'image et d'indemnisation. On pourrait estimer qu'il s'agit là d'une fatalité, et que l'État n'a ni les pouvoirs, ni le devoir de lutter contre cette défaillance du marché. Toutefois, cette bienveillance à l'égard des personnes morales et de leurs dirigeants contraste singulièrement avec la surveillance des individus, surveillance lourde et minutieuse qui heurte l'État de droit comme les libertés fondamentales.

II. UNE SURVEILLANCE ÉTOUFFANTE

Il peut sembler normal que la surveillance sanitaire cible les individus, puisque c'est leur santé qu'il s'agit de préserver. Par définition, la surveillance sanitaire porte atteinte à la vie privée et touche de près à l'intimité des citoyens. Or, ce qui caractérise la surveillance sanitaire du XXIe siècle, c'est qu'elle porte de moins en moins sur la santé et l'hygiène des individus. Les outils (A), comme les objectifs (B) de la surveillance s'éloignent sensiblement des thématiques sanitaires.

A. LES OUTILS DE LA SURVEILLANCE

La surveillance sanitaire moderne n'est pas faite par le médecin, le biologiste ou l'expert. Elle est désormais opérée par des outils perfectionnés, dont on peut craindre qu'ils servent d'autres fins que la santé publique. Ainsi, le décret n° 2021-269 du 10 mars 2021 a permis le recours à la vidéo intelligente pour mesurer le taux de port de masque dans les transports. Or, les caméras augmentées présentent des risques importants en matière de vie privée et de discrimination. Avec l'accoutumance aux caméras intelligentes banalisées par la loi JO, il faut redouter que d'autres appareils viennent au

16. En 2011, Servier disposait de 2 milliards d'euros en cash-flow, une trésorerie destinée à constituer des provisions pour le procès. Or, le parquet n'a demandé la confiscation des bénéfices qu'à hauteur de 182 millions [https://www.lesechos.fr/2011/05/sante-2-milliards-deuros-dans-les-caisses-de-servier-392440], 7 févr. 2024.

17. J. Raynaud, « Libre expression sur des sujets de santé publique : le dénigrement résiste », *JCP E* 2022. 1094. Le cas de Pierre Himard, ex-cadre de chez Castel Viandes, en est symptomatique.

renfort de l'État : hier interdites[18], les caméras thermiques portables dans les écoles pourraient demain être autorisées ; aujourd'hui abandonné, le bracelet connecté des collégiens de la Sarthe pourrait bien resurgir. Puisque Orange avait transmis au gouvernement les données de géolocalisation des Français durant le premier confinement, on imagine que Garmin, Apple et toutes les applications de santé pourront divulguer, de gré ou de force, les données recueillies par les montres connectées et les téléphones. Ainsi, un procureur britannique s'est servi de l'application mobile de suivi menstruel d'une femme afin de la condamner pour avortement tardif. Les soi-disant outils de surveillance sanitaire peuvent facilement se transformer en outils d'enquête et de punition : c'est ce qu'a brillamment montré le pass sanitaire. La confusion entre santé et police a été sensible pendant la crise sanitaire, avec des descentes des forces de l'ordre organisées dans tous les recoins de France pour vérifier que des familles de retour de l'étranger respectaient bien leur obligation d'isolement[19]. L'État policier prend aussi forme avec la généralisation du fichage. Il y a bien sûr des fichiers de surveillance sanitaire[20]. Mais depuis 2020, les données de santé peuvent légalement être renseignées dans trois fichiers non sanitaires[21]. Le fichage concerne les personnes considérées comme dangereuses et leurs proches, y compris leurs enfants mineurs. Rappelons enfin que les personnes qui ont agi en violation de l'obligation de confinement ont été, en cas d'infraction constatée, fichées au SCA (système de contrôle automatisé) – fichier interconnecté avec beaucoup d'autres, et largement ouvert à la consultation[22]. Ici encore, le prétexte sanitaire sert à élaborer des fichiers de plus en plus précis.

B. LES OBJECTIFS DE LA SURVEILLANCE

Les objectifs de la surveillance ont été modifiés. Il ne s'agit plus tant de la santé des individus que de mesures d'opportunité économique ou politique[23]. La vaccination obligatoire en est un bel exemple. Pendant tout le XXe siècle, elle a été motivée par des raisons sanitaires. Tout a changé avec la loi du 30 décembre 2017 rendant obligatoires huit vaccins jusqu'alors non obligatoires. Ce n'est pas une recrudescence des épidémies de coqueluche ou de rubéole, repérée par les instituts de veille sanitaire, qui a poussé le

---

18. CE, réf., 26 juin 2020, n° 441065 ; G. Haas et L. Goutorbe, « Covid-19 : le Conseil d'État fait retomber la fièvre autour des caméras thermiques », *Dalloz IP/IT* 2020. 636.
19. Sauf à avoir fait une correspondance dans un pays n'étant pas classé en zone rouge.
20. Fichier SI-DEP (système d'information de dépistage), fichier Vaccin Covid, dont les données seront conservées dix ans, etc.
21. Décrets n° 2020-1510, n° 2020-1511 et n° 2020-1512 du 2 déc. 2020.
22. Y. Bisiou, « Nouveau fichage policier des consommateurs de cannabis et des violations de l'obligation de confinement », *AJ pénal* 2020. 172 ; Y. Bisiou, « Annulation partielle "en tant que ne pas" du fichier des amendes forfaitaires délictuelles », *AJ pénal* 2021. 542.
23. Ou éducatif : des enseignants ont retiré des points de moyenne à des élèves qui ne portaient pas correctement le masque.

législateur à décider de cette extension inédite, mais la pénurie du vaccin DTP, jusqu'alors seul obligatoire. Le Conseil d'État avait d'ailleurs enjoint le ministre de la santé de prendre des mesures à cet égard[24]. Mais plutôt que d'obliger les laboratoires à produire le DTP, le législateur a préféré obliger la population à se vacciner. Et dans un arrêt du 6 mai 2019[25], le Conseil d'État a considéré que la loi était justifiée par l'objectif d'amélioration de la couverture vaccinale – un objectif sanitaire ajouté après coup pour valider la décision du législateur.

La surveillance vaccinale s'est encore métamorphosée avec la crise du Covid-19 puisqu'elle a porté sur un vaccin non obligatoire. Elle a donc conduit à une « odieuse discrimination[26] », pour mettre à l'écart des Français qui pourtant n'avaient commis aucune faute au sens de la loi[27]. La surveillance vaccinale est alors devenue le symbole de ce despotisme qu'avait prédit Tocqueville : le souverain « force rarement d'agir, [...], il ne tyrannise point, il gêne, il comprime, il énerve ». Notre président de la République dira très grossièrement la même chose en avouant qu'il avait très envie « d'emmerder » les non-vaccinés. Les citoyens se sont alors transformés en agents de surveillance, les uns en vérifiant les pass sanitaires, les autres en dénonçant leurs concitoyens[28]. Or, la CNIL, malgré son insistance, n'a jamais obtenu le rapport d'efficacité du pass sanitaire qu'elle avait demandé[29]. Il faut dire que cette inefficacité remettrait en cause la pertinence d'une grande partie des 2,2 millions de contraventions dressées pour non-respect des mesures sanitaires[30].

Plus près de nous, la création d'un délit par la loi visant à renforcer la lutte contre les dérives sectaires[31] montre que la surveillance sanitaire a conquis un nouveau territoire. En pénalisant la provocation à abandonner ou à s'abstenir de suivre un traitement médical thérapeutique ou prophylactique, le gouvernement montre qu'il est prêt à sacrifier la liberté d'opinion. L'objectif, comme l'ont si bien révélé les propos véhéments de l'ancien ministre de la santé à l'Assemblée nationale, est de faire taire tous ceux qui n'adhèrent pas à la *doxa* officielle. La surveillance sanitaire s'est donc transformée en une surveillance de la pensée.

---

24. CE 8 févr. 2017, n° 397151.
25. CE 6 mai 2019, n° 419242.
26. C. Dounot, préc., p. 53.
27. Dans un discours puritain, le président de la République a d'ailleurs évoqué « une faute morale ».
28. En avril 2020, le syndicat Alternative Police indiquait que jusqu'à 70 % de la totalité des appels reçus par la police dans les grandes agglomérations concernait le non-respect de l'obligation de confinement.
29. 6 août 2021, 21 oct. 2021, 30 nov. 2021.
30. Entre mars 2020 et avril 2021.
31. Loi n° 2024-420 du 10 mai 2024 visant à renforcer la lutte contre les dérives sectaires et à améliorer l'accompagnement des victimes. V. E. Maupin, « Désaccord sur le projet de loi Lutte contre les dérives sectaires », *AJDA* 2024. 703 ; A. Denizot, « D'où vient la loi ? Les sources extravagantes de l'article 4 », *RTD civ.* 2024. 506.

La surveillance des établissements bancaires

JÉRÔME LASSERRE CAPDEVILLE
Maître de conférences HDR de droit privé et sciences criminelles à l'Université de Strasbourg, DRES – Droit, religion, entreprise et société (UMR CNRS)

Un établissement de crédit est une personne morale bénéficiant d'un monopole pour recevoir des fonds remboursables du public, tels des dépôts, et pour délivrer des crédits à titre habituel[1].

Pourquoi un tel monopole ? Car de telles opérations ont nécessairement des incidences sur l'économie. Une banque en difficulté, c'est un établissement qui risque de ne plus pouvoir rembourser ses créanciers, et notamment les déposants, et qui, dans le même temps (par l'intermédiaire des organes de la procédure collective) demandera à ses propres débiteurs de rembourser immédiatement leurs dettes. Les effets préjudiciables seront alors à même de se propager très rapidement.

Les « faillites » récentes de Silvergate et de Silicon Valley Bank aux États-Unis ou les difficultés de Crédit Suisse ont rappelé que ce risque de propagation n'est pas une « hypothèse d'école ».

Les établissements de crédit sont donc à surveiller. Ils le sont en pratique, et ce depuis bien longtemps[2]. Cette surveillance a néanmoins évolué avec le temps. Tel a encore été le cas à la fin des années 2000, dans un contexte particulier : celui de la crise financière de 2008, témoignant de mauvaises pratiques bancaires aux États-Unis et en Europe. Une triple évolution a alors été opérée en quelques années.

D'abord, au niveau national, une fusion a été réalisée entre les autorités d'agrément et de contrôles des secteurs de la banque et de l'assurance, ces secteurs tendant en pratique à se rapprocher. Une ordonnance du 21 janvier

1. C. mon. fin., art. L. 511-5 et art. L. 571-3.
2. J. Lasserre Capdeville, « Autorité de contrôle prudentiel et de résolution : supervision bancaire », *Rép. dr. comm. Dalloz*, 2023, n°s 1 s.

2010 a ainsi créé un nouveau superviseur, commun à ces deux secteurs, l'Autorité de contrôle prudentiel (ACP), qui est devenu suite à une loi du 26 juillet 2013 l'Autorité de contrôle prudentiel et de résolution (ACPR). Cette autorité a alors plusieurs missions fondamentales, et notamment veiller à la préservation de la stabilité du système financier, s'assurer que les professionnels assujettis respectent les dispositions luttant contre le blanchiment d'argent et le financement du terrorisme et vérifier que les règles tendant à la protection des clients sont correctement appliquées[3].

Ensuite, au niveau de l'Union européenne, la crise financière a incité les États membres à renforcer les mécanismes de coopérations entre les autorités nationales en matière de contrôle bancaire. Cinq règlements et une directive ont ainsi été adoptés en 2010 afin d'instaurer le Système européen de surveillance financière (SESF). Ce SESF concerne tant la supervision macroprudentielle qui vise à garantir la stabilité financière, au travers du Comité européen du risque systémique (CERS), que la supervision microprudentielle qui s'exerce directement sur les entités contrôlées. Cette dernière est assurée par trois autorités européennes de surveillance (AES), dont l'Autorité bancaire européenne (ABE), par le comité mixte des AES, et enfin par les autorités nationales de surveillance compétentes, telle l'ACPR.

Enfin, l'évolution de la crise financière, puis son aggravation en crise de la dette souveraine, ont mis en lumière la nécessité pour les États membres de la zone euro (20 pays sur 27) d'envisager une intégration plus poussée de la surveillance bancaire dans cette zone. L'Union bancaire a ainsi été créée. Celle-ci repose sur trois piliers : le Mécanisme de surveillance unique (MSU) qui réunit la Banque centrale européenne (BCE) et les autorités compétentes des 20 États membres de la zone euro, le Mécanisme de la résolution unique (MRU) et les systèmes nationaux de garantie des dépôts. Cette Union bancaire, qui s'étend pour l'heure aux seuls pays membre de l'Union européenne qui ont choisi la monnaie commune, n'a pas vocation à se substituer au SESF, qui concerne pour sa part tous les États membres de l'Union européenne et l'ensemble du secteur financier (banque, finance, et assurance).

Le décor est désormais planté; il est objectivement riche. Nous pouvons à partir de cet instant nous interroger : par qui et comment est assurée, en 2024, la surveillance des banques?

Tout dépend, en réalité, de la finalité de la surveillance. En effet, les solutions varient selon qu'il s'agit de vérifier si les établissements de crédit appliquent bien les règles prudentielles s'imposant à eux, ou d'autres règles.

Une précision est à donner ici. Les règles prudentielles s'imposent aux établissements bancaires pour éviter qu'ils ne prennent des engagements excessifs et risqués. Elles visent donc à prévenir les faillites bancaires et à

3. C. mon. fin., art. L. 612-1.

préserver la stabilité du système financier. Elles revêtent traditionnellement la forme d'obligations liées aux fonds propres, mais aussi de ratios solvabilité et de liquidité que les établissements assujettis sont tenus de respecter sous peine d'encourir des sanctions de l'autorité de supervision compétente.

Mais ce ne sont pas les seules règles importantes s'imposant aujourd'hui aux établissements de crédit. On peut ainsi citer les nombreuses dispositions visant à lutter contre le blanchiment d'argent et le financement du terrorisme (LCB-FT), mais aussi celles qui tendent, plus directement, à protéger la clientèle. Ces règles ont donc une finalité plus « éthique ».

Or, du fait de la mise en œuvre du Mécanisme de supervision unique (MSU)[4] depuis le 4 novembre 2014, la surveillance des établissements de crédit ne s'opère pas totalement de la même façon selon que celle-ci concerne le respect des règles prudentielles ou des règles éthiques par les établissements assujettis. Nous opérerons donc ici une distinction en fonction des regles concernées.

I. LA SURVEILLANCE DU RESPECT DES RÈGLES PRUDENTIELLES

Le MSU repose sur l'attribution à la BCE de certaines compétences en matière de surveillance prudentielle des établissements de crédit de la zone euro. En conséquence, aujourd'hui, la mise en œuvre directe de la surveillance prudentielle des établissements de crédit se retrouve partagée entre le superviseur européen (A) et les autorités compétences nationales, en France l'ACPR (B).

A. LA SURVEILLANCE DIRECTE DES BANQUES PAR LA BCE

Par principe, la surveillance des établissements de crédit dans l'Union européenne est une compétence essentiellement nationale.

Cependant, le règlement de base n° 1024/2013/UE du 15 octobre 2013 a transféré à la BCE un ensemble de compétences relatives à la surveillance prudentielle des établissements de crédit établis dans les États membres participant au MSU.

Ce transfert est cependant bien délimité. La BCE n'assure directement que la surveillance prudentielle des établissements et groupes « importants » *(Significant Institutions, SI)*. Ainsi, et *a contrario*, les autorités compétentes nationales demeurent responsables de la surveillance prudentielle des établissements moins importants *(Less Significant Institutions, LSI)*.

Mais comment distinguer ces deux hypothèses? Le règlement-cadre de la BCE n° 468/2014/UE du 16 avril 2014 dégage plusieurs critères alternatifs.

---

4. Règl. (UE) n° 1024/2013 du Conseil du 15 oct. 2013 confiant à la Banque centrale européenne des missions spécifiques ayant trait aux politiques en matière de surveillance prudentielle des établissements de crédit : *JOUE* L. 287, 29 oct. 2013.

On trouve ainsi, notamment, un critère lié à la taille (valeur totale de ses actifs supérieure à 30 milliards d'euros); un critère lié à l'intérêt pour l'économie de l'Union ou d'un État membre participant; ou encore un critère lié à l'importance des activités transfrontalières.

Il incombe alors à la Banque centrale européenne de déterminer si un établissement ou un groupe bancaire présente l'un de ces critères.

La BCE dispose néanmoins, en la matière, de grands pouvoirs. D'abord, concernant la mise en œuvre de ces mêmes critères. Ensuite, au-delà de ces derniers, la BCE est libre de décider de surveiller directement les trois établissements ou groupes bancaires les plus importants dans un État membre participant.

Dans notre pays, onze établissements et/ou groupes relèvent de cette catégorie : BNP Paribas, BPCE, BPI France, Confédération nationale du Crédit mutuel, Caisse de Refinancement de l'Habitat, Crédit Agricole SA, HSBC France, La Banque postale, RCI Banque, Société de Financement Local (SFIL), Société Générale.

Elles sont aux alentours de 115 (sur près de 3000) au niveau de la zone euro. Elles détiennent plus de 80 % des actifs bancaires de cette zone.

Dès lors, concernant ces établissements ou groupes importants, la BCE va veiller à leur respect des exigences prudentielles en matière de fonds propres, de liquidité, de grands risques, de gestion des risques ou encore de contrôle interne, c'est-à-dire les dispositions, généralement issues des accords de Bâle, tendant à rendre les établissements concernés suffisamment solides.

La Banque centrale européenne peut, sans surprise, infliger des sanctions aux banques à l'origine de manquement en la matière. Il peut s'agir d'une sanction pécuniaire du double des gains retirés de l'infraction ou des pertes qu'elle a permis d'éviter ou encore un montant correspondant à 10 % du chiffre d'affaires annuel total.

Par exemple, en 2022, la BCE a infligé des sanctions d'un montant total de 4,7 millions d'euros à Crédit Agricole SA et à deux de ses filiales. Il était reproché à ces établissements une infraction aux règles de déclaration des fonds propres[5].

Mais les autorités compétentes nationales, telle l'ACPR, sont-elles radicalement écartées de la surveillance des établissements importants? Une réponse négative s'impose.

Les autorités nationales sont tenues, en effet, d'assister la BCE dans l'exercice de ses missions de surveillance prudentielles. Ce rôle d'assistance porte tant sur la préparation que sur l'exécution des décisions de la BCE. Plus précisément, les autorités nationales doivent soumettre à la BCE, à sa demande, des projets de décisions de surveillance prudentielle, participer à ses activités de contrôle et mettre en application ses décisions en faisant

5. « Crédit Agricole : la BCE inflige une amende de 4,8 millions d'euros au groupe », *MoneyVox/AFP*, 25 août 2022.

usage, si nécessaire, des pouvoirs dont elles disposent en vertu de leur droit national. Dans tous les cas, les superviseurs nationaux doivent suivre les instructions de la BCE.

B. LA SURVEILLANCE DIRECTE DES BANQUES PAR L'ACPR

Les autorités compétentes nationales demeurent chargées de la surveillance prudentielle directe des établissements moins importants (soit un peu plus d'une centaine d'établissements dans notre pays).

Dans cette situation, l'ACPR pourra procéder à des contrôles sur pièces et des contrôles sur place.

En cas de difficultés relevées, l'ACPR pourra, le cas échéant, prononcer une mesure de police administrative (mise en garde, mise en demeure, demande d'établissement d'un programme de rétablissement, mesures conservatoires, etc.). L'idée est ici que l'établissement rétablisse rapidement sa situation.

L'ACPR sera également en droit, en cas de manquement notable détecté, de prononcer une sanction (disciplinaire et/ou pécuniaire) contre l'établissement ainsi jugé fautif. L'article L. 612-40 du Code monétaire et financier envisage spécifiquement cette situation. Cette dernière situation ne se rencontre cependant pas souvent[6].

Quid de l'action de la BCE ici ? Est-elle dépourvue de tout rôle ? Absolument pas. La BCE exerce à l'égard de ces établissements une surveillance indirecte. En effet, la crise financière a montré que les petits établissements de crédit pouvaient, eux aussi, constituer une menace pour la stabilité financière.

C'est pourquoi la BCE supervise l'exercice par les autorités compétentes nationales de leurs pouvoirs de surveillance prudentielle à l'égard des établissements moins importants. Elle peut prendre des règlements, des orientations ou des instructions générales précisant les modalités selon lesquelles ces autorités doivent accomplir leurs missions et arrêter leurs décisions. Les superviseurs nationaux sont également soumis à des obligations d'information à l'égard de la BCE (concernant les procédures, les projets de décisions, etc.). La BCE peut également leur demander de faire régulièrement un rapport sur l'accomplissement de leurs missions.

Enfin, et surtout, la BCE peut, à tout moment et de sa propre initiative, décider d'exercer elle-même directement la surveillance prudentielle d'un ou de plusieurs établissements de crédit moins importants, lorsque « cela s'avère nécessaire pour assurer une application cohérente de normes élevées de surveillance[7] ». Elle a ainsi un pouvoir de substitution à l'égard des autorités compétentes nationales.

6. V. cependant, ACPR 26 janv. 2015, *Bank of Africa France*, n° 2013-06.
7. Règlement n° 1024/2013/UE du 15 oct. 2013, art. 6, § 5, pt b.

Cette dualité de compétence, finalement bien ordonnée par le droit, a pour caractéristique d'être limitée à la surveillance du respect des règles prudentielles. La solution est, en effet, différente concernant le respect des règles éthiques.

II. LA SURVEILLANCE DU RESPECT DES RÈGLES ÉTHIQUES

Nous distinguerons ici les règles relatives à la LCB-FT (A) et celles qui tendent à la protection des clients (B).

A. LA SURVEILLANCE INTÉRESSANT LES RÈGLES RELATIVES À LA LCB-FT

Depuis le début des années 90, les professionnels de la banque doivent respecter des règles tendant à la LCB, étendue par la suite à la lutte contre le financement du terrorisme (FT). On sait que cet encadrement juridique n'a cessé de se renforcer sous l'impulsion du droit européen. Cinq directives ont ainsi dû être transposées, successivement, en la matière. Ce droit n'a d'ailleurs pas fini d'évoluer[8].

Aujourd'hui, les dispositions s'imposant aux établissements de crédit en matière de LCB-FT se retrouvent dans différents textes : les dispositions législatives et règlementaires du Code monétaire et financier, mais aussi dans un arrêté du 6 janvier 2021[9].

Ces professionnels voient peser sur eux différentes obligations[10] prenant la forme d'un devoir de vigilance (variable en fonction de l'intensité du risque de blanchiment ou de financement du terrorisme), mais aussi un devoir de déclaration. En outre, ils sont tenus de mettre en place une organisation et des procédures internes pour mener cette LCB-FT.

Pour s'assurer que ces obligations, de plus en plus techniques, sont bien respectées, l'ACPR dispose, quelle que soit l'importance de l'établissement, d'un pouvoir de contrôle sur pièce comme sur place[11].

En cas de manquements relevés, plusieurs situations pourront se rencontrer. D'abord, si le manquement observé n'est pas très important, une lettre de suite pourra être adressée au professionnel de la banque en question par le secrétaire général de l'ACPR afin qu'il corrige ses erreurs. Très souvent, cette procédure suffira à rétablir la situation.

---

8. Une Autorité européenne de lutte contre le blanchiment d'argent (AMLA) est, notamment, en voie de création.

9. *JO* 16 janv. 2021, texte n° 9.

10. C. mon. fin., art. L. 561-4-1 s.

11. J. Lasserre Capdeville, « Autorité de contrôle prudentiel et de résolution : supervision bancaire », *Rép. dr comm. Dalloz*, 2023, n°s 207 s.

Ensuite, si la difficulté est plus importante, le collège de supervision de l'ACPR pourra prononcer contre l'établissement concerné une mesure de police administrative (mise en garde, mise en demeure, mesures conservatoires, etc.). Ici encore, cela permettra de rétablir rapidement la difficulté relevée.

En revanche, en cas de manquement suffisamment grave ou de non-respect d'une mise en garde ou d'une mise en demeure, la commission des sanctions de l'ACPR pourra sanctionner l'établissement. Cette situation est prévue par l'article L. 612-39 du Code monétaire et financier. On notera que ces sanctions peuvent être lourdes.

D'une part, les sanctions disciplinaires, qui prennent le plus souvent la forme d'un avertissement ou d'un blâme, peuvent dans l'absolu être très « rudes » pour l'établissement sanctionné. Le retrait d'agrément (devant être prononcé par la BCE) est ainsi prévu[12].

D'autre part, le même constat s'impose concernant la sanction pécuniaire encourue. Celle-ci peut aller jusqu'à 100 millions d'euros, voire 10 % du chiffre d'affaires. L'impact économique peut donc être important pour l'établissement concerné.

Enfin, les décisions de la commission des sanctions sont rendues publiques et sont ainsi reproduites sur le site de l'ACPR. Cela peut donc nuire à l'image du professionnel sanctionné.

Deux observations s'imposent cependant ici. En premier lieu, le nombre de décisions de condamnation demeure faible : entre 5 et 12 condamnations par an (dont 1/3 concernant les établissements intervenant dans le secteur de l'assurance). Ainsi, beaucoup de difficultés relevées sont traitées par voie de lettre de suite ou de mesures de police administratives. Seuls les manquements les plus graves sont finalement sanctionnés. En second lieu, la plupart des décisions de sanction d'établissements bancaires concernent des manquements liés à la LCB-FT[13].

B. LA SURVEILLANCE INTÉRESSANT LES RÈGLES TENDANT À LA PROTECTION DE LA CLIENTÈLE

Plusieurs règles du Code monétaire et financier cherchent à protéger directement le client de banque : droit au compte et aux services bancaires de base, encadrement des clients fragiles, limitation de certains frais et commissions, etc.

Or, cela a été dit, l'ACPR veille aussi à la protection des clients, et ce quelle que soit la taille de l'établissement concerné.

Dès lors, dans ce cas également, en cas de manquements constatés aux dispositions légales participant à la protection des clients, l'ACPR pourra

12. Il n'est, cependant, jamais retenu en pratique.

13. J. Lasserre Capdeville, « Droit de la conformité bancaire : un an de décisions de l'Autorité de contrôle prudentiel et de résolution », chronique annelle, *RLDA* mai 2023, n° 192, p. 25.

rétablir la situation par une lettre de suite ou une mesure de police administrative, voire décider de prononcer une sanction.

Cette dernière situation s'est déjà rencontrée en matière de violation des textes relatifs au droit au compte[14] et à la limitation de certains frais et commission[15].

Pour conclure cette présentation, nous pouvons affirmer qu'aujourd'hui les établissements bancaires sont particulièrement surveillés tant par l'autorité de contrôle nationale que, concernant les aspects prudentiels, par la BCE (directement ou indirectement).

Cette solution est heureuse car nécessaire : les banques doivent être suffisamment solides, sans être éloignées de la protection des clients et de la lutte contre la délinquance économique. On peut considérer qu'elles le sont dans notre pays.

14. ACP 3 juill. 2013, *Le Crédit Lyonnais*, n° 2012-09, *LEDB* sept. 2013, p. 7, comm. 118, obs. J. Lasserre Capdeville; ACPR 11 avr. 2014, *Société générale*, n° 2013-04, *Revue Banque* juin 2014, n° 773, p. 106, obs. J.-P. Kovar et J. Lasserre Capdeville; ACPR 19 mai 2016, *Société générale*, n° 2013-04, *Revue Banque* juill.-août 2016, n° 798, p. 90, obs. J.-P. Kovar et J. Lasserre Capdeville.

15. ACPR 5 nov. 2020, *BNP Paribas Réunion*, n° 2020-07.

Surveillance et *compliance*

ROXANA FAMILY

Maître de conférences de droit privé et sciences criminelles à CY Cergy Paris Université, LEJEP – Laboratoire d'études juridiques et politiques

S'inspirant d'instruments internationaux négociés au sein d'un écosystème alliant réglementation, autorégulation, corégulation et soutien aux initiatives, le droit contemporain promeut l'approche par les risques, encourageant ainsi la proactivité, la durabilité ou l'aide à la prise de décision. Dans ce contexte, la surveillance et la *compliance* participent à la gestion des risques. Apparue après la deuxième guerre mondiale, et systématisée à partir de 1963[1], la gestion s'est d'abord intéressée aux risques purs, comme les pertes consécutives à des accidents, avant de capter des risques émergents[2] dont la non-conformité qui implique de se doter d'un programme de *compliance* pour veiller au respect des normes.

Suite aux scandales financiers du début du nouveau millénaire, et les défaillances de la gouvernance d'entreprise, la transparence et les responsabilités ont été renforcées. Dès 2002, la loi Sarbanes-Oxley, par exemple, a obligé les dirigeants d'entreprises américaines et étrangères à déployer des contrôles internes pour atténuer les risques financiers, respecter la réglementation applicable et, en allant au-delà du simple respect de la loi, promouvoir des valeurs comportementales grâce à un code de conduite[3]. Au fil du temps, la non-conformité expose les entreprises à de multiples sanctions entraînant, dans son sillage, des conséquences économiques, commerciales ou réputationnelles significatives. La *compliance* suppose dès lors une surveillance permanente du risque de non-conformité, de manière à le prévenir, l'atténuer ou en réparer les effets (I). Toutefois, pousser les opérateurs à l'autorégulation ne suffit pas. Si la *compliance* assure principalement une surveillance de soi,

1. R. I. Mehr et B. Hedges, *Risk Management in the Business Enterprise*, éd. R. D. Irwin, 1963 ; C. A. Willams et R. M. Heins, *Risk Management & Insurance*, éd. Mc Graw-Hill, 1964.
2. G. Dionne, « Gestion des risques : histoire, définition et critique », *Rev. assur. et gestion des risques* 2013, p. 19 s.
3. Sarbanes-Oxley Act, 2002, Sec. 404 et 406 ; P. Lanois, *L'effet extraterritorial de la loi Sarbanes-Oxley*, RB éd., 2008.

il arrive qu'elle serve d'autres intérêts que ceux de l'organisation et se trouve alors sous la surveillance d'autrui (II).

I. LA *COMPLIANCE* AU SERVICE DE L'AUTORÉGULATION LA SURVEILLANCE DE SOI

Une gestion efficace des risques requiert des choix éclairés en évaluant les impacts des activités sur l'organisation et ses parties prenantes. Pour y parvenir, il est nécessaire d'arbitrer entre les conséquences positives ou négatives d'un nouvel événement et la probabilité ou l'ampleur potentielle d'une conséquence négative. L'objet de la surveillance (A) conditionne l'élaboration d'instruments adaptés (B).

A. L'OBJET DE LA SURVEILLANCE – L'IMPACT ET LE RISQUE

Selon que l'on s'intéresse à la prévention et à la gestion d'un événement négatif (risque) ou aux conséquences d'un changement (impact), tel qu'un nouveau projet, produit, service, voire une disruption du marché, le rôle de la surveillance peut fluctuer. Tandis que le risque porte sur les externalités négatives qui affectent la performance, l'impact envisage l'amélioration et le préjudice consécutifs au changement[4]. Menée en amont, l'étude d'impact permet d'anticiper les conséquences du changement et d'identifier les risques potentiels, y compris la non-conformité. La surveillance d'un événement négatif intervient, au contraire, à la fin du processus pour tenter de prévenir ou d'atténuer un risque identifié. Un risque élevé peut ainsi résulter soit d'une forte probabilité d'un certain dommage, soit d'une faible probabilité d'un dommage grave[5]. La mesure préalable de l'impact est parfois expressément requise par certaines législations, comme le Règlement général sur la protection des données (RGPD)[6], pour identifier puis minimiser les éventuels risques de violation des données.

B. LES MOYENS DE LA SURVEILLANCE LES RESPONSABILITÉS ET LES MÉCANISMES

La surveillance en matière de *compliance* consiste à se doter d'un système organisationnel (1) formé de politiques, de procédures, de pratiques et d'outils (2) pour s'assurer que les activités opérationnelles respectent les normes applicables à l'entreprise.

4. R. Arnold et S. Bohner, *Software Change Impact Analysis*, Wiley & Sons Ltd, 1996, p. 3.
5. CE 2 avr. 2021, n° 445071, *AJDI* 2021. 864, note P.-E. Lagraulet.
6. Règlement (UE) 2016/679 du Parlement européen et du Conseil du 27 avr. 2016, art. 35-1.

1. La gouvernance de la surveillance

La clarification des responsabilités dans la surveillance du risque est une étape cruciale pour aligner les actions sur les objectifs stratégiques et aider à la prise de décision. L'objectif de la *compliance* étant de protéger une organisation contre la survenance d'un risque de non-conformité, la surveillance est dévolue aux instances de gestion et portée par des fonctions dédiées.

Les instances de gestion – la surveillance verticale. – Le niveau de risque acceptable dans la poursuite des objectifs stratégiques est déterminé par l'appétence des dirigeants qui, en fixant les périmètres de la gestion des risques, reflètent ou façonnent la culture organisationnelle et anticipent les enjeux majeurs liés à la disruption ou à la fluctuation du marché voire du cadre normatif. Lorsqu'ils les désignent comme les responsables de la surveillance des risques, les textes sont silencieux sur la portée de leur responsabilité, la clarification étant souvent l'œuvre des autorités. Ainsi, concernant le risque de corruption, l'Agence française anticorruption (AFA) a considéré que l'instance dirigeante est responsable de la stratégie de gestion du risque et de la gouvernance du programme anti-corruption, avant de faire de l'engagement de cette instance le premier axe structurant d'un dispositif efficace[7]. Les lignes directrices du ministère de la justice britannique relatives au Bribery Act insistent également sur cet engagement[8] et celles du Département de la Justice américain (DoJ) mentionnent que la responsabilité principale de la surveillance incombe à l'ensemble du conseil d'administration[9]. Ces considérations conduisent ensuite logiquement les autorités à vérifier la disponibilité des ressources allouées à la gestion des risques[10].

Les fonctions de surveillance – la surveillance incarnée. – Diverses fonctions se partagent la surveillance des risques au sein d'une organisation. Lorsqu'il s'agit de promouvoir l'intégrité des affaires et respecter les normes applicables, la fonction est incarnée par le *chief compliance officer* (CCO) chargé de garantir que les procédures appropriées sont mises en œuvre aux niveaux opérationnels, puis d'informer et de conseiller l'instance dirigeante sur les risques

7. AFA, *Recommandations*, 2021, § 17 s., p. 6 s.
8. Ministry of Justice, *Bribery Act Guidance*, 2010, p. 23 s.
9. DoJ, *Evaluation of Corporate Compliance Programs*, mars 2023, p. 9; *Criminal Division Corporate Enforcement and Voluntary Self-Disclosure Policy*, janv. 2023, p. 5; D. Kahn, « Implications of DOJ's New Guidance on Corporate Criminal Enforcement », *Rev. int. compliance et éthique des affaires (RICEA)*, 2022, comm. 285; D. Kahn et S. Scemla, *RICEA* 2022, comm. 286; D. A. Katz, L. A. McIntosh et W. L. Rosen, « The Board's Role in FCPA Compliance », Harvard Law School Forum on Corporate Governance, 23 sept. 2016.
10. AFA, *ibid.*, § 103, p. 17; DoJ, *ibid.*, p. 10; ESMA, « Orientations concernant certains aspects de MiFID II relatifs aux exigences de la fonction de vérification de la conformité », § 15, p. 9; « La responsabilité du dirigeant face aux faits de corruption », *RICEA* 2022. Dossier 277.

potentiels ou encourus. Pour y parvenir, il doit agir de façon transversale en collaboration avec les autres fonctions et directions de l'organisation[11]. Avec la démocratisation progressive de la fonction, la question du rôle et de la place du CCO se pose avec acuité, d'abord en raison de la nature de ses missions, ensuite en réponse au fonctionnement des entreprises en silos, enfin en considération de l'engagement de l'instance dirigeante. Il ne fait aucun doute que l'efficacité de toute démarche de *compliance* nécessite une indépendance fonctionnelle et les autorités s'accordent à considérer que le CCO doit recevoir des informations pertinentes, avoir un accès direct à l'organe directeur et participer à la prise de décision. À la lumière de récentes évolutions, une telle indépendance pourrait néanmoins aggraver sa responsabilité personnelle depuis que le DoJ envisage, en cas d'accord de procédure différée, d'exiger un certificat conjoint du dirigeant et du CCO attestant du caractère raisonnable du programme de *compliance*. Justifiée par le souci de renforcer la position du CCO, cette exigence lui confère toutefois un rôle de supervision de nature à mettre directement en cause sa responsabilité, malgré la surveillance par les niveaux opérationnels, et à générer une chaîne de certifications internes[12].

2. Les mécanismes de surveillance

Un programme de *compliance* repose sur différents dispositifs de surveillance des risques dont certains sont des outils internes développés pour identifier les anomalies opérationnelles alors que d'autres sont spécifiques à la *compliance*.

Le contrôle et l'audit internes – la surveillance transversale. – Mis en œuvre par l'instance dirigeante, et porté par différents niveaux, le contrôle interne fournit une assurance raisonnable quant à la réalisation et l'optimisation des opérations, la fiabilité des informations financières et la conformité aux lois et aux réglementations. Sans garantir un résultat, ce processus suppose la mise en place d'outils de surveillance adéquats pour détecter rapidement toute forme d'anomalie. L'audit interne, quant à lui, fournit l'assurance que les fonctions de contrôle interne et de gestion des risques sont correctement déployées. La *compliance* s'appuie sur ces processus internes de surveillance et leurs déclinaisons, telles que le contrôle et l'audit comptables[13]. Il n'est dès lors pas étonnant que le législateur les évoque lorsqu'il détaille le contenu d'un programme[14] ou lorsqu'il formule des exigences spécifiques

11. « Synergies et transversalité de la *compliance* au sein des organisations françaises en 2023 », *Deloitte France*, déc. 2023, p. 15 s. ; *infra*.
12. T. H. Park et K. A. Feld, « Renewed Focus of U.S.Prosecutors on Individual Accountability », *RICEA*, *ibid.* ; nos obs. *in* « Anatomie d'une indépendance », *RICEA*, *ibid.*, 98.
13. AFA, *ibid.*, § 285 s., p. 37 s.
14. Loi Sapin II, art. 17.

relatives à la tenue de registres comptables[15], et qu'ils suscitent l'attention des autorités[16].

Le dispositif d'alerte professionnelle ou éthique – la surveillance participative. – Hormis les dispositifs internes, un programme de *compliance* dispose de mécanismes propres, dont un système d'alerte, un outil central permettant de signaler tout comportement de nature à constituer une violation des normes et exposer l'organisation à un risque grave. Introduit en France, principalement à la suite la loi SOX, le dispositif d'alerte professionnelle ou éthique fut consacré par la loi Sapin II avant d'être repris et généralisé par d'autres législations prônant l'approche préventive. Accessible aux parties prenantes internes et externes de l'organisation, il permet une surveillance collective et augmente la probabilité de détecter des comportements nuisibles, à condition que les auteurs des signalements aient confiance dans la fiabilité du système et le respect de leurs droits. Sous réserve d'un environnement propice à son utilisation, le dispositif d'alerte devient un indicateur clé de l'efficacité d'un programme de *compliance*, dont il révèle les failles, et améliore la culture organisationnelle.

Bien que le législateur français se montre favorable au signalement, la prolifération d'exigences légales non coordonnées peut être source de confusion et de gaspillage de ressources. De manière pragmatique, l'AFA recommande un dispositif unique de centralisation des signalements[17], de sorte qu'après la loi du 27 mars 2017 le dispositif d'alerte issu de la loi Sapin II a été souvent étendu aux périmètres de vigilance. Cependant, selon le contexte de son utilisation, un même mécanisme de surveillance peut être soumis à des exigences distinctes. Ainsi, la loi sur le devoir de vigilance exige que le dispositif d'alerte soit établi en concertation avec les organisations syndicales représentatives alors que la loi Sapin II requiert une consultation préalable des instances de dialogue social. Récemment, en matière de vigilance, le juge judiciaire a pu préciser que le recueil d'un avis ne vaut pas concertation[18], ce qui soulève la question de la validité d'un dispositif d'alerte unique.

II. LA *COMPLIANCE* AU SERVICE DE LA RÉGULATION – LA SURVEILLANCE D'AUTRUI

De la protection des données personnelles, des droits humains ou de l'environnement à la lutte contre la corruption et le blanchiment, la responsabilisation s'accompagne d'une surveillance des entités assujetties (A) qui, pour

15. FCPA, § 78 s.
16. AFA, *ibid.* ; DoJ, *A Resource Guide to the U.S. Foreign Corrupt Practices Act*, 2020, p. 40 s.
17. AFA, *ibid.*, § 253-255, p. 35.
18. TJ Paris, 5 déc. 2023, n° 21/15827 ; C. Michon, *RICEA* 2024, comm. 38 ; A. Oumedjkane, *JCP Adm.* 2024, n° 3 ; I. Grossi, *La lettre juridique*, févr. 2024.

minimiser leur exposition au risque, sont poussées à surveiller, à leur tour, d'autres entités et vérifier qu'elles s'engagent dans une démarche proactive (B).

A. LA SURVEILLANCE DES ENTITÉS ASSUJETTIES L'OBLIGATION DE *COMPLIANCE*

Si l'approche par les risques conduit à exiger le déploiement d'un programme de *compliance* sous la supervision directe d'une autorité (1), la surveillance peut encore intervenir à l'initiative ou en considération des parties prenantes externes (2).

1. La surveillance assurée par les autorités

La logique préventive consiste à veiller à certaines activités ou questions complexes en faisant appel à des autorités indépendantes chargées de réglementer, de superviser, d'informer et de protéger. Ces autorités œuvrent de la sorte aux côtés des autorités répressives et, plus récemment, du juge judiciaire.

Les autorités dédiées – la surveillance directe de la compliance. – Si le champ de compétence classique des autorités de surveillance est la régulation sectorielle, et inclut les périmètres de la fonction de conformité[19], certaines autorités sont en charge d'un risque spécifique. Au-delà du contrôle, la surveillance des autorités vise à favoriser l'autonomie des organisations par une pédagogie active. C'est ainsi par exemple qu'en matière de corruption, la maîtrise progressive du risque par les entités contrôlées a modifié les pratiques de l'AFA qui s'est orientée vers une démarche plus collaborative en vue de pérenniser les programmes de conformité[20]. Une autorité peut être encore amenée à surveiller une entité mise en cause dans le cadre d'une enquête préliminaire ou d'une information judiciaire. Dans cette logique, dans les années 1990, le DoJ a fait appel à un tiers expert, le *corporate monitor*[21], pour superviser la mise en place des mesures requises au titre des accords de procédure différée. En France, pour éviter la réitération des faits, la loi Sapin II a également introduit un système de surveillance des mesures judiciaires en étendant les missions de l'AFA au contrôle d'un programme de conformité, à la suite d'une convention judiciaire d'intérêt public (CJIP) ou d'une peine de programme de mise en conformité (PPMC).

19. V. la position de l'AMF en matière d'exigences relatives à la fonction de conformité suivant les orientations de l'ESMA, 3 juin 2021.
20. AFA, *Rapport d'activité 2022*, p. 38 ; *Les modalités de contrôle de l'AFA*, conférence chaire Droit & éthique des affaires, 11 mai 2023, notre compte-rendu *in* « Upstream cooperation to prevent corporate misconduct », *RICEA* 2023. 93.
21. DoJ, *ibid.* ; *Morford Memorandum*, 1er mars 2023 ; L. A. Cunningham, « Deferred Prosecutions and Corporate Governance », *Florida Law Review* 2014, vol. 1, p. 1.

Grâce à la méthodologie développée pour les contrôles d'initiative[22], le contrôle des mesures judiciaires se dirige vers une coopération préventive à moindre coût et un renforcement des dispositifs pris en compte dans le calcul des amendes en cas de poursuites ultérieures[23].

En clarifiant les attentes, cette forme de surveillance de la *compliance* favorise l'uniformisation des pratiques et aide à l'anticipation. En dépit d'une coordination encore limitée en cas de contrôles successifs, on observe que les autorités expriment des exigences quasi identiques relatives à la responsabilité de l'instance dirigeante et la gouvernance de la conformité[24] ou qu'elles s'engagent dans la voie d'une coopération à l'occasion d'enquêtes multi-juridictionnelles[25] ou par le biais de protocoles d'accord[26].

L'autorité judiciaire – la surveillance indirecte de la compliance. – Il n'est pas surprenant que le juge fasse partie de l'environnement de la *compliance* dont l'objectif est de veiller au respect du cadre normatif dans la conduite des affaires[27]. L'approche par les risques redistribue cependant les rôles[28] et oblige les acteurs économiques le juge et les régulateurs a s'emparer de la démarche. Concernant la corruption, l'adaptation s'est opérée aux États-Unis notamment sous l'influence des lignes directrices de la *United States Sentencing Commission*[29] destinées à promouvoir l'efficacité et l'équité du système de justice pénale. Grâce aux precisions relatives à l'application du FCPA, le DoJ a élaboré des directives à destination de ses agents et s'en sert parallèlement pour communiquer ses attentes aux entreprises.

Depuis peu, on note une appropriation similaire par l'autorité judiciaire française. En matière pénale, l'admission des mécanismes d'évitement ou de contournement du procès a pour effet d'étendre les pouvoirs du parquet[30], le forçant à s'approprier la démarche de *compliance*. Le juge pénal est toutefois appelé à exercer un rôle actif à l'occasion d'une PPMC[31] puisque l'examen du niveau de conformité requis est un préalable à la fixation de la durée de la peine. De même, dans l'hypothèse d'une fin anticipée de la surveillance, le juge d'application des peines doit motiver sa décision, ce qui suppose

22. AFA, *ibid.*, p. 42.
23. PNF, *Lignes directrices sur la mise en œuvre de la CJIP*, 2023, § 3.1.1.
24. Comparer : ESMA, *ibid.*, § 33 s. ; ACPR, *Guide Contrôle interne*, 2022, p. ; AFA *Recommandations*, § 359 s., p. 49 s. ; DOJ, *Evaluation of Corporate Compliance Programs*, 2023, p. 9 s.
25. Exemple de la coopération entre les autorités de poursuites dans les affaires Airbus ou Société Générale.
26. Notamment : *Protocole de coopération entre l'AMF et l'AFA*, 16 sept. 2020 ; *Protocole de coopération entre la HATVP et l'AFA*, 26 nov. 2019.
27. *La juridictionnalisation de la compliance*, Dalloz, coll. « Thèmes & Commentaires », 2023.
28. *Compliance : l'entreprise, le régulateur et le juge*, Dalloz, coll. « Thèmes & Commentaires », 2018.
29. US Sentencing Commission, *Guidelines Manual*, 2023, chap. 8, B.
30. P. Bonfils, « Le juge pénal est-il menacé », *Dr. pénal* n° 5, mai 2023, n° 10, p. 51.
31. M. Segonds, « Les apports de la loi du 9 décembre 2016 à l'anticorruption », *Dr. pénal* 2017, n° 9, p. 15.

d'apprécier l'opportunité de cesser la surveillance[32]. En matière civile, le rôle du juge dans la surveillance de la *compliance* a pris un nouveau tournant depuis la loi sur le devoir de vigilance. Si les entreprises assujetties ont désormais une obligation de résultat quant à l'adoption d'un plan de vigilance, elles disposent d'une grande marge de manœuvre quant à son contenu ou sa gouvernance et doivent prouver la mise en place de moyens adéquats dans le respect des exigences floues de la loi. En cas de manquement, et suite à une mise en demeure infructueuse, les personnes intéressées peuvent saisir le juge judiciaire pour faire respecter l'obligation et prononcer, le cas échéant, des dommages et intérêts. Le système français se distingue ainsi de ceux qui restreignent le recours au juge en la matière. Par exemple, la loi allemande, du 16 juillet 2021, désigne une autorité chargée de superviser l'application de la loi, précise les violations potentielles, énumère les risques de violation des droits humains et les mesures adéquats, formule une obligation de gouvernance des risques de diligence raisonnable, sous peine d'amendes relativement élevées, et enfin s'accompagne de lignes directrices qui clarifient les attentes.

En France, le juge judiciaire est donc appelé à une surveillance indirecte des mesures grâce à l'action des parties intéressées. Selon sa position récemment exprimée[33], son office se borne à vérifier que les mesures prescrites par la loi sont respectées et permettent d'atteindre les objectifs. En interprétant la loi, il peut en expliciter les exigences telles que la granularité de la cartographie des risques, la concertation avec les organisations syndicales dès l'élaboration du dispositif d'alerte, la spécificité des mesures d'atténuation des risques ou, enfin, le déploiement d'un système de suivi et d'évaluation des mesures. Le juge ne saurait, en revanche, se substituer à l'entreprise et aux parties prenantes pour faire des injonctions précises quant à la teneur du plan. Il est, dès lors, permis de s'interroger sur la pertinence de reléguer au juge la surveillance indirecte d'une démarche par nature évolutive et opérationnelle. Malgré les efforts de création de juridictions spécialisées[34], le manque d'expertise opérationnelle, l'office limité du juge et la lenteur des procédures judiciaires sont un obstacle majeur au besoin d'uniformisation des pratiques en temps nécessaire. La transposition de la directive CSDDD[35] serait l'occasion d'améliorer ce cadre en désignant une autorité indépendante suivant des modèles connus du droit français.

32. AFA, *La peine de programme de mise en conformité*, Guide 2019.

33. *Ibid.*

34. Décret n° 2021-286 du 16 mars 2021 désignant les pôles régionaux spécialisés en matière d'atteintes à l'environnement ; annonce par la CA Paris, 15 janv. 2024.

35. À l'heure où nous écrivons ces lignes, le texte de compromis doit être voté par le Parlement européen.

2. La surveillance assurée par les parties prenantes

Pour améliorer la transparence et répondre aux attentes de durabilité, le mouvement favorable à la responsabilité sociétale a accordé une place plus significative aux parties prenantes[36]. Si, à l'origine, la surveillance consistait à recourir à des agences indépendantes pour évaluer la santé financière d'une entité, sous l'impulsion d'une approche par les risques, de nouvelles formes de surveillance ont émergé. À examiner attentivement, l'entreprise est de plus en plus tenue de procurer à ses parties prenantes les moyens de leur surveillance. Tantôt, il s'agit de leur fournir des informations adéquates sur la prise en compte de la durabilité et la gestion des risques. En renforçant la teneur des déclarations, la récente directive CSRD oblige les entreprises assujetties à aligner la gestion des risques sur leur stratégie de développement durable et communiquer des informations pertinentes sur le plan stratégique et les impacts environnementaux, sociaux ou de gouvernance en publiant un rapport annuel de durabilité certifié par un organisme tiers indépendant. Tantôt, il s'agit de mettre à la disposition des parties prenantes les outils de la *compliance*, comme le dispositif d'alerte. Grâce à une surveillance éclairée, les parties prenantes sont ainsi directement associées à la gestion des risques et deviennent co-constructrices de la *compliance*.

B. LA SURVEILLANCE PAR LES ENTITÉS ASSUJETTIES LE TRANSFERT DE LA *COMPLIANCE*

L'exposition au risque peut se produire par personne interposée de sorte qu'une organisation doit s'assurer que d'autres individus ou entités respectent les normes et s'engagent, à cet effet, dans une démarche de *compliance*. Aussi, faut-il veiller à ce que les cocontractants gèrent à leur tour le risque (1) ou à diffuser des procédures harmonisées au sein d'un groupe (2).

1. La contractualisation de la *compliance*

L'entreprise peut s'exposer à un risque supplémentaire du fait des tierces parties, telles que les intermédiaires, les clients, les fournisseurs ou les sous-traitants. Les statistiques révèlent, par exemple, que la plupart des cas d'application du FCPA impliquent le versement de pots-de-vin à des tiers[37]. Pour s'assurer de l'intégrité des tiers, la pratique recourt à une clause contractuelle dénommée « anticorruption », « éthique », « RSE », « vigilance » ou, plus généralement, *« compliance »*, destinée à la bonne exécution des mesures et au transfert de la responsabilité pour obliger les cocontractants à se doter

36. M. Richer, « RSE et Risk Management : la grande convergence », *Management & RSE* [en ligne].
37. *2023 FCPA Year in Review, FCPA Clearinghouse*, Stanford Law School [en ligne].

de procédures ou suivre celles qui leur sont proposées[38]. L'analyse de ces clauses doit être menée à la lumière d'un pan important du programme de *compliance* relatif aux relations avec les tiers. De la lutte contre le blanchiment de capitaux et financement du terrorisme à la corruption en passant par le devoir de vigilance, le législateur exige une revue des tiers[39] explicitée par les autorités compétentes[40]. Dans ce contexte, la clause contractuelle s'ajoute aux autres mesures de diligence pour décider d'établir, de poursuivre ou de mettre un terme à une relation et veiller au respect des normes par les tiers. Les recommandations de l'AFA confirment à cet égard qu'il est possible « d'exiger du tiers un engagement écrit de lutte anticorruption ou insérer une clause permettant à l'entreprise de mettre un terme à la relation contractuelle en cas de manquement à la probité si la nature juridique du contrat le permet[41] ».

Si les clauses « *compliance* » sont ainsi légitimées, leur contenu reste assez hétérogène[42], avec une tendance à formuler de nombreuses obligations à la charge du cocontractant tout en se réservant un pouvoir de contrôle et de surveillance. La difficulté s'accroît lorsque la clause contient une promesse de porte-fort par laquelle le fournisseur ou sous-traitant accepte de faire respecter les engagements en cas de sous-traitance ou fourniture en cascade. En pratique, cette forme de surveillance négociée peut se heurter à l'incapacité juridique ou matérielle du cocontractant à respecter ses engagements ou aux risques liés à l'accès à ses informations protégées, privilégiées ou confidentielles lors de son contrôle. En l'absence d'un cadre adéquat[43], l'effectivité de ces clauses dépend du juge et, à la lumière d'un contentieux naissant, le manquement aux obligations, dont le non-respect des mesures mises à disposition, peut entraîner la responsabilité du partenaire commercial et justifier la rupture sans préavis des relations contractuelles[44]. Pour autant, la contractualisation de la *compliance* ne met pas à l'abri de toute sanction l'organisation tenue de la revue des tiers.

2. La diffusion de la *compliance* au sein d'un groupe

La *compliance* est un enjeu majeur dans les groupes internationaux tenus de veiller à ce que, au-delà des réglementations applicables à leurs activités, leurs

38. M.-A. Frison-Roche, « Contrat de *compliance*, clause de *compliance* », *D.* 2022. Chron. 2115.
39. 5e directive UE n° 2018/843 du 30 mai 2018 ; C. mon. fin., art. L. 561-2 ; loi Sapin II, art. 17-4° ; loi sur le devoir de vigilance, article 1er (C. com., art. L. 225-12-4-2°).
40. AFA, *ibid.*, § 467, p. 64 s. ; *Recueil de fiches pratiques sur l'évaluation de l'intégrité des tiers*, 2023 ; DoJ, *A Resource Guide to the U.S. Foreign Corrupt Practices Act*, 2020, p. 22.
41. *Ibid.*
42. M. Davy, H. Berion et C. Gervais, « Clauses "éthiques" », *RICEA* 2022. 244, p. 30 ; J.-B. Racine, « Le déploiement du devoir de vigilance dans un contexte transnational », *JCP E* 2023. 1241, nos 24 s., p. 33 s.
43. N. Bonucci, « La place de la clause "anticorruption" dans le contrat », *RICEA* 2020. Dossier 235.
44. Com. 20 nov. 2018, n° 18-12.817, *JurisData* n° 2019-020767 ; C. Ascione-Le Dréau et B. Grundler, *RICEA* 2020, comm. 118 ; N. Bonucci, *ibid.*

entités adhèrent aux normes du groupe pour limiter l'exposition aux risques. En exigeant la mise en œuvre d'un programme de *compliance*, un nombre croissant de lois cible, en effet, les filiales et, par extension, le groupe multinational. La diffusion des procédures peut s'imposer au regard de l'activité, comme dans le domaine financier où les règles de la société-mère agréée sont étendues aux filiales. Elle peut être le fait de lois extraterritoriales, telles que Sapin II, devoir de vigilance ou SOX, qui visent les sociétés-mères et leurs filiales ou le groupe dans son ensemble. Enfin, elle peut découler d'un critère principalement matériel, comme pour le RGPD, ou géographique, comme pour le UKBA.

Dans toutes ces hypothèses la société-mère doit adopter une démarche structurante, pour veiller à l'efficacité du dispositif global, et concilier l'objectif de maîtrise des risques par les filiales avec celui d'une supervision centrale. Cette surveillance nécessite néanmoins d'uniformiser les procédures et les politiques intra-groupe en tenant compte des difficultés liées à la divergence de la loi locale ou à la multiplicité des lois applicables à une filiale d'un groupe multinational. La diffusion de procédures harmonisées contribue par ailleurs au développement de la culture organisationnelle qui fait l'objet d'une attention croissante de la part des autorités[45].

* *
*

Le défi est de pousser les organisations à s'engager dans un processus d'amélioration continue de la démarche préventive. Dans cet objectif, la multiplicité des acteurs de la surveillance est un gage du respect des droits et des finalités poursuivies. Toutefois, la réactivité et la célérité sont consubstantielles à la *compliance* et requièrent un accompagnement opérationnel en temps utile. Les législations fragmentées et les jurisprudences naissantes sont autant de facteurs d'insécurité juridique pour les organisations qui doivent s'acquitter d'obligations souvent floues. À cet égard, certaines formes de surveillance semblent plus adaptées et les autorités dédiées ont démontré leur capacité à atteindre les objectifs du législateur tout en satisfaisant les attentes des entités assujetties ou de leurs parties prenantes. Parce que la voie contentieuse n'offre pas la garantie de la célérité, l'office du juge doit se limiter à la question complexe de la réparation des préjudices liés à la non-conformité. Si la *compliance* est mise au service de la loi, il serait souhaitable qu'elle évolue dans un cadre propice à sa pleine efficacité.

45. AFA, *ibid.*, § 96, 164, 181, 359, 421 et 438 ; UK Financial Conduct Authority, *Corporate Culture and the Role of Boards*, 2016 ; L. Monaco, « Further Revisions to Corporate Criminal Enforcement », discours 15 sept. 2022 ; J. R. Graham, J. Grennan, C. R. Harvey et S. Rajgopal, « Corporate culture », *Journ. of Financial Economics* 2022, 146, p. 552.

L'extension du domaine de la lutte contre le terrorisme : la surveillance de la radicalisation dans le milieu sportif

PIERRE-ALAIN CLÉMENT

Docteur en sciences politiques, chargé de recherche à l'Institut des hautes études du ministère de l'intérieur (IHEMI)

Virtuellement épargnée par la violence politique à référent islamique entre 1995 et 2012, la France a longtemps fait reposer son modèle antiterroriste sur des liens étroits entre justice et renseignement[1] articulés autour de l'incrimination d'association de malfaiteurs en relation avec une entreprise terroriste (AMT) vouée à « parer les coups plutôt que panser les plaies[2] ». Cet apparent succès d'un modèle fondé sur la répression a contribué à faire reculer le moment où la France allait s'engager dans la « prévention de la radicalisation », dans un « brusque infléchissement[3] » causé par les attentats de Mohamed Merah puis les attentats de janvier 2015 et enfin du 13-Novembre. Mais il ne s'est pas simplement agi de prévenir « ce qui se trame avant le drame[4] ». De fait,

1. F. Foley, *Countering Terrorism in Britain and France. Institutions, Norms and the Shadows of the Past*, New York, Cambridge University Press, 2013, p. 170.
2. L. Bonelli, « Les caractéristiques de l'antiterrorisme français : "Parer les coups plutôt que panser les plaies" », *in* D. Bigo, L. Bonelli, et T. Deltombe (dir.), *Au nom du 11 septembre... Les démocraties à l'épreuve de l'antiterrorisme*, Paris, La Découverte, 2008, p. 168-187.
3. R. Sèze, *Prévenir la violence jihadiste. Les paradoxes d'un modèle sécuritaire*, Paris, Seuil, 2019.
4. « *What goes on before the bomb goes off* », Neumann cité par A. Schmid, *Radicalisation, de-radicalisation, counter-radicalisation: A conceptual discussion and literature review*, La Haye, International Centre for Counter-Terrorism, 2013, p. 6.

« l'État français s'est mis à cibler l'islamisme sous toutes ses formes et dans toutes ses manifestations plutôt que le terrorisme exclusivement[5] », au risque d'encourager une « tendance à l'"ethnicisation" d'un ennemi intérieur[6] ».

Mise sur pied dans l'urgence, cette politique publique a été définie par plusieurs plans[7], dont l'évolution des titres laisse deviner l'évolution des cibles, caractérisant un élargissement de la politique de lutte contre l'islamisme : du terrorisme (pour la dimension violente) à la radicalisation (pour la dimension idéologique justifiant la violence). Ce tournant, datant des attentats de janvier 2015, se caractérise par l'extension d'une « politique sécuritaire » à une politique civique, contre ce qui menaçait non plus seulement la sécurité mais aussi les « valeurs institutrices du social[8] ».

À travers le champ du sport associatif, cette extension s'est poursuivie. Après s'être étendue d'un terrain sécuritaire (terrorisme) à un terrain à la fois sécuritaire et moral (radicalisation), elle s'étend à un terrain strictement moral : la lutte contre le séparatisme (ou communautarisme). Du point de vue discursif, cette dynamique a été initiée en février 2019 : il s'agit de lutter contre le « séparatisme islamiste » (discours de Mulhouse du président Macron), qui constitue les « germes de la radicalisation » et les « racines de l'action violente » (audition parlementaire du ministre de l'intérieur Castaner, mars 2020) et « qui se traduit souvent par la constitution d'une contre-société » (discours des Mureaux du président Macron, octobre 2020), une lecture de la situation qui aboutit à la loi du 24 août 2021 confortant les principes de la République, visant l'« islam politique » plus que l'« islam radical » (déclaration média de la ministre de la citoyenneté Schiappa, juillet 2020).

Le sport associatif illustre les modalités de cette extension. S'appuyant sur les résultats d'une enquête plus vaste déjà publiée[9], cet article schématise comment le problème public de la « radicalisation dans le sport » a été construit, formulé et comment la réponse publique s'est traduite dans le droit, les institutions et les pratiques : l'extension par cercles concentriques du périmètre de la lutte contre « l'islamisme », de la lutte contre le terrorisme à la prévention de la radicalisation puis du séparatisme, par un « "État manager", réduit dans sa surface et renforcé dans ses structures de commandement[10] ».

5. H. Seniguer, « The French State's instruments for combating Islamism: responses and shortcomings », *European Eye on Radicalization*, 27 juill. 2022.
6. R. Sèze et P.-A. Clément, « Still routes over roots? Les introuvables racines du djihadisme français », *Critique internationale* 2021, 2(92), p. 183.
7. En 2014 est adopté le Plan de lutte antiterroriste (PLAT), en 2016 le Plan d'action contre la radicalisation et le terrorisme (PART) et en 2018 le Plan national de prévention de la radicalisation (PNPR).
8. R. Sèze, *Prévenir la violence jihadiste*, *op. cit.*, p. 15, 87 et 137.
9. P.-A. Clément (dir.), *Terrains de radicalisation ou de prévention ? Exploration des radicalisations dans, autour du, et contre le sport associatif*, IHEMI, 2022, 144 p.
10. L. Bonelli et W. Pelletier, « Introduction. Les "mille" démantèlements de l'État », *in* L. Bonelli et W. Pelletier, *L'État démantelé. Enquête sur une révolution silencieuse*, Paris, La Découverte, 2010, p. 16.

1. La construction d'un problème public de radicalisation dans le sport

La formulation d'un problème public, c'est-à-dire la conversion de faits sociaux en « objets de préoccupation et de débat, éventuellement d'action publique[11] », d'une radicalisation dans le monde du sport remonte à 2015, lors de la fuite médiatisée d'une note issue du service central du renseignement territorial (SCRT) intitulée « Le sport amateur vecteur de communautarisme et de radicalité ». Cette note de 13 pages évoque des situations jugées problématiques (homogénéité ethnoreligieuse recherchée, prosélytisme religieux, refus de la mixité, prières sur le terrain ou dans les vestiaires, port de tenues traditionnelles, solidarité avec la Palestine, etc.) observés dans une cinquantaine de clubs. En 2016 Médéric Chapitaux publie l'ouvrage *Le sport. Une faille dans la sécurité de l'État*[12], qui met en cause un manque de culture sécuritaire dans le monde du sport qui conduirait à laisser s'y développer un communautarisme ethnoreligieux, voire à y laisser prospérer des recruteurs jihadistes.

Ce problème public étant exprimé, des acteurs publics s'emparent du sujet pour le mettre à l'agenda politique. Alors que le PLAT ne mentionnait pas le sport, le PART en 2016 y consacre une mesure et le PNPR en 2018 y dédie quatre mesures. Puis ce sont des rapports parlementaires qui enjoignent l'État et le ministère des sports à faire plus contre une radicalisation dans le milieu sportif jugée « insuffisamment mesurée et contrôlée » nécessitant une « prise de conscience urgente[13] » ou « très tardive[14] ».

En parallèle de cette mise à l'agenda politique, les entrepreneurs de politique en faveur d'une surveillance accrue du monde sportif envers le risque de radicalisation visent à la diffusion médiatique de ce problème. En 2018 est diffusé sur internet un document de 123 pages, faussement attribué à la DGSI par le député Diard[15], affirmant que le sport est le « premier facteur de radicalisation », énumérant divers exemples tirés de la presse quotidienne régionale et concluant que « ces différents exemples peuvent paraître dérisoires et anecdotiques[16] » mais qu'ils témoignent d'un phénomène plus profond, sans offrir d'éléments factuels pour l'asseoir. En 2020, Patrick Karam publie avec Magali Lacroze *Le Livre noir du sport*, qui avancent que de multiples

11. É. Neveu, *Sociologie politique des problèmes publics*, Paris, Armand Colin, 2015, p. 7.
12. M. Chapitaux, *Le sport, une faille dans la sécurité de l'État*, Paris, Enrick B., 2016.
13. É. Diard et É. Poulliat, *Rapport d'information sur les services publics face à la radicalisation*, Paris, Assemblée nationale, 2019, p. 92 et 95.
14. N. Delattre et J. Eustache-Brinio, *Rapport sur les réponses apportées par les autorités publiques au développement de la radicalisation islamiste et les moyens de la combattre*, Paris, Sénat, 2020, p. 171.
15. É. Diard et H. Vernet, *Radicalisation au cœur des services publics*, Paris, J.-C. Lattès, 2020, p. 46 ; « Compte rendu intégral. Session extraordinaire de 2020-2021. Séance du jeudi 1er juillet 2021 », Paris, *Journal officiel de la République française*, p. 6984.
16. Anonyme, « État des lieux de la pénétration de l'islam fondamentaliste en France », 2018, p. 48-52.

dérives seraient trop fréquemment tues, parmi lesquelles la radicalisation. Dans le monde administratif et politique, en 2019, le préfet de police des Bouches-du-Rhône affirmait que « tous [les auteurs d'attentats depuis 2012] pratiquaient des sports comme la boxe, le MMA, le *free fight* ou le judo à un niveau intense, voire parfois de compétition[17] », tandis que le député Odoul affirmait en 2022 que, « entre 2012 et 2016, la totalité des auteurs d'attentats terroristes sont passés par des clubs de sport[18] ».

2. La formulation d'une politique de prévention

La mise à l'agenda politique à travers les plans nationaux et les rapports parlementaires se sont traduits par l'introduction d'instruments juridiques et d'outils administratifs. Le PART est la première action directe, la mesure consacrée au sport visant un contrôle des clubs et des éducateurs, incluant la possibilité de retirer « l'agrément sport ». Ces contrôles incluant une dimension civique, en plus du contrôle de l'hygiène et la sécurité, sont réalisés grâce à la mise en place d'une cinquantaine de référents « prévention de la radicalisation » parmi les inspecteurs de la jeunesse et des sports et les professeurs de sport (conseillers techniques et sportifs, conseillers d'animation sportive) des services déconcentrés.

Le PNPR amplifie cette politique avec quatre mesures mises en œuvre par la circulaire du ministère de l'intérieur et du ministère des sports de novembre 2018 : promotion d'une « culture de la vigilance », politique de contrôles ciblés des clubs, intégration d'une formation valeurs de la République et laïcité (VRL) pour les éducateurs sportifs, désignation d'un référent « citoyenneté » dans les fédérations et les centres de ressources, d'expertise et de performance sportive (CREPS). Dans le même temps, le réseau des référents « prévention de la radicalisation » est étendu à l'ensemble des départements et régions. En 2019, sont créées dans les préfectures les cellules de lutte contre l'islamisme et le repli identitaire (CLIR, pour le suivi des « structures communautarisées »), en complément du dipôle créé en 2014 des groupes d'évaluation départementaux (GÉD, pour le suivi des « individus radicalisés ») et des cellules de prévention de la radicalisation et d'accompagnement des familles (CPRAF, pour le suivi des « individus en voie de radicalisation »). La formation VRL n'est pas encore mise en place, le ministère optant pour une politique d'information et de sensibilisation avec l'envoi de guides sur la prévention de la radicalisation et la gestion de la laïcité et du fait religieux.

Conséquence des discours du président Macron de Mulhouse et des Mureaux, la loi du 24 août 2021 confortant le respect des principes de la

17. N. Cherigui et C. Pétreault, « Certaines salles de sport se communautarisent progressivement » (entretien avec Olivier de Mazières, préfet de police des Bouches-du-Rhône), *Le Point* 5 mai 2019.
18. Assemblée nationale, *Compte rendu n° 6 de la commission des affaires culturelles et de l'éducation*, Paris, Assemblée nationale, 2022, p. 16.

République (« loi séparatisme ») introduit le contrat d'engagement républicain (CER), engagement de l'association sportive à respecter et faire respecter certaines valeurs (liberté, égalité, fraternité, laïcité, dignité, respect des symboles républicains) et l'ordre public et à s'engager dans la lutte contre les violences sexistes et sexuelles, priorité impulsée par l'ancienne ministre Maracineanu. La loi rend aussi la formation VRL obligatoire en formation initiale et recommandée en formation continue pour les éducateurs sportifs agréés.

3. Quels résultats de cette politique publique ?

Dire que la radicalisation dans le sport a été construite en un problème public ne signifie pas que le fait social est inexistant mais qu'il faut distinguer les phénomènes observés des discours et actions publics à son endroit. L'étude précitée détaille les résultats et la méthodologie pour les obtenir[19].

À partir d'une base de données originale de 153 auteurs d'actes terroristes, 37 % (56/153) a une pratique sportive confirmée. Des indices faibles d'un rôle du sport dans le processus de radicalisation existent pour 22 % (33/153), dont la moitié (17/33) présentent des indices forts.

La politique mise en place depuis 2018 a produit des effets, indépendamment de ses intentions et de l'ampleur du phénomène visé. Entre 2018 et 2022, on constate une multiplication des contrôles ciblés, par sport ou par territoire. Toutes associations confondues, ce sont près de 27 000 contrôles menant à 836 fermetures d'établissements et près de 56 millions euros recouvrés ou redressés[20]. Pour les acteurs du monde du sport interrogés, la prévention dans le sport est considérée comme un but légitime. La prévention de la « radicalisation » est ancrée dans des textes et des outils plutôt maîtrisés. Mais la prévention du « séparatisme » est bien plus floue. Les services régaliens (préfectures, services de renseignement) se félicitent du développement progressif d'une culture commune de la vigilance, à distinguer de la suspicion. Cependant, de nombreux obstacles s'opposent au déploiement de cette politique dans le sport amateur : manque de maîtrise ou de légitimité sur un sujet générateur de peurs (du sujet, de reproduire des discriminations, de ne pas être soutenu), manque sévère de moyens, priorisation incertaine (concurrence avec la lutte contre les violences sexistes et sexuelles, mise en place du service national universel), contradiction avec le but d'accompagnement du mouvement sportif, essentiellement bénévole.

En définitive, l'évolution de la politique de lutte contre l'islamisme, à travers l'exemple du sport, montre un phénomène d'extension de son objet : du terrorisme à la radicalisation puis au séparatisme. Elle s'inscrit plus largement

19. P.-A. Clément (dir.), *Terrains de radicalisation ou de prévention ?*, *op. cit.*

20. Ministère de l'intérieur, « Loi confortant le respect des principes de la République. Premier bilan et perspectives, un an après sa promulgation » [https://www.cipdr.gouv.fr/wp-content/uploads/2022/10/DP_Loi-confortant-le-respect-des-principes-de-la-Republique-2022-1.pdf] 2022.

dans la double dynamique décrite par Bonelli et Pelletier[21] de contraction du périmètre de l'État (baisse du nombre de fonctionnaires du sport, accumulation des tâches, réforme organisationnelle constante) et renforcement du contrôle par l'État (triple objectif de performance, de développement et de cohésion sociale attendu du milieu sportif, régulation forte du tissu associatif, frontière floue entre culture de vigilance et culture de suspicion).

21. L. Bonelli et W. Pelletier, « Introduction », *op. cit.*, p. 16-21.

DEUXIÈME PARTIE

Surveiller et prouver

PREMIÈRE SOUS-PARTIE

La surveillance descendante à finalité probatoire

TITRE 1

Surveillance et renseignement à finalité probatoire

De la recherche de renseignements sur le contribuable à la surveillance des contribuables…

XAVIER CABANNES

Professeur de droit public à l'Université Paris Cité, CMH – Centre Maurice Hauriou

Dans un système fiscal en grande partie déclaratif, l'administration fiscale s'est vue accorder très tôt, lors de la construction des impôts modernes, dont au premier rang l'impôt sur le revenu, un droit d'investigation afin d'obtenir des renseignements sur le contribuable et sa situation, pour pouvoir contrôler l'exactitude de ses déclarations et ainsi contrôler l'établissement de l'impôt. Ainsi, dès 1920, le législateur posait qu'« en aucun cas, les administrations de l'État, des départements et des communes, ainsi que les entreprises concédées ou contrôlées par l'État, les départements et les communes, ne pourront opposer le secret professionnel aux agents de l'administration des finances ayant au moins le grade de contrôleur ou d'inspecteur adjoint qui, pour établir les impôts institués par les lois existantes, leur demanderont communication des documents de service qu'elles détiennent » (article 31 de la loi du 31 juillet 1920, *JORF* du 1er août 1920, p. 10937). Pour obtenir des renseignements, et c'est désormais chose classique, l'administration fiscale dispose de différentes procédures, soit communes à plusieurs impôts soit spécifiques à un seul impôt. Ainsi parmi toutes ces procédures on trouve notamment le droit de communication, prévu à l'article L. 81 du LPF, qui « permet aux agents de l'administration, pour l'établissement de l'assiette, le contrôle et le recouvrement des impôts, d'avoir connaissance d[e] documents et d[e] renseignements » ; les demandes adressées aux contribuables pour obtenir de leur part « tous renseignements, justifications ou éclaircissements relatifs aux déclarations souscrites ou aux actes déposés » (article L. 10 du LPF) ; le plus intrusif droit de visite, permettant, sous le contrôle de l'autorité judiciaire, aux agents de l'administration fiscale habilités à cet effet d'effectuer « des visites en tous lieux, même privés », de procéder à des saisies et de recueillir des « renseignements et justifications concernant les agissements du contribuable » (article L. 16 B du LPF) ou encore, autre exemple, le droit d'enquête en matière de TVA qui permet aux agents de l'administration fiscale notamment de « recueillir sur place ou sur convocation des renseignements et justifications » (article L. 80 F du LPF). Sans oublier la possibilité ouverte à l'administration fiscale d'obtenir des renseignements de la part d'administrations fiscales étrangères, comme le prévoient notamment les conventions fiscales et la directive européenne relative à la coopération administrative dans le domaine fiscal (DAC 1 à 8). Ainsi la directive, dans ses différentes versions, a mis en place de multiples échanges automatiques de renseignements : sur les revenus et le capital (revenus professionnels, jetons de présence, pensions, assurances sur la vie, revenus immobiliers), sur les comptes financiers et les revenus liés, sur les décisions fiscales anticipées et les accords en matière de prix de transfert, sur les déclarations par pays pour les multinationales, sur les dispositifs transfrontaliers de planification fiscale agressive, etc. Ce sont là des données qui arrivent automatiquement, et en masse, entre les mains de l'administration fiscale et qu'elle va pouvoir traiter et exploiter. L'administration fiscale n'est donc pas démunie face aux contribuables pour obtenir des renseignements afin de contrôler la véracité de leurs déclarations et la réalité de leurs situations. Revenir sur toutes ces procédures, largement connues et ayant fait l'objet déjà de milliers de pages d'analyses et explications, ne présenterait guère ici d'intérêt.

L'intérêt est ailleurs : il est dans la modernité de ce début de 21e siècle et dans l'accessibilité à des quantités phénoménales de données[1]. Nous serions ainsi passés d'une ère du contrôle (où l'administration fiscale va chercher des renseignements au cas par cas) à une ère de la surveillance (où l'administration fiscale moissonnerait et traiterait automatiquement en permanence des renseignements sur tout le monde) ; ère qui n'exclut évidemment pas le maintien et la mise en œuvre des procédures traditionnelles de recherche de renseignements. Alors que traditionnellement l'administration fiscale allait chercher les renseignements au cas par cas sur un contribuable en particulier, auprès de celui-ci ou auprès de tiers, elle a désormais accès en permanence, et sans démarche particulière auprès du contribuable ou de tiers, à d'immenses quantités de données et donc d'informations. Cette mise en œuvre d'une surveillance par l'administration fiscale a été particulièrement mise en exergue, de manière plus anecdotique mais frappant les esprits pour le grand public, lorsqu'en 2021 la direction générale des finances publiques (DGFiP) a dévoilé avoir passé un contrat avec Google, et ainsi bénéficier de ses algorithmes, pour identifier piscines et travaux immobiliers non déclarés.

1. V. É. Caron, « Le Big Data fiscal : quelles conséquences pour le contrôle fiscal et les contribuables », *Gestion & Finances publiques* 2021, n° 6, p. 77-83.

En réalité, et sans faire preuve d'une naïveté exagérée, cette activité de surveillance par l'administration fiscale ne doit pas être, du moins à l'heure actuelle, surestimée. Certes l'administration fiscale utilise le *cloud* et les algorithmes de Google pour traiter des données, notamment de l'IGN en *open data*, et non les images satellites de Google, pour chercher les fraudeurs « fonciers ». Certes l'administration fiscale peut rechercher des données sur les réseaux sociaux, mais tout cela reste, pour l'instant – il convient de le préciser de nouveau, car les choses évoluent vite en cette phase d'expérimentation[2] – encore circonscrit dans l'usage et limité dans les effets. Mais les bases d'un nouveau modèle d'action sont posées... Là où se trouve une autre avancée indispensable et majeure c'est dans l'emploi de l'intelligence artificielle pour le traitement et l'exploitation des données à disposition de l'administration fiscale. Ce raz-de-marée de données qui déferle automatiquement sur la DGFiP ne serait guère utile si l'intelligence artificielle ne permettait ni de participer à leur « récolte » ni de les traiter.

Depuis un peu plus de dix ans l'administration fiscale a recours à un traitement automatisé des données. Il s'agissait pour elle, au départ, d'appliquer des méthodes statistiques sur des informations en sa possession ou provenant d'autres administrations et de bases de données économiques payantes ou encore sur des données en libre accès. Le législateur, avec la loi de finances pour 2020, a autorisé, au moins temporairement, la DGFiP et la direction générale des douanes et droits indirects (DGDDI) à dépasser l'exploitation de ces seules données, en leur permettant d'aller en récolter directement sur les réseaux sociaux (I). Les données ainsi récoltées viennent s'ajouter à toutes celles déjà à la disposition de la DGFiP et qu'il lui faut traiter et exploiter (II).

I. LA RECHERCHE DE DONNÉES SUR LES RÉSEAUX SOCIAUX

L'article 154, I, al. 1er, de la loi de finances pour 2020 a prévu que : « À titre expérimental et pour une durée de trois ans, pour les besoins de la recherche des manquements et infractions mentionnés au c du 1 de l'article 1728, à l'article 1729 découlant d'un manquement aux règles fixées à l'article 4 B, à l'article 1791 *ter*, aux 3°, 8° et 10° de l'article 1810 du code général des impôts ainsi qu'aux articles 414, 414-2 et 415 du code des douanes, l'administration fiscale et l'administration des douanes et droits indirects peuvent, chacune pour ce qui la concerne, collecter et exploiter au moyen de traitements informatisés et automatisés n'utilisant aucun système de reconnaissance faciale les contenus, librement accessibles sur les sites internet des opérateurs de

2. V. *Rapport d'information au Parlement et à la Commission nationale de l'informatique et des libertés (CNIL) en application de l'article 154 de la loi n° 2019-1479 du 28 décembre 2019 de finances pour 2020. Bilan définitif de l'expérimentation* (NOR:ECOE), spéc. p. 31-37.

plateforme en ligne mentionnés au 2° du I de l'article L. 111-7 du code de la consommation, manifestement rendus publics par leurs utilisateurs[3]. » Cette disposition, qui a eu largement les honneurs des médias grand public, a été une première étape dans la recherche de données par la DGFiP, et la DGDDI, sur les réseaux sociaux.

– La liste des articles du CGI et du Code des douanes visés dans ce dispositif montre que les manquements et infractions recherchés sont les activités occultes ; la fausse domiciliation à l'étranger en matière fiscale ; la fabrication, détention, vente ou le transport illicites de tabac ; la fabrication et le transport frauduleux d'alcools, la vente frauduleuse de métaux précieux et la vente frauduleuse de tabac ; la contrebande de marchandises prohibées ou de tabac, tout fait de contrebande et blanchiment douanier[4]. Il ne s'agit pas de collecter et de conserver des données pour tout et n'importe quoi sur tous les contribuables. L'exposé des motifs de ce qui était alors l'article 57 du projet de loi de finances pour 2020 précisait bien que cette procédure était expérimentée « dans le seul but de rechercher les manquements les plus graves[5] ». D'ailleurs le Conseil constitutionnel n'a pas accepté l'utilisation d'un tel dispositif en cas de défaut ou retard de production d'une déclaration fiscale dans les 30 jours suivant la réception d'une mise en demeure dès lors que « dans une telle situation, l'administration, qui a mis en demeure le contribuable de produire sa déclaration, a déjà connaissance d'une infraction à la loi fiscale, sans avoir besoin de recourir au dispositif automatisé de collecte de données personnelles[6] ». Toutefois, pour identifier et récolter des données relatives aux infractions visées, il est indispensable de « nourrir la bête » qui passera au filtre un grand nombre de données et en cela une surveillance généralisée sur les réseaux se met en place...

Cette disposition, en renvoyant à l'article L. 111-7, I, 2°, du Code de la consommation, qui définit comme opérateur de plateforme en ligne toute personne « proposant, à titre professionnel, de manière rémunérée ou non, un service de communication au public en ligne reposant » sur « la mise en relation de plusieurs parties en vue de la vente d'un bien, de la fourniture d'un service ou de l'échange ou du partage d'un contenu, d'un bien ou d'un service », avait pour objectif de permettre à la DGFiP et à la DGDDI la collecte d'informations sur tous les réseaux sociaux ainsi que sur les sites de vente en ligne. Le législateur a cependant posé des limites « techniques » à cette recherche informatisée et automatisée de données, permettant les traitements automatisés algorithmiques : aucun « système de reconnaissance faciale » ne doit être utilisé et les données en cause doivent être « librement

3. Loi n° 2019-1479 du 28 déc. 2019 de finances pour 2020, *JORF* 29 déc. 2019.
4. Cons. const. 27 déc. 2017, n° 2019-796 DC, § 85.
5. *Projet de loi de finances pour 2020*, Doc. Ass. nat., 2019, n° 2272, p. 221.
6. Cons. const. 27 déc. 2017, n° 2019-796 DC, § 94.

accessibles sur les sites internet ». Le Conseil constitutionnel est venu préciser que cela exclut les « contenus accessibles seulement après saisie d'un mot de passe ou après inscription sur le site en cause » et implique que « ces contenus doivent être manifestement rendus publics par les utilisateurs de ces sites » et « que ne peuvent être collectés et exploités que les contenus se rapportant à la personne qui les a, délibérément, divulgués[7] ». Un décret du 11 février 2021 a d'ailleurs repris ce point en précisant que « [s]euls les contenus se rapportant à la personne qui les a délibérément divulgués et dont l'accès ne nécessite ni saisie d'un mot de passe ni inscription sur le site en cause peuvent être collectés et exploités » et a ajouté que « [l]orsque la personne est titulaire sur internet d'une page personnelle permettant le dépôt de commentaires ou toute autre forme d'interactions avec des tiers, ces commentaires et interactions ne peuvent faire l'objet d'aucune exploitation[8] ». Partant de là, une partition s'est opérée entre, d'un côté, les données librement accessibles sans aucune forme de connexion particulière et, de l'autre côté, les données publiquement accessibles à tous mais en disposant d'un compte sur la plateforme ou d'un mot de passe. Ainsi, les données publiées sur des réseaux nécessitant d'avoir un compte (Facebook, Instagram...) se sont retrouvées hors de portée de la DGFiP et de la DGDDI.

Malgré tout, une telle disposition a créé, au nom de la lutte contre la fraude et l'évasion fiscales, le cadre d'une surveillance sur les réseaux sociaux. D'ailleurs la CNIL, saisit de ce projet de dispositif législatif, avait dans son avis souligné que « [l]a mise en œuvre d'un tel dispositif traduit également une forme de renversement des méthodes de travail des administrations visées ainsi que des traitements auxquels elles ont recours pour lutter contre la fraude. Elle repose en effet sur une collecte générale préalable de données relatives à l'ensemble des personnes rendant accessibles des contenus sur les plateformes en ligne visées, en vue de cibler des actions ultérieures de contrôle lorsque le traitement de ces données aura fait apparaître un doute, et non sur une logique de traitement ciblé de telles données lorsqu'un doute ou des suspicions de commission d'une infraction préexistent[9] ».

Ces données sont conservées, avant leur destruction, selon les cas, maximum cinq jours ouvrés (pour les données sensibles au sens de l'article 6, I, de la loi du 6 janvier 1978 : données en lien avec l'origine raciale ou ethnique, les opinions politiques, les convictions religieuses, les idées philosophiques, l'état de santé, l'orientation sexuelle ...), ou maximum un an (pour les données de nature à concourir à la constatation des manquements et infractions données ; si ces données sont utilisées dans le cadre d'une procédure pénale, fiscale

7. *Ibid.*, § 87.

8. Décret n° 2021-148 du 11 févr. 2021, *JORF* 13 févr. 2021 ; v. CNIL, délibération n° 2020-124 du 10 déc. 2020, *JORF* 13 févr. 2021 ; ainsi que CE 22 juill. 2022, *Association La Quadrature du Net*, n° 451653.

9. Délibération n° 2019-114 du 12 sept. 2019 portant avis sur le projet d'article 9 du projet de loi de finances pour 2020 (accessible sur Legifrance).

ou douanière, elles peuvent être conservées jusqu'au terme de la procédure) ou, enfin, maximum trente jours (pour toutes les autres données, dont celles d'aucune utilité pour constater manquements et infractions...).

– Une seconde (peut-être à terme, deuxième) étape a été franchie avec l'article 112 de la loi de finances pour 2024, qui a à la fois prolongé l'expérimentation et modifié quelque peu les règles du jeu.

Tout d'abord, le législateur (au IV de l'article 112) a prolongé l'expérimentation, initialement fixée à trois ans et qui devait prendre fin en février 2024, de deux années à compter de la publication d'un nouveau décret fixant les conditions d'application de l'article 154 de la loi de finances pour 2020, dans sa rédaction modifiée par la loi de finances pour 2024 : « L'expérimentation prévue au I, dans les conditions résultant de sa rédaction antérieure à la loi n° 2023-1322 du 29 décembre 2023 de finances pour 2024, est prolongée jusqu'au lendemain de la publication du décret pris pour l'application du I du présent article, dans sa rédaction résultant de la loi n° 2023-1322 du 29 décembre 2023 précitée, et au plus tard jusqu'au 31 décembre 2024. »

Ensuite, l'article 154 de la loi de finances pour 2020 a été modifié (ici aussi au IV de l'article 112), d'une part, afin d'étendre le champ des manquements fiscaux visés, en ajoutant les comportements consistant à délibérément minorer ou dissimuler les recettes tirées d'une activité économique (« découlant d'une minoration ou d'une dissimulation de recettes »), et pour repérer les entreprises ayant une activité visible sur internet et déclarant à l'administration fiscale un statut incohérent ou des recettes probablement minorées[10]. Une telle évolution devrait entraîner, pour traitement et comparaison, une véritable généralisation de la collecte de données, de manière industrielle. Les précisions apportées par le Conseil constitutionnel en 2019 prennent dès lors une tout autre dimension : « la mise en œuvre des traitements de données, tant lors de leur création que lors de leur utilisation, doit être proportionnée aux finalités poursuivies. Il appartiendra notamment, à ce titre, au pouvoir réglementaire, sous le contrôle du juge, de veiller à ce que les algorithmes utilisés par ces traitements ne permettent de collecter, d'exploiter et de conserver que les données strictement nécessaires à ces finalités[11] »... D'autre part, le législateur a, à la même disposition, étendu le périmètre des données pouvant être collectées et exploitées, en intégrant les contenus accessibles seulement après création d'un compte et connexion sur une plateforme d'accueil (« y compris lorsque l'accès à ces plateformes requiert une inscription à un compte »). La rédaction de l'article 154 de la loi de finances pour 2020 et la réserve d'interprétation apportée par le Conseil

10. V. CNIL, délibération n° 2023-090 du 21 sept. 2023 portant avis sur un projet de modification de l'article 154 de la loi n° 2019-1479 du 28 déc. 2019 de finances pour 2020 (accessible sur Legifrance).
11. Cons. const. 27 déc. 2017, n° 2019-796 DC, § 92.

constitutionnel interdisaient à l'administration d'accéder aux contenus accessibles à tous les utilisateurs d'une plateforme mais nécessitant la création d'un compte. Désormais DGFiP et DGDDI peuvent ouvrir des comptes sur les réseaux et aller consulter librement les comptes des autres utilisateurs, et, selon les travaux parlementaires, « il sera possible pour les agents de collecter et d'exploiter les données relatives aux interactions publiques entre usagers, telles que des échanges entre des personnes proposant à la vente du tabac et celles manifestant un intérêt pour une telle offre[12] ».

Enfin, l'article 112, II, 1°, de la loi de finances pour 2024, autorise, en créant un nouvel article L. 10-0 AD au sein du LPF, des agents des finances publiques à agir sous pseudonyme sur les plateformes en ligne : « Pour les besoins de la recherche ou de la constatation des manquements mentionnés au c du 1 de l'article 1728, à l'article 1729, au I de l'article 1729-0 A et au dernier alinéa de l'article 1758 du code général des impôts, des agents des finances publiques ayant au moins le grade de contrôleur des finances publiques et spécialement habilités peuvent réaliser sous pseudonyme les actes suivants, sans être pénalement responsables :

1° Prendre connaissance de toute information publiquement accessible sur les plateformes en ligne définies au i de l'article 3 du règlement (UE) 2022/2065 du Parlement européen et du Conseil du 19 octobre 2022 relatif à un marché unique des services numériques et modifiant la directive 2000/31/CE (règlement sur les services numériques) ainsi que sur les interfaces en ligne définies au m du même article 3, y compris lorsque l'accès à ces plateformes ou interfaces requiert une inscription à un compte ;

2° Lorsqu'ils sont affectés dans un service à compétence nationale désigné par décret, participer à des échanges électroniques, y compris avec les personnes susceptibles d'être les auteurs de ces manquements ;

3° Extraire ou conserver les données sur les personnes susceptibles d'être les auteurs de ces manquements et tout élément de preuve obtenu dans le cadre de la mise en œuvre des 1° et 2° du présent article. » Et de préciser, pour les agents de la DGFiP opérant ainsi et qui doivent avoir au moins le grade de contrôleur et être spécialement habilités, qu'« [à] peine de nullité, ces actes ne peuvent constituer une incitation à commettre un manquement ». Cette nouvelle disposition permet donc à des agents de la DGFiP de passer d'enquêtes « passives » à des enquêtes « actives », par échanges avec les titulaires de comptes sur les réseaux sociaux[13]. Cette mesure a été présentée comme complémentaire avec le dispositif de collecte et d'exploitation automatisées des contenus publiquement accessibles sur les plateformes en ligne. L'enquête sous pseudonyme doit demeurer ciblée, pour des infractions en

12. J.-R. Cazeneuve, *Rapport général sur le projet de loi de finances pour 2024*, Doc. Ass. nat., 2023, n° 1745, t. 2, vol. 1, p. 484.
13. J.-F. Husson, *Rapport général sur le projet de loi de finances pour 2024*, Doc. Sénat, 2023-2024, n° 128, t. 2, fasc. 1, p. 1019.

nombre limité : activités occultes (article 1728, c, 1 CGI), manquements délibérés (article 1729, a, CGI), abus de droit (article 1729, b, CGI), manœuvres frauduleuses (article 1729, c, CGI), non-déclaration relative à des comptes bancaires détenus à l'étranger (article 1729-0 A, I, CGI), activités illicites (article 1758, al. 4, CGI).

Incontestablement les éléments apportés par la loi de finances pour 2024 viennent donner une autre ampleur et un autre souffle à l'article 154 de la loi de finances pour 2020. Il faudra voir, en pratique, ce que cela donne, car jusqu'alors les effets du dispositif de collecte et de traitement des données, issu de la loi de finances pour 2020, semblaient assez limités[14]...

II. LE TRAITEMENT DE MASSE DES DONNÉES ACCUMULÉES

La DGFiP, et plus particulièrement le service de la sécurité juridique et du contrôle fiscal (SJCF), reçoit chaque année un grand nombre de données dépassant les capacités de l'imagination ordinaire.

– Selon un rapport du Sénat, la sous-direction SJCF-1 aurait reçu en 2022 « plus de 6,2 Téraoctets de données “utiles” : pour [...] donner un ordre d'idée, cela correspond à plus de 40 millions de pages de documents PDF ou plus de 8000 armoires d'archivages papier[15] ». Ces données proviennent de l'ensemble des fichiers de la DGFiP (fichiers de données patrimoniales, foncières, professionnelles et personnelles des contribuables et assujettis). Il faut dire qu'outre les données que la DGFiP collecte par elle-même, elle reçoit de manière automatique, sans demande de sa part, chaque année des données de la part de divers organismes (voir notamment les articles L. 97 à L. 102 AH du LPF). La sous-direction SJCF-1 a aussi accès aux fichiers de la DGDDI, de l'URSSAF Caisse nationale ou encore du ministère de l'intérieur. De même, des données provenant d'échanges automatiques internationaux (la DGFiP reçoit ainsi des données sur plusieurs millions de comptes bancaires détenus à l'étranger par des résidents français ; rappelons qu'elle reçoit automatiquement toutes les informations en application des versions successives de la directive relative à la coopération administrative dans le domaine fiscal - DAC), de réseaux sociaux, de divers registres accessibles (Infogreffes, registres des bénéficiaires effectifs...) viennent aussi alimenter les données à disposition de la DGFiP. Tout cela constitue, selon l'expression française, un « lac de données[16] ». Avec la généralisation de la facturation électronique

14. *Ibid.*, p. 461-462.
15. J.-F. Husson, *Rapport d'information par la mission d'information sur la lutte contre la fraude et l'évasion fiscales*, Doc. Sénat, 2022-2023, n° 72, p. 191-192.
16. DGFiP, *Rapport d'activité 2022*, p. 25.

entre entreprises en matière de TVA ce lac de données devrait se transformer en océan, puisque ce sont des milliards de factures qui seront enregistrés chaque année. Cette généralisation de la facturation électronique, prévue, par l'article 3 de l'ordonnance n° 2021-1190 du 15 septembre 2021, au 1er janvier 2025 pour les factures émises par des entreprises « de taille intermédiaire » et au 1er janvier suivant pour les petites, moyennes et micros entreprises, a été repoussée respectivement aux 1er septembre 2026 et 1er septembre 2027 par la loi de finances pour 2024 (art. 91). La DGFiP se trouve donc au centre d'une immense toile de données, qu'il lui appartient d'exploiter et de recouper, afin de détecter les éventuelles anomalies.

Les travaux sur l'analyse des données ont réellement commencé à la DGFiP en 2013 avec la création de la « Mission requêtes et valorisation » (MRV), devenue en 2020, le bureau SJCF-1D, et le lancement d'un traitement automatisé de données dénommé « ciblage de la fraude et valorisation des requêtes » (CFVR)[17]. La mise en place de l'analyse des données s'est accélérée avec le projet « Pilat » (pilotage et analyse du contrôle), qui a démarré en 2018, dans le prolongement du décret n° 2014-879 du 1er août 2014 relatif au système d'information et de communication de l'État. Ce projet avait trois objectifs : « tirer profit des travaux d'analyse de données engagés depuis 2013 ; améliorer la productivité du contrôle fiscal par le développement d'un environnement numérique intégré ; améliorer le pilotage de l'action en matière de contrôle fiscal, en donnant aux acteurs impliqués une vision de bout en bout de l'état d'avancement des dossiers[18] ». C'est dans le cadre de ce projet qu'a été déployé « Galaxie ».

– Par arrêté ministériel du 11 mars 2022[19], a été autorisé le traitement informatisé par la DGFiP de données à caractère personnel (voir l'article 3 de l'arrêté qui liste « les données à caractère personnel traitées ») ; traitement dénommé « Galaxie » : « La direction générale des finances publiques est autorisée à mettre en œuvre un traitement informatisé et automatisé de données à caractère personnel dénommé "Galaxie" au sein, d'une part, de ses services chargés d'une mission de contrôle des impôts, droits et taxes prévus par le CGI et, d'autre part, des services de contrôle et d'enquête ainsi que de recouvrement de la direction générale des douanes et des droits indirects » (art. 1er). Sont donc destinataires des données personnelles en cause les agents de la DGFiP territorialement compétents et les agents de la DGDDI. Les données en cause « ont une profondeur historique maximale de dix ans à

17. De son côté, la DGDDI a confié, en 2016, l'exploitation de ses données dématérialisées à son service d'analyse de risque et de ciblage (SARC).
18. C. Nougein et T. Carcenac, *Rapport d'information sur les moyens de contrôle fiscal*, Sénat, 2019-2020, n° 668, p. 56.
19. *JORF* 31 mars 2022 ; v. CNIL, délibération n° 2022-025 du 17 févr. 2022 portant avis sur un projet d'arrêté portant création par la direction générale des finances publiques du traitement de données à caractère personnel dénommé « Galaxie », *JORF* 31 mars 2022.

compter de la collecte de l'information par la DGFiP » (article 6), cette durée correspondant à la durée maximale du droit de reprise de l'administration fiscale, en ce qui concerne le cas des activités occultes. En premier lieu, ce traitement informatisé est un outil de visualisation, au niveau national, des liens existant entre des entités professionnelles (participations), et entre des entités professionnelles et des personnes physiques (dirigeant, d'associé ou d'actionnaire). En second lieu, il permet de dégager des éléments de contexte sur la situation patrimoniale et fiscale de ces personnes. Ce système de traitement informatisé est utilisé par les agents de la DGFiP afin d'améliorer le respect des obligations fiscales par les redevables, c'est-à-dire, selon les cas, pour régulariser les erreurs commises par des contribuables de bonne foi ou pour lutter contre la fraude fiscale, et afin de « mener des opérations de recherche, d'enquête, de programmation, de contrôle et de recouvrement de manquements fiscaux ». Il s'agit donc, par le biais de l'intelligence artificielle, de superposer et de recouper de nombreuses données, et donc informations, relatives à un contribuable.

L'objectif de ce système de traitement informatisé est donc de consolider automatiquement une grande quantité de données afin de repérer les anomalies, comportements suspects ou schémas de fraude. La DGFiP est ainsi passée d'un traitement traditionnel, et finalement quelque peu « artisanal », des dossiers par ses agents à l'ère du *datamining* sur des volumes massifs de données : « Le contrôle fiscal a donc connu ces dernières années une transformation profonde de ses outils, avec un recours accru à l'exploitation des données de masse par le biais de l'intelligence artificielle *(datamining, textmining, web scrapping)*[20]. » Ce traitement informatisé des données permet, d'une part, de repérer les erreurs et les incohérences, par le recoupement de données, et, d'autre part, de modéliser des profils de contribuables afin de cibler les opérations de contrôles fiscaux. L'administration fiscale s'était fixée que le *datamining* soit à l'origine de 50 % de la programmation des contrôles menés en 2022, contre 22 % en 2019, 32,5 % en 2020 et 44,1 % en 2021[21]. Au final en 2022, 52 % de la programmation totale du contrôle fiscal ont été issus de ce processus[22]. Le bureau SJCF-1D a pu ainsi transmettre, aux services de la DGFiP sur le territoire, 85000 dossiers en 2021 relatifs à des professionnels et 241 000 dossiers relatifs à des particuliers; parmi les dossiers transmis, les services territoriaux choisissent ceux faisant l'objet d'un contrôle. Ces contrôles ont permis de recouvrer 1,2 milliard d'euros en 2021 contre 785 millions d'euros deux ans plus tôt[23]. Le recours

20. J.-F. Husson, *Rapport d'information*, préc., p. 47 ; voir dans ce rapport les définitions de ces termes.
21. J.-F. Husson, *Rapport général sur le projet de loi de finances pour 2023*, Doc. Sénat, 2022-2023, n° 115, t. III, p. 35.
22. DGFiP, *Rapport d'activité 2022*, p. 43.
23. J.-F. Husson, *Rapport d'information par la mission d'information sur la lutte contre la fraude et l'évasion fiscales*, préc., p. 47.

au *datamining* ne doit cependant pas être exclusif et se faire au détriment des autres procédures auxquelles les agents de la DGFiP peuvent recourir.

Devant de telles avancées juridiques, récentes, et technologiques, exponentielles, il est encore trop tôt pour tirer des conclusions définitives. Parler de *Big Brother* fiscal serait à ce jour sans doute marquant et « vendeur » mais encore exagéré. Donnons-nous rendez-vous dans quelques années...

Mars 2024

Les mesures de surveillance dans le cadre de la lutte antiterroriste

Du renseignement à la pré-preuve

PAULINE LE MONNIER DE GOUVILLE
Maître de conférences de droit privé et sciences criminelles à l'Université Paris Panthéon-Assas, ICP – Institut de criminologie et de droit pénal de Paris

Pour être saisi par le droit, le terrorisme n'exige pas que les actes réalisés soient objectivement de nature à troubler gravement l'ordre public par l'intimidation ou la terreur, et encore moins qu'il ait été effectivement atteint[1]. Il apparaît comme une menace, et c'est le maître mot, pour les fondements de l'État de droit. Le maître mot, en effet, car la menace guide le droit, bat hélas le rythme et la mesure, jusqu'à la démesure. C'est alors au droit pénal d'appréhender ces réalités et d'apporter des réponses par le double biais de moyens préventifs et répressifs.

L'une des questions inhérentes à la lutte contre ce phénomène réside dans la détection de l'acte terroriste grâce à la *surveillance*[2]. Or celle-ci est ambivalente car le but recherché est à la fois d'éviter le passage à l'acte et de rassembler indirectement des éléments susceptibles de devenir des preuves dans le cadre d'une procédure judiciaire. Surveiller pour prévenir,

1. En ce sens, v. M. Lacaze, « Actualités de la répression et de la prévention du terrorisme par le droit pénal français », *Montesquieu Law Review* oct. 2015, n° 3.
2. V. J. Alix et O. Cahn, « Mutations de l'antiterrorisme et émergence d'un droit répressif de la sécurité nationale », *RSC* 2017. 845 ; P. Beauvais, « La nouvelle surveillance pénale », in *Humanisme et justice. Mélanges en l'honneur de G. Giudicelli-Delage*, Dalloz, 2016, p. 261 ; P. Collet, « L'insaisissable notion de surveillance en droit pénal », *RSC* 2019, n° 3 ; L. Laref, *La surveillance en droit pénal*, Limoges, 2020.

surveiller pour agir contre le potentiel acte terroriste : le glissement d'une dynamique à l'autre permet de souligner la porosité de la distinction entre polices administrative et judiciaire et la façon dont un renseignement est susceptible de se muer en élément de preuve.

Le professeur Vergès écrit : « Le renseignement est un concept flou de la procédure pénale. Parfois conçu comme un ersatz de preuve, d'autres fois comme un élément utile à l'enquête mais sans valeur probatoire, [il] ne possède ni définition ni fonction clairement identifiée[3]. » La Cour de cassation, quant à elle, affirme : « si le recueil de renseignement ne peut être mis en œuvre pour constater des infractions à la loi pénale, les informations émanant des services de renseignement, régulièrement versées dans une procédure judiciaire et soumises au débat contradictoire, peuvent être prises en compte en ce qu'elles ont guidé les investigations[4] ».

Jusqu'où mêler prévention et poursuites ? S'agit-il de surveiller ou de chercher préventivement à prouver ? Identifier, vérifier, prévenir, agir : cette surveillance peut être qualifiée de « préventive à des fins répressives » afin de souligner la porosité entre le renseignement et la pré-preuve. Détecter d'abord (I), puis maîtriser (II) l'individu dangereux : à travers ces deux objectifs, les mesures de surveillance en matière terroriste sont le signe manifeste d'une confusion entre plusieurs enjeux, qu'il s'agisse de prévenir, d'anticiper, ou encore de prouver des infractions pénales.

I. DÉTECTER LE POTENTIEL TERRORISTE

Le dualisme juridictionnel, ADN du droit français, s'épanche sans délimitation précise entre le droit pénal et le droit public. La menace et l'objectif de détection du potentiel terroriste scellent en effet une logique de surveillance qui commande de s'en remettre curieusement aux autorités non pas judiciaires, mais administratives. Tel est le cas des techniques de renseignement introduites en 2015 (A). Les visites et saisies de sécurité intérieure sont paradoxalement contrôlées par le juge judiciaire (B).

A. LES TECHNIQUES DE RENSEIGNEMENT CONTRÔLÉES PAR L'AUTORITÉ ADMINISTRATIVE

La loi n° 2015-912 du 24 juillet 2015 représente un cap dans l'avènement d'une société de surveillance, par la prévision de techniques de renseignement utilisées aux fins de prévention des atteintes aux intérêts de la Nation

3. É. Vergès, « Propos conclusifs. La preuve pénale transformée ? », *in* P. Beauvais et R. Parizot (dir.), *Les transformations de la preuve pénale*, LGDJ, 2018, p. 333. V. également sur le sujet É. Verny, « Du renseignement à la preuve pénale », in *Les transformations de la preuve pénale*, LGDJ, Lextenso, 2018, p. 156.
4. Crim. 19 mai 2021, n° 1-80849, note O. Cahn, *JCP* 2021, n° 35. I. 880.

et qui relèvent dès lors de la police administrative[5]. Ciblées, redoutables car intrusives, ces mesures visent à surveiller, détecter, identifier des individus dangereux. Plusieurs procédés sont dédiés à la lutte antiterroriste et ont été pérennisés par la loi n° 2021-998 du 30 juillet 2021. On songe à l'*Imsi Catcher*[6] mais aussi aux « boîtes noires » installées sur les réseaux électroniques des opérateurs en vue de détecter « des connexions susceptibles de révéler une menace terroriste[7] » – et dont le dispositif a été étendu aux URL. Le caractère terroriste de la menace permet au premier ministre d'ordonner une identification des personnes concernées, après avis de la Commission nationale de contrôle des techniques de renseignement (CNCTR). Dans le même ordre d'idées, est autorisé pour la seule prévention du terrorisme le recueil en temps réel, sur les réseaux de télécommunication, des données relatives « à une personne préalablement identifiée susceptible d'être en lien avec une menace »; sans que soient définis les critères de la menace[8]. Les interceptions de courriels, encore, sont étendues à l'entourage de la personne visée – cela vise-t-il tous les membres d'un carnet d'adresses, ou même toutes les personnes liées à ce carnet d'adresses? Enfin, la loi autorise à localiser des équipements terminaux, par la transmission en temps réel des données de connexion à un service du premier ministre[9]. À ces techniques de renseignement s'ajoutent des mesures semblables à celles prévues dans le cadre de l'enquête judiciaire : géolocalisation, captation d'image et sonorisations, accès à distance aux disques durs, infiltrations électroniques.

Imprécision. – La première observation tient à l'imprécision des finalités poursuivies. Le Code de la sécurité intérieure (CSI) justifie ces mesures par la prévention du terrorisme ou de la criminalité et délinquance organisées[10], notions vastes par essence, tout comme le sont les concepts d'« intérêts majeurs de la politique étrangère », de prévention des « violences collectives de nature à porter gravement atteinte à la paix publique[11] ». Le législateur distingue certes des critères de dangerosité, en évoquant les « menaces, les risques et les enjeux liés aux intérêts fondamentaux de la Nation ». Mais ces finalités sont si floues qu'elles laissent aux services de renseignement une grande marge de manœuvre, ce qui soulève la question de la conformité de ces dispositions aux exigences de la Convention européenne des droits de l'homme. Pourquoi ne pas transposer le principe de légalité à des mesures relevant de la pure police administrative? Le Conseil constitutionnel, quant à lui, n'y voit guère de difficulté dès lors que les techniques visent à préserver

5. Cons. const. 23 juill. 2015, n° 2015-713 § 9.
6. CSI, art. L. 851-6, L. 852-1, II.
7. CSI, art. L. 851-3.
8. CSI, art. L. 851-2.
9. CSI, art. L. 851-4.
10. CSI, art. L. 811-3.
11. *Ibid.*

l'ordre public et à prévenir les infractions, jamais à constater des infractions ou à en rechercher les auteurs[12]. Il est pourtant permis de penser que le renseignement qui aura servi à empêcher un attentat fondera une condamnation de l'association de malfaiteurs à visée terroriste ou encore de l'entreprise individuelle terroriste. L'on perçoit, déjà, le glissement du renseignement à la pré-preuve.

Faibles garanties de contrôle. – La seconde observation tient à la faiblesse du contrôle prévu. En l'état, une autorisation écrite et motivée du premier ministre s'avère nécessaire, après avis d'une autorité administrative indépendante. Or cet avis n'est que consultatif. La CNCTR ne dispose d'aucun pouvoir de contrainte directe, la seule possibilité étant de solliciter auprès des ministres une suspension ou interruption d'une mesure. Pourquoi ne pas requérir *a priori* l'accord d'un juge, administratif ou judiciaire? Rien ne justifie que les garanties requises en matière de police administrative soient moindres qu'en matière de police judiciaire dès lors que se trouve en jeu une atteinte à la vie privée. Certes, il ne s'agit que de police administrative. Mais le renseignement dont il est question peut avoir pour effet d'identifier les terroristes. L'intervention d'une AAI se révèle d'autant plus problématique que les juges européens ne tolèrent les imprécisions relatives aux interceptions de communication qu'à la condition qu'une autorisation judiciaire préalable soit prévue[13]. En outre, les mesures sont justifiées par la *dangerosité* d'un individu, et non par le *soupçon*; critère aléatoire qui pourrait être invalidé par la CJUE[14]. Certes, un contrôle juridictionnel s'organise *a posteriori* devant le Conseil d'État, mais le requérant n'a pas accès à l'intégralité des pièces du dossier – à la différence du juge, des services de l'État et de la Commission. Un huis clos est en outre possible, au mépris du principe de publicité[15]. Plus encore, le juge n'est pas obligé, en cas d'irrégularité constatée, d'ordonner la destruction des renseignements, et ce au mépris de la position de la Cour européenne qui subordonne l'efficacité du recours à la destruction d'enregistrements litigieux[16]. Un rapport parlementaire ne manquait pas d'évoquer un « risque permanent » de condamnation de la France[17].

Un autre dispositif visant à détecter d'éventuels éléments en lien avec des activités terroristes relève, cette fois, de l'autorité judiciaire.

12. Cons. const. 23 juill. 2015, préc.
13. CEDH 5 déc. 2015, *Zakharov c/ Russie*, n° 47143/06.
14. CJUE 8 avr. 2014, *Association Digital Rights Ireland Ltd et aff. Mickaël Seitlinger*.
15. Lorsqu'est en jeu le secret de défense nationale.
16. CEDH 3 févr. 2015, *Pruteanu c/ Roumanie*, n° 30181/05.
17. Ass. nat., J.-J. Urvoas, P. Verchère, Rapp. 1022, 14 mai 2013, p. 13 s.

B. Les visites et saisies de sécurité intérieure contrôlées par l'autorité judiciaire

La loi n° 2017-510 du 30 octobre 2017 crée la mesure de visites et saisies de sécurité intérieure, dans le prolongement des perquisitions administratives mises en œuvre à l'occasion de l'état d'urgence en 2015[18]. L'initiative des opérations est confiée à l'autorité préfectorale ; mais le juge des libertés et de la détention du tribunal judiciaire de Paris doit désormais autoriser la visite et la saisie des documents, objets ou données. Ce dispositif illustre particulièrement l'idée de confluence entre polices administrative et judiciaire et le glissement opéré du renseignement vers la preuve pénale.

Confusion des champs d'application des mesures de polices administrative et judiciaire. – Soulignons, d'abord, la porosité du champ d'application du dispositif avec celui des perquisitions judiciaires, alors même que la mesure prévue par le CSI avait été conçue à titre « subsidiaire ». Selon un rapport parlementaire, l'opération peut être mise en œuvre « soit en cas d'impossibilité de recourir à une procédure judiciaire dans l'hypothèse où l'indice de la menace grave et caractérisée n'est pas corroboré et émane d'une source unique », soit parce que l'information sur la menace que représente une personne émane d'un service de renseignement étranger et ne peut être transmise à l'autorité judiciaire. Il s'agit donc de restreindre l'opération à une « levée de doute », « lorsque les éléments sont insuffisants pour permettre une judiciarisation[19] ». Un champ redondant apparaît alors à l'examen des critères de mise en œuvre : les mesures de visites et de saisies peuvent en effet être réalisées en présence de « raisons sérieuses » de penser que le comportement d'une personne constitue une menace d'une particulière gravité pour la sécurité et l'ordre public, en raison de mauvaises relations ou de propos de nature terroriste[20]. Or, comment distinguer les « raisons sérieuses » des « raisons plausibles de soupçonner[21] » qu'un individu a commis ou tenté de commettre une infraction, mentionnées par le Code de procédure pénale ? Les mesures de visites et de saisies visent un lieu fréquenté par une personne dont le comportement pourrait sans doute justifier une perquisition pénale. L'objectif de prévention des actes de terrorisme, poursuivi mais non défini par le législateur[22], n'est-il pas si vaste qu'il offre une grande marge d'appréciation ? Ne pourrait-on pas obtenir par la voie judiciaire le résultat poursuivi par ces mesures de visites ? L'hybridation des procédures est d'autant plus manifeste que la perquisition judiciaire ne vise pas forcément le domicile du suspect, ni le suspect lui-même. Il suffit que des éléments intéressant

18. V. L. n° 55-385, 3 avr. 1955, art. 11.
19. Sénat, M. Mercier, Rapp. 629, 12 juill. 2017, p. 70.
20. CSI, art. L. 229-1.
21. C. pr. pén., art. 61-1 et 62-2.
22. CSI, art. L. 229-1.

l'enquête soient susceptibles de se trouver sur le lieu visé[23]. Lorsque l'on sait le développement des infractions-obstacles permettant de punir de plus en plus tôt l'acte préparatoire de l'action terroriste[24], qu'entendre par des comportements constitutifs d'une menace d'une particulière gravité pour la sécurité et l'ordre publics qui n'inciteraient pas les autorités à ouvrir une enquête ou une instruction ?

La transformation du renseignement en preuve pénale. – Le second élément de nature à souligner la porosité entre les polices administrative et judiciaire réside dans la transformation d'un renseignement recueilli en une preuve produite dans une procédure pénale. Si la mesure de visite révèle une infraction, l'OPJ doit dresser un procès-verbal et peut procéder à toute saisie utile[25]. Les éléments saisis sont donc à la fois des renseignements et des preuves. L'article L. 811-2, al. 3, du CSI, quant à lui, renvoie à l'article 40 du Code de procédure pénale selon lequel un fonctionnaire qui acquiert la connaissance d'une infraction doit en informer le procureur de la République. L'articulation des polices permet de glisser véritablement du renseignement vers la preuve pénale en vue d'établir des faits devant le juge judiciaire : le renseignement devient une « pré-preuve[26] ». Sachant que celle-ci peut comporter des indices de suspicion ouvrant la voie à la réalisation d'actes coercitifs ou intrusifs. Quel serait d'ailleurs l'intérêt de la mesure de visite et de saisie si celle-ci n'aboutissait pas rapidement à des interpellations, gardes à vue, mises en examen et condamnations ? Sous le régime de l'état d'urgence, plusieurs rapports ont démontré l'utilité des perquisitions administratives, ayant permis l'accès à des informations qu'il n'aurait pas été possible de recueillir dans le cadre des procédures judiciaires, mais aussi de mettre en œuvre par la suite des procédures judiciaires[27]. La Cour de cassation reconnaît cette exploitation judiciaire du renseignement collecté : le procès-verbal consignant le renseignement est dépourvu de force probante mais est destiné à permettre des investigations ultérieures[28]. Tout en rappelant que les renseignements ne constituent pas des actes de police judiciaire, elle affirme que ces éléments peuvent servir à guider des actes d'investigations mais également de preuve de culpabilité à la

23. V. F. Fourment, « La visite de sécurité intérieure, substitut de la perquisition pénale », *Gaz. Pal.* 23 janv. 2018, n° 3, p. 82, qui prend l'exemple d'une perquisition dans un bar comme point de ralliement entre deux individus, dans une affaire de recel et de détention d'arme : ne pourrait-on pas envisager une visite de sécurité intérieure ? La Cour de cassation a rappelé que la perquisition peut se réaliser indépendamment de l'existence d'indices de participation à une infraction (Crim. 27 janv. 1987, n° 86-83.278).
24. C. pén., art. 421-1 s.
25. CSI, art. L. 229-2.
26. V. É. Vergès, « La procédure pénale au temps des confluences », *RSC* 2018. 153.
27. Ass. nat., S. Pietrasanta, Rapp. 3922, 5 juill. 2016, p. 264 ; D. Raimbourg et J.-F. Poisson, Rapp. 4281, 6 déc. 2016, p. 119.
28. Crim. 6 oct. 2015, n° 15-82.247.

double condition d'être débattus contradictoirement et de ne pas constituer le fondement exclusif de culpabilité[29].

Ces lois de police administrative représentent en définitive « l'antichambre de la procédure pénale[30] », au détriment des exigences de prévisibilité et d'accessibilité de la loi. Le critère finaliste de la distinction entre police administrative et judiciaire apparaît dépassé, voire dangereux lorsqu'il conduit à évincer le contrôle judiciaire. Doit-on nettement distinguer, par des critères tangibles et grâce à des agents appartenant à des corps distincts, l'information recueillie à titre de renseignement et celle recueillie à des fins probatoires ? Sachant que la base de ces actes demeure la même : des faits, qui seront qualifiés tantôt de menaces pour la sécurité et l'ordre public, tantôt d'infractions[31].

La surveillance vise, en amont, à détecter le potentiel terroriste. Mais la menace grandit et il s'agit alors de le surveiller, ou « veiller sur », et pour cela de le maîtriser.

II. MAÎTRISER LE POTENTIEL TERRORISTE

La maîtrise de l'individu passe par certaines mesures d'interdiction de circuler (A), et de contrôle (B).

A. LES MESURES D'INTERDICTION DE CIRCULER

Interdiction de sortie de territoire. – La surveillance des flux terroristes se caractérise par l'interdiction de sortie de territoire, sur la base de la dangerosité d'un individu français s'il existe des raisons sérieuses de penser que celui-ci projette des déplacements à l'étranger en vue de participer à des activités terroristes ou sur un théâtre d'opérations de groupements terroristes, dans des conditions susceptibles de laisser planer le risque d'un acte terroriste à son retour[32]. L'autorité de contrôle est de nature administrative – le ministre de l'intérieur – et la faiblesse du dispositif naît une nouvelle fois de l'absence de contrôle de l'autorité judiciaire. Certes, la décision du ministre peut

---

29. Crim. 19 sept. 2017, n° 17-82.317, *D.* 2018. 155, note T. Herran, *AJ pénal* 2017. 507, note G. Roussel.
30. T. Herran, « L'oxymore de la prévention réactive à la commission d'une infraction », *Gaz. Pal.* 23 janv. 2018, n° 3, p. 66 ; M. Touillier, « La loi sur le renseignement traduit-elle l'émergence d'une procédure para-pénale ? », *in* M. Touillier (dir.), *Le code de la sécurité intérieure, artisan d'un nouvel ordre ou semeur de désordre ?*, Dalloz, coll. « Les sens du droit », 2017, p. 159 ; G. Beaussonie, « Chronique législative. Le droit pénal écarté de la lutte contre le terrorisme », *RSC* 2017. 777.
31. V. M. Lacaze, « La dualité juridictionnelle française, instrument de la lutte contre le terrorisme », *in* M. Lacaze et A. Gogorza (dir.), *Les politiques criminelles antiterroristes en Europe*, Les colloques de l'ISCJ 2017, n° 1, p. 99.
32. CSI, art. L. 224-1. V. Y. Mayaud, « L'état d'urgence récupéré par le droit commun ? Ou de l'état d'urgence à l'état de confusion ! », *JCP* 2016, n° 12, 344.

être déférée au juge administratif. Cependant, l'interdiction posée s'envisage comme une atteinte à la liberté individuelle *et* à la présomption d'innocence. Un juge du siège indépendant, tel que le JLD, aurait toute légitimité si ce n'est pour prononcer la mesure, au moins pour la contrôler *a posteriori*. L'autre lacune résulte de l'absence de débat contradictoire *a priori* : rien ne permet à la personne de se défendre, alors même que la procédure instaure une présomption de culpabilité. Certes, un débat *a posteriori* est prévu devant le ministre, mais seulement huit jours après la notification de la décision. Pourquoi différer ainsi les droits de la défense? *Quid* si, *in fine*, l'individu n'avait nulle intention de participer à des activités terroristes? La mesure relève de la police administrative au mépris d'une certaine cohérence et des libertés tant la procédure contient, en elle-même, une forme de poursuites anticipées – sur la base de présomptions de dangerosité.

Contrôle administratif des retours sur le territoire national. – Ce second dispositif[33] peut être prononcé sur la base de raisons sérieuses de penser qu'une personne s'est rendue ou a manifesté l'intention de se rendre sur des théâtres d'opérations terroristes. Le ministre de l'intérieur a la possibilité d'assigner l'individu à son domicile pour une durée d'un mois; de l'obliger, également, à se présenter aux services de police et de gendarmerie, ou encore de lui interdire d'être en relation avec certaines personnes. La violation de ces contraintes constitue un délit – qui semble se confondre avec l'infraction d'association de malfaiteurs ou d'entreprise individuelle terroriste. S'agissant des garanties prévues, le ministre rend une décision motivée et la personne peut présenter ses observations dans un délai de huit jours à compter de la décision. Mais est-ce suffisant pour compenser l'absence de contrôle de l'autorité judiciaire? Et ce d'autant plus que la Cour européenne juge que les assignations à résidence peuvent constituer une privation de liberté, en fonction d'indices tels que la durée de la mesure, ses modalités d'exécution[34].

B. LES MESURES DE CONTRÔLE DE L'INDIVIDU

Retenue pour vérification de situation administrative. – Toute personne faisant l'objet d'un contrôle ou d'une vérification d'identité peut être retenue sur place ou dans un local de police durant quatre heures s'il existe des raisons sérieuses de penser que son comportement est lié à des activités terroristes, ou qu'elle est en relation avec une personne ayant un tel comportement[35]. Il s'agit d'une mesure de *police administrative*, sans audition, qui vise à démanteler des réseaux terroristes et à instaurer un suivi de la personne, par la pose, pourquoi pas, d'une balise sur son véhicule ou par le choix d'une

33. CSI, art. L. 225-1 s.
34. CEDH 6. nov. 1980, *Guzzardi c/ Italie*, n° 7367/76.
35. C. pr. pén., art. 78-3-1.

interdiction de sortie du territoire. Or, *quid* si des soupçons apparaissent au cours de cette retenue? L'affirmation, au fil des débats parlementaires, de droits de la défense témoigne de l'ambivalence de la mesure. Comme pour la garde à vue et l'audition libre, la personne a le droit d'être informée du fondement légal et de la durée de la mesure; de faire prévenir un proche et son employeur. Elle doit être informée du droit de se taire tout en étant prévenue, paradoxalement, qu'il ne s'agit pas d'une audition. Le procureur est averti sans délai et peut mettre fin à la mesure à tout moment. Cette série d'incohérences montre que le dispositif repose sur un fil : l'individu n'est pas suspect – ou alors à l'état embryonnaire – et la différence est infime. D'un côté, des soupçons laissant penser qu'une personne a commis ou tenté de commettre une infraction justifient une garde à vue; de l'autre côté, des « raisons sérieuses » (mais lesquelles?) ne permettent qu'une simple retenue. La confusion est latente mais l'enjeu crucial : la personne retenue ne bénéficie pas du droit à l'assistance d'un avocat. Or comment distinguer « l'embryon » de soupçons (c'est-à-dire les « raisons sérieuses ») du soupçon lui-même – cela d'autant plus que la loi définit largement les infractions à caractère terroriste et que le soupçon naît de plus en plus tôt? Comment éviter, dès lors, les détournements de procédure? Un OPJ pourrait être tenté de feindre de ne pas soupçonner l'individu pour le priver d'un avocat. Quant au contrôle de la mesure, il est permis de suggérer de soumettre cette procédure au regard d'un juge tiers et indépendant que pourrait être le JLD. Lorsque l'on sait l'ambivalence inhérente au statut du ministère public[36], l'on peut douter de l'opportunité de ce que le législateur a cru être une garantie suffisante. Sauf à éluder les droits de la défense, l'intérêt de la mesure apparaît faible dès lors que l'individu sera dans les faits vraisemblablement placé en garde à vue.

MICAS. – La loi précitée de 2017 prévoit la possibilité pour le ministre de prescrire une série de « mesures individuelles de contrôle administratif et de surveillance[37] » aux fins de prévenir la commission d'actes de terrorisme. Ces mesures ont été étendues par la loi du 30 juillet 2021 et visent : l'interdiction de se déplacer à l'extérieur d'un périmètre géographique déterminé, l'obligation de se présenter périodiquement aux services de police ou aux unités de gendarmerie, de déclarer et de justifier de son lieu d'habitation ainsi que tout changement de ce lieu. Là encore, il s'agit de surveiller le potentiel terroriste car ces mesures visent les personnes à l'égard desquelles il existe des raisons sérieuses de penser que leur comportement constitue une menace grave pour la sécurité et l'ordre publics. La porosité entre le renseignement et la preuve ressort des travaux préparatoires de la loi, qui voient dans l'obligation pour le ministre d'informer le procureur de République la possibilité, « d'une part de vérifier l'existence d'une enquête pénale ouverte sur le fondement

36. V. not. CEDH 29 mars 2010, *Medvedyev et a. c/ France*, n° 3394/03.
37. CSI, art. L. 228-1 s.

de ces mêmes faits, et d'autre part de favoriser une judiciarisation le plus en amont possible[38] ». Ces mesures de surveillance suscitent des réserves en raison des faibles garanties de contrôle mais aussi de leur porosité avec le cadre judiciaire. Elles rappellent en effet les obligations que pourrait très bien imposer un juge d'instruction dans le cadre d'un contrôle judiciaire.

Détecter, maîtriser donc, mais aussi intriquer renseignement et preuve au service de la lutte antiterroriste : l'objectif est louable mais l'entreprise douteuse. Le retour au droit pénal commun après l'état d'urgence ne signifie pas qu'il faille exclure catégoriquement l'autorité administrative, mais il semble que face au glissement du renseignement à la preuve, l'autorité judiciaire aurait toute légitimité à protéger les droits et libertés en jeu.

38. Ass. nat., R. Gauvain, Rapp. 164, 14 sept. 2017, p. 129.

TITRE 2

Surveillance et procédure pénale

L'infiltration, une technique de surveillance antédiluvienne au service de la modernité

CATHERINE GIRAUD-BONNET
Commandant de police (en disponibilité), auteur de l'ouvrage Infiltrée

Pour que la compréhension de ce thème soit complète, un léger rappel de la loi est fondamental ; je n'expose ici qu'un seul article du Code de procédure pénale, ainsi qu'un lien pour plus d'approfondissement, si le sujet vous passionne.

<u>Code de procédure pénale</u>

Article 706-81
Modifié par la loi n° 2015-993 du 17 août 2015 - art. 11

Lorsque les nécessités de l'enquête ou de l'instruction concernant l'un des crimes ou délits entrant dans le champ d'application des articles 706-73 et 706-73-1 le justifient, le procureur de la République ou, après avis de ce magistrat, le juge d'instruction saisi peuvent autoriser qu'il soit procédé, sous leur contrôle respectif, à une opération d'infiltration dans les conditions prévues par la présente section.

L'infiltration consiste, pour un officier ou un agent de police judiciaire spécialement habilité dans des conditions fixées par décret et agissant sous la responsabilité d'un officier de police judiciaire chargé de coordonner l'opération, à surveiller des personnes suspectées de commettre un crime ou un délit en se faisant passer, auprès de ces personnes, comme un de leurs coauteurs, complices ou receleurs. L'officier ou l'agent de police judiciaire est à cette fin autorisé à faire usage d'une identité d'emprunt et à commettre si nécessaire les actes mentionnés à l'article 706-82. À peine de nullité, ces actes ne peuvent constituer une incitation à commettre des infractions.

L'infiltration fait l'objet d'un rapport rédigé par l'officier de police judiciaire ayant coordonné l'opération, qui comprend les éléments strictement nécessaires à la constatation des infractions et ne mettant pas en danger la sécurité de l'agent infiltré et des personnes requises au sens de l'article 706-82.

[https://www.legifrance.gouv.fr/codes/section_lc/LEGITEXT000006071154/LEGISCTA000006167520/]

L'infiltration policière est une forme ultime d'enquête qui permet d'immerger un agent parmi des personnes qui sont au cœur de divers trafics notamment de stupéfiants.

Cette méthode n'est en rien novatrice ; il s'agit d'une méthode ancestrale de renseignement. De Dusan Popov, qui inspirera l'auteur Ian Fleming, à Wolfgang Lotz, agent infiltré du Mossad, les pénétrations du terrain ennemi sont légion.

Même dans les contes pour enfants, on retrouve un loup déguisé en Mère-Grand pour tromper le Petit Chaperon rouge.

Donc tromper l'ennemi a toujours été une tactique usitée avec plus ou moins de succès et surtout sans encadrement légal.

Mais l'habit seul ne fait pas le moine...

Que peut apporter en termes de preuves l'infiltration d'un réseau criminel de nos jours ?

Les trafiquants de drogue sont généralement fort prudents, voire « paranoïaques », ils savent que pour vivre de son commerce illicite il faut dealer caché et se méfier de tout le monde.

La recherche de preuves dans une enquête s'avère donc compliquée ou parfois impossible.

Faire entrer un agent dans la pyramide du deal peut être payant. Que l'agent infiltré soit chauffeur poids lourds pour transporter les cargaisons de stupéfiants ou acheteur potentiel de marchandises, la méthode de pénétration peut alors mettre à jour l'étendue du trafic, les lieux de stockage et les noms des trafiquants, etc.

La méthode est juridiquement très encadrée. Malgré cela, elle reste une bête noire pour certains avocats qui y voient une technique invasive ou même déloyale, comme si deux adversaires égaux jouaient une partie d'échecs pipée, ce qui n'est pas le cas. Les avocats soulèvent régulièrement des problématiques éthiques et légales à l'égard de la technique de l'infiltration.

Mais il faut voir les choses sous un angle d'efficacité : abattre un réseau tentaculaire demande beaucoup de temps, d'investissements humain, financier et technologique. Se servir de tout l'arsenal juridique existant est une nécessité dans le cadre de la mondialisation des réseaux criminels.

Les méthodes des délinquants se modernisent chaque jour, elles sont sans limites. Il n'est pas question d'être distancé dans cette guerre contre le crime organisé. N'oubliez pas que les Colombiens utilisent depuis une quinzaine d'années des sous-marins pour transporter les cargaisons de cocaïne !

N'oubliez pas non plus qu'ils sont les inventeurs de l'exportation de cocaïne *in corpore*, méthode extrêmement dangereuse pour les mules humaines. Les trafiquants ne reculent devant rien pour augmenter le rendement et les bénéfices. La vie humaine ne vaut rien dans le milieu des cartels, des *maras* et autres gangs.

Les États-Unis utilisent depuis des décennies cette méthode pour noyauter le crime organisé. Ce fut le cas de l'agent fédéral Robert Mazur qui a infiltré le

la vidéosurveillance de la voie publique, décidée par le juge d'instruction[32] ou le procureur[33] et mise en place par les OPJ, est valide. Les techniques de surveillance progressent constamment en raison de l'évolution du numérique et de la technologie.

Le caractère ouvert de la notion peut encore être puisé dans la loi n° 2023-1059 du 20 novembre 2023[34]. L'activation à distance d'un appareil électronique pour capter des sons ou images n'a certes pas passé l'examen de constitutionnalité[35]. Mais cette loi a institué un article 230-34-1 du Code de procédure pénale, consacrant l'activation à distance d'un appareil électronique, à l'insu du propriétaire ou possesseur, aux fins de localisation en temps réel. Cet acte a vocation à s'appliquer lors d'une enquête ou d'une instruction pour un crime ou un délit puni de 5 ans d'emprisonnement au moins. Si des garanties sont prévues, comme l'autorisation d'un juge[36] et l'exclusion du dispositif pour l'appareil des personnes protégées[37], l'activation à distance reste un nouveau moyen de surveillance. Ce concept étant fuyant, il en résulte des conséquences sur son régime.

II. UN RÉGIME LACUNAIRE

Certaines raisons expliquent les carences de la surveillance en matière pénale, spécialement celle à des fins probatoires. Une fois les raisons perçues (A), les manifestations de ces lacunes devront être soulignées (B).

A. LES RAISONS

Selon l'article 34 de la Constitution, la procédure pénale demeure régie par le principe de légalité[38]. Celui-ci interdit aux autorités publiques d'exécuter un acte que le Code de procédure pénale n'a pas envisagé ou autorisé[39]. Cependant, le législateur a fait preuve « d'une étonnante paresse en procédure »,

---

32. Crim. 11 déc. 2018, n° 18-82.365, *Bull. crim.*, n° 211 ; Crim. 18 juin 2019, n° 18-86.421, *Bull. crim.*, n° 122, *JCP* 2019. 947, note N. Jeanne.
33. Crim. 8 déc. 2020, n° 20-83.885, *Bull. crim.*, *RSC* 2021. 124, obs. N. Jeanne; Crim. 18 mai 2021, n° 20-86.266, *Bull. crim.*, *RSC* 2021. 570, obs. P.-J. Delage, *JCP* 2021. 711, note P. Collet.
34. Loi d'orientation et de programmation du ministère de la justice 2023-2027, *JO* 21 nov. 2023, texte n° 2.
35. Cons. const. 16 nov. 2023, n° 2023-855 DC, § 68 et 69, censurant les articles 706-96-2 et 706-96-3 du C. pr. pén. envisagés en raison de l'atteinte disproportionnée au droit au respect de la vie privée.
36. V. aussi, C. pr. pén., art. 230-36, al. 2, sur la mise en œuvre effective de la mesure.
37. Les députés, sénateurs, avocats, magistrats, médecins, notaires, commissaires de justice, journalistes et représentants du Parlement européen élus en France.
38. A. Vitu, « Le principe de légalité et la procédure pénale », *RICPT* 1967, vol. XXI, n° 2, p. 94 s.
39. V. aussi B. Drevet, « Les actes d'investigation non réglementés : la relative légalité procédurale », *Dr. pénal* 2023. Étude 7.

cartel de Pablo Escobar. Cet homme insiste dans sa biographie sur le sens du sacrifice des agents infiltrés et sur l'impact psychologique de telles missions.

Le cinéma s'est même emparé du sujet grâce au chef-d'œuvre de Quentin Tarentino, *Reservoir Dogs*, dans lequel on découvre la technique d'infiltration d'un policier dans un groupe de braqueurs. La fin est brutale et sans appel, le policier est abattu après avoir avoué sa véritable identité.

En effet, même si les infiltrés, les espions et autres héros iconiques, font rêver et fantasmer, il ne faut en aucun cas oublier le danger réel et prégnant de cette technique d'enquête que j'ai qualifié d'ultime dans mon introduction. Parce que c'est ultime de pénétrer des réseaux au péril de sa vie, c'est également ultime de vivre dans la peau d'un autre, de jouer un rôle sur un temps plus ou moins long. Ultime car elle expose un agent à la torture ou à la mort si son identité réelle venait à être découverte.

La durée de l'infiltration est fixée par l'article 706-83 du Code de procédure pénale ; celle-ci ne peut excéder 4 mois ; elle peut être renouvelée, ou interrompue par le magistrat qui a autorisé l'infiltration.

Ce n'est donc plus du cinéma, mais plutôt des moments à vivre « one shot ». Se forger une légende crédible, garder son sang-froid, avoir une grande résistance au stress, se fixer des limites, avoir de bonnes capacités d'adaptation, une mémoire et une capacité d'analyse hors normes. Pas de place pour les têtes brûlées !

Concernant les fonctionnaires de police, les militaires de la gendarmerie et les agents des douanes : comment devient-on agent infiltré ?

Les conditions de sélection sont drastiques, et il est impossible pour quiconque ayant vécu ces épreuves de révéler ce qu'il se passe pendant ces nombreux jours ou chaque candidat met « ses tripes sur la table » pour démontrer ses talents et son courage.

Ceci étant posé, je ne vous ferai donc aucune révélation quant à ce stage tant redouté.

Si je me fonde sur les missions d'infiltrations auxquelles j'ai eu la chance de prendre part et que je relate dans mon livre *Infiltrée. Une femme aux stups*, ou sur d'autres qui ne figurent pas dans mon ouvrage, je peux témoigner de la difficulté de la tâche.

Outre les qualités que j'ai exposées dans un précédent paragraphe, il convient d'aborder le thème de la crédibilité. Être crédible doit être une évidence, il faut que de chaque pore de la peau de l'infiltré s'échappe des signaux forts qui doivent convaincre les interlocuteurs que vous êtes bien la personne que vous dites être. C'est un travail de chaque instant que la montée d'adrénaline ou la peur ne doivent pas contrarier.

Les tâches d'une mission sont rudes et nombreuses pour l'agent infiltré : identifier des personnes, mémoriser des noms, des numéros de téléphone, des trajets, des adresses, avoir connaissance de dates relatives à des livraisons par exemple ; en bref, surveiller des individus qui ignorent qu'ils sont sous surveillance pour collecter tous les renseignements possibles.

De la surveillance qui ne dit pas son nom, mais qui peut permettre de mettre fin à des activités criminelles. Être au cœur du dispositif pour comprendre le lacis délinquanciel.

Dans une opération d'infiltration, il faut qu'il y ait le moins de place possible à l'improvisation. Un infiltré connait « sa vie » sur le bout des doigts, car les délinquants n'hésitent pas parfois à faire des vérifications en cas de doutes. Toute la légende de l'agent doit être vérifiable, et apparaitre comme réelle. Le travail est colossal.

Aujourd'hui, l'arsenal législatif est conséquent, ce qui n'a pas toujours été le cas.

Quand je travaillais au 36 quai des Orfèvres à Paris, à la brigade des Stups, dans les années 90, c'était le début de cette technique déjà largement utilisée dans d'autres pays.

Aux Stups, nous avons à l'époque contribué à dépoussiérer l'infiltration avec engagement mais aussi une forme d'insouciance qui n'est plus de mise. Non pas que le risque n'existait pas, mais nous voulions tellement réussir les enquêtes, que nous ne reculions devant aucun danger.

Je me souviens d'un trafiquant colombien tamponné grâce à un *tonton* (indicateur de police) qui voulait m'envoyer jusqu'au Costa-Rica pour ramener 10 kilogrammes de cocaïne provenant de Colombie. Le salaire : 1 kilogramme de cocaïne quasi pure.

J'étais censée être dans la mode. Comme personnage ce ne fut pas le plus difficile de ma carrière, à l'époque j'étais passionnée par les fringues et les créateurs !

Ce fut des litres de café et de bières sirotés dans des brasseries autour de l'Opéra en écoutant cet exotique trafiquant m'expliquer comment il fallait s'y prendre pour tromper la douane.

Moi j'étais enthousiaste, mais il était impossible de monter une telle opération !

Pendant 3 semaines, il a fallu batailler avec le Colombien pour obtenir une quantité en centaines de grammes au motif que mes futurs clients souhaitaient tester la marchandise avant de s'engager pour plus.

Trop fanfaron, il lâchera que des mules qu'il avait préparées s'était fait arrêter en France et en Allemagne. Ses confidences furent tellement précises que nos recherches nous permirent d'identifier les mules cornaquées par mon nouvel ami.

Évidemment les déclarations du Colombien allaient peser lourd dans la balance.

Nous avons réussi à l'interpeller dans son appartement des Grands boulevards parisiens avec une quantité non négligeable de cocaïne d'une grande qualité.

Comme mon voyage était impossible, il avait fallu le convaincre qu'un peu de cocaïne vienne jusqu'à Paris.

Facile, avait-il dit! « Ma sœur est basée en Espagne, il lui reste de la marchandise. »

Même si cet homme était agréable, voire drôle parfois, même si nous avions beaucoup parlé ensemble, au moment de son interpellation, je n'ai ressenti que le sentiment de fierté du travail accompli ; il ne faut jamais tisser de liens amicaux ou amoureux avec des gens que l'on veut expédier sous les verrous. C'est le b.a.-ba.

Je repense régulièrement à cette mission parmi tant d'autres.

J'ai eu la chance, depuis cet excitant moment, de travailler en immersion avec les services de police des pays producteurs de cocaïne. Un autre monde!

J'ai aussi, avec un collègue des Stups, formé les policiers cambodgiens aux techniques d'infiltration à Phnom Penh. Une autre culture!

Tant que le crime organisé progressera avec des techniques toujours plus pointues, il est essentiel de maintenir en France et en Europe une capacité innovante et *adaptogène* de notre arsenal juridique et de nos techniques d'enquête.

L'infiltration, comme méthode de surveillance, a de beaux jours devant elle, en France et partout dans le monde, comme depuis toujours, grâce à l'investissement de femmes et d'hommes courageux et investis.

La surveillance en procédure pénale

PHILIPPE COLLET

Maître de conférences de droit privé et sciences criminelles à l'Université de Rennes, IODE – Institut de l'Ouest Droit et Europe

Omniprésente en procédure pénale, la surveillance se révèle essentielle[1]. Elle permet, à titre principal, de constater les infractions à la loi pénale, d'en rassembler les preuves et d'en rechercher les auteurs. Surveiller peut se définir comme le fait « d'observer avec attention, examiner, contrôler[2] » ; ou « d'observer avec une attention soutenue, de manière à exercer un contrôle, à éviter un danger[3] ». La surveillance consisterait donc en un acte d'observation passif qui peut porter sur une personne ou un bien[4]. En général, elle est pratiquée par les autorités publiques, mais de simples particuliers peuvent la mettre en œuvre. Or, comme ceux-ci sont soustraits au respect de la loyauté de la preuve[5], ils exercent de multiples surveillances, très attentatoires à la vie privée[6].

Toutes ces mesures entament le droit au respect de la vie privée, doté de valeur constitutionnelle sur le fondement de l'article 2 de la Déclaration de 1789[7], et d'une valeur européenne en vertu de l'article 8 de la Convention européenne des droits de l'homme. Au fond, « la recherche, l'identification des auteurs d'infractions impliquent très souvent de pénétrer leur sphère privée afin de recueillir les preuves de leur culpabilité[8] ».

---

1. V. par ex. Crim. 19 déc. 2023, n° 23-85.767, *Bull. crim.*, § 18 ; Crim. 16 janv. 2024, n° 22-87.593, *Bull. crim.*
2. *Dictionnaire de l'Académie française*, 8e éd.
3. *Dictionnaire Le Robert*.
4. A.-S. Chavent-Leclère, « La surveillance : une pratique encadrée ? Renseignement, écoute, vidéo-protection... », *Procédures* 2016. Étude 1, spéc. n° 5.
5. Crim. 6 avr. 1994, n° 93-82.717, *Bull. crim.*, n° 136 ; Crim. 7 mars 2012, n° 11-88.118, *Bull. crim.*, n° 64 ; Crim. 11 juill. 2023, n° 23-82.682.
6. A.-S. Chavent-Leclère, art. préc., nos 82 et 85. Les surveillances entre particuliers, dites « horizontales », ne seront pas examinées dans le cadre de cette étude.
7. Cons. const. 23 juill. 1999, n° 99-416 DC, § 45 ; Cons. const. 16 sept. 2010, n° 2010-25 QPC, § 11 ; Cons. const. 16 nov. 2023, n° 2023-855 DC, § 24 et 25.
8. F. Cordier, « La Chambre criminelle et les mesures intrusives dans la vie privée : aspects de la jurisprudence récente », *Justice & Cassation* 2018, p. 13 s.

En amont, les activités de renseignements et de prévention supposent aussi l'exécution de mesures intrusives[9], telles les interceptions téléphoniques, les infiltrations ou les sonorisations. « Des chevauchements » subsistent, « d'une part parce que la même situation peut être comprise comme la prévention d'une infraction matérielle et comme la consommation d'une infraction-obstacle et d'autre part parce que des opérations de renseignement, menées dans un but préventif, pourraient ensuite être portées à la connaissance du ministère public en vue d'éventuelles poursuites pénales[10] ». Malgré les liens entre ces activités[11], seule la surveillance opérée en procédure pénale mérite une étude. Ce sont les actes fondés sur des raisons plausibles de soupçonner la commission d'une infraction.

Pour autant, la surveillance n'est pas toujours secrète et possède parfois une finalité autre que probatoire. Elle peut se manifester lors de l'exécution des peines pour éviter une incarcération tout en pratiquant un contrôle indispensable. Susceptible d'intervenir pour éviter la privation de liberté, ou même après celle-ci, elle consiste en des mesures de contrôle ou une surveillance judiciaire ou de sûreté[12]. Pendant l'information judiciaire, les mesures restrictives de liberté sont proches, notamment le contrôle judiciaire et l'assignation à résidence avec surveillance électronique[13].

C'est dire que la surveillance revêt des formes distinctes et présente une double nature. Notion transversale, elle se montre difficile à cerner. Elle apparaît fuyante (I), car rebelle à toute définition. Ce caractère insaisissable n'est pas sans incidences sur son régime juridique. Celui-ci demeure lacunaire sur bien des aspects (II).

I. UNE NOTION FUYANTE

La notion de surveillance est fuyante pour deux raisons. Elle couvre des actes de nature différente et s'avère ainsi protéiforme (A). En outre, elle peut s'ouvrir à de nouvelles mesures de surveillance. Cette notion reste en effet ouverte à la généralité (B).

---

9. Le Haut conseil vise la prévention des atteintes à l'ordre public avant la recherche des auteurs d'infractions, pour énoncer qu'elles sont « toutes deux nécessaires à la sauvegarde de droits et principes de valeur constitutionnelle » : Cons. const. 2 mars 2004, n° 2004-492 DC, § 4 ; Cons. const. 16 sept. 2010, préc., § 11.

10. É. Verny, « Du renseignement à la preuve pénale », in *Les transformations de la preuve pénale*, LGDJ, 2018, p. 155 s., spéc. p. 155 et 156.

11. V. CSI, art. 811-2, al. 3 ; É. Vergès, « La procédure pénale au temps des confluences », *RSC* 2018. 153 s., spéc. 155 ; Crim. 19 sept. 2017, n° 17-82.317, *Bull. crim.*, n° 223.

12. É. Verny, « Des surveillances nouvelles en droit pénal », in *Les droits et le Droit. Mélanges dédiés à B. Bouloc*, Dalloz, 2007, p. 1141 s.

13. C. pr. pén., art. 137, 138 s., 142-5 s.

A. LA COUVERTURE PROTÉIFORME

Caractérisée par sa dualité, la surveillance possède une nature hétérogène en matière pénale. Elle s'analyse tantôt comme un acte d'instruction, tantôt comme un acte de juridiction.

Les enquêteurs et les magistrats procèdent à des investigations dont l'objet est de surveiller les personnes et les biens. Intercepter des conversations téléphoniques, sonoriser et fixer les images de certains lieux, capter des données informatiques, géolocaliser un véhicule ou un téléphone, etc., constituent autant de surveillances permettant de recueillir des informations essentielles à la procédure. En fonction du cadre procédural, ces actes sont par nature des actes de police judiciaire ou d'instruction[14]. Ils permettent la recherche souvent coercitive des preuves et tendent à la manifestation de la vérité. Au-delà de la forme de la procédure, ils s'analysent comme des actes d'instruction.

Ces mesures de surveillance ont pour point commun d'être secrètes. Leur dissimulation est primordiale aux fins d'efficacité, l'objectif étant de permettre la recherche des auteurs d'infractions et la réunion des preuves[15]. Le droit européen l'admet avec une limite, par exemple pour l'intervention d'agents infiltrés. « Si elle peut agir en secret, la police ne peut pas provoquer la commission d'une infraction[16]. » En procédure pénale, cette regle s'applique à tous les actes probatoires de surveillance. Certains se révèlent d'ailleurs très intrusifs dans la vie privée. Si la géolocalisation est perçue comme moins attentatoire que les écoutes téléphoniques[17], les nouvelles techniques d'enquête, tels l'IMSI *catcher* ou la captation des données informatiques, sont particulièrement intrusives. Ces actes de procédure peuvent faire l'objet d'une requête en nullité et les décisions qui les autorisent doivent être motivées. Mais celles-ci sont dénuées de caractère juridictionnel et insusceptibles de recours[18].

Parallèlement à ces actes, le législateur organise une surveillance manifeste pour la sauvegarde de l'ordre public ou la prévention de la récidive. La personne mise en examen peut être surveillée à l'aide de mesures restrictives de liberté : le contrôle judiciaire et l'assignation à résidence avec surveillance électronique. Ordonnées par le juge d'instruction ou le JLD, ces mesures de sûreté procèdent de décisions de justice et diffèrent des actes d'instruction[19].

---

14. Ils ne peuvent se rattacher ni aux mesures d'administration judiciaire ni aux décisions juridictionnelles.

15. V. D. Dechenaud, « La clandestinité en procédure pénale », in *Mélanges J.-H. Robert*, LexisNexis, 2012, p. 213 s., spéc. p. 222 (et n°s 19 à 21, p. 223 s.), qualifiant ces procédures de « clandestinité opératoire »; L. Laref, *La surveillance en droit pénal*, thèse Limoges, 2020, n°s 414 s., p. 359 s.

16. CEDH 26 oct. 2006, *Khoudobine c/ Russie*, n° 59696/00, § 128.

17. CEDH 2 sept. 2010, *Uzun c/ Allemagne*, n° 35623/05, § 52 et 66, *D.* 2011. 724, note H. Matsopoulou.

18. V. par ex., C. pr. pén., art. 100, al. 2 et 230-33 *in fine*.

19. Rappr., X. Pin, « La notion de juridiction (Le point de vue d'un pénaliste) », in *Procédure civile et procédure pénale. Unité et diversité ?*, Bruylant, 2014, p. 57 s., spéc. p. 58 et 59.

Hors procédure pénale *stricto sensu*, de telles mesures existent pour surveiller une personne condamnée, comme celles qui assortissent le sursis probatoire[20] ou la détention à domicile sous surveillance électronique[21]. Il en va de même des mesures de sûreté fondées sur la dangerosité de l'individu et destinées à éviter la récidive : la surveillance judiciaire prenant le relai de la peine privative de liberté[22], ou la surveillance de sûreté[23]. Celle-ci est ordonnée par une décision réunissant les critères de l'acte juridictionnel. Pris après un débat contradictoire, le placement peut faire l'objet de recours[24]. Cette notion de surveillance montre en plus un aspect ouvert.

B. L'OUVERTURE À LA GÉNÉRALITÉ

Dépourvue de critère satisfaisant, la surveillance peine à disposer d'une unité en procédure pénale. Ni les critères personnel et matériel ni les critères temporel et formel ne sont suffisants à la définir[25]. Bref, aucun critère unique, ni même cumulé à d'autres, n'apparaît adéquat à l'appréhender. Cette notion s'avère par nature ouverte. Elle peut comprendre sans cesse de nouvelles surveillances. Constitutives de preuves innomées, diverses mesures consistant peu ou prou en des surveillances ont été admises. Tel est le cas de « simples investigations[26] » et de « constatations visuelles[27] », de nature identique, qui peuvent « être mises en œuvre sans contrainte spécifique, mais dans le respect des principes du droit de la preuve[28] ». L'usage d'un endoscope, permettant à des policiers de visionner l'intérieur d'un box fermé, a été admis sous réserve du respect des dispositions relatives à la fixation d'images[29].

D'autres actes témoignent de l'ouverture du concept de surveillance. La sonorisation et fixation d'images de certains lieux ou véhicules est apparue peu avant l'an 2000 en pratique[30]. Puis, la loi n° 2004-204 du 9 mars 2004 lui a offert un fondement légal[31]. Plus récemment, un moyen d'investigation utilisé par les enquêteurs a été jugé régulier. Malgré l'absence de texte spécifique,

20. C. pén., art. 132-44, 132-45 et 132-45-1.
21. C. pén., art. 132-26 ; C. pr. pén., art. 723-7.
22. C. pr. pén., art. 723-29 s.
23. C. pr. pén., art. 706-53-19.
24. C. pr. pén., art. 706-53-15.
25. V. P. Collet, « L'insaisissable notion de surveillance en droit pénal », *RSC* 2019. 549 s., not. 560 s.
26. Crim. 6 nov. 2013, n° 12-87.130, *Bull. crim.*, n° 217.
27. Crim. 23 janv. 2013, n° 12-85.059, *Bull. crim.*, n° 29, les excluant du champ des captations d'images.
28. É. Vergès, « Le contrôle graduel des preuves technologiques », *RPDP* 2013. 897 s., spéc. p. 903.
29. Crim. 23 janv. 2013, préc.
30. V. Crim. 23 nov. 1999, n° 99-82.658, *Bull. crim.*, n° 269 ; Crim. 15 févr. 2000, n° 99-86.623, *Bull. crim.*, n° 68.
31. V. É. Verny, « Des sonorisations et des fixations d'images décidées par le juge d'instruction », *RPDP* 2004. 777.

de sorte que la matière recèle bon nombre d'actes innomés, surtout au stade des enquêtes de police[40]. Différentes mesures, non prévues par la loi, sont en effet autorisées par la jurisprudence.

C'est le cas de la surveillance physique ou filature[41], fréquente en pratique[42]. Admise de longue date[43], le législateur l'évoque uniquement pour l'extension de compétence des OPJ à l'ensemble du territoire au sujet de la criminalité organisée[44] ou bien en droit pénal international[45]. Cette technique d'enquête, non coercitive, serait « nécessairement comprise dans les missions de police judiciaire définies à l'article 14 du CPP[46] ». Le défaut de texte permet en outre aux OPJ de prendre des photographies des suspects sur la voie publique tant que les clichés n'ont pas été recueillis de manière permanente ou systématique. Cette mesure ne saurait être assimilée à un dispositif de vidéosurveillance des personnes se trouvant dans un lieu public, qui suppose une autorisation du parquet[47]. Il en va de même lorsque les enquêteurs installent un caméscope près d'un véhicule stationné sur la voie publique, filment une scène et extraient les images du suspect en les annexant au procès-verbal de surveillance[48].

Ces mesures, pratiquées lors des filatures, se distinguent de la vidéosurveillance sur la voie publique, autre mesure innomée ! De nature distinctes, elles sont soumises à un régime différent. Celle-ci impose l'autorisation du procureur de la République ou du juge d'instruction. Reste qu'elle se fonde sur des textes généraux, ce qui emportera probablement une condamnation européenne[49]. Les atteintes à la vie privée sont certes « consubstantielles aux investigations en matière pénale », mais l'on pouvait penser que la procédure n'irait pas au-delà en termes d'atteintes aux droits fondamentaux[50]. Or, le

40. M. Herzog-Evans, « Le principe de légalité et la procédure pénale », *LPA* 1999, n° 156, p. 4 s., spéc. p. 9.
41. V. A.-S. Chavent-Leclère, art. préc., n° 40, opposant la « surveillance physique » à la « surveillance à distance ».
42. V. récemment, Crim. 21 nov. 2023, n° 23-80.931, § 12 ; Crim. 13 déc. 2023, n° 23-83.893, *Bull. crim.*
43. V. Crim. 11 mai 1993, n° 93-80.932 ; Crim. 2 juin 2010, n° 09-87.147, *Bull. crim.*, n° 98 ; Crim. 22 nov. 2023, n° 22-86254.
44. C. pr. pén., art. 706-80. *Adde*, C. pr. pén., art. 706-80-1 et 706-80-2 ; B. Drevet, art. préc., n° 11, et les deux interprétations possibles du silence gardé par le législateur.
45. C. pr. pén., art. 694-6, pour la poursuite de la surveillance dans un État étranger ; C. pr. pén., art. 695-2, 4°, sur les équipes communes d'enquête.
46. F. Cordier, art. préc., p. 15.
47. Crim. 28 mars 2023, n° 22-83.874, *Bull. crim.*, *JCP* 2023. 705, note P. Collet ; Crim. 25 juin 2024, n° 23-86.048, *Bull. crim.* (photographies d'un mis en cause sur le parking désaffecté d'un ancien magasin servant d'aire de campement à un groupe de gens du voyage).
48. Crim. 10 mai 2023, n° 22-86.186, *Bull. crim.*, *JCP* 2023. 834, note E. Dreyer.
49. Crim. 11 déc. 2018, préc. ; Crim. 8 déc. 2020, préc. Les textes mobilisés sont les articles 8 de la Conv. EDH, 81, 39-3 et 41 du C. pr. pén. ; P. Collet, « Les lacunes de la "vidéosurveillance" en procédure pénale », *D.* 2021. 1099 s.
50. É. Vergès, « La procédure pénale technicienne (ou l'asphyxie procédurale) », *RSC* 2019. 667 s., p. 674 et 676.

législateur a autorisé les fixations d'images dans les lieux publics à l'aide de drones[51]. Et la captation d'images d'un lieu privé par ce procédé est jugée régulière pour la criminalité organisée si la configuration des lieux fait obstacle à la surveillance avec un dispositif fixe, l'article 706-96 du Code de procédure pénale ne distinguant pas entre système fixe et mobile[52].

B. LES MANIFESTATIONS

Affranchies du principe de légalité, diverses surveillances disposent de garanties aléatoires, voire insuffisantes malgré leur intrusion limitée dans la vie privée des suspects. La prise de clichés photographiques par un OPJ ou les scènes filmées avec un caméscope dans l'espace public échappent à l'autorisation et au contrôle judiciaire[53]. En revanche, les photographies d'une personne, à son insu, qui se trouve dans un lieu privé, fût-ce un lieu extérieur et pour partie visible depuis la voie publique tel un parking, exigent l'autorisation du JLD au cours d'une enquête[54]. Quant aux clichés photographiques d'un individu penché à la fenêtre de son domicile, ils ne requièrent pas cette autorisation car ils ne constituent pas des clichés pris dans un lieu privé[55]...

La multiplication des mesures destinées à capter les images des personnes suppose aussi d'être étudiée. Un tel enchevêtrement des actes devient source de confusions. La sonorisation et la fixation d'images font l'objet de règles précises. Il incombe aux OPJ d'installer un dispositif technique à l'insu des personnes surveillées. Le dispositif installé par le propriétaire dans les parties communes de son immeuble échappe, lui, aux prévisions de l'article 706-96 du Code de procédure pénale. L'OPJ peut alors requérir ce propriétaire pour obtenir des images qui n'ont pas encore été enregistrées en vertu de l'article 77-1-1 dudit code[56]. Tant la fixation d'images que la réquisition restent distinctes de la vidéosurveillance installée sur la voie publique. Le régime de celle-ci apparaît incomplet en droit positif. Rien n'est prévu sur les catégories de personnes pouvant être filmées, ni sur les infractions permettant d'y recourir. Rien n'est précisé sur les précautions nécessaires à la conservation des enregistrements, ni sur les conditions dans lesquelles les procès-verbaux peuvent être dressés. *Quid* enfin de la destruction et l'effacement des vidéos ?

---

51. C. pr. pén., art. 230-47 s., créés par la loi n° 2022-52 du 24 janv. 2022.
52. Crim. 15 nov. 2022, n° 22-80.097, *Bull. crim.*, *JCP* 2023. 18, note P. Collet.
53. Crim. 28 mars 2023, préc. ; Crim. 10 mai 2023, préc. ; Crim. 25 juin 2024, préc.
54. Crim. 11 oct. 2022, n° 22-81.383 ; v. aussi, Crim. 5 déc. 2023, n° 23-81.305 (même affaire).
55. Crim. 14 nov. 2023, n° 23-81.660.
56. Crim. 8 nov. 2023, n° 23-81.636, *Bull. crim.*, *AJ pénal* 2023. 560, obs. D. Pamart, ajoutant que « l'atteinte ainsi portée à la vie privée [...] était prévue par l'article 77-1-1 précité, justifiée par la recherche des infractions pénales, et proportionnée à la gravité de celles-ci ».

Bien entendu, certaines surveillances font l'objet de vigilance, comme la géolocalisation[57] ou les techniques spéciales d'enquête, soumises désormais à un régime commun[58]. Les articles 706-102-1 et suivants du Code de procédure pénale autorisent la mise en place d'un dispositif technique permettant d'accéder et de récupérer des données informatiques, sans distinguer selon que les données sont stockées ou en cours de transmission. L'opération de captation, qui consiste à bloquer le nom d'un site internet et à rediriger les données vers le dispositif de captation, est alors valable[59]. Eu égard à la progression du numérique, les données de connexion jouent à présent un rôle majeur dans les investigations. Une attention particulière concerne les réquisitions de ces données[60]. Un rapport récent a formulé seize propositions sur leur accès et usage au cours de l'enquête[61]. Quoi qu'il en soit, trop de surveillances innomées subsistent en procédure pénale[62]. La chambre criminelle doit veiller à encadrer strictement les atteintes aux libertés individuelles, d'autant que de nouvelles techniques de surveillance, toujours plus attentatoires au droit au respect de la vie privée, se développent comme la reconnaissance faciale[63].

57. V. par ex. Crim. 15 nov. 2022, n° 22-80.641 ; Crim. 19 sept. 2023, n° 23-81.285, *JCP* 2023. 1306, note P.-J. Delage ; Crim. 14 nov. 2023, n° 23-81.214 ; Crim. 27 févr. 2024, n° 23-81.061, *Bull. crim.*, *AJ pénal* 2024. 208, note É. Vergès, étendant aux géolocalisations en temps réel la jurisprudence relative aux données de connexion. Le procureur de la République ne peut ordonner la géolocalisation d'une ligne téléphonique en temps réel sans contrôle préalable d'un juge ou d'une entité administrative indépendante.
58. C. pr. pén., art. 706-95-11 s.
59. Crim. 25 oct. 2022, n° 21-85.763, *Bull. crim.*, *JCP* 2023. 524, n° 14, obs. J. Leroy.
60. V. Crim. 25 oct. 2022, n° 21-87.397, *Bull. crim.*
61. Rapp. d'information n° 110, Dr. pénal 2024. Alerte 5, par W. Roumier.
62. En ce sens aussi, B. Drevet, art. préc., spéc. n°s 14 et 15, n°s 25 et 27.
63. V. É. Vergès, « Propos conclusifs. La preuve pénale transformée ? », in *Les transformations de la preuve pénale*, LGDJ, 2018, p. 333 s., spéc. p. 341.

Criminalité d'affaires et cyber-enquêtes : le renforcement des dispositifs et outils de surveillance numérique

MYRIAM QUÉMÉNER

Docteur de droit privé et sciences criminelles, magistrat, avocat général honoraire près la cour d'appel

La hausse spectaculaire de la numérisation des sociétés au plan mondial a eu pour conséquence une montée en puissance de la criminalité numérique qui constitue l'une des dix formes recensées de criminalité grave ayant une dimension internationale[1]. Le développement du recours au digital est largement utilisé par les cybercriminels[2] qui commettent souvent des délits traditionnels comme les fraudes, les escroqueries, le blanchiment, l'extorsion dont les effets vont s'étendre et se complexifier par le biais du vecteur numérique[3].

La spécificité de la criminalité d'affaire qui est une délinquance financière fait usage désormais très fréquemment des opportunités offertes par le numérique comme par exemple l'utilisation des cryptoactifs. Ce constat a conduit le législateur a progressivement adapter les outils procéduraux afin de pouvoir caractériser des infractions déjà complexes par nature.

De nombreux gouvernements mettent en place un système d'espionnage massif des communications ainsi que diverses techniques pour collecter et analyser les activités en ligne de leurs citoyens. Ainsi, la surveillance numérique peut représenter une véritable menace pour la vie privée et les libertés

1. M. Delmas-Marty, « Les processus d'internationalisation du droit pénal. Criminalité économique et atteintes à la dignité de la personne », *APC* 2001, n° 23, p. 123.
2. M. Quéméner, « Vers une refonte globale de la justice économique et financière », *AJ pénal* 2013. 244.
3. Intérieur - Cap 2030, « L'autorité de l'État au service des Français. Feuille de route pour le ministère de l'intérieur du 21e siècle », sept. 2016, p. 5.

individuelles[4]. On constate cependant un double mouvement d'extension de l'ingérence dans la vie privée mais aussi d'encadrement des méthodes de collecte d'informations, qui a pour but d'éviter leur utilisation excessive et inappropriée.

Dans le cyberespace, la masse de données immatérielles est tellement dense et diffuse que les règles applicables à une criminalité plus traditionnelle perdent beaucoup de leur efficacité. C'est pourquoi il a été indispensable de faire évoluer le droit processuel afin qu'il soit en parfaite adéquation avec l'état d'avancement des technologies numériques. Néanmoins, la criminalité qui se déploie notamment du côté obscur de l'Internet – le *darknet* – met à jour un décalage certain entre, d'un côté, une progression constante et rapide de la technicité de réseaux criminels transnationaux et, de l'autre, des outils répressifs en manque de réactivité et de coordination.

Il convient tout d'abord de présenter les procédures d'investigation numériques nécessaires[5] et dont l'objectif primordial est la détection de la preuve numérique pour faire face à une délinquance d'affaire de plus en plus numérique[6]. Ensuite sera rappelé l'encadrement de ces procédures de surveillance afin de trouver un équilibre indispensable entre les droits fondamentaux et la préservation de l'ordre public numérique.

I. DES PROCÉDURES INDISPENSABLES À LA RECHERCHE DE LA PREUVE NUMÉRIQUE

Plusieurs outils procéduraux ont été développés par le législateur afin de détecter des indices numériques indispensables permettant de caractériser ensuite des infractions de criminalité des affaires. En effet, la dématérialisation des échanges frauduleux a rendu plus complexes les enquêtes et ce accentué par la dimension internationale des montages financiers illicites[7].

Par exemple, l'enquête sous pseudonyme[8] permet aux enquêteurs spécialement habilités par l'autorité judiciaire de participer à des échanges sur Internet avec un nom d'emprunt afin de prouver des infractions pénales en matière notamment de criminalité organisée. Ils peuvent être en contact avec les suspects d'une infraction, tant qu'ils n'incitent pas à l'infraction, et échanger des contenus illicites sur demande expresse. Une autre procédure,

4. R. Fassi-Fihri, « Nouvelles techniques d'enquête et risque d'atteinte aux droits et libertés fondamentaux », *Dalloz IP/IT* 2024. 68.
5. Dossier : « L'accès à la preuve obtenue par les nouvelles technologies d'investigation et de surveillance », *AJ pénal* 2023. 479.
6. B. Auroy, « La preuve numérique en procédure pénale : un système à (re)construire », *D.* 2023. 697.
7. Y. Burnichon, « De quelques facettes de la mission de l'enquêteur financier face aux fraudes numériques », *AJ pénal* 2014. 62.
8. C. pr. pén., art. 230-46.

dite du « coup d'achat[9] », est également prévue et permet aux forces de l'ordre et aux agents des douanes d'acquérir des armes pour constater les infractions mentionnées au 12° de l'article 706-73 du même code. Désormais, les agents habilités peuvent aussi « mettre à la disposition » des suspects « des moyens juridiques ou financiers ainsi que des moyens de transport, de dépôt, d'hébergement, de conservation et de télécommunication[10] ».

Une autre procédure intrusive, à savoir la captation de données informatiques[11], permet d'intercepter à distance et de manière continue des données (textes, images, audio...) sur un terminal informatique cible (ordinateur, téléphone, tablette...) et ce avant que les données soient chiffrées. Les enquêteurs peuvent à la fois accéder aux données contenues dans un terminal numérique et en intercepter les flux. Outre l'enregistrement des frappes clavier et la captation des copies écran, le dispositif technique utilisé permet de récupérer des conversations provenant d'applications telles que Skype ou WhatsApp et les données stockées dans un système informatique.

La géolocalisation[12] est aussi un moyen de surveillance pour localiser en temps réel, sur tout le territoire national, une personne à son insu, un véhicule ou tout autre objet, sans le consentement de son propriétaire ou de son possesseur. Entrent ainsi dans le champ d'application de cette technique d'enquête : le suivi dynamique de tout objet (téléphone mobile, tablette, système GOS autonome ou intégré à un appareil de télécommunication ou à un véhicule...) l'utilisation d'un dispositif dédié de géolocalisation (balise) placé sur un moyen de transport ou tout autre objet. La loi n° 2019-222 du 23 mars 2019 a modifié le régime applicable à la captation de données informatique pour créer un cadre juridique commun aux trois techniques spéciales d'enquête que sont le recours à l'IMSI catcher, la sonorisation et la fixation d'images et la captation de données informatiques.

La sonorisation est un dispositif technique ayant pour objet de capter, fixer, transmettre et enregistrer, sans le consentement du ou des intéressés, leurs paroles prononcées à titre privé ou confidentiel dans des lieux ou véhicules privés ou publics. Ainsi, n'entrent pas dans le champ d'application de cette technique d'enquête les enregistrements sonores réalisés par un particulier, lesquels ne constituent pas des actes de procédure (au sens de l'article 170 du Code de procédure pénale) dès lors qu'ils n'émanent pas d'un magistrat ou d'un service d'enquête, mais des moyens de preuve qui peuvent être discutés contradictoirement.

Le recours au dispositif technique ayant pour objet la captation, la fixation, la transmission et l'enregistrement de paroles prononcées par une ou plusieurs personnes à titre privé ou confidentiel, dans des lieux privés ou

9. C. douanes, art. 67 *bis*-1.
10. C. pr. pén., art. 230-46, 4°.
11. C. pr. pén., art. 230-34-1.
12. C. pr. pén., art. 230-32 à 230-44.

publics, ou de l'image d'une ou de plusieurs personnes se trouvant dans un lieu privé est prévu par l'article 706-96 du Code de procédure pénale issu de la loi n° 2019-222 du 23 mars 2019. L'utilisation de cette technique spéciale d'investigation, possible tant dans le cadre de l'enquête que de l'information judiciaire, pour les infractions relevant de la criminalité organisée visées par les articles 706-73 et 706-73-1 du Code de procédure pénale, est soumise au régime commun des trois techniques spéciales d'enquête que sont le recours à l'IMSI catcher, la sonorisation et la fixation d'images et la captation de données informatiques, prévu par les articles 706-95-11 et suivants du même code.

Enfin, l'IMSI catcher[13], initialement prévu dans le cadre administratif du renseignement, est un dispositif de surveillance de proximité permettant de recueillir des données techniques sur des appareils de communication téléphonique ou même d'intercepter les communications. Cette procédure permet d'obtenir des données difficilement accessibles par des réquisitions téléphoniques. Il présente une utilité lorsque les enquêteurs ne connaissent pas le numéro de téléphone des personnes suspectées, en déjouant notamment l'utilisation par les mis en cause de téléphones multiples à usage unique ou l'utilisation d'un téléphone sous une fausse identité (« téléphones de guerre »). L'IMSI catcher se présente le plus souvent comme une technique d'investigation préalable à une interception de communication. En pratique, les enquêteurs peuvent utiliser ce dispositif pour récupérer les numéros de lignes téléphoniques ou numéros de boitiers téléphoniques de leurs objectifs, à distance, sans qu'il leur soit nécessaire d'avoir un accès direct au support physique.

II. DES PROCÉDURES DE SURVEILLANCE NUMÉRIQUE ENCADRÉES ET CONTRÔLÉES

Il faut souligner que ces techniques d'enquêtes numériques[14], certes intrusives, sont très encadrées juridiquement.

Par exemple, pour mettre en œuvre l'enquête sous pseudonyme plusieurs conditions cumulatives sont posées par l'article 230-46 du Code de procédure pénale : ainsi l'infraction visée doit être commise par la voie des communications électroniques ; elle doit également être punie d'une peine d'emprisonnement. Les nécessités de l'enquête ou de l'instruction justifient qu'il y soit recouru et enfin l'officier ou l'agent de police judiciaire qui l'utilise doit être affecté dans un service spécialisé et spécialement habilité. La loi du 23 mars 2019 a supprimé l'énumération des infractions pour lesquelles l'utilisation de cette mesure était autorisée. Les nécessités de l'enquête ou de l'instruction justifient qu'il y soit recouru. Les actes mentionnés au présent

13. *International Mobile Subscriber Identity - catcher.*

14. Dossier : « Les techniques d'enquête numérique », *AJ pénal* 2017/7.

article s'effectuent sous le contrôle du procureur de la République ou du juge d'instruction.

Autre exemple, pour avoir recours à l'IMSI catcher, « si l'ordonnance autorisant le dispositif n'a pas de caractère juridictionnel et n'est susceptible d'aucun recours, le texte exige cependant qu'elle soit écrite et motivée "au regard des éléments précis et circonstanciés résultant de la procédure" ». La Cour de cassation se montre extrêmement sévère en la matière, n'hésitant pas à sanctionner dans des cas similaires des motivations-types se contenant de viser les « nécessités de l'information[15] ». Il convient aussi de rappeler que ces procédures donnent lieu à des contentieux importants par le biais de requêtes en nullité devant la chambre de l'instruction.

Ajoutons que le Conseil constitutionnel exerce un contrôle strict sur ces procédures intrusives. Il a ainsi sanctionné l'article 10 de la loi n° 2023-22 du 24 janvier 2023 d'orientation et de programmation du ministère de l'intérieur (Lopmi) qui prévoyait que l'autorisation de l'autorité judiciaire n'était plus requise lorsque les produits acquis ou transmis par les agents habilités présentaient un caractère licite[16] : « eu égard à la nature particulière de l'enquête sous pseudonyme, le droit à un procès équitable exige l'autorisation préalable d'un magistrat en toutes hypothèses, même lorsque les échanges ont un objet licite[17] ».

Encore plus récemment, le Conseil constitutionnel, concernant l'activation à distance d'un appareil électronique, a opéré une distinction suivant la finalité de la mesure, la déclarant conforme à la Constitution lorsqu'elle est employée à des fins de géolocalisation[18] mais la censurant à l'inverse lorsque la loi l'envisageait pour capter l'image ou la voix de l'individu surveillé[19].

Concernant la géolocalisation, l'article 230-32, 2° prévoit que ces mesures peuvent être ordonnées dans le cadre d'une enquête flagrante ou préliminaire, ainsi que dans le cadre d'une information judiciaire lorsque la procédure est relative à un crime ou à un délit général puni d'une peine d'au moins cinq ans. Le choix de ce seuil montre que le législateur s'attache au respect du principe de proportionnalité dégagé par la jurisprudence de la Cour européenne des droits de l'homme. Il a au préalable fallu déterminer l'intensité de l'atteinte portée aux libertés publiques pour définir les infractions dont la gravité justifiait le recours à cette procédure.

La jurisprudence se construit donc progressivement en la matière avec pour objectif de trouver un équilibre entre loyauté de la preuve et recherche de la vérité, entre protection de la vie privée et protection de l'ordre public

15. Crim. 6 janv. 2015, n° 14-85.448 *JurisData* n° 2015-000062, *Procédures* 2015, comm. 94, A.-S. Chavent-Leclère.

16. C. pr. pén., art. 230-46, 3.

17. Cons. const. 19 janv. 2023, n° 2022-846 DC, § 37-47.

18. C. pr. pén., art. 230-341.

19. Loi d'orientation et de programmation du ministère de la justice, art. 6 § 1, 46° et 47°, visant à la création des articles 706-96-2 et 706-96-3.

numérique, ce qui est essentiel afin de garantir un procès équitable en préservant les droits des parties.

Le recours à la surveillance numérique en pratique. – Concrètement, en tant que magistrat spécialiste en charge de la lutte contre la criminalité financière d'envergure et de cybercriminalité, il apparait que ces procédures[20] sont indispensables en raison de l'évolution de la délinquance financière qui s'est déplacée vers le numérique. Ces outils de surveillance ont un objectif bien spécifique qui est l'investigation à des fins judiciaires. Le recours aux procédures de surveillance numérique de criminalité d'affaires nécessite au niveau des magistrats tant du parquet que du siège, en particulier pour les informations judiciaires, la mise en place de stratégies procédurales avec les services d'enquêtes spécialisés[21] en évaluant la pertinence du recours à tel ou tel type de techniques de surveillance numérique. Les magistrats des juridictions en charge de la délinquance financière et d'affaire[22] doivent parfaitement maîtriser ces techniques et les évolutions jurisprudentielles qu'elles génèrent afin de sécuriser juridiquement ces dossiers extrêmement complexes et chronophages mobilisant de surcroît de nombreux services spécialisés.

Ces procédures sont systématiquement utilisées et de façon combinée dans les affaires complexes à dimension internationale comme par exemple celles nommées Encrochat[23] et Sky ECC[24] qui nécessitent des investigations nombreuses et complexes afin de rechercher les preuves numériques. Il est évident que ces affaires internationales n'auraient jamais pu aboutir sans le recours à ces précieuses techniques d'investigation parfaitement adaptées au numérique.

---

20. S. Sontag-Koenig, « La transformation des actes d'enquête. De la perquisition (informatique) aux autres actes de captation », *AJ pénal* 2023. 486.
21. En particulier avec les offices centraux, Interpol, Europol et le FBI par exemple.
22. Juridictions interrégionales spécialisées (Jirs) et juridiction nationale chargée de la lutte contre la criminalité organisée (Junalco).
23. M. Lassalle, « L'affaire Encrochat », *D.* 2023. 1833.
24. [https://www.lecho.be/economie-politique/belgique/general/les-dessous-du-premier-grand-dossier-sky-ecc/10525541.html]

DEUXIÈME SOUS-PARTIE

La surveillance ascendante à finalité probatoire

Sousveillance
L'œil du contre-pouvoir

JEAN-PAUL FOURMENTRAUX
Professeur de philosophie et sociologie des arts et médias à l'Université Aix-Marseille, Centre Norbert Élias (UMR CNRS)

> « Des drones qui quadrillent le ciel de plusieurs villes françaises pour faire respecter le confinement, des robots-quadrupèdes qui trottent à côté des joggeurs pour leur rappeler les règles de distanciation sociale à Singapour, des caméras thermiques à l'entrée des bâtiments et d'autres utilisées pour vérifier le respect du port du masque : l'industrie de la surveillance se souviendra sans doute de 2020 comme de l'année de tous les possibles[1]. »

À l'heure où s'instaure une banalisation de la surveillance, les technologies numériques semblent parfois mises au service d'une politique « antisociale ». La recrudescence des dispositifs de contrôle post-attentats du 11 septembre 2001, l'instauration controversée des lois dites de « sécurité globale », mais aussi l'injonction au confinement ou au couvre-feu suite à l'irruption de la pandémie de Covid-19, ont renforcé le quadrillage des espaces, publics et numériques, par l'instauration de mesures liberticides qui mettent à mal les droits fondamentaux et la vie privée. Sous couvert d'une vigilance partagée, présentée comme un facteur d'amélioration de la vie sociale, les États ont adopté des technologies de plus en plus intrusives : vidéosurveillance, dataveillance, drones, biométrie, géolocalisation, puces RFID, etc.

La surveillance contemporaine ne se limite en effet plus aux seules institutions carcérales et punitives des XIXe et XXe siècles (telles qu'analysées par le philosophe Michel Foucault[2]), mais s'appuie désormais sur des technologies plus mobiles et intrusives. L'empire de la surveillance a désormais recours aux caméras, aux drones, à la reconnaissance faciale, ainsi qu'à

1. *Libération*, « Idées », 16 janv. 2021.
2. M. Foucault, *Surveiller et punir. Naissance de la prison*, Paris, Gallimard, 1975.

l'exploitation des données numériques que nous laissons sur la Toile et qui sont enregistrées, scrutées, mesurées dans le but de prédire et de modeler nos comportements. Le juriste Bernard Harcourt[3] insiste sur cette succession et intrication des régimes de surveillance : depuis les sociétés disciplinaires théorisées par Michel Foucault, jusqu'aux sociétés de contrôle « à ciel ouvert » analysées par Deleuze[4], en passant par le règne de la société du spectacle étudié par Guy Debord[5]. Plus que d'entrer en concurrence, ces différents régimes de contrôle et de surveillance semblent désormais se rejoindre et cohabiter. Un demi-siècle après sa création, Internet est désormais sous l'emprise de quelques grandes firmes privées américaines qui tirent l'essentiel de leur profit et revenu de l'exploitation de nos données personnelles : les plus connues étant les GAFAM (acronyme qui renvoie aux sociétés Google, Apple, Facebook, Amazon, Microsoft). Dans ce contexte, les États eux-mêmes collaborent étroitement avec ces multinationales dans le but d'exploiter à leur tour, mais cette fois à des fins de contrôle social, les données personnelles massives constituant la matière première sur laquelle les GAFAM ont basé leur empire[6]. La catastrophe d'Internet – « l'accident » dirait Paul Virilio[7] – serait d'accroître la surveillance de masse des citoyens[8]. L'époque contemporaine amplifie en effet la double injonction à la surveillance et à la transparence[9] totale des individus : par l'instauration de nouvelles technologies de contrôle numérique, autant que par l'incitation à l'autocontrôle des individus par eux-mêmes. Chacun d'entre nous étant désormais pourvu de micro-technologies équipées d'une multitude de capteurs qui assurent la traçabilité et le contrôle permanent de tous nos faits et gestes.

Le courant des *« surveillances studies*[10] » apparu au début des années 2000 s'est donné pour objet l'examen de ces dispositifs numériques et a attiré l'attention sur l'apparition et le développement d'une logique de participation « citoyenne » à la surveillance, dont les mécanismes demeurent largement ambivalents.

---

3. B. Harcourt, *La Société d'exposition*, Paris, Seuil, 2020.
4. G. Deleuze, « Post-scriptum sur les sociétés de contrôle », in *Pourparlers*, Paris, Minuit, 1990, p. 242-246.
5. G. Debord, *La Société du Spectacle*, 3e éd., Paris, Gallimard, 1992.
6. C'est cette tendance que pointait le philosophe Ignacio Ramonet en 2015, rejoint depuis par d'autres auteurs – Shoshana Zuboff ou Bernard Harcourt, par exemple –, qui ont analysé, depuis des ancrages politiques sensiblement différents, l'émergence d'un *Capitalisme de surveillance*. V. J.-P. Fourmentraux, *antiDATA, la désobéissance numérique*, Dijon, Les presses du réel, 2020.
7. P. Virilio, *L'accident originel*, Paris, Galilée, 2005.
8. V. loi renseignement, *Journal officiel* du 26 juill. 2015.
9. Les enjeux et dilemmes des nouvelles « Tyrannies de la transparence » sont examinés dans la « Majeure » du n° 73 de la revue *Multitudes* dirigé par Emmanuel Alloa et Yves Citton, 2018, p. 47-139.
10. Courant dont les travaux ont notamment été popularisés en France par Olivier Aïm, *Les théories de la surveillance. Du panoptique aux* Surveillance Studies, Paris, Armand Colin, coll. « Manuel du supérieur », 2021.

D'une part, il est notable que les détenteurs du pouvoir aient pris appui sur de récentes avancées technologiques dans le domaine du contrôle et de l'enregistrement pour surveiller et inciter la population à se surveiller elle-même[11].

D'autre part, en dotant la population d'outils permettant d'exercer ainsi sur eux-mêmes, une surveillance et un contrôle plus directs de leur environnement immédiat, les États ont également aiguisé la prétention des citoyens à voir et à savoir par eux-mêmes.

Sans le vouloir ni même le prévoir, les États ont ainsi octroyé aux citoyens la possibilité d'exercer une contre-visualité par la capacité de « surveiller les surveillants » et ont accru, sans y prétendre, le pouvoir de contrôle des actions de l'État. Autrement dit, l'intensification des instruments de contrôle – enregistrement, identification, fichage – est allée de pair, bien que de manière fortuite, avec l'idéal de leur démocratisation, conférant à la population la possibilité et les moyens techniques de retourner le voir, ou de le contredire, en inventant des tactiques de contre-surveillance.

Diverses tactiques sont mises en œuvre : certaines font sécession, choisissent l'obscurité, la dissimulation, le camouflage, les angles morts[12], lorsqu'ils sont encore possibles ; d'autres militent au contraire pour davantage de transparence de la part des institutions de pouvoir : en retournant la puissance panoptique contre elle-même ils font ainsi acte de sousveillance.

Au plus près de la vie quotidienne connectée, l'obfuscation[13] renvoie aux tactiques visant à limiter ou contrecarrer le poids du profilage et de l'algorithmisation des individus. Prenant à rebours l'asymétrie des procédures de capture des données, elle fait office d'arme des faibles. Emprunté à la langue française d'origine latine, le terme obfuscation est synonyme au XVIIIe siècle de « dissimuler ». Ce sens premier du terme a ensuite été remplacé en français par l'idée de « s'offusquer », au sens de se plaindre ou de protester. En anglais, l'usage du terme est plus fréquent en informatique pour définir l'action de brouillage du code, qui, par extension, signifie la résistance, sinon la protestation, contre les codes établis. L'obfuscation opère donc ici comme une ruse qui consiste à produire délibérément de fausses informations, dans le but de noyer les données existantes dans une série de contre-informations fallacieuses, désordonnées, ambiguës[14]. Cette tactique, qui s'apparente au camouflage ou au brouillage, peut également procéder

---

11. V. Codaccioni, *La Société de vigilance. Auto-surveillance, délation et haines sécuritaires*, Paris, Textuel, 2020.
12. Sur ce point, v. Y. Citton, M. Lechner et A. Masure, *Angles morts du numérique ubiquitaire. Un glossaire critique et amoureux*, Grande Collection ArTeC / Presses du réel, 2023.
13. H. Nissenbaum et F. Brunton, *Obfuscation : la vie privée, mode d'emploi*, Caen, C&F éditions, coll. « Société numérique », 2019.
14. Sur ces points, voir notamment les deux films documentaires réalisés par Marc Meillassoux, *Nothing to Hide*, 2017 ; *Disparaître sous les radars des algorithmes*, 2021 ; J.-F Fourmentraux, *Sousveillance. L'œil du contre-pouvoir*, Dijon, Les presses du réel, 2023.

au sabotage des instruments de surveillance ou de collecte et de traitement des données personnelles.

> « L'obfuscation est une action contingente, qui s'adapte aux problèmes à résoudre et à l'adversaire à déjouer ou à repousser. Mais elle se caractérise par une action sous-jacente : malgré l'impossibilité d'esquiver ou de bloquer la surveillance, il est possible de créer une pléthore de signaux paisibles, ambigus et trompeurs parmi lesquels dissimuler l'information que l'on veut cacher[15]. »

Au sens premier que lui a donné l'ingénieur Steve Mann[16], la sousveillance établit quant à elle un panoptique inversé qui invite les citoyens à se saisir de dispositifs désormais largement disponibles – tels que les caméscopes, téléphones, réseaux sociaux, tablettes, smartphones et autres – pour « regarder d'en bas » *(watching from below)* et opérer une contre-surveillance des différentes formes de pouvoirs étatiques ou commerciaux qu'ils subissent. Il est remarquable que l'ingénieur canadien emploie ici le français pour définir la performativité du panopticon inversé qu'évoque la sousveillance – d'après les mots français « sous » (en bas) et « veiller » (regarder). Le terme synonyme d'équiveillance ou de « surveillance par la base » qualifie et regroupe différentes pratiques de résistance face à la prolifération des technologies de contrôle. Il revêt par conséquent une double dimension, politique et performative, ou opératoire, en ce qu'il figure des tactiques doublement « réflexionistes » (tendre un miroir) et pragmatiques, qui engagent à l'utilisation de tout moyen d'enregistrement portatif, toute plateforme mobile équipée de caméras, comme moyen de déjouer les dispositifs de surveillance. Il s'agit en effet de détourner et *retourner* ces mêmes dispositifs contre ceux qui surveillent et incarnent le pouvoir du « panopticon[17] ».

Cette définition première de la sousveillance est importante à rappeler tant le terme fait aujourd'hui l'objet d'usages hétérogènes et parfois impropres, notamment lorsqu'il est renvoyé à la surveillance exercée par les citoyens sur eux-mêmes, à travers l'autocapture de leur quotidien. Mais dans ce dernier cas, que le juriste Bernard Harcourt qualifie de sur-*exposition de soi (overexposed*[18]*)*, il s'agit à mon sens encore de surveillance, ou d'autosurveillance, et non pas de sousveillance au sens défini par Steve Mann. Ces pratiques engendrent au contraire une « société de vigilance » au sens

---

15. H. Nissenbaum et F. Brunton, *Obfuscation : la vie privée, mode d'emploi*, *op. cit.*
16. S. Mann, « "Reflectionism" and "Diffusionism": New Tactics for Deconstructing the Video Surveillance Superhighway », *Leonardo* 1998, vol. 3, n° 2, p. 93-102 ; S. Mann *et al.*, « Sousveillance: Inventing and Using Wearable Computing Devices for Data Collection in Surveillance Environments », *Surveillance & Society* 2002, vol. 1, n° 3, p. 331-355.
17. L'ingénieur canadien Steve Mann est une sorte d'inventeur de dispositifs informatiques portables spécialisés dans ce qu'il nomme la sousveillance : à l'instar des lunettes-caméras qu'il porte en permanence greffées à son visage. V. les sites web [http://www.eyetap.org] et [http://www.wearcam.org/adwear/index.htm].
18. B. Harcourt, *La Société d'exposition*, *op. cit.*

de la politiste Vanessa Codaccioni ou de ce que Clare Birchall nomme la *shareveillance*[19] (traduite en français par distriveillance) : où l'on peut voir une accentuation du phénomène de surveillance, conçu comme une double aliénation par les dispositifs d'autorité (surveillance) et par le regard constant des caméras de leurs concitoyens (autovigilance). Selon Clare Birchall, par exemple, le régime numérique engendre un nouveau « partage du sensible[20] » au sens de Rancière, la distriveillance déterminant et distribuant inégalitairement ce qui est visible, audible, dicible, connaissable.

> « Cette "surveillance en partage" *(shareveillance)* se caractérise par l'exigence conjointe, imposée à des sujets, de partager leurs données avec un État surveillant et de mettre en acte la surveillance de l'État chaque fois que celui-ci partage ses données avec les citoyens. La distriveillance fournit le contexte à l'intérieur duquel nos données sont récoltées et transformées en données fermées d'un État surveillant, sécuritaire, tandis que l'on s'attend à ce que nous agissions sur et ajoutions de la valeur aux données ouvertes qui arrivent, à la suite des efforts de l'État, pour faire preuve de plus de transparence[21]. »

À mon sens[22], la sousveillance ne désigne nullement cette tendance à la captation et au partage sans limite des données et images du quotidien des internautes, qui acceptent ainsi de concéder une partie croissante de leur intimité aux plateformes numériques. Elle désigne au contraire une contre-surveillance, qui consiste à mettre en lumière et donc à rendre visibles les stratégies occultes des plateformes numériques et des États qui procèdent de la violation et de l'instrumentalisation de ces images et données. L'enjeu est par conséquent, en sousveillant, de surveiller en retour les systèmes de surveillance et les autorités qui les contrôlent.

À la suite du chercheur Camille Alloing[23], il est possible de voir la tactique de sousveillance s'exercer à trois niveaux :

- micro : comme un ensemble de pratiques individuelles permettant de renseigner, documenter voire se protéger des violences exercées par les dépositaires du maintien de l'ordre ;
- méso : comme des activités organisées de documentation des moyens et outils de surveillance étatiques ou non (caméra de surveillance, drones, biométrie, reconnaissance faciale, etc.) afin d'agir à un niveau législatif ou politique ;

19. V. Codaccioni, *La Société de vigilance. Injonctions sécuritaires et obéissance citoyenne*, Paris, Textuel, 2020 ; C. Birchall, *Shareveillance: The Dangers of Openly Sharing and Covertly Collecting Data*, Minneapolis, University of Minnesota Press, 2017.
20. J. Rancière, *Le partage du sensible*, Paris, La Fabrique, 2000.
21. C. Birchall, « Interrompre la distriveillance » (traduit de l'anglais par E. Alloa), *Multitudes* 2018, vol. 73, n° 4, « Tyrannies de la transparence », p. 86-98.
22. J.-P. Fourmentraux, *Sousveillance. L'œil du contre-pouvoir*, *op. cit.*
23. C. Alloing, « La sousveillance. Vers un renseignement ordinaire », *Hermès. La Revue* 2016, vol. 76, n° 3, p. 68-73.

- macro : comme un ensemble d'usages, de pratiques et de productions de dispositifs sociotechniques visant à minimiser les effets d'un capitalisme dit de surveillance.

La spécificité de la sousveillance est donc d'articuler étroitement réflexion théorique et actes pratiques. Spéculative, elle relève de l'enquête, mobilise des collectifs, s'empare des médias dominants ou invente des médiations alternatives pour établir des contre-visualités[24] au sens du théoricien des cultures visuelles Nicholas Mirzoeff. Par le détournement des stratégies de la visualité, contre la vision zénithale et stratégique du commandement militaire telle que l'a définie l'officier prussien et théoricien de la guerre Carl von Clausewitz[25], la contre-visualité désigne et revendique un droit d'inversion du regard et une riposte à l'autorité.

> « La contre-visualité en tant que telle réclame un droit de regard. Il s'agit d'un dissensus avec la visualité impliquant "un différend sur ce qui est visible en tant qu'élément d'une situation, sur quels éléments visibles relèvent du commun, sur la capacité des sujets à désigner ce commun et à le réclamer". Ce qui engage une contre-visualité est une demande performative d'un droit de regard alors même qu'il n'en existe aucun[26]. »

À ce titre, l'enjeu de la sousveillance revient également à privilégier à la vue d'en haut, symbole de domination, une contre-visualité horizontale et participative, par la base. Opératoire, elle engage des tactiques de détournement et la production de dispositifs d'observation contre-hégémoniques. Cette double dimension, réflexive et opératoire, fait la force de la sousveillance qui produit simultanément ou successivement des connaissances et des moyens d'agir, au service de nombreux collectifs et associations citoyennes : sous-surveillance.net, technopolice.fr, la Quadrature du Net, la CNIL, etc. Enquête, contre-dispositifs et action collective composent les moteurs performatifs de la sousveillance.

La recrudescence de cas de violence policière, notamment aux États-Unis et en Europe, a conféré à la pratique de la sousveillance une nouvelle actualité.

---

24. N. Mirzoeff, *The Right to Look. A Counterhistory of Visuality*, trad. M. Boidy et S. Roth, Durham, Duke University Press, 2011.

25. Nicholas Mirzoeff se réfère aux écrits du militaire Carl von Clausewitz datant de 1832, premier stratège à envisager la guerre moderne en tant que schéma de visualisation, au double sens d'une visée zénithale et d'une manipulation du visible : « Au cours du XVIIe siècle, la guerre était devenue trop étendue pour que le général pût saisir d'un seul regard l'ensemble du champ de bataille. La qualité première d'un général était donc de pouvoir visualiser ce champ, en utilisant non seulement ce qu'il pouvait voir directement, mais également l'information rapportée par d'autres, par différents artefacts tels que la carte, la maquette et, bien sûr, par son intuition, ses idées », C. von Clausewitz, *De la guerre*, Paris, Payot & Rivages, 2014, cité par N. Mirzoeff, « Enfin on se regarde ! Pour un droit de regard », *in* G. Bartholeyns (dir.), *Politiques visuelles*, Dijon, Les presses du réel, 2016, p. 31-32.

26. Extrait de N. Mirzoeff, *The Right to Look. A Counterhistory of Visuality*, *op. cit.*, p. 25. Nicholas Mirzoeff cite Jacques Rancière, « Introducing Disagreement », *Angelaki* 2004, 9/3, p. 6.

D'une part, face à la multiplication des dérapages et exactions des forces de l'ordre, diverses associations de défense des droits de l'homme et de la liberté d'expression ont encouragé les citoyens à exercer leur droit démocratique en photographiant ou en filmant les policiers lors de leurs altercations avec des citoyens. En octroyant une attention et une tribune aux témoignages de victimes, l'enjeu vise à alerter l'État et l'opinion publique quant au caractère excessif et inadmissible de ces violences. D'autre part, les policiers eux-mêmes, équipés désormais de caméras portables fixées à même l'uniforme, sur la poitrine ou à l'épaule, sont appelés à filmer leurs interventions : « s'ils le souhaitent ». L'usage de ces caméras (improprement nommées « caméras-piéton » du fait de leur légèreté et compacité) répond à des objectifs multiples et contrastés : attester de scènes de délits ou de crimes ; dissuader toute forme de rébellion à l'encontre des agents lors de leurs interventions ; déjouer ou désamorcer les images concurrentes, saisies par les citoyens au moyen de leurs appareils mobiles (téléphones, caméras, appareils photos) et susceptibles de porter ou défendre une autre vision (et version) des faits.

Un pan de la sousveillance prolonge ainsi l'action des *Copwatch*. Le terme désigne un réseau d'associations citoyennes au Canada, en France, aux États-Unis et aux Royaume-Uni, qui entreprennent de filmer et de publiciser les dérives policières et l'excès de pouvoir de certains agents de police : délits de faciès, contrôles abusifs et irrespectueux, immobilisations contraintes qui tournent mal, etc. Né en Californie (Berkeley) à l'orée des années 1990, le *copwatching* est le fait de nouvelles « patrouilles-vidéo », héritières des Black Panthers et du mouvement des droits civiques des années 1960, qui, par la seule action de filmer, ambitionnent de dénoncer et de combattre les brutalités policières dont sont notamment victimes les citoyens objets de discrimination raciale. L'affaire Rodney King, arrêté pour excès de vitesse en 1991 dans la ville de Los Angeles et passé à tabac par quatre policiers, a défrayé la chronique des médias. Des images, clandestinement captées et communiquées par un autre citoyen présent sur les lieux au moment de l'intervention (George Holliday, habitant de Los Angeles) ont généré un très vif émoi auprès de la population, une mise en accusation des agents de police impliqués, mais qui débouchera sur un acquittement, jugé déloyal, générant plusieurs jours d'émeutes. Les images réalisées et versées au dossier n'en ont pas moins exercé un fort impact pour la prise de conscience par les citoyens noirs américains de l'ampleur de ces faits de violence. La vidéo du meurtre de George Floyd par des policiers de Minneapolis a relancé le débat en générant une nouvelle émotion planétaire. Là aussi, des semaines de manifestations et d'émeutes ont suivi, dénonçant l'incurie des pouvoirs publics et l'inertie de la violence policière. Publiées sur les réseaux sociaux en date du 26 mai 2020, les images insoutenables ont fait resurgir le stigmate de l'esclavagisme et des lynchages publics aux États-Unis. En France, une autre scène de violence, survenue durant le premier épisode de la pandémie de Covid-19, a indigné l'opinion publique et enflammé la chronique médiatique. « Involontairement » filmée par une caméra de vidéosurveillance placée à l'entrée d'un studio de musique, la scène enregistrée dévoile une violence démesurée à l'encontre d'un jeune producteur de rap (Michel Zecler, novembre 2020). Repoussé par des agents de police vers l'intérieur de son studio d'où il s'apprêtait tout juste à sortir (non masqué), l'individu est violemment molesté, projeté au sol et roué de coups par les policiers. On aurait pu penser pourtant que le procès antérieur, qui a conduit à l'incrimination de l'officier Derek Chauvin, à l'origine de la mort de George Floyd (en mai 2020), aurait permis d'enrayer ce climat de violence. Mais il n'en a rien été, l'année 2021 a au contraire été marquée par une augmentation significative des exactions et tragédies, à l'instar de celle survenue à Minneapolis où un autre afro-américain, Daunte Whright, a été abattu au volant de son véhicule par une policière qui dit avoir confondu son taser et son pistolet alors qu'elle voulait immobiliser le conducteur. De nombreuses manifestations et affrontements avaient suivi, dans de nombreux pays, en dénonciation de ces violences policières, qui ont elles-mêmes été sévèrement réprimées par des salves de bombes lacrymogènes, des arrestations, des interpellations physiques toujours plus violentes. Mais ces différentes révélations et incriminations n'ont hélas pas suffi à mettre un terme aux violences policières, ni à freiner l'inflation des dispositifs en matière de sécurité et de surveillance, particulièrement en ces temps pandémiques, qui rendent évidente l'absence de participation des citoyens aux décisions qui les concernent.

Ces différentes affaires, qui font notre actualité la plus récente, soulèvent un problème récurrent d'asymétrie des pouvoirs de la surveillance. L'opacité revendiquée du côté des gouvernants, conjuguée à l'injonction à la plus grande transparence imposée aux citoyens, conduit inévitablement à une politique de la défiance. Il en résulte une véritable *guerre des images*, opérant par la mise en comparaison et la confrontation de témoignages, photographiques ou vidéos concurrents. Surveillance contre sousveillance offrant des visions contrastées et opposées des faits. Le face-à-face ne se joue plus seulement verbalement et physiquement, mais également par caméras interposées : œil pour œil, regard contre regard. Chacun étant désormais équipé de ces nouvelles « armes » de sur- ou sousveillance qu'incarnent notamment les caméras mobiles. La guerre des images se joue également à distance des personnes, via de nouveaux véhicules du regard que sont les drones et autres caméras techniques (thermiques, infrarouges) embarquées et semi-autonomes. Dans ce cadre, le maintien des droits démocratiques fondamentaux devient un combat politique et citoyen : liberté d'expression et de jugements, contrôle et préservation de son image et de sa vie intime et privée autant que de son identité numérique. Dans ce contexte, l'art peut également jouer un rôle singulier, en tant que producteur de formes et d'outils pratiques et réflexifs. L'enjeu étant alors de mettre à l'épreuve l'ensemble des systèmes technologiques de la visualité autoritaire : appareils de surveillance photographiques ou vidéographiques, caméras thermiques, numériques et/ou infrarouges ; satellites d'observation et de surveillance aérienne ; applications de reconnaissance faciale ; capteurs biométriques, etc. L'enjeu d'un art de la sousveillance revient en effet à dévoiler comment les « machines de vision[27] » contemporaines perçoivent le monde au travers de catégories qu'on leur a inculquées. Et par conséquent, comment les images qui en résultent révèlent des formes de pouvoir qu'elles sont destinées à reproduire et à améliorer. De ce point de vue, tel que le montrait déjà le philosophe Gilbert Simondon dans les années 1960, le mode d'existence de la technique demeure ambivalent.

La sousveillance peut-elle constituer ici un véritable contre-pouvoir ? S'il est sans doute un peu tôt pour le dire, on peut toutefois y entrevoir un renforcement louable de la démocratie : les citoyens pouvant désormais revendiquer un véritable « droit de regard » sur les faits et gestes promus par les institutions qui les gouvernent. Cette liberté fondamentale, souvent mise à mal, est pourtant inscrite dans l'histoire longue de l'humanité. Platon, le célèbre philosophe, défendait déjà la constitution d'un corps de gardiens à même de surveiller les citoyens devenus plus difficilement maîtrisables du fait de la division des tâches. La mesure était controversée et posait un nouveau problème : qui contrôle les surveillants ? Car si les gestes devant assurer le maintien de la sécurité et de la santé publique demeurent au service de la chose commune, ils devraient passer eux aussi l'épreuve du tribunal public.

---

27. P. Virilio, *La machine de vision*, Paris, Galilée, 1988.

Les lanceurs d'alerte, nouvelles vigies citoyennes

DELPHINE POLLET-PANOUSSIS

Professeur de droit public à l'UCLille, directrice du C3RD
Centre de recherche sur les relations entre les risques et le droit

L'expression « lanceur d'alerte », traduction française du terme anglo-saxon « whistleblower », est récente. Elle apparait en effet dans les années 90 sous la plume des sociologues Francis Chateauraynaud et Didier Torny[1]. Pourtant, elle renvoie à un phénomène beaucoup plus ancien[2], puisqu'à toutes les époques, des personnes ont rompu le silence pour dénoncer ou signaler des faits contraires au bien commun ou à l'intérêt général.

Prévoir une contribution sur l'action des lanceurs d'alerte dans un ouvrage consacré à la surveillance fait sens et rappelle que la surveillance n'est pas univoque. Elle peut, en effet, être ascendante, c'est-à-dire émaner de citoyens vigilants soucieux du bien commun. Pour beaucoup, les lanceurs d'alerte incarnent en effet une *forme de surveillance citoyenne de l'intérêt général*[3]. Ils contribuent au bon fonctionnement de la démocratie[4] en « renforçant la transparence et la responsabilité démocratique » (Rec. CM/Rec (2014)7 du 30 avril 2014 du comité des ministres du Conseil de l'Europe). L'alerte apparait ainsi comme un instrument de contrôle de l'action des détenteurs du pouvoir (dans la sphère publique ou privée).

En réalité, l'exercice du droit d'alerte par les citoyens vigilants permet de rendre effectif le droit à l'information dont sont titulaires les membres de

---

1. F. Chateauraynaud et D. Torny, *Les sombres précurseurs. Une sociologie pragmatique de l'alerte et du risque*, Paris, éd. de l'EHESS, 1999.
2. N. Warembourg, « Le sycophante, un lanceur d'alerte? Remarques historiques sur la délation et le délateur dans l'Athènes démocratique », *in* D. Pollet-Panoussis et M. Disant (dir.), *Les lanceurs d'alerte*, Paris, LGDJ, 2017, p. 53.
3. W. Bourdon, *Petit manuel de la désobéissance citoyenne. Quand l'intérêt général est menacé, devenez lanceur d'alerte*, Paris, JC Lattès, 2014.
4. F. Hartmann, *Lanceurs d'alerte. Les mauvaises consciences de nos démocraties*, Paris, Seuil-Don Quichotte éd., 2014; D. Lochak, « L'alerte éthique : entre dénonciation et désobéissance », *AJDA* 2014. 2236 (l'auteure se pose la question des lanceurs d'alerte en tant que « nouvelles icônes de la démocratie »).

la société. La Cour européenne des droits de l'homme (CEDH) est claire sur ce point, notamment dans son arrêt *Guja c/ Moldavie* de 2008[5]. Elle protège en effet les lanceurs d'alerte sur le fondement de la liberté d'expression (Conv. EDH, art. 10) qui comporte une double facette : le droit à la diffusion de l'information mais également le droit, pour les citoyens, d'être informés. Si les lanceurs d'alerte méritent d'être protégés c'est que, par leur signalement, ils agissent en sentinelles du bien commun et de l'intérêt général.

Néanmoins, comme toute forme de surveillance, cette surveillance citoyenne doit faire l'objet d'un encadrement pour éviter les dérives, telles que la suspicion généralisée ou la délation organisée. Il est en effet important de savoir distinguer le lanceur d'alerte, défenseur de l'intérêt public, qui mérite protection, du délateur (animé d'une intention de nuire)[6] ou du *leaker* (l'activiste de la transparence)[7].

Cet encadrement est indispensable pour trouver un juste équilibre entre, d'un côté, l'intérêt des employeurs (publics ou privés) à gérer leurs organisations et à protéger leurs intérêts, et, de l'autre, l'intérêt du public à être protégé contre les préjudices, les actes répréhensibles ou l'exploitation (v. Rec. CM/Rec (2014)7 du 30 avril 2014 du Conseil de l'Europe, précitée). Une conciliation entre ces exigences contradictoires s'avère nécessaire. Cette recherche d'équilibre ressort des standards internationaux de protection des lanceurs d'alerte et elle sous-tend également la législation française. Ainsi, si la protection des lanceurs d'alerte est aujourd'hui large (II), elle est d'abord conditionnée (I).

I. LA PROTECTION CONDITIONNÉE DU LANCEUR D'ALERTE, VIGIE CITOYENNE

La protection du lanceur d'alerte n'est pas aveugle. Conformément aux standards internationaux, il est important qu'elle s'inscrive dans un cadre légal (A) qui détermine ses conditions (B).

A. L'INSTITUTIONNALISATION DE L'ALERTE

Il existe en réalité deux figures du lanceur d'alerte[8]. Tout d'abord, *le lanceur d'alerte, dénonciateur légal*. Dans ce cadre, le législateur reconnaît comme

5. CEDH 12 févr. 2008, *Guja c/ Molova*, req. n° 14277/04, *AJDA* 2008. 978, chron. J.-F. Flauss.
6. S. Schehr, « L'alerte comme forme de déviance : les lanceurs d'alerte entre dénonciation et trahison », *Déviance et Société* 2008/2, vol. 32, p. 149-162 ; W. Bourdon, « Le lanceur d'alerte est toujours le traître de quelqu'un », hors-série *Le Monde*, juill. 2014, p. 48.
7. Sur ce point, v. S. Slama, « Le lanceur d'alerte, une nouvelle figure du droit public ? », *AJDA* 2014. 2229.
8. Sur la question des figures possibles du lanceur d'alerte, v. S. Slama, « Le lanceur d'alerte, une nouvelle figure du droit public ? », préc. ; J.-F. Kerléo, « Qu'est-ce qu'un lanceur d'alerte ?

légitime la dénonciation par *un système de signalement* d'illégalités, de risques ou de comportements contraires à la déontologie (lutte contre la corruption, risques sociaux, conflits d'intérêts...) ; l'alerte est ici un droit et parfois même une obligation, comme par exemple dans le cadre de l'article 40 du Code de procédure pénale pour les fonctionnaires et agents publics[9]. Ensuite, la deuxième figure est celle du *lanceur d'alerte qui agit hors de tout cadre*. Il sait qu'il transgresse une norme mais il le fait au nom de la conscience accrue d'un danger et du souci de se conformer à un principe supérieur. Il n'inscrit généralement pas son alerte dans une procédure de recueil préétablie. Les lanceurs d'alerte les plus connus s'inscrivent évidemment dans cette catégorie. Néanmoins cette distinction a une part d'artifice : une forme d'alerte peut en devancer une autre. Il n'est pas rare qu'un scandale environnemental, financier ou sanitaire soit à l'origine d'une évolution consacrant un dispositif légal d'alerte. Ainsi, à titre d'exemple, l'affaire du Médiator dénoncée par Irène Frachon est à l'origine de l'adoption de la loi du 29 décembre 2011 *relative au renforcement de la sécurité sanitaire du médicament et des produits de santé*[10] qui a mis en place un mécanisme d'alerte dans ce secteur.

Dans nos démocraties contemporaines, une figure du lanceur d'alerte l'emporte désormais sur l'autre et marginalise la seconde : celle du lanceur d'alerte dénonciateur légal. En effet, la majorité des pays démocratiques se dote de législations protectrices des lanceurs d'alerte, soit sectorielles, soit globales[11]. Ce phénomène d'institutionnalisation des alertes témoigne de l'importance accrue portée à l'éthique, au respect du droit et à la transparence dans nos démocraties mais également du besoin de « canaliser » les dénonciations pour ne pas affaiblir outre mesure la confiance dans les institutions.

À l'origine, peu de pays font le choix d'une législation globale protectrice des lanceurs d'alerte. Les législations nationales sont essentiellement sectorielles : elles reconnaissent la légitimité de l'alerte dans un secteur particulier et mettent en place un système de signalement auquel elles associent une protection du lanceur d'alerte. Le Royaume-Uni a longtemps fait figure d'exception avec son *PIDA Act*[12] adopté en 1998 qui consacre une protection globale du lanceur d'alerte avec une procédure de signalement uniforme quel que soit le domaine de l'alerte. C'est ce modèle britannique, ainsi que les

---

Classification et conceptualisation d'une catégorie juridique insaisissable », in *Les lanceurs d'alerte*, Paris, LGDJ, 2017, préc., p. 7.

9. C. pr. pén., art. 40 : « Toute autorité constituée, tout officier public ou fonctionnaire qui, dans l'exercice de ses fonctions, acquiert la connaissance d'un crime ou d'un délit *est tenu* d'en donner avis sans délai au procureur de la République et de transmettre à ce magistrat tous les renseignements, procès-verbaux et actes qui y sont relatifs. »

10. Loi n° 2011-2012 du 29 déc. 2011 *relative au renforcement de la sécurité sanitaire du médicament et des produits de santé*.

11. Sur ce point v. N.-M. Meyer, « Le droit d'alerte en perspective. 50 années de débats dans le monde », *AJDA* 2014. 2242.

12. *Public Interest Disclosure Act*.

recommandations de standards internationaux[13], qui vont inspirer le législateur français en 2016.

En effet, à cette date, le législateur français abandonne son approche sectorielle et adopte une loi globale de protection des lanceurs d'alerte : la loi Sapin 2 du 9 décembre 2016[14]. Elle pose une définition très large du lanceur d'alerte qui s'étend au-delà du cadre professionnel[15] et peut dénoncer toutes les formes de *menaces ou préjudices pour l'intérêt général*, sans mentionner la nature précise des agissements visés. Elle crée une procédure de signalement uniforme à trois paliers, symptomatique du souci de conciliation entre l'intérêt du public à être informé et celui des institutions mises en cause (peut-être à tort)[16].

Enfin, la disparité de la situation des lanceurs d'alerte dans les pays de l'Union européenne a été à l'origine de l'adoption de la directive du 23 octobre 2019 *sur la protection des lanceurs d'alerte*[17]. Cette dernière reprend les meilleurs standards internationaux en la matière précisés par le Conseil de l'Europe dans son rapport d'évaluation de sa recommandation CM/Rec (2014)7[18]. La France a naturellement dû transposer cette directive, ce qui a entraîné une réforme de la loi Sapin par la loi Waserman du 21 mars 2022[19]. Cette nouvelle loi a encore renforcé la protection des lanceurs d'alerte, en allant même au-delà de ce qu'exigeait la transposition. Elle corrige en effet un certain nombre de défauts du texte de 2016 pointés du doigt par les praticiens et la doctrine et mis en exergue dans l'étude d'impact de l'application de loi réalisée en 2021[20].

---

13. V. notamment Rec. CM/Rec (2014)7 du 30 avr. 2014 du comité des ministres du Conseil de l'Europe, préc. Ces standards internationaux ont été largement repris à son compte par le Conseil d'État dans son rapport de 2016 « Le droit d'alerte : signaler, traiter, protéger ».

14. Loi n° 2016-1691 du 9 déc. 2016 *relative à la transparence, à la lutte contre la corruption et à la modernisation de la vie économique*. V. chapitre 2 : De la protection des lanceurs d'alerte.

15. Cela en fait la définition la plus large au monde. En France, le lanceur d'alerte peut être « toute personne physique » qui signale ou révèle un agissement contraire à loi ou à l'intérêt général. Le lanceur d'alerte n'agit donc pas nécessairement dans son cadre professionnel (secteur privé ou public).

16. V. *infra*.

17. Directive (UE) 2019/1937 du Parlement européen et du Conseil du 23 oct. 2019 sur la protection des personnes qui signalent des violations du droit de l'Union. V. D. Pollet-Panoussis, « La protection renforcée des lanceurs d'alerte dans le cadre de l'Union européenne », *LPA* 2020, n° 40, p. 9-15; O. Leclerc et F. Chateauraynaud, « Controverse : la transposition de la directive européenne sur la protection des lanceurs d'alerte, rupture ou continuité ? », *RDT* 2022. 281 ; C. Collin, « Lanceurs d'alerte : un niveau de protection supplémentaire au sein de l'Union européenne », à propos de la directive (UE) 2019/1937 du 23 oct. 2019, *D. actu.* 16 déc. 2019.

18. [https://rm.coe.int/cdcj-2022-01-rapport-d-evaluation-de-la-recommandation-cmrec-2014-7/1680a7092]

19. Loi n° 2022-401 du 21 mars 2022 visant à améliorer la protection des lanceurs d'alerte.

20. Rapport n° 4325 d'information sur l'évaluation de l'impact de la loi relative à la transparence, à la lutte contre la corruption et à la modernisation de la vie économique, dite « loi Sapin 2 » du 9 déc. 2016, remis le 7 juill. 2021 par R. Gauvain et O. Marleix.

La protection du lanceur d'alerte en France s'inscrit donc dans un cadre légal qu'il convient maintenant de détailler, en l'état du droit positif (B).

B. LES CONDITIONS DE LA PROTECTION DU LANCEUR D'ALERTE

Aujourd'hui, en France, la qualification juridique de lanceur d'alerte et le bénéfice de la protection qui lui est associé est réservée aux personnes qui agissent dans le cadre de la loi du 21 mars 2022 *renforçant la protection des lanceurs d'alerte*[21].

La loi retient une définition large du lanceur d'alerte permettant de couvrir un maximum de situations potentielles. Ainsi, le lanceur d'alerte doit obligatoirement être une personne physique, ce qui revient à exclure cette qualité pour les personnes morales, telles que les ONG, les associations ou les syndicats. En effet, considérés comme « des professionnels de l'alerte », ils ne connaissent pas le conflit de loyautés qui anime le lanceur d'alerte et ne nécessitent pas la même protection. La personne physique peut agir dans le cadre de sa relation de travail (dans le secteur public ou privé) passée, présente ou future entendue largement. Sont ainsi inclus les anciens salariés, les candidats, les bénévoles, les stagiaires, les contractants, les sous-traitants, les fournisseurs, les actionnaires... En outre, la législation française va plus loin que la directive européenne puisqu'elle confirme envisager le lanceur d'alerte y compris en dehors de sa relation de travail. L'usager d'un service public, le riverain... peuvent également prétendre à cette qualité lorsqu'ils dénoncent des faits préjudiciables à l'intérêt général.

Il est important de noter que le lanceur d'alerte doit agir *de bonne foi*, ce qui signifie qu'il doit raisonnablement croire que les informations qu'il révèle sont exactes. Il ne doit pas rechercher de « contrepartie financière directe » à son signalement, ce qui exclut la possibilité d'alertes rémunérées comme cela peut être possible ailleurs dans le monde, notamment aux États-Unis. Cette dernière précision remplace avantageusement celle exigée auparavant par la loi Sapin de 2016 de « désintéressement[22] ».

Le lanceur d'alerte doit, en outre, révéler des informations présentant un intérêt public, c'est-à-dire des informations qu'il est utile de porter à la connaissance du public dans une logique de transparence et de responsabilité démocratique. Le lancement d'alerte renvoie en effet au droit, pour les

21. J. Colonna et V. Renaux-Personnic, « Loi Waserman : un nouveau statut pour les lanceurs d'alerte », *Lettre juridique* n° 904 du 5 mai 2022, Social général, *Lexbase* ; W. Bourdon et A. Lefebvre, « Protection des lanceurs d'alerte : la loi Waserman, une véritable avancée, mais encore un bout de chemin à faire », *Légipresse* 2022. 313 ; L. Bessede et M. Peersman, « Actualisation du dispositif des lanceurs d'alerte », *Juris assoc.* 2023, n° 672, p. 29.

22. L'ancienne exigence légale du « désintéressement » du lanceur d'alerte était très critiquée car elle pouvait en effet conduire à un refus de cette qualité (et de la protection associée) en cas de conflit individuel de travail.

citoyens, d'être informés en tant que composante de la liberté d'expression. Sur ce point, la définition législative procède à une énumération des agissements (légaux ou non) susceptibles d'être dénoncés. Ils sont plus larges qu'auparavant car ils peuvent porter sur « des informations » sur un crime, un délit ou des violations du droit mais aussi sur des « tentatives de dissimulation » de ces violations. La violation de la règle n'a d'ailleurs plus à être « grave et manifeste ». La loi évoque également l'hypothèse d'« une menace ou un préjudice pour l'intérêt général », formulation très large, dépassant les exigences européennes, qui permet de couvrir de multiples hypothèses de risques probables ou réalisés, conférant une dimension globale à la protection du lanceur d'alerte en France. Dans le cadre professionnel, le lanceur d'alerte ne doit d'ailleurs pas forcément avoir eu personnellement connaissance des agissements qu'il signale[23].

Enfin, pour pouvoir être considéré comme un lanceur d'alerte et bénéficier de la protection associée au statut, la personne doit inscrire son alerte dans le cadre d'une procédure hiérarchisée de recueil des signalements. Ainsi celui-ci doit être adressé en priorité, au niveau interne, auprès du supérieur hiérarchique ou d'un référent alerte désigné[24]. Il peut également, en fonction de la nature des faits dénoncés, être effectué au niveau externe auprès d'une autorité administrative indépendante, d'un ordre professionnel, d'un organisme spécialisé, d'une inspection ministérielle, du procureur de la République ou auprès d'une institution ou organisme de l'Union européenne compétent pour recueillir des informations sur des violations du droit européen. Dans tous les cas, le lanceur d'alerte peut saisir le Défenseur des droits qui l'oriente vers la ou les autorités les plus compétentes pour traiter son signalement. La divulgation publique (par le biais des médias notamment) ne doit être envisagée qu'en dernier recours, soit en l'absence de diligences des autorités saisies en première intention, soit en cas de danger imminent et manifeste, d'urgence, de risques de dommages irréversibles, de représailles, de dissimulation ou de destruction de preuves ou encore de compromission des autorités avec l'auteur du délit. Sur ce point, l'apport de la directive à la législation française est manifeste. En effet, la loi Sapin 2 avait consacré un fonctionnement chronologique des paliers : l'alerte devait nécessairement être portée au niveau interne puis, en l'absence de diligences de l'autorité saisie, elle pouvait être portée au niveau externe et, en dernier recours, rendue publique. Ce fonctionnement rigide, très critiqué par les ONG (*Transparency International*, Sciences citoyennes, anticor...) car pas forcément adapté à

23. Il s'agit là d'un assouplissement par rapport à la loi Sapin 2 qui exigeait que le lanceur d'alerte ait systématiquement personnellement connaissance des agissements qu'il dénonçait.

24. Le référent alerte peut être interne à la structure (par exemple un personnel du service RH) ou extérieur (avocat, professeur d'université...). Pour plus de précisions s'agissant des procédures d'alerte administratives, v. D. Pollet-Panoussis, « La procédure interne de recueil des alertes dans les administrations », *AJDA* 2019. 2168.

toutes les formes d'alerte (notamment celles impliquant la hiérarchie directe) a donc été opportunément amendé par la loi Waserman de 2022.

Pour finir, la protection du lanceur d'alerte est conditionnée à son absence de divulgations relatives au secret de la défense nationale, au secret médical, au secret des délibérations judiciaires, au secret de l'enquête ou de l'instruction judiciaires ou au secret professionnel de l'avocat[25].

Ce cadre légal[26] posé à l'action du lanceur d'alerte dont le respect conditionne sa protection atteste bien de l'ambivalence qui existe autour de lui – considéré comme un héros sauveur de l'intérêt général pour certains ou traître déloyal pour d'autres – et de la nécessité de concilier les intérêts contradictoires des institutions (publiques ou privées) mises en cause avec le besoin légitime d'information de la population. La définition du lanceur d'alerte et la procédure retenues témoignent de cette recherche d'un équilibre entre les deux.

Lorsqu'il agit dans le champ légal préalablement défini, le lanceur d'alerte est considéré comme un contre-pouvoir indispensable au bon fonctionnement démocratique qui mérite d'être largement protégé (II).

II. L'ÉTENDUE DE LA PROTECTION DU LANCEUR D'ALERTE, VIGIE CITOYENNE

La personne reconnue en tant que lanceur d'alerte (parce qu'elle satisfait aux conditions légales) bénéficie aujourd'hui en France d'une protection complète qui s'est renforcée après la loi de 2022 (A). La CEDH a également récemment élevé son niveau de protection (B).

A. LA PROTECTION COMPLÈTE DU LANCEUR D'ALERTE OFFERTE PAR LA LÉGISLATION FRANÇAISE

À raison du rôle que joue le lanceur d'alerte pour la préservation du bien commun et qui légitime son action, sa protection devient un enjeu démocratique. La loi Waserman de 2022 la renforce considérablement[27].

Tout d'abord, la loi renforce des garanties de confidentialité qui entourent le signalement en protégeant l'identité du lanceur d'alerte lors de ses échanges avec les autorités de l'alerte (internes et/ou externes) et en sanctionnant leur

25. En application de la directive européenne, la loi Waserman a ajouté des domaines d'exclusion de l'alerte par rapport à la loi Sapin 2 qui n'évoquait que le secret médical, le secret défense et le secret de la relation client/avocat.
26. La loi Waserman a été jugée conforme à la Constitution à l'exception de son article 11 pour des raisons procédurales (cavalier législatif), v. décision n° 2022-839 DC du 17 mars 2022, loi visant à améliorer la protection des lanceurs d'alerte.
27. M. Labarthe, « Le nouveau cadre légal de protection du salarié lanceur d'alerte : quel(s) équilibre(s) ? », *Dr. soc.* 2023. 245.

non-respect[28]. Elle confirme que toute forme de représailles – directes ou indirectes – ou tentative de représailles (notamment par l'employeur mis en cause) à l'encontre du lanceur d'alerte est interdite. La notion de « représailles » est entendue plus largement car elle inclut dorénavant l'atteinte à la réputation sur les réseaux sociaux, l'intimidation, l'inscription sur une liste noire ou encore l'orientation abusive vers des soins. Dans ce cadre, le lanceur d'alerte bénéficie d'un inversement de la charge de la preuve ; il peut former un référé conservatoire d'emploi et il a droit à la réparation intégrale des dommages subis par ces mesures qui seront jugées nulles de plein droit. L'irresponsabilité civile, administrative et pénale du lanceur d'alerte est, en outre, étendue dès lors qu'il agit bien dans le cadre légal. Ainsi, l'irresponsabilité pénale en cas de poursuites pour violation d'un secret protégé par la loi s'étend désormais aux infractions connexes (telles que le vol) : le lanceur d'alerte ne peut pas être sanctionné pénalement pour avoir intercepté et emmené des documents confidentiels liés à son alerte auxquels il a eu accès de façon licite.

Il est cependant à noter que cette protection du lanceur d'alerte lui est bien souvent octroyée *a posteriori*, à l'occasion d'actions judiciaires engagées à son encontre. La qualité de lanceur d'alerte est en effet souvent invoquée comme un moyen de défense lors d'instances civiles ou pénales (poursuites pour diffamation, vol, violation du secret professionnel...). S'il n'est pas possible d'éradiquer ce phénomène, l'objectif est d'en limiter l'ampleur et d'en atténuer les effets pour le lanceur d'alerte. Tout d'abord, la loi Waserman augmente le montant de l'amende en cas de procédures abusives dites « bâillons[29] ». Elle prévoit également une aide dans la prise en charge des frais de justice (dont le montant – très élevé – pèse souvent sur la situation personnelle du lanceur d'alerte). Ainsi ce dernier peut obtenir, en début de procès, une provision pour frais de justice lors de sa contestation d'une mesure de représailles ou d'une procédure « bâillon » à son encontre. Il peut ensuite bénéficier d'une nouvelle provision si sa situation financière se dégrade gravement. Le juge peut d'ailleurs rendre ces provisions définitives à tout moment, y compris en cas de défaite lors du procès. La loi prévoit également des mesures de soutien juridique, psychologique et financier par les autorités externes, qu'elles aient été saisies directement ou *via* le Défenseur des droits. Cela participe naturellement de l'idée que le lanceur d'alerte agit pour le bien commun et qu'il n'a pas à supporter seul le poids – y compris sur le plan matériel – de son action. Enfin, pour éviter les actions judiciaires à l'issue incertaine, aux effets potentiellement dévastateurs pour les parties engagées, la loi organique du 21 mars 2022[30] prévoit la possibilité de saisir le Défenseur des droits afin

---

28. L'identité de la personne mise en cause est aussi protégée lors du traitement de l'alerte. Elle ne sera révélée qu'en cas d'alerte jugée fondée.
29. Le montant de l'amende est porté à 60 000 euros.
30. Loi organique n° 2022-400 du 21 mars 2022 visant à renforcer le rôle du Défenseur des droits en matière de signalement d'alerte.

qu'il rende un avis sur la qualité de lanceur d'alerte de la personne[31]. Cantonné en 2016 à un rôle d'orientation[32], le Défenseur des droits a, en effet, aujourd'hui une mission d'information, de conseil et de défense des droits et libertés des lanceurs d'alerte[33]. Un nouvel adjoint au Défenseur des droits est d'ailleurs spécifiquement chargé de leur accompagnement.

Enfin, et c'est un point très innovant de la législation de 2022, pour endiguer l'isolement que peut provoquer un signalement, la protection garantie au lanceur d'alerte s'étend aux facilitateurs, c'est-à-dire aux personnes (physiques ou morales[34]) qui ont aidé le lanceur d'alerte (par exemple un collègue, un syndicat...) et aux tiers (personnes physiques ou morales) en lien avec le lanceur d'alerte qui, par ricochet, sont victimes de représailles en raison du signalement.

Les lanceurs d'alerte bénéficient donc aujourd'hui de garanties étendues, applicables y compris aux personnes relevant d'un dispositif spécifique de signalement[35]. Si l'Union européenne a servi de cadre à l'élévation du niveau de protection des lanceurs d'alerte dans ses États membres (dont la France) via la transposition de sa directive, le Conseil de l'Europe n'est cependant pas en reste. En effet, dans un arrêt récent, la CEDH a, elle aussi, élevé le niveau de protection des lanceurs d'alerte (B).

B. L'ÉLÉVATION DU NIVEAU DE PROTECTION DES LANCEURS D'ALERTE PAR LA CEDH

Dans un arrêt du 14 février 2023 rendu en Grande chambre[36], la Cour européenne des droits de l'homme a reconnu que le Français Raphaël Halet, condamné au Luxembourg pour avoir divulgué des documents fiscaux émanant de son employeur *PricewaterhouseCoopers* (PWC) dans le cadre du scandale d'optimisation fiscale « luxleaks », était un lanceur d'alerte pouvant

31. La réponse est donnée par un avis rendu dans les 6 mois de la saisine du Défenseur des droits.
32. Cons. const. 8 déc. 2016, n° 2016-740 DC, Loi organique relative à la compétence du Défenseur des droits pour l'orientation et la protection des lanceurs d'alerte, *JO* 10 déc. 2016 : le Défenseur des droits n'a qu'une mission d'orientation et d'accompagnement des lanceurs d'alerte.
33. [https://www.defenseurdesdroits.fr/orienter-et-proteger-les-lanceurs-dalerte-180]
34. Cela permet de compenser le fait que les personnes morales ne puissent pas bénéficier de la qualité de lanceur d'alerte au sens de la législation française et européenne.
35. Dans cette hypothèse, la personne bénéficie des mesures les plus favorables de chaque dispositif. Attention, ces garanties ne s'appliquent toutefois pas au dispositif spécifique de signalement en matière de renseignements.
36. Pour un commentaire de cet arrêt, v. N. Lancou, « La liberté d'expression au service de l'élargissement de la protection des lanceurs d'alerte », *RDT* 2023. 701 ; D. Pollet-Panoussis, « Luxleaks : la Cour EDH reconnaît Raphaël Halet comme lanceur d'alerte et condamne le Luxembourg », *Le club des juristes* 16 mars 2023 [https://www.leclubdesjuristes.com/international/luxleaks-la-cedh-reconnait-raphael-halet-comme-lanceur-dalerte-et-condamne-le-luxembourg-547/].

bénéficier de la protection de l'article 10 de la Conv. EDH et, en conséquence, a condamné le Luxembourg à lui verser des dommages et intérêts.

Pour bien comprendre la portée cet arrêt, il convient d'abord de rappeler les conditions qu'exige la Cour de Strasbourg pour protéger un lanceur d'alerte au titre de l'article 10 de la Conv. EDH relatif à la liberté d'expression. Dans sa jurisprudence *Guja* de 2008[37], le juge européen pose six critères à prendre en considération[38] : les moyens utilisés pour procéder à la divulgation (ils doivent être gradués et proportionnés, la divulgation publique ne pouvant intervenir qu'en dernier recours), l'authenticité de l'information divulguée, la bonne foi du lanceur d'alerte, l'intérêt public que présente l'information divulguée, le préjudice causé et la sévérité de la sanction frappant le lanceur d'alerte. C'est en se fondant sur ces critères que la Cour a, dans un premier arrêt rendu le 11 mai 2021[39], rejeté les prétentions du requérant et conclu à la non-violation de l'article 10 de la Conv. EDH en validant le raisonnement de la Cour d'appel luxembourgeoise qui avait considéré que les documents divulgués par Raphaël Halet n'avaient pas « apporté d'information essentielle, nouvelle et inconnue jusqu'alors » permettant de pondérer le préjudice subi par PWC et que le montant de l'amende infligée était sans effet dissuasif sur l'exercice de la liberté d'expression du requérant ou d'autres salariés. En réalité, si l'intérêt public des informations divulguées par Raphaël Halet a été remis en cause c'est parce que son action a suivi celle d'un autre employé de PWC reconnu en tant que lanceur d'alerte dans l'affaire des Luxleaks – Antoine Deltour – qui a dénoncé et documenté avant lui le phénomène d'évasion fiscale organisé par la société luxembourgeoise.

Saisie de l'affaire, la Grande chambre a considéré que « la seule circonstance qu'un débat public sur les pratiques fiscales au Luxembourg était déjà en cours au moment où le requérant a divulgué les informations litigieuses ne saurait en soi exclure que ces informations puissent, elles-aussi, présenter un intérêt public ». Cette précision contribue à renforcer la protection des lanceurs d'alerte car le premier arrêt de la Cour pouvait avoir un effet dissuasif sur leur action du fait de l'insécurité juridique résultant de l'obligation d'apprécier eux-mêmes la portée des informations qu'ils divulguent[40]. En outre, la formation solennelle de jugement précise que les effets dommageables à prendre en compte dans la mise en balance de l'intérêt du public à être informé et le préjudice qui en résulte doivent s'apprécier globalement

---

37. CEDH, gr. ch., 12 févr. 2008, *Guja c/ Moldova*, n° 14277/04, préc.

38. Cette grille d'analyse sera reprise par la CEDH dans d'autres affaires, v. CEDH 19 févr. 2009, *Martchenko c/ Ukraine*, req. n° 4063/04 ; CEDH 26 févr. 2009, *Koudechkina c/ Russie*, req. n° 29492/05 ; CEDH 21 juill. 2011, *Heinisch c/ Allemagne*, req. n° 28274/08 ; CEDH 8 janv. 2013, *Bucur et Toma c/ Roumanie*, req. n° 40238/02.

39. CEDH 11 mai 2021, *Raphaël Halet c/ Luxembourg*, req. n° 21884/18.

40. Cette appréciation restrictive était perçue par certains comme un critère supplémentaire conditionnant la protection des lanceurs d'alerte, v. M. Lassalle, « Fin de la saga Luxleaks devant la CEDH. Vers un nouveau critère conditionnant la protection des lanceurs d'alerte », *D.* 2021. 1901.

et non pas seulement au prisme des seuls intérêts de l'employeur (prise en compte des intérêts des autres entreprises du secteur, de l'État poursuivi...). Ce faisant, elle reconnaît que l'action des lanceurs d'alerte dépasse le cadre des conflits individuels de travail et s'inscrit dans une logique globale de défense de l'intérêt général et du bien commun. Enfin, en considérant que la condamnation pénale du requérant (pourtant symbolique) ne pouvait être considérée comme proportionnée au regard du but légitime poursuivi à raison de son « effet dissuasif au regard de la liberté d'expression du requérant ou de tout autre lanceur d'alerte » elle confirme l'importance de l'action des lanceurs d'alerte en tant que « chiens de garde de la démocratie » et la nécessité de protéger leur action. Dès lors, en réinterprétant ses critères initiaux pour se mettre en phase avec les nouveaux standards européen, international et nationaux, la CEDH contribue à élever le niveau de protection des lanceurs d'alerte au titre de leur liberté d'expression.

« Vigies citoyennes », « chiens de garde de la démocratie », « sentinelles de l'intérêt général »..., les lanceurs d'alerte s'érigent aujourd'hui en nouveaux acteurs des sociétés démocratiques ; ils illustrent bien une forme de surveillance ascendante, un contrepouvoir indispensable au bon fonctionnement démocratique.

TROISIÈME SOUS-PARTIE

La surveillance horizontale à finalité probatoire

La surveillance du salarié mise en œuvre par l'employeur

BERNARD BOSSU

Professeur agrégé de droit privé et sciences criminelles à l'Université de Lille, doyen honoraire de la faculté de droit, CRDPD – Centre de recherche droits et perspectives du droit, directeur du LEREDS

Personne ne conteste aujourd'hui, au moins sur le plan juridique, le droit pour l'employeur de contrôler l'activité de son salarié. En vertu de son pouvoir de direction, il peut surveiller son subordonné afin de s'assurer que celui-ci exécute correctement sa prestation de travail. Pendant longtemps, une telle démarche n'a pas soulevé de difficultés particulières car la surveillance était directement réalisée par le supérieur hiérarchique. Avec le développement des TIC (caméra vidéo, géolocalisation, puces électroniques, pointeuses biométriques à empreintes digitales...), la surveillance est devenue non seulement moins visible mais surtout susceptible de porter atteinte aux droits fondamentaux, en particulier la vie privée. Comme on a pu l'écrire, le salarié est désormais « surveillé par la machine, à la limite par lui-même, par tous et par personne[1] ». C'est pourquoi, le législateur et la jurisprudence ont essayé de trouver un équilibre entre le contrôle de l'exécution de la prestation de travail et le respect de la personne humaine. La construction repose sur deux principes directeurs : la loyauté et la vie privée[2]. Au nom de la loyauté, il convient de combattre les procédés de preuve qui visent à surprendre ou à piéger l'adversaire. Et parce que le salarié conserve ses droits fondamentaux lorsqu'il pénètre dans l'entreprise, on doit aussi rejeter les modes de preuve qui porteraient atteinte à sa vie privée (I). Ces restrictions apportées au principe de la liberté de la preuve ont été critiquées par une partie de la doctrine au motif qu'elle constitue un

1. G. Lyon-Caen, *Les libertés publiques et l'emploi*, rapport La Doc. fr. 1992, p. 138.
2. A. Barège et B. Bossu, « Les TIC et le contrôle de l'activité du salarié », *JCP S* 2013. 1393.

obstacle à l'établissement de la vérité[3]. Par ailleurs, la Cour européenne des droits de l'homme a développé une jurisprudence qui admet, sous certaines conditions, une preuve obtenue en violation du droit au respect des droits fondamentaux[4]. C'est pourquoi, la jurisprudence française va progressivement reconnaître, au nom du droit à la preuve, la possibilité de produire en justice une preuve illicite ou déloyale (II).

I. LES PRINCIPES GOUVERNANT LE CONTRÔLE DE L'ACTIVITÉ

La considération de la personne au travail a conduit le législateur et surtout la jurisprudence à « moraliser » le droit à la preuve en empruntant deux chemins : la loyauté et la vie privée.

A. LOYAUTÉ

Au nom du principe de loyauté, sont exclus tous les procédés probatoires fondés sur des artifices, des machinations, des stratagèmes de nature à tromper une personne. Tous les coups ne sont pas permis, même s'il s'agit de faire surgir la vérité[5].

Dans un arrêt de principe en date du 20 novembre 1991, l'affaire « Néocel », la chambre sociale de la Cour de cassation décide que « si l'employeur a le droit de contrôler et de surveiller l'activité de ses salariés pendant le temps de travail, tout enregistrement, quels qu'en soient les motifs, d'images ou de paroles à leur insu constitue un mode de preuve illicite[6] ». Les procédés clandestins de surveillance ne sont pas admissibles. La solution sera également affirmée par l'assemblée plénière de la Cour de cassation le 7 janvier 2011 dans une affaire d'enregistrement d'une communication téléphonique réalisé par une partie à l'insu de l'auteur des propos[7]. Après avoir visé l'article 9 du Code de procédure civile, l'article 6 § 1 de la Convention européenne de sauvegarde des droits de l'homme et des libertés fondamentales et « le principe de loyauté dans l'administration de la preuve », la haute juridiction va décider qu'on ne peut pas produire en justice un enregistrement clandestin.

Comment le principe de loyauté innerve concrètement le contrôle de l'activité du salarié par l'employeur? Une distinction est opérée par la Cour de cassation.

3. J. Raynaud, « Pour la réhabilitation, sous conditions, de la preuve dite déloyale en droit du travail », *JCP E* 2013. 1044.
4. B. Bossu, « Surveillance du salarié et respect des droits fondamentaux », *Lexbase Hebdo éd. sociale*, nov. 2019, n° 802, Lexbase n° N0956BY3.
5. L. Aynès, *L'obligation de loyauté*, Arch. Phil. dr. 2000, p. 202.
6. Soc. 20 nov. 1991, n° 88-43.120, *Dr. soc.* 1992. 28, rapp. P. Waquet, *D.* 1992. 73, concl. Y. Chauvy.
7. Cass., ass. plén., 7 janv. 2011, n° 09-14.316 et n° 09-14.667, *JCP E* 2011. 1053, note M. Malaurie-Vignal, *RTD civ.* 2011. 127, obs. B. Fages et 383, obs. P. Théry.

En premier lieu, pour surveiller l'activité de son salarié, l'employeur n'est pas obligé de mettre en place un dispositif spécifique de surveillance. Et pour la Cour de cassation, « la simple surveillance d'un salarié faite sur les lieux du travail par son supérieur hiérarchique, même en l'absence d'information préalable du salarié, ne constitue pas en soi un mode de preuve illicite[8] ». En revanche, si la surveillance n'est pas effectuée par l'employeur ou par un salarié habilité, mais par un tiers à l'entreprise, on se trouve en présence d'un dispositif spécifique de surveillance.

Au-delà de la surveillance réalisée par le supérieur hiérarchique, on notera encore que la preuve est valablement recueillie, même sans information préalable du salarié, si elle ne se traduit pas par l'organisation d'un dispositif particulier mais résulte de la seule utilisation de techniques connues et légitimes. Il en va ainsi des relevés de communications téléphoniques adressés par une société de téléphone pour le règlement des communications correspondant au poste d'un salarié. L'absence d'information préalable du salarié ne rend pas illicite le procédé de surveillance[9]. Cette solution s'applique encore aux messages laissés sur le répondeur vocal d'un téléphonique mobile[10]. De même, les SMS peuvent être produits en justice par leur destinataire comme moyen de preuve[11].

En second lieu, si l'employeur décide de recourir à un dispositif spécifique de surveillance (vidéosurveillance, géolocalisation...), le principe de loyauté commande de respecter deux formalités procédurales. L'employeur doit d'abord informer et consulter le CSE sur la technique de contrôle utilisée. Il doit encore informer de façon précise les salariés concernés qui doivent comprendre, conformément aux articles 13 et 14 du RGPD, la raison de la collecte de leurs données et le traitement qui en sera fait[12]. À défaut, le dispositif mis en place est illicite

Toutefois la nécessité d'informer le salarié disparaît dès lors que le dispositif mis en place ne vise pas à le contrôler. Il en va ainsi par exemple lorsqu'un dispositif de vidéosurveillance a été mis en place au sein de locaux dans lesquels les salariés ne travaillent pas[13].

On retiendra de l'ensemble de cette jurisprudence, que depuis l'arrêt *Néocel* du 20 novembre 1991, la jurisprudence refuse de tenir compte de faits fautifs qui ont été connus grâce à un procédé déloyal[14]. Mais une interrogation essentielle demeure : que faut-il entendre par « déloyauté » ? Une première

8. Soc. 26 avr. 2006, n° 04-43.582, *JCP S* 2006. 1444, note D. Corrignan-Carsin.
9. Soc. 15 mai 2001, *Bull. civ.* V, n° 168, *RJS* 2001, n° 830, 2e esp.
10. Soc. 6 févr. 2013, n° 11-23.738, *RJS* 2013, n° 316.
11. Soc. 23 mai 2007, n° 06-43.209, *JCP S* 2007. 1601, note B. Bossu.
12. B. Bossu, *Droit du travail et technologies de l'information et de la communication*, LexisNexis, coll. « Planète Social », 2022, n° 322.
13. Soc. 19 avr. 2005, n° 02-46.295, *JCP S* 2005. 1032, note J.-F. Césaro.
14. L. Pécaut-Rivolier, Y. Struillou et P. Waquet, *Pouvoirs du chef d'entreprise et libertés du salarié*, Economica, 2022, n° 1.1.2.2., p. 43.

tentative de clarification a été opérée en doctrine[15]. La déloyauté serait susceptible d'être caractérisée au moins dans trois hypothèses :

- preuves obtenues par l'utilisation d'un procédé clandestin ou dissimulé de surveillance (par exemple une caméra cachée) ;
- preuves obtenues par l'utilisation d'un stratagème (par exemple un huissier qui prend une fausse identité) ;
- preuves obtenues par fraude ou moyens frauduleux.

Si cette classification permet sans aucun doute de mieux appréhender la notion de déloyauté, elle reste d'un maniement délicat pour certains modes de preuve. Peut-on ainsi établir l'existence d'un fait à partir d'un témoignage anonyme ? Pour une partie de la doctrine, la déloyauté pourrait trouver sa cause dans l'impossibilité pour le défendeur d'exercer ses droits de la défense[16]. La chambre sociale de la Cour de cassation a décidé le 4 juillet 2018 que « le juge ne peut fonder sa décision uniquement ou de manière déterminante sur des témoignages anonymes[17] ». Elle a encore précisé le 19 avril 2023 que le juge « peut néanmoins prendre en considération des témoignages anonymisés, c'est-à-dire rendus anonymes *a posteriori* afin de protéger leurs auteurs mais dont l'identité est néanmoins connue par l'employeur, lorsque ceux-ci sont corroborés par d'autres éléments permettant d'en analyser la crédibilité et la pertinence[18] ». Peut-on ranger la technique dite des « clients mystères » dans la catégorie des « preuves obtenues par l'utilisation d'un stratagème » ? Selon la chambre commerciale de la Cour de cassation, le recours à un « client mystère » est déloyal car on se trouve en présence d'un « stratagème consistant à faire appel aux services de tiers rémunérés pour une mise en scène de nature à faire douter de la neutralité de leur comportement[19] ». Au contraire, la chambre sociale de la Cour de cassation a admis dans un arrêt du 6 septembre 2023 la possibilité de recourir à un « client mystère » pour établir la faute d'un salarié[20]. Cette solution est particulièrement discutable car, outre le risque d'une marchandisation des modes de preuve, on peut douter de la neutralité du « client mystère » qui a sans doute été rémunéré pour participer à une mise en scène.

On peut encore s'interroger sur le champ d'application de la catégorie « fraude ou moyens frauduleux », ces notions pouvant être entendues de façon plus ou moins larges. Peut-on ainsi établir l'existence d'un fait à partir d'un courriel transmis spontanément à l'employeur par son destinataire ?

15. J.-Y. Frouin, « Le droit à la preuve, sens et mode d'emploi », *RJS* 5/23, p. 7.
16. S. Ranc et A. Charbonneau, « La recevabilité des témoignages à visage (dé)couvert », *BJT* juin 2023, p. 16.
17. Soc. 4 juill. 2018, n° 17-18.241, *RJS* 10/18, n° 600.
18. Soc. 19 avr. 2023, n° 21-20.308, *RJS* 8-9/23, n° 471.
19. Com. 10 nov. 2021, n° 20-14.669, *CCC* 2022, comm. 5, note M. Malaurie-Vignal, *Propr. ind.* 2022, comm. 12, note J. Larrieu.
20. Soc. 6 sept. 2023, n° 22-13.783, *JCP S* 2023. 1276, note B. Bossu.

À côté du principe de loyauté, qui innerve le droit à la preuve, la Cour de cassation s'est encore attachée à protéger la vie privée du salarié.

B. VIE PRIVÉE

En contrôlant l'activité de ses salariés, l'employeur peut porter atteinte à leur vie privée. La solution se conçoit aisément lorsque, en raison de la géolocalisation du véhicule, l'employeur peut à tout moment prendre connaissance de la position géographique de son subordonné. Mais il y a aussi une vie privée dans les locaux de l'entreprise. Dans la très célèbre affaire *Nikon* du 2 octobre 2001, la chambre sociale a décidé que « le salarié a droit, même au temps et au lieu de travail, au respect de l'intimité de sa vie privée ; que celle-ci implique en particulier le secret des correspondances[21] ».

À partir de là se posent deux questions. Que recouvre la notion de vie privée ? Quelles limites peut-on apporter à celle-ci ?

Pour cerner le champ d'application de la vie privée, il convient de se demander si le fait commis par le salarié se rattache à sa vie personnelle ou à sa vie professionnelle. – Et, en matière de TIC, un principe guide la jurisprudence : tous les outils appartenant à l'entreprise (ordinateur professionnel, clé USB de l'entreprise...) sont présumés être utilisés à des fins professionnelles[22]. En conséquence l'employeur peut librement accéder au contenu de l'ordinateur professionnel ou encore consulter la messagerie professionnelle. Toutefois, le salarié peut décider, par un titrage pertinent, comme par exemple « personnel » ou « confidentiel » de rattacher certains éléments à sa vie privée. L'ordinateur professionnel peut ainsi comprendre des fichiers intitulés « personnel » ; un message figurant dans la boîte mail professionnelle peut comporter la même mention. Dans ce cas, sauf circonstances exceptionnelles, l'employeur ne peut avoir accès aux éléments précités qu'en présence du salarié ou celui-ci dûment appelé[23]. En revanche, comme le message provenant de la messagerie personnelle du salarié est couvert par le secret des correspondances, l'employeur ne peut s'en prévaloir[24].

Dès lors que l'employeur a accédé au contenu du fichier ou du courriel en respectant les règles précitées, il ne peut pas forcément l'utiliser sur le plan disciplinaire[25]. En effet, le contenu du fichier ou du message peut se rattacher à la vie personnelle et non professionnelle du salarié : correspondance amoureuse entre deux salariés, photos de vacances... Au contraire si le contenu se rattache à la vie professionnelle, le salarié pourra être sanctionné sous réserve de caractériser une faute disciplinaire : propos injurieux à l'encontre

21. Soc. 2 oct. 2001, n° 99-42.942, *Dr. soc.* 2001. 920, note J.-E. Ray.
22. Soc. n° 04-48.025 et n° 04-47.400, *JCP S* 2006. 1946, note J.-Y. Frouin.
23. Soc. 17 mai 2005, n° 03-40.017, *Dr. soc.* 2005. 789, note J.-E. Ray.
24. Soc. 26 janv. 2016, n° 14-15.360, *JCP S* 2016. 1087, note B. Bossu.
25. Soc. 5 juill. 2011, n° 10-17.284, *JCP S* 2011. 1501, note B. Bossu.

du supérieur hiérarchique[26], transmission d'information confidentielle à des tiers... De même, lorsqu'un salarié utilise pendant son temps de travail son ordinateur à des fins personnelles, l'employeur ne pourra le sanctionner que si un abus est caractérisé[27].

À côté de la difficulté à caractériser précisément la notion de vie privée, il convient de se demander si celle-ci peut faire l'objet de restrictions. – En vertu de l'article L. 1121-1 du Code du travail, nul ne peut apporter aux droits des personnes et aux libertés individuelles et collectives de restrictions qui ne seraient pas justifiées par la nature de la tâche à accomplir ni proportionnées au but recherché. Le principe est donc d'abord celui du respect des droits et libertés et en particulier de la vie privée. Par exception, des restrictions peuvent être apportées à la vie privée si elles sont justifiées par la nature de la tâche à accomplir et proportionnées au but recherché.

S'agissant de la justification, on peut penser que l'emploi occupé par le salarié légitime les restrictions apportées à sa vie privée puisque l'employeur tire de son pouvoir de direction le droit de surveiller son subordonné. En pratique, pour justifier un dispositif spécifique de surveillance, l'employeur va invoquer une exigence de surveillance renforcée, un risque particulier de vol ou encore la surveillance d'un poste de travail dangereux[28]. La Cnil a ainsi décidé, dans une délibération en date du 4 juin 2015, qu'un dispositif de géolocalisation peut être justifié par la sûreté ou la sécurité de l'employé lui-même ou des marchandises dont il a la charge (travail effectué notamment dans une zone dangereuse)[29].

Quant à la proportionnalité, elle suppose d'abord de respecter une juste mesure entre le contrôle de l'activité des salariés justifié par la préservation des intérêts de l'entreprise et la considération de la personne au travail. Est ainsi excessive, la surveillance constante d'un salarié par une caméra[30]. Le contrôle de proportionnalité repose ensuite sur un critère de nécessité : il faut vérifier l'impossibilité pour l'employeur d'atteindre l'objectif poursuivi avec un moyen moins attentatoire aux droits et libertés. La Cour de cassation a par exemple décidé qu'un système de géolocalisation mis en place pour assurer le contrôle de la durée du travail n'est pas licite lorsque ce dernier peut être assuré par un autre moyen (système autodéclaratif, enquête par un responsable...)[31].

Au terme de cette première, il apparaît que la Cour de cassation a construit une jurisprudence équilibrée permettant un contrôle de l'activité du salarié

---

26. Soc. 2 févr. 2011, n° 09-47.449, *JCP S* 2011. 1274, note A. Martinon.
27. Soc. 8 déc. 2009, n° 08-42.097, *RDT* 2010. 235, note Y. Leroy.
28. C. Féral-Schuhl, *Cyberdroit. Le droit à l'épreuve de l'internet*, 8e éd., coll. « Praxis Dalloz », 2020-2021, n° 122.85.
29. CNIL, délib. 4 juin 2015.
30. CNIL, délib. n° 2009-201, 16 avr. 2009, *Dr. ouvrier* 2010. 81, note M. Grévy.
31. Soc. 3 nov. 2011, n° 10-18.036, *RDT* 2012. 156, note B. Bossu et T. Morgenroth.

respectueux de la personne au travail. Mais, au nom de l'exigence de la vérité, le principe de loyauté et le respect de la vie privée vont être progressivement affaiblis.

II. L'AFFAIBLISSEMENT DES PRINCIPES GOUVERNANT LE CONTRÔLE DE L'ACTIVITÉ

Au nom du droit à la preuve la « vie privée » subit de nombreux assauts, elle n'est plus aujourd'hui une forteresse imprenable. L'exigence de la vérité permet encore de comprendre le recul du principe de loyauté dans l'administration de la preuve.

A. LE RECUL DE LA VIE PRIVÉE

Peut-on remettre en cause le droit à la vie privée au nom du droit à la preuve? Depuis de nombreuses années, la chambre sociale de la Cour de cassation décide que l'employeur peut, en s'appuyant sur l'article 145 du Code de procédure civile, demander au juge l'autorisation d'accéder à certaines données relevant de la vie privée du salarié. En vertu du texte précité, « s'il existe un motif légitime de conserver ou d'établir avant tout procès la preuve de faits dont pourrait dépendre la solution d'un litige, les mesures d'instruction légalement admissibles peuvent être ordonnées à la demande de tout intéressé, sur requête ou en référé ». C'est pourquoi, la Cour de cassation décide que « le respect de la vie personnelle ne constitue pas en lui-même un obstacle à l'application de l'article 145 du Code de procédure civile dès lors que le juge constate que les mesures qu'il ordonne procèdent d'un motif légitime et sont nécessaires à la protection des droits de la partie qui les a sollicitées[32] ». L'employeur peut ainsi avoir intérêt à accéder au contenu de l'ensemble de l'ordinateur d'un salarié dès lors qu'il a des raisons légitimes de craindre des actes de concurrence déloyale[33].

Mais le débat ne porte plus aujourd'hui sur la possibilité de saisir le juge sur le fondement de l'article 145 du Code de procédure civile. La question est désormais celle de savoir si un employeur peut, en l'absence de saisine préalable du juge, prouver le comportement fautif du salarié en s'appuyant sur une preuve qui porte atteinte à la vie privée[34]. En d'autres termes, en cas de contentieux, le juge prud'homal doit-il systématiquement écarter tout élément de preuve qui remet en cause la vie privée du salarié? La chambre

32. Soc. 23 mai 2007, n° 05-17.818, *RJS* 8-9/07, n° 909.
33. Soc. 10 juin 2008, n° 06-19.229, *RJS* 8-9/08, n° 866.
34. B. Alix, « Le droit à la preuve de l'employeur et le droit au respect de la vie privée du salarié. Deux droits apparemment incompatibles qui ne cessent pourtant de cohabiter grâce à l'exercice d'équilibriste opéré par la Cour de cassation », *RJS* 7/21, p. 549, n° 12.

sociale de la Cour de cassation a commencé à évoluer le 9 novembre 2016 en décidant que le droit à la preuve peut justifier la production d'éléments portant atteinte à la vie personnelle d'un salarié à la condition que cette production soit nécessaire à l'exercice de ce droit et que l'atteinte soit proportionnée au but recherché[35]. On retiendra de cette décision que le droit à la preuve peut être mis en balance avec le droit à une vie personnelle et que ce dernier peut s'effacer dès lors que certaines conditions sont réunies. Pour justifier cette évolution jurisprudentielle, la chambre sociale de la Cour de cassation s'appuie sur la jurisprudence de la Cour européenne des droits de l'homme qui a déduit de l'article 6, § 1, sur le droit à un procès équitable, un véritable droit à la preuve qui peut être confronté avec les autres droits fondamentaux. À titre d'illustration, on peut citer l'arrêt *Lopez Ribalda* rendu par la Cour européenne le 17 octobre 2019[36]. Dans cette affaire, plusieurs caissières d'un supermarché ont été licenciées pour motif disciplinaire après avoir été filmées à leur insu par leur employeur. Peut-on s'appuyer sur le film litigieux pour prouver les faits commis par les salariées? Selon la Cour européenne, il convient de mettre en balance le droit au respect de la vie privée et l'intérêt pour l'employeur « d'assurer la protection de ses biens et le bon fonctionnement de l'entreprise ».

Plusieurs décisions récentes de la Cour de cassation s'inscrivent dans cette perspective. Dans l'arrêt *« Petit Bateau »* en date du 30 septembre 2020, la Cour de cassation décide que si la production en justice de la photographie extraite du compte privé Facebook d'un salarié porte atteinte à sa vie privée, la démarche de l'employeur peut néanmoins être justifiée dès lors qu'elle est indispensable à l'exercice du droit à la preuve et que l'atteinte apportée à la vie privée est proportionnée au but recherché[37]. On retrouve une solution identique dans un arrêt en date du 25 novembre 2020[38]. Dans cette dernière affaire, l'employeur a pu identifier l'auteur de messages litigieux grâce à son adresse IP qui constitue une donnée à caractère personnel car elle permet d'identifier indirectement une personne physique.

Reste alors à préciser à quelles conditions le droit à la preuve peut justifier la production d'éléments portant atteinte à la vie privée d'un salarié. – Plusieurs arrêts rendus par la chambre sociale de la Cour de cassation le 8 mars 2023 expliquent la méthodologie à suivre[39].

---

35. Soc. 9 nov. 2016, n° 15-10.203, *Dr. soc.* 2017. 89, note J. Mouly, *RDT* 2017. 134, note B. Géniaut.
36. CEDH 17 oct. 2019, n°s 1874/13 et 8567/13, *RDT* 2020. 122, note B. Dabosville, *Dr. ouvrier* 2021. 39, note M. Bonnechère.
37. Soc. 30 sept. 2020, n° 19-12.058, *Dr. soc.* 2021. 14, note P. Adam, *JCP S* 2020. 3042, avis A. Berriat, note G. Loiseau, *D.* 2020. 2312, note S. Vernac, *D.* 2020. 2383, note C. Golhen, *Dr. ouvrier* 2020. 793, note O. Leclerc.
38. Soc. 25 nov. 2020, n° 17-19.523, *JCP* 2021. 159, note B. Bossu.
39. Soc. 8 mars 2023, n° 21-20.798, n° 21-17.802 et n° 20-21.848, *RJS* 5/23 n° 235.

Les décisions commencent par rappeler qu'« en application des articles 6 et 8 de la Convention de sauvegarde des droits de l'homme et des libertés fondamentales, l'illicéité d'un moyen de preuve, [...], n'entraîne pas nécessairement son rejet des débats, le juge devant apprécier, lorsque cela lui est demandé, si l'utilisation de cette preuve a porté atteinte au caractère équitable de la procédure dans son ensemble, en mettant en balance le droit au respect de la vie personnelle du salarié et le droit à la preuve, lequel peut justifier la production d'éléments portant atteinte à la vie personnelle du salarié à la condition que cette production soit indispensable à l'exercice de ce droit et que l'atteinte soit strictement proportionnée au but poursuivi ». À partir de là, trois étapes doivent être respectées par les juges du fond en présence d'un moyen de preuve illicite.

Dans un premier temps, le juge doit s'interroger sur la *légitimité du contrôle* opéré par l'employeur et vérifier les raisons concrètes permettant de justifier la surveillance et l'ampleur de celle-ci. L'atteinte à la vie privée doit donc répondre à une finalité légitime qu'il appartient au juge de contrôler. Dans l'arrêt précité du 30 septembre 2020 relatif à l'utilisation d'une photo qui se trouvait dans un compte privé Facebook, il a ainsi été décidé que l'employeur pouvait légitimement chercher à défendre la confidentialité de ses affaires. Il y avait, en raison du comportement de la salariée, un risque de divulgation de la future collection de mode[40]. On peut encore penser qu'en présence d'un risque sérieux d'atteinte à la sécurité des personnes, ce premier critère est rempli. La Cour de cassation a ainsi considéré que la production de photographies extraites du compte Messenger d'une infirmière était indispensable pour garantir l'intérêt légitime de l'employeur à la protection des patients confiés aux soins des infirmières employées dans son établissement[41]. La chambre sociale de la Cour de cassation a encore décidé que le droit pour une entreprise de veiller à la protection de ses biens peut justifier le recours à un dispositif de vidéosurveillance clandestin[42]. Il faut bien évidemment veiller à ne pas admettre de façon trop large la notion de « motifs légitimes », sauf à remettre en cause la vie privée du salarié. Pour une partie de la doctrine, il serait ainsi malvenu d'admettre comme cause de justification de l'atteinte à la vie privée la protection de l'image de l'entreprise[43].

À côté de la légitimité du motif, la Cour de cassation demande ensuite au juge de rechercher *si l'employeur ne pouvait pas atteindre un résultat identique en utilisant d'autres moyens* plus respectueux de la vie personnelle. La production d'éléments attentatoires à la vie privée doit être indispensable à l'exercice du droit à la preuve. Dans l'un des arrêts rendus le 8 mars 2023[44], elle reproche ainsi à la cour d'appel d'avoir déclaré sans cause réelle et sérieuse

40. Soc. 30 sept. 2020, n° 19-12.058, préc.
41. Soc. 4 oct. 2023, n° 21-25.452, *RJS* 12/23, n° 612.
42. Soc. 14 févr. 2024, n° 22-23.073, *JCP S* 2024. 1123, note S. Brissy.
43. S. Vernac, note ss Soc. 30 sept. 2020, n° 19-12.058, *D.* 2020. 2312.
44. Soc. 8 mars 2023, n° 21-20.798.

le licenciement du salarié fondé sur des relevés de badgeages illicites, alors qu'elle aurait dû vérifier si la preuve litigieuse n'était pas indispensable à l'exercice du droit à la preuve de l'employeur. Dans cette affaire, le système de badgeage avait été présenté comme ayant pour seule finalité le contrôle de l'accès aux locaux et au parking alors que le dispositif mis en place était aussi utilisé pour contrôler l'activité des salariés. Dans un autre arrêt, également rendu le 8 mars 2023[45], une salariée a été embauchée en 2007 comme prothésiste ongulaire dans un bar à ongles. Après avoir fait réaliser un audit en 2013, l'employeur la soupçonne de commettre des vols. En conséquence, il met en place un système de vidéosurveillance sans information préalable de la salariée. La Cour de cassation en déduit que la production des enregistrements litigieux n'était pas indispensable à l'exercice du droit à la preuve puisque l'employeur disposait d'un autre moyen de preuve plus respectueux de la vie personnelle du salarié : les résultats de l'audit.

Un troisième critère est enfin offert par la Cour de cassation au juge : *il doit apprécier le caractère proportionné de l'atteinte portée à la vie privée au regard du but poursuivi*. En d'autres termes, on doit s'assurer que l'atteinte portée à la vie privée est aussi mesurée que possible. Ainsi, dans l'arrêt précité du 30 septembre 2020, la Cour de cassation relève que « l'employeur s'était borné à produire la photographie de la future collection de la société publiée par l'intéressée sur son compte Facebook[46] ». Comme l'employeur n'a pas produit tout le contenu de la page Facebook de la salariée, le principe de proportionnalité a bien été respecté.

On retiendra de cette jurisprudence que si un employeur invoque devant le juge une preuve illicite car attentatoire à la vie privée du salarié, celle-ci est recevable lorsque les trois conditions que l'on vient d'examiner sont réunies. Mais encore faut-il que l'employeur demande au juge d'apprécier la preuve illicite. Dans un troisième arrêt, également rendu le 8 mars 2023[47], la Cour de cassation décide, pour la première fois à notre connaissance, que l'employeur doit soutenir devant le juge que le rejet de la preuve illicite pouvait porter atteinte au caractère équitable de la procédure dans son ensemble. Dans cette affaire, un conducteur de bus avait été licencié pour faute grave car il avait téléphoné au volant et fumé dans son véhicule. Pour établir la faute de l'intéressé, l'employeur avait remis aux services de police, en violation de la charte en vigueur dans l'entreprise, les bandes du système d'enregistrement équipant ces véhicules. Mais comme l'employeur n'avait pas sollicité l'examen de la preuve illicite, le juge n'était pas tenu de procéder à cette recherche.

Que faut-il penser de cette évolution jurisprudentielle? La doctrine est partagée sur cette évolution qui remet sensiblement en cause le droit à la vie

45. Soc. 8 mars 2023, n° 21-17.802.
46. Soc. 30 sept. 2020, n° 19-12.058, préc.
47. Soc. 8 mars 2023, n° 20-21.848.

privée[48]. Par ailleurs, l'insécurité juridique s'accroît car le principe de proportionnalité étant d'un maniement délicat, le risque d'arbitraire du juge n'est pas à écarter[49].

B. LE RECUL DE LA LOYAUTÉ

Le principe de loyauté a pendant longtemps résisté aux assauts de ceux qui souhaitent libéraliser largement la preuve en droit du travail. Mais l'assemblée plénière de la Cour de cassation a décidé le 22 décembre 2023 de ne plus faire de la loyauté un principe infranchissable[50]. Comment expliquer ce revirement ?

Le débat est d'abord doctrinal. Selon certains auteurs, la jurisprudence de la Cour de cassation pouvait être perçue comme un encouragement à la déloyauté du salarié et le droit ne peut pas se satisfaire d'une réalité tronquée[51]. En d'autres termes, l'exigence de vérité commanderait d'admettre une preuve obtenue de façon déloyale. On notera que dans la décision précitée, outre la jurisprudence de la Cour européenne des droits de l'homme, l'assemblée plénière s'appuie expressément sur la doctrine pour justifier le changement de sa jurisprudence.

Avant l'arrêt de revirement du 22 décembre 2023, le principe de loyauté dans l'administration de la preuve était déjà en recul depuis de nombreux mois[52]. Ce constat s'explique par la volonté de la chambre sociale de la Cour de cassation de retenir une conception très restrictive de la notion de loyauté. À titre d'illustration, on peut s'arrêter sur un arrêt rendu par la Cour de cassation le 17 mars 2021[53]. Dans cette affaire, après un signalement de faits pouvant relever de la qualification de harcèlement moral, l'employeur confie une mission d'audit et d'enquête à une entreprise extérieure spécialisée en prévention des risques psychosociaux. Sur la base de son rapport, la salariée est licenciée pour faute grave. Pour la cour d'appel, comme la salariée n'a pas été entendue ou informée dans le cadre de l'enquête, le compte rendu réalisé par l'entreprise extérieure doit être écarté des débats

48. J. Mouly, « La production en justice de la photographie de documents consultés sur le fondement de l'article L. 3171-2, alinéa 2 du Code du travail : vie privée versus droit à la preuve », *Dr. soc.* 2017. 89 ; B. Bossu, « Surveillance du salarié au travail : une protection en recul », *Lexbase Hebdo éd. sociale*, 24 juin 2021, n° 870, Lexbase n° N8026BYW.

49. J. Hauser, « L'atteinte à la vie privée et les proportionnalités : l'épidémie de relativisme », *RTD civ.* 2017. 96 ; B. Géniaut, « Droit à la preuve, vie personnelle et principe de proportionnalité », *RDT* 2017. 134 ; P. Bailly, « Variations sur l'administration de la preuve dans le contentieux du travail », *RJS* 3/22, p. 191.

50. Cass., ass. plén., 22 déc. 2023, n° 20-20.648, *JCP S* 2024. 1028, note S. Brissy, *Dr. soc.* 2024. 293, note C. Radé.

51. J. Raynaud, préc.

52. P. Adam, « La loyauté *vs* le droit à la preuve : une descente dans le maelström », *RDT* 2023. 163.

53. Soc. 17 mars 2021, n° 18-25.597, *JCP S* 2021. 1148, note C. Leborgne-Ingelaere.

car il s'agit d'une preuve obtenue de façon déloyale. L'arrêt est censuré par la Cour de cassation au motif que l'enquête « ne constitue pas une preuve déloyale comme issue d'un procédé clandestin de surveillance de l'activité du salarié ». On peut ne pas être convaincu par cette solution d'une grande sécheresse, d'autant plus que la Cour de cassation avait décidé, dans un arrêt en date du 28 février 2018, que la réalisation d'un audit ne constitue pas une preuve illicite dès lors que « le cabinet d'audit avait répondu à toutes les contestations émises par la salariée dans son rapport définitif, ce dont il résultait qu'elle n'avait pas été mise à l'écart de la mesure d'expertise destinée à contrôler son activité[54] ».

La Cour de cassation a encore considéré dans l'affaire « Petit Bateau » du 30 septembre 2020 que si un salarié communique spontanément à l'employeur une copie d'écran d'une publication figurant sur le compte Facebook d'un collègue, il n'y a pas déloyauté car l'employeur n'a pas utilisé de ruses et de stratagèmes[55]. En d'autres termes, dès lors qu'un élément de preuve est remis spontanément à un employeur par un salarié, la déloyauté n'est pas caractérisée. On ne peut pas être complètement à l'aise avec ce raisonnement car il peut y avoir des stratégies cachées et impossibles à démontrer. On songe en particulier à l'employeur qui demande verbalement à un salarié de collecter des informations sur ces collègues. Par ailleurs, même si l'employeur n'a pas effectué une telle démarche, doit-on considérer qu'il est nécessairement de bonne foi s'il utilise un document qui peut se rattacher à la vie privée d'une personne? La déloyauté pourrait trouver sa cause dans le fait que l'auteur du courriel n'aurait peut-être pas écrit ce message s'il avait su qu'il serait communiqué à l'employeur. Sa volonté a été en quelque sorte trahie par celui qui produit le courrier. La question a notamment été au cœur d'une décision rendue par la cour d'appel de Paris le 17 novembre 2020[56]. Dans cette affaire, alors qu'un salarié avait pris des congés, l'intérimaire chargé de le remplacer a utilisé son poste informatique. Il s'est notamment connecté au compte Facebook du salarié absent qui n'avait pas été fermé et a pris connaissance d'une conversation. Cette dernière laissait entendre que la promotion dont avait bénéficié l'intérimaire était liée à son orientation sexuelle et à celle de son supérieur. Suite à la transmission par l'intérimaire du message à l'employeur, le salarié absent a été licencié pour faute grave. Pour la cour d'appel, « ce procédé d'obtention de la preuve était déloyal et illicite, peu important que l'employeur n'ait pas personnellement cherché à prendre connaissance de cette conversation ou n'ait pas consulté directement le compte litigieux ». Dans le cadre de son pourvoi, l'employeur faisait valoir qu'il n'avait pas méconnu le principe de loyauté dans l'administration de la preuve car il n'avait utilisé aucun stratagème. L'assemblée plénière de la

54. Soc. 28 févr. 2018, n° 16-19.934, *RJS* 2018, n° 310.
55. Soc. 30 sept. 2020, n° 19-12.058, préc.
56. Paris, 17 nov. 2020, n° 18/10574.

Cour de cassation décide que les motifs de l'arrêt d'appel sont « justement critiqués », elle rejette néanmoins le pourvoi en procédant à une substitution de motifs : « un motif tiré de la vie personnelle ne peut justifier, en principe, un licenciement disciplinaire, sauf s'il constitue un manquement de l'intéressé à une obligation découlant de son contrat de travail ». Et, « une conversation privée qui n'était pas destinée à être rendue publique » ne peut caractériser un manquement du salarié à ses obligations contractuelles[57]. On retiendra de cette décision que la Cour de cassation semble finalement retenir une conception particulièrement restrictive et discutable de la loyauté. Selon la haute juridiction, la motivation de la cour d'appel est justement critiquée par le pourvoi qui faisait valoir l'absence de déloyauté car l'employeur n'avait pas usé d'un stratagème quelconque dans l'obtention de la conversation.

À supposer que la preuve soit effectivement analysée comme déloyale, peut-on néanmoins la déclarer recevable au nom du droit à la preuve ? En d'autres termes, faut-il mettre en balance le droit à la preuve et le principe de loyauté de la preuve ? La loyauté probatoire est-elle un obstacle infranchissable à la mise en œuvre du droit à la preuve ? Selon une partie de la doctrine[58], l'affaiblissement de la loyauté, au-delà de l'atteinte aux intérêts privés, remettrait en cause la crédibilité même de la justice. Au contraire, d'autres auteurs considèrent qu'il est indispensable de faire prévaloir l'impératif de vérité en mettant en balance le droit à la preuve, et donc la recevabilité des enregistrements clandestins, avec la loyauté probatoire[59].

Le débat a été tranché par l'assemblée plénière de la Cour de cassation le 22 décembre 2023. Dans cette affaire, pour prouver la faute grave d'un salarié, un employeur a produit devant le juge plusieurs enregistrements sonores réalisés de façon clandestine à l'occasion de deux entretiens. Le salarié a alors invoqué l'irrecevabilité des retranscriptions de l'entretien en raison de leur déloyauté. La cour d'appel d'Orléans[60] partage le constat du salarié et refuse de mettre en œuvre le droit à la preuve. Par arrêt du 1er février 2023, la chambre sociale de la Cour de cassation a ordonné le renvoi de l'affaire devant l'assemblée plénière[61]. Procédant à un revirement de jurisprudence, celle-ci décide qu'une preuve illicite ou déloyale ne doit plus nécessairement être écartée des débats[62]. « Le juge doit, lorsque cela lui est demandé, apprécier si une telle preuve porte une atteinte au caractère équitable de la procédure dans son ensemble, en mettant en balance le droit à la preuve et les droits antinomiques en présence, le droit à la

57. Cass., ass. plén., 22 déc. 2023, n° 21-11.330, *JCP S* 2024. 1031, note B. Bossu, Dr. soc. 2024. 293, note C. Radé ; Soc. 6 mars 2024, n° 22-11.016, *Dr. soc.* 2024. 713, note J. Mouly.
58. Sur le débat doctrinal v. H. Fulchiron, rapport Cass., ass. plén., 22 déc. 2023, pt 4.3.6 du rapport, publié sur le site internet de la Cour de cassation.
59. J. Raynaud, préc.
60. Orléans, 28 juill. 2020, n° 18/00226.
61. Soc. 1er févr. 2023, n° 20-20.648.
62. Cass., ass. plén., 22 déc. 2023, n° 20-20.668, *JCP S* 2024. 1028, note S. Brissy.

preuve pouvant justifier la production d'éléments portant atteinte à d'autres droits à condition que cette production soit indispensable à son exercice et que l'atteinte soit strictement proportionnée au but poursuivi. » L'assemblée plénière décide donc d'abandonner la différence de régime entre la preuve illicite (qui porte atteinte à la vie privée) et la preuve déloyale. La recherche de la vérité pourra toujours se traduire par une mise en balance de la preuve litigieuse avec d'autres droits.

Au terme de cette étude, il apparaît que le juge a essayé de trouver un équilibre entre le pouvoir de direction de l'employeur et la protection des droits de la personne au travail. Mais l'équilibre est un oiseau rare en droit du travail et on peut avoir le sentiment que le respect de la vie privée et le principe de loyauté sont aujourd'hui en partie remis en cause par le droit à la preuve. Cette évolution, commandée par l'exigence de vérité, conduit nécessairement à s'interroger sur la qualité de vie au travail. Est-il vraiment souhaitable d'avoir une entreprise où chacun peut être surveillé de façon clandestine ? Il n'est pas non plus certain que le bien-être au travail soit renforcé si un salarié, se sentant investi d'une mission de « justicier », communique spontanément à l'employeur des éléments touchant la vie privée d'un salarié, même s'ils peuvent constituer une faute disciplinaire.

La surveillance par géolocalisation : du gain informationnel à la fabrique de la preuve

YANN BRUNA

Maître de conférences de sociologie à l'Université Paris-Nanterre, Sophiapol – Laboratoire de sociologie, philosophie et anthropologie politiques

Lors des deux dernières décennies, les recherches relatives à la surveillance en contexte numérique se sont multipliées, et concernent prioritairement la surveillance gouvernementale, la marchandisation de la surveillance par les responsables de traitement et notamment les *data brokers* ou encore la surveillance employeur-employé dans le secteur professionnel. Néanmoins, certaines formes de surveillance pensées comme plus « latérales[1] » sont peu explorées par le champ de *surveillance studies*. Par exemple, les études empiriques centrées sur les modalités, motivations et enjeux sociaux de la surveillance interindividuelle restent nettement sous-représentées. Si cette « surveillance sociale » n'est certes aucunement nouvelle, les possibilités d'une collecte informationnelle sur autrui sont aujourd'hui bien plus diversifiées et intrusives à l'ère numérique, d'autant qu'elles sont désormais portées par des choix de design qui mettent les vérifications de présence au premier plan au sein des plateformes communicationnelles. Quelques recherches récentes, francophones pour certaines, explorent progressivement ces pratiques surveillancielles spécifiques, par exemple au prisme de la parentalité. La surveillance interindividuelle serait, entre autres, justifiée par une volonté parentale de transparence face à l'opacité des usages numériques des enfants[2], par une recherche de sécurité qui amène jusqu'à leur géolocalisation en temps

1. M. Andrejevic, *ISpy: Surveillance and Power in the Interactive Era*, University Press of Kansas, 2007.

2. B. Havard Duclos et D. Pasquier, « Faire famille avec Internet. Une enquête auprès de mères de milieux populaires », *Enfances Familles Générations* 2018, 31 [https://doi.org/10.7202/1061779ar].

réel[3] ou par la volonté de vérifier la correspondance entre le discours de l'enfant et ce qui est effectivement *révélé* par l'outil, concernant par exemple ses résultats scolaires ou encore sa position géographique[4]. Il ressort de cette littérature que l'utilisation de plateformes communicationnelles ou de dispositifs spécifiquement destinés à surveiller l'autre (tels que FindMyKids, FamilyLink ou encore Zenly et la Snapmap de Snapchat pour les adolescents) gratifient les individus de nouvelles connaissances relatives aux activités en ligne comme hors ligne de leurs pairs et de leurs proches.

Parmi les traces numériques ainsi collectées, la position géographique est généralement perçue comme une des plus intrusives, en ce qu'elle peut rendre visible à son insu l'adresse de l'individu géolocalisé tout comme révéler ses déplacements et activités ordinaires. Mais, au-delà des motivations derrière cette collecte informationnelle intensive, il reste surtout à comprendre comment cette information nouvellement acquise peut se trouver exploitée par la suite et possiblement jouer un rôle sur les relations interindividuelles. En explorant les pratiques de surveillance par géolocalisation dans le contexte parents-enfants, d'une part, puis parmi les adolescents entre eux, d'autre part, nous souhaitons observer à la fois dans quel contexte et à quelles conditions la collecte de la position géographique des pairs ou des proches peut être utilisée comme *preuve*, et quelles peuvent être les conséquences sociales d'une telle exploitation. Ce questionnement nécessite à la fois de penser l'hétérogénéité des pratiques ainsi que leurs finalités (s'agit-il seulement de *surveiller pour prouver*?), auprès d'individus de différents genres, tranches d'âges et origines sociales.

Méthodologie

Pour cela, cette recherche s'appuie sur deux enquêtes qualitatives réalisées en 2017 et 2022, relatives à la surveillance interindividuelle par géolocalisation dans deux contextes distincts. La première enquête concerne la surveillance par géolocalisation des enfants et adolescents par leurs parents et s'appuie sur un échantillon qualitatif de 18 entretiens semi-directifs effectués en face-à-face auprès de 10 jeunes géolocalisés par leurs parents âgés de 11 à 18 ans, d'une part, et de 8 parents ayant déclaré géolocaliser leurs enfants, d'autre part. La seconde enquête concerne la surveillance par géolocalisation des adolescents entre eux, et présente pour objectif d'identifier des pratiques juvéniles de suivi de la position géographique des pairs et les enjeux relationnels qui peuvent

3. J. Mavoa, S. Coghlan et B. Nansen, « "It's About Safety Not Snooping": Parental Attitudes to Child Tracking Technologies and Geolocation Data », *Surveillance and Society* 2023, 21 [https://doi.org/10.24908/ss.v21i1.15719].
4. Y. Bruna, « Usages et enjeux de la géolocalisation dans le contexte de la surveillance parentale », *Tic&société* 2022, 15(1-2), p. 127-159 [https://doi.org/10.4000/ticetsociete.6532].

découler de ces pratiques. Cette enquête s'appuie également sur une méthodologie qualitative par entretiens individuels, menés auprès de jeunes utilisateurs urbains de géolocalisation sociale. Dans un premier temps, nous avons interrogé 17 adolescents français âgés de 12 à 18 ans entre janvier et mai 2018. Ces entretiens ont été complétés par un nouveau volet qualitatif, achevé en avril 2022, auprès de 10 adolescents français supplémentaires entre 15 et 18 ans qui ont déclaré utiliser régulièrement la fonction de géolocalisation sur Snapchat.

L'analyse des discours recueillis dans les deux enquêtes montre que la connaissance de la position géographique peut être perçue comme *révélatrice* à plusieurs égards. Dans un premier temps, cette trace numérique s'inscrit dans la continuité de multiples vérifications de présence (confirmation de lecture d'un message, notification de capture d'écran d'un contenu, etc.) qui sont elles-mêmes souvent utilisées à des fins probatoires. Ainsi exploitée, la géolocalisation *révèlerait* un mensonge dans une situation de non-conformité entre une position déclarée et celle qui est affichée à l'écran (de possibles infidélités amicales et sentimentales). Dans un second temps, la collecte régulière de la géolocalisation permet d'estimer le degré de sédentarité (est-ce qu'il/elle bouge peu de chez lui/elle? jusqu'à quelle distance? combien de temps?) et de popularité (est-il ou elle souvent en soirée? seul.e? avec qui?) de l'individu tracé. En ce sens, qu'il s'agisse invariablement d'une surveillance parents-enfants ou entre pairs, la fréquence et la précision de la collecte de la donnée de localisation autorisent un cadrage spatial, temporel mais aussi social des activités d'un individu. Il est d'ailleurs à noter que la géolocalisation n'est pas à isoler d'autres formes de traçage de l'autre, mais s'accompagne le plus souvent d'une grande diversité de possibilités surveillancielles, parfois au sein de la même application. Les jeunes interrogés font ainsi ressortir que les applications de géolocalisation des pairs qu'ils utilisent, tels que Zenly ou la Snapmap, proposent une double vérification de présence, en ce qu'elles communiquent à la fois des informations liées aux territoires physiques, mais aussi numériques fréquentés par les adolescents. Cela témoigne d'un rapprochement, voire d'une hybridation (de Souza et Silva, 2006) toujours plus forte de ces espaces : « C'est pas toujours facile d'intérioriser, c'est vrai que sur la map quand je vois que des potes étaient connectés il y a 5 minutes alors que je leur ai envoyé un message il y a un quart d'heure et que j'attends encore la réponse, ça me fait bouillir. Mais bon, je vais rien leur dire sinon ça leur donne de l'importance (rires) », explique Émilie. Louane ajoute : « Une fois on m'a fait le coup du "je te laisse j'ai plus de batterie" donc oui je regarde quand même la map et là je vois 18 % je me dis "ah d'accord tu raccroches avec 18 % genre tu vas les perdre en 2 minutes", donc on s'est embrouillées ». Cette cartographie de la présence hors-ligne des jeunes, qui se double donc d'un apport informationnel relatif à leur présence en ligne, peut parfois engendrer des tensions qui se poursuivent en dehors des espaces numériques dans lesquels elles prennent leur source. Ici, le recours immédiat de Louane à la carte pour vérifier un pourcentage de batterie restant montre que la jeune fille est bien consciente que l'outil n'est pas seulement utile pour surveiller une présence ou une activité, en ligne comme hors ligne.

Les résultats sont similaires du côté des parents interrogés, dont une majorité estime ne pas vouloir se montrer trop intrusive dans le relevé de la localisation des enfants. Les dispositifs de « contrôle parental », tels qu'ils sont habituellement nommés, regroupent de multiples fonctionnalités liées à la surveillance (consultation d'un historique ou de contenus, vérification des applications installées, etc.). Dans leur discours, les parents de notre enquête expliquent que le suivi de la position géographique ne s'effectue le plus souvent que si l'enfant ne répond pas à un appel ou une sollicitation : cette modalité de surveillance n'est pas systématique et traduit un « dernier recours », lorsque l'exigence parentale de « joignabilité » rattachée à l'outil smartphone ne se trouve pas comblée. Mohamed, cadre dans le privé de 39 ans, montre par exemple qu'il se régule dans son recours à l'outil, car il explique que géolocaliser son fils est « malsain », sauf dans une situation bien précise : « s'il n'est pas rentré à l'heure prévue, qu'il ne répond pas au téléphone, voilà... Ce sont des cas où l'on commence à paniquer ». Alexandre, pâtissier de 54 ans, développe que c'est la conformité de la position géographique de l'enfant avec celle qui était attendue qui s'avère rassurante, car il vit avec « le doute de savoir si la personne va bien » et le besoin de savoir si « en fonction d'où elle [sa fille] est, c'est normal ou pas ». Pour ces raisons, il « ne supporte pas » que sa fille parvienne occasionnellement à contourner les limites qu'il impose par le biais de l'application et ressent le besoin d'en discuter avec elle si cette dernière éteint son téléphone au cours de la journée. L'importance de la donnée de localisation dans le besoin de réassurance parental lors des déplacements non accompagnés de leurs enfants est ici pleinement démontrée : pour plusieurs parents de notre enquête, perdre soudainement l'accès à cette information peut à la fois contribuer à alimenter les doutes et entraîner un besoin d'explication en face-à-face.

Dans les deux enquêtes donc, la géolocalisation est appréhendée comme une trace numérique capable de mettre à jour un mensonge ou d'en apporter la confirmation, ce qui joue un rôle sur le lien de confiance entre un géolocalisant et un géolocalisé. Si plusieurs des adolescents interrogés ont déjà vécu cette situation, nous retiendrons le témoignage de Xavier, qui ne savait pas qu'il était géolocalisé par son père quand il a manqué un cours de rattrapage pour aller retrouver un ami et jouer à des jeux vidéo. À son retour au domicile familial, il fait l'expérience d'une technologie qui ne laisse guère de place à la discussion : « [Mon père] m'a demandé si j'étais bien allé au soutien alors évidemment j'ai dit oui. Et là, il m'a sorti l'iPad pour me montrer qu'il avait vu où j'étais vraiment et qu'à 17 h, j'étais chez mon pote au lieu d'être au lycée. [...] Il m'a montré la tablette et tu ne peux rien dire contre ça, tu as tout de marqué, là où tu étais, à quelle heure... » (Xavier, 15 ans). Deux éléments ressortent de cet extrait d'entretien. D'une part, et dans la continuité de ce que nous relevions plus haut, Xavier est géolocalisé en temps réel par son père à des fins de vérification de conformité à un discours donné. Mais lorsque son père constate le décalage entre la localisation de son fils et la conformité attendue, il choisit de s'expliquer avec lui *a posteriori* au lieu d'intervenir immédiatement, par exemple en l'appelant. Cela se retrouve également dans le discours des jeunes qui se géolocalisent entre eux, mais aussi dans celui de certains adolescents de notre échantillon qui témoignent d'une mise au point en face-à-face uniquement. Ce choix de ne pas utiliser les outils numériques pour communiquer sur le mensonge et d'attendre la confrontation physique semble traduire l'importance de la situation qu'il n'est, pour les parents, pas souhaitable de régler « en ligne », alors même que les usages des outils numériques ont plutôt tendance à faire monter le niveau à partir duquel les échanges en face-à-face deviennent véritablement nécessaires. D'autre part, la gravité de la confrontation entre le père et son adolescent réside également dans le fait que la donnée objective laisse bien moins de place à la subjectivité des échanges et des discours. Pour Xavier, l'écran de la tablette – qui affiche l'historique de ses déplacements – fait figure de *preuve* et s'impose face à toute forme d'argumentation. Cette métaphore judiciaire fait ressortir la confiance accordée à la fiabilité des dispositifs numériques et à la donnée de géolocalisation en particulier : l'écran, lui, ne ment pas. Du côté de la surveillance entre jeunes, Noémie, 17 ans, décrit à son tour une situation conflictuelle liée à un oubli de désactivation du partage de sa position finalement très similaire à celle de Xavier : « Une fois j'avais raconté à une pote que j'étais chez moi, mais en vrai j'étais chez une autre pote qu'elle aimait pas du tout. Je me suis rappelé trop tard que je lui avais donné l'accès à ma map et elle a su où j'étais, et j'ai dû m'expliquer pendant je sais pas combien de temps. » Ainsi, qu'il s'agisse de la surveillance parents-enfants ou des adolescents entre eux, c'est donc prioritairement la parole des jeunes qui est questionnée à travers les usages de ces dispositifs.

Un autre résultat majeur, présent en filigrane dans les deux verbatims précédents, ressort de nos enquêtes : la difficulté du « retour en arrière » une fois que la non-conformité entre le discours et la donnée collectée a pu être établie. Étudiée au prisme d'une sociologie goffmanienne[5], cette situation sociale qui peut amener à une rupture, à la fois dans le dialogue et dans la confiance entre deux individus, aboutirait à la nécessité d'un « échange réparateur » ultérieur. Aussi la trace numérique peut-elle être utilisée contre les intérêts d'un individu, comme l'explique Anaïs, 16 ans, qui révèle pour sa part avoir été victime de cette collecte de données par son ex-petit ami : « J'étais chez moi, il voulait qu'on se voie, j'ai dit que j'étais pas dispo mais

5. E. Goffman, *La mise en scène de la vie quotidienne. Les relations en public*, Paris, Minuit, 1973.

il m'a dit "t'es chez toi donc c'est bon on peut se voir", il sait que la journée mes parents travaillent, je savais plus quoi répondre, il est venu, j'avais pas forcément envie, bon il est pas resté longtemps mais je me suis sentie piégée. Une fois qu'il a vu où je suis c'est trop tard en fait, tu peux pas revenir en arrière. » Là encore, du relevé de sa position géographique, la jeune fille semble surtout affectée par son caractère irrattrapable. Il n'est donc guère surprenant que, pour les jeunes filles de l'enquête, mais plus rarement aussi pour les jeunes garçons dans le cadre des relations sentimentales, la géolocalisation des pairs semble se traduire par une charge mentale relative à la gestion permanente des données et contenus qu'ils et elles choisissent d'exposer en ligne, ou omettent de ne plus afficher : « Parfois tu oublies la map, mais la map elle ne t'oublie pas », ironise ainsi Noémie. D'autant que la position géographique peut être collectée à tout moment, et parfois de façon singulière. Par exemple, deux garçons de l'enquête admettent avoir déjà utilisé la donnée de localisation pour acquérir des informations auprès d'adolescentes que ces dernières avaient préalablement refusé de leur transmettre, en rappelant que, selon l'heure (*i.e.* la nuit) ou les circonstances de sa collecte, la géolocalisation d'un individu peut trahir l'adresse de son domicile. C'est par exemple le cas d'Adrien, 18 ans : « Parfois c'est bien pratique, genre pendant le confinement, bon... on voit où certaines personnes habitent, forcément (rires). Après je vais pas aller sonner hein, mais je sais pas, c'est une info quoi. » De la même façon, et parce que la géolocalisation pénètre les territoires de l'intime, le recours à cette technologie affecte la fabrique du mensonge. Sans disposer d'un échantillon suffisant pour nous risquer à généraliser ce résultat, nous observons à la lumière des verbatims précédents que le partage en ligne de leur position semble nécessiter davantage de vigilance pour les filles que pour les garçons, et plus précisément encore pour les filles issues de milieux urbains défavorisés[6]. La désactivation même temporaire de la carte s'accompagne de la nécessité de se justifier, comme l'indique Océane, 18 ans : « si elle l'avait mise [sa position géographique] mais qu'elle l'enlevait de temps en temps, j'aurais des doutes oui ». De même, à la suite de certaines suspicions sur les déplacements de son petit ami, Louane, 14 ans, est à l'initiative de la demande de partage de localisation avec ce dernier, qu'elle justifiera ainsi : « Voilà, maintenant on ne peut plus se mentir. » En instituant le recours à la géolocalisation de l'autre comme une étape à part entière dans leur relation, elle démontre l'existence d'un avant et d'un après, ce qui souligne la dimension disruptive des usages sociaux d'un outil désormais gratifié du pouvoir d'arbitrer.

Pour autant, les adolescents des deux enquêtes ne vivent pas exclusivement comme une contrainte le fait d'être géolocalisés, que ce soit par leur famille

6. Y. Bruna, « La géolocalisation entre pairs à l'adolescence. Entre jeu, contrôle et vulnérabilité genrée », *Métropolitiques* 2023 [en ligne]. URL : [https://metropolitiques.eu/La-geolocalisation-entre-pairs-a-l-adolescence.html].

ou par leurs pairs. Témoignage de leur réflexivité sur les « bonnes » pratiques de ces dispositifs sociotechniques de surveillance, ils apportent de la nuance et mettent en tension des situations jugées plus ou moins avantageuses qu'ils rattachent au partage de leur position. Ainsi, pour Emma, géolocaliser et faire un retour sur les activités de l'autre, c'est aussi lui donner de l'intérêt : « D'un autre côté, c'est vrai que je trouve ça mignon, ça veut dire "tu regardes ce que je fais"... Moi je prends ça en compte aussi. » Nous relevons le même discours chez Thomas, géolocalisé par sa petite amie, qui concède qu'elle lui « Donne de l'importance » en consultant régulièrement sa position ou le moment de sa dernière connexion. Le jeune homme développe : « Sur le moment c'est pénible mais si elle ne le faisait pas... Si t'as les moyens de savoir tout ça sur une personne mais que tu les utilises pas, est-ce que cette personne n'est pas un peu secondaire au final ? » Ces tensions se retrouvent par ailleurs dans les récits de plusieurs jeunes filles de notre première enquête, qui semblent avoir intériorisé le discours parental du besoin de réassurance face aux dangers et incertitudes des déplacements non accompagnés : « C'est rassurant, mais ça dépend... il y a des fois où je voudrais être tranquille. [...] Mais parfois c'est rassurant oui parce que... voilà tu regardes les infos, il se passe toujours des trucs aberrants, au moins s'il y a un souci tes parents savent où tu es », développe Mélanie, 16 ans.

Dans les deux enquêtes présentées au cours de ce chapitre, les finalités probatoires de la surveillance interindividuelle par géolocalisation se traduisent donc, pour celui qui géolocalise l'autre, par la transformation d'un gain informationnel en une mise à l'épreuve de la parole de l'individu géolocalisé. Les effets de cette transformation sont en outre renforcés par le caractère irrattrapable consécutif à la révélation du mensonge. Néanmoins, il serait réducteur de penser la surveillance par géolocalisation exclusivement comme une contrainte, alors qu'elle peut être *attendue*, voire même *nécessaire* dans des contextes sociaux différents, et que démontrer des compétences dans la publicisation et la dissimulation de cette trace numérique peut apparaître comme une forme de distinction. Dans le cadre des relations parents-enfants, la géolocalisation peut ainsi être reçue comme une forme de protection en cas de déplacements éloignés du domicile familial, tandis que les adolescents interrogés peuvent également la percevoir comme une manifestation d'intérêt.

De la vigilance citoyenne au vigilantisme ou les affres de l'état de vigilance

LAURE LAREF

Maître de conférences de droit privé et sciences criminelles à l'UCLille, C3RD – Centre de recherche sur les relations entre les risques et le droit

> « La visibilité ne tient plus seulement d'une répartition, mais d'un partage. Il ne s'agit pas évidemment de dire que les pouvoirs de surveillance sont devenus totalement symétriques, ni que les forces en jeu doivent être considérées comme équitables entre les institutions, les entreprises et les populations. Mais il s'agit de souligner combien les individus et les groupes sociaux disposent à présent d'une capacité d'action surveillante qui intervient dans des logiques de participation[1]. »

Neighbourhood watches commitees, watchful citizens[2], « citoyens policiers[3] », participation citoyenne, « vigies citoyennes[4] », « surveillance parapolicière[5] », autant d'expressions pour nommer et tenter d'analyser, en France comme ailleurs, un phénomène aujourd'hui en constante progression, celui de l'implication des civils dans la mise en place d'une surveillance latérale aux fins de concourir à la sécurité publique. La surveillance par ses pairs au sein de la société civile, encore dénommée « surveillance latérale ou

1. O. Aïm, « Avant-propos : surveillance et contre-surveillance. Nouveaux enjeux et nouvelles pratiques de surveillance », in *Surveillance et contre-surveillance*, *Quaderni*, hiver 2022-2023, n° 108, p. 13.
2. J.-P. Walsh, « Watchful Citizens: Immigration, Control, Surveillance and Societal Participation », *Social & Legal Studies* 2014/2, vol. 23, p. 237-259.
3. A.-D. Houte, *Citoyens policiers. Une autre histoire de la sécurité publique en France, de la garde nationale aux voisins vigilants*, La Découverte, 2024.
4. G. Favarel-Garrigues et L. Gayer, *Fiers de punir. Le monde des justiciers hors-la-loi*, Seuil, 2021, p. 275.
5. A.-D. Houte, *Citoyens policiers. [...]*, *ibid.*, p. 13.

horizontale[6] », « surveillance interpersonnelle[7] » ou « entreveillance[8] », n'a rien de novateur, ni rien de surprenant, en ce sens que chacun participe *a minima* et depuis toujours de la propre sécurité de sa personne, de ses proches et de ses biens. Néanmoins, la mise en œuvre d'une telle surveillance, collégiale et structurée, dans la sphère publique, demeurait pour le moins isolée en France et, le cas échéant, ponctuelle, à la différence de certaines expériences étrangères avec les particularités vernaculaires qui leur sont attachées. L'ont tout autant été les sollicitations – officielles – par les pouvoirs publics aux ressources citoyennes, à ces mêmes fins[9]. Cependant, l'accélération des initiatives propres à garantir un *continuum* de sécurité[10] reposant toujours davantage sur une coproduction de la sécurité ou « sécurité partagée[11] » est, à ce jour, criante. La sécurité devenue « l'affaire de tous[12] » et en tous domaines – la formule, plastique, permettant son réemploi à l'envi –, l'éclatement des missions de police ne peut aujourd'hui qu'être constaté et conforter l'assertion. La distinction de la police d'avec le *policing*, classique dans d'autres systèmes[13], s'impose donc désormais dans l'hexagone[14] en dépit des spécificités historiques de la police française[15] : l'activité de police

---

6. D. Cardon, *Culture numérique*, Presses de Sciences Po, coll. « Les petites humanités », 2019, p. 413.
7. *Ibid.*
8. O. Aïm, *Les théories de la surveillance. Du panoptique aux* Surveillance Studies, Armand Colin, coll. « U », 2015, p. 184.
9. Pour une histoire de la mobilisation des citoyens dans une dynamique de coproduction de la sécurité v. not. V. Codaccioni, *La société de vigilance. Auto-surveillance, délation et haines sécuritaires*, Textuel, coll. « Petite encyclopédie critique », 2021 ; A.-D. Houte, *Citoyens policiers. […], ibid.*
10. V. not. A. Thourot et J.-M. Fauvergue, *D'un continuum de sécurité vers une sécurité globale*, Rapport de la mission parlementaire, 2018.
11. Circulaire du 22 juin 2011 portant sur le dispositif de participation citoyenne (NOR:IOCJ 1117146J)
12. Mobilisée dans le champ environnemental, sanitaire, du travail ou encore celui des risques numériques, elle l'a été par le président de la République à l'occasion de son discours de clôture du Beauvau de la sécurité : « la sécurité, je veux ici le dire très clairement pour chacune et chacun à travers la nation, n'est pas simplement le sujet de nos forces de sécurité intérieure. En effet, la sécurité est le devoir, la cause même de notre nation qui doit faire bloc. La sécurité est l'affaire de tous, une co-construction, un bien commun parce que la sécurité est la première de nos libertés, celle sans laquelle les autres sont mises à mal, fragilisées, parce que les Français attendent de nous collectivement, où que nous soyons, l'efficacité, la proximité, la réactivité, la responsabilité » [https://www.elysee.fr/emmanuel-macron/2021/09/13/cloture-du-beauvau-de-la-securite-par-le-president-emmanuel-macron]. Associé à la formule, spécieuse, selon laquelle la sécurité serait la première des libertés, le vertige sécuritaire du discours n'en est que plus alarmant.
13. V. not. J.-P. Brodeur, *Les visages de la police. Pratiques et perceptions*, PUM, 2003.
14. V. Malochet, « La pluralisation du policing en France. Logiques d'hybridation, effets de tropisme et enjeux d'articulation », *Sciences et Actions sociales* 2021/3, vol. 16, p. 53-67 ; J. De Maillard et W. Skogan (dir.), *Police et société en France*, Presses de Sciences Po, 2023.
15. V. not. V. Milliot (dir.), *Histoire des polices en France. Des guerres de religion à nos jours*, Belin, coll. « Références sociales », 2020.

n'est assurément plus une unique activité régalienne[16]. En effet, en parallèle, entre autres choses, du transfert progressif et néanmoins d'envergure de certaines fonctions de surveillance au bénéfice d'agents privés de sécurité[17] dans une logique assumée de rentabilité financière[18], cette coproduction se voit enrichie de l'action de certains citoyens qui y prennent part, soit de manière ponctuelle et contextuelle, soit au contraire de manière pérenne, encouragés par la « stratégie de responsabilisation[19] » des autorités soucieuses de conforter l'état de vigilance ambiant[20]. Désignant « à la fois une réalité politique et la forme de subjectivation qui lui correspond[, cet état de vigilance implique] la nécessité de demeurer sur ses gardes [qui] est présentée comme un impératif commun à l'État et aux citoyens[21] ». Cela se traduit par « un processus de "banalisation" [par le biais duquel] la vigilance distribue les prérogatives de l'État à l'ensemble de la société civile, qui se met à contribuer aux dispositifs de surveillance[22] ». Si l'histoire nous rappelle que des citoyens ont toujours concouru dans une mesure plus ou moins importante, à la sécurité publique[23], à l'instar de l'engagement des actuels réservistes, les autorités, désireuses de « favoriser l'engagement citoyen aux côtés des forces de sécurité intérieure[24] », ont pris acte de la nécessité d'appuyer le développement des réseaux de surveillance citoyenne. Cela s'est traduit par l'institution du dispositif de participation citoyenne, puis par la promotion du réseau privé des voisins vigilants qui l'avait précédé dans sa création, par le truchement de différents partenariats avec les services de l'État. Ces initiatives ont incontestablement permis d'en accroître la visibilité mais surtout la légitimité dans la société civile et auprès des forces de l'ordre (I). Ceci étant, cet engouement citoyen s'inscrit dans le cadre de la politique de prévention

16. V. not. J. Chevallier, « La police est-elle encore une activité régalienne ? », *APC* 2011/1, vol. 33, p. 13-27 ; *idem*, « La police est-elle encore une activité régalienne ? », *in* C. Vautrot-Schwarz (dir.), *La police administrative*, FUF, 2014 ; S. Roché, « Vers la démonopolisation des fonctions régaliennes. Contractualisation, territorialisation et européanisation de la sécurité intérieure », *RFSP* 2004/1, vol. 54, p. 44.
17. V. not., sur les critiques formulées à l'endroit de ce transfert, CNCDH 21 févr. 2021, *Avis sur les rapports entre police et population. Rétablir la confiance entre la police et la population*, § 7 ; 26 nov. 2020, *Avis sur la proposition de loi relative à la sécurité globale* p. 3-6.
18. V. not. A. Thourot et J.-M. Fauvergue, *D'un continuum de sécurité vers une sécurité globale*, rapp. préc., p. 20 : « La crise financière des États les conduit à revoir leurs missions et à en confier un certain nombre à des partenaires susceptibles de les assurer dans des conditions satisfaisantes à des coûts bien moindres. »
19. F. Jobard et J. De Maillard, *Sociologie de la police. Politiques, organisations, réformes*, Armand Colin, 2015, p. 242.
20. M. Foessel, *État de vigilance. Critique de la banalité sécuritaire*, Le Bord de l'eau éd., coll. « Diagnostics », 2010.
21. M. Foessel, *État de vigilance. [...]*, *ibid.*, cité par O. Aïm, *Les théories de la surveillance*, *op. cit.*, p. 145.
22. O. Aïm, *Les théories de la surveillance*, *op. cit.*, p. 145.
23. V. en ce sens A.-D. Houte, *Citoyens policiers. [...]*, *op. cit.* L'ouvrage permet ici de retracer d'un point de vue historique l'ensemble des participations citoyennes à la sécurité publique.
24. Ministère de l'intérieur, *Livre blanc de la sécurité intérieure*, 2020, p. 3.

de la délinquance mise en œuvre par les autorités, le maire en premier lieu[25]. Ainsi, en dépit de certaines dérives ponctuellement constatées[26], les actions entreprises dans leur sillage se situent bien en deçà de celles portées dans le cadre du *vigilantisme* dont les premiers balbutiements en France permettent les craintes les plus légitimes, au surplus en contemplation des expériences étrangères (II).

I. « LA SURVEILLANCE, C'EST LES AUTRES[27] »

« Si la sécurité de la population relève principalement de la responsabilité de l'État, il n'en demeure pas moins que chaque citoyen contribue à la sécurité de son environnement à travers le respect des lois et règlements, l'accomplissement d'actes de prévention et de signalement aux forces de sécurité de l'État ainsi que l'adoption d'une posture de vigilance face à des évènements ou comportements inhabituels[28]. » Ces quelques lignes introductives de la circulaire du 30 avril 2019 relative au dispositif de participation citoyenne[29] témoignent, au-delà des seuls discours, de l'intérêt grandissant que les pouvoirs publics ont porté aux initiatives citoyennes dans la mise en œuvre d'une surveillance quotidienne et de proximité. En effet, même si « la collaboration ouverte ou secrète des citoyens avec la police a toujours été la condition même du fonctionnement du système pénal[30] », ses manifestations ont, elles, évolué. C'est donc moins dans la démarche que dans les modalités retenues que la distinction s'opère. Outre la qualité de réserviste déjà évoquée et répondant à des conditions et un statut étroitement encadré[31], cette participation se traduit actuellement par deux dispositifs distincts : le réseau dit des voisins vigilants et celui de la participation citoyenne.

Concernant le premier, cette surveillance latérale citoyenne fut initiée par Brigitte Snyder pour la première fois en France en 2002 dans la ville de Saint-Paul-de-Vence en 2002 qui a voulu y adapter le modèle américain aux spécificités culturelles françaises et en créer ainsi « une version "made in France"[32] ». Cette réminiscence du *Neighbourhood watching* américain, communément connue sous l'appellation « Voisins Vigilants », repose sur une

25. CSI, art. 132-1 s.
26. V. *infra*.
27. E. Taïeb et T. Devars, « Éditorial. La surveillance, c'est les autres », in *Surveillance et contre-surveillance*, *op. cit.*, p. 7.
28. Circulaire du 30 avr. 2019 relative au dispositif de participation citoyenne (NOR:INTA 1911441J).
29. Circulaire du 22 juin 2011, préc.
30. J.-P. Brodeur, *Les visages de la police. Pratiques et perceptions*, *op. cit.*, p. 220.
31. V., not., les art. L. 411-7 à L. 411-22 du CSI pour la police nationale, les art. L. 4221 s. du Code de la défense pour la réserve militaire opérationnelle ou encore les art. L. 114-1 s. du Code pénitentiaire pour la réserve civile pénitentiaire.
32. [https://www.voisinsvigilants.org/notre-histoire]

solidarité de voisinage permise par une mise en réseau : cette solidarité ne précède donc pas l'action de ces citoyens mais se trouve au contraire conditionnée à l'adhésion au dispositif. Il s'agit de « communautés autogérées[33] » qui, initialement, ne nourrissaient aucun lien avec les services de l'État. Le fonctionnement est bien rodé : il repose sur un réseau social au sein duquel communiquent les membres et les référents cooptés de ces communautés qui interagissent aux fins d'alerte tout en échangeant en continu des informations sur la vie de leur(s) quartier(s) respectif(s). La visibilité du dispositif est assurée par l'implantation de panneaux et d'autocollants permettant de signaler l'existence du groupe dans un quartier grâce à la notoriété du logo, un œil grand ouvert sur fond jaune, « lui offrant un ancrage matériel et symbolique, sur des bases territoriales[34] ». La distinction d'avec son équivalent américain réside dans le fait que les membres des voisins vigilants ne procèdent pas à des patrouilles. Suscitant d'abord la curiosité pour connaître ensuite un engouement croissant, ces groupements de citoyens désireux de prendre part, dans une certaine mesure, à l'action de prévention de la criminalité, se sont démocratisés sur l'ensemble du territoire pour constituer aujourd'hui un réseau dont les ramifications se retrouvent désormais dans de nombreuses communes[35], singulièrement rurales et périurbaines, mais aussi en milieu urbain, à l'échelle des quartiers le cas échéant. Déployé de manière autonome, les mairies ont pu l'intégrer depuis 2014 en s'acquittant pour ce faire de frais d'adhésion dont le tarif varie selon la commune considérée. Les municipalités détiennent alors deux rôles principaux : « financer la signalétique et conduire des opérations de communication et de sensibilisation auprès des habitants, notamment dans les zones exposées au risque de cambriolage ou de violences[36] ». Loin de pressentir un succès similaire à celui connu outre Atlantique, les pouvoirs publics ont néanmoins pris acte de l'importance et de l'intérêt de cette surveillance citoyenne et collaborative en termes de prévention et de lutte contre certaines formes de délinquance, singulièrement les atteintes aux biens. C'est ainsi que la conclusion d'une convention tendant à asseoir un partenariat entre la Direction centrale de la sécurité publique (DCSP) et le dispositif des voisins vigilants a été signée le 2 février 2021[37]. Y a été précisé à cette occasion qu'aux fins d'œuvrer à la sécurité quotidienne, ce partenariat poursuit l'ambition de favoriser « le

33. M. Gardenier, « Les voisins vigilants : le sentiment d'insécurité peut-il recréer du lien social ? », *Sociétés* 2017/4, vol. 138, p. 54.

34. M. Gardenier, « La communauté au service de la surveillance. Capital social, lien social et figure de l'ennemi. Essai de typologie des "Voisins vigilants" », *Revue européenne des sciences sociales* 2020/2, vol. 58, p. 189-215.

35. Selon les informations communiquées sur le site dédié, 1 000 000 foyers voisins vigilants et 1 000 mairies vigilantes auraient été recensés [https://www.voisinsvigilants.org/notre-histoire].

36. Sénat, rapport d'information n° 454 sur le Numérique, protection des populations et territoires, 2022, p. 13.

37. Circulaire du 30 avr. 2019, préc.

rapprochement police/population par l'inclusion des "coordinateurs de quartiers" du site "voisinsvigilants.org" » et de renforcer « la visibilité des services de police [...] en leur permettant de disposer d'une source d'information élargie et de nature opérationnelle ». Sans revenir sur le concept initial et les quelques déclinaisons ultérieures, ce partenariat vient l'enrichir d'une circularité de l'information entre les services de police et les membres du réseau. Cela se traduit, notamment, par la désignation de référents de la police nationale et de référents désignés au sein de la communauté des voisins vigilants et solidaires dénommés « coordinateurs de quartiers » qui doivent pour les uns rester à l'écoute et multiplier les actions de sensibilisation et, pour les autres, maintenir une communication et la transmission des informations utiles.

Coexistent alors deux dispositifs : celui tout juste évoqué, avec l'évolution soulignée, l'autre déployé en étroite collaboration avec les mairies et la gendarmerie depuis ses prémices. Ce dernier, dénommé « participation citoyenne » et institué par la circulaire du 22 juin 2011[38] à l'issue d'une phase d'expérimentation dans vingt-neuf départements, répond à des préoccupations similaires et trouve à l'évidence son inspiration dans le dispositif des voisins vigilants et solidaires qui le précédait. La facilitation de la surveillance par la création d'un réseau est ainsi encouragée puisque si le texte précité mentionne bien que « les cercles peuvent s'appuyer sur des liens de sociabilités préexistants, c'est une logique opposée qui est mise en avant : l'instauration d'un cercle de surveillance permett[an]t aux habitants de rencontrer leurs voisins et de recréer des liens de sociabilité[39] » et, *in fine*, de « participer à sa propre sécurité dans son quartier, son lotissement ou son village, [en adoptant] un comportement de nature à mettre en échec la délinquance[40] ». Des actions de sensibilisation sont en ce sens prévues et doivent être assurées par la gendarmerie qui veillera à ce que les concernés soient initiés à privilégier certaines conduites. Sont ainsi visés, « l'accomplissement d'actes élémentaires de prévention tels que la surveillance des logements temporairement inhabités, le ramassage du courrier des vacanciers[...], [l'adoption] d'une posture de vigilance accrue à l'égard des comportements et événements suspects (démarcheurs trop insistants...), [...] l'acquisition du réflexe de signalement aux autorités compétentes de tout fait anormal (véhicules semblant en repérage, dégradations, incivilités...)[41] ». Ils sont par ailleurs désormais tenus de respecter une charte éthique invitant les concernés à faire preuve de tempérament dans leur comportement, de conserver une neutralité politique, une approche exempte de toute discrimination et à respecter en tout état de cause le droit au respect de la vie privée de chacun. Les gendarmes ont

38. Circulaire du 22 juin 2011 préc.
39. M. Gardenier, « Les voisins vigilants : le sentiment d'insécurité peut-il recréer du lien social ? », art. préc., p. 59.
40. Circulaire du 22 juin 2011, préc.
41. *Ibid.*

pour mission de rappeler régulièrement qu'« il ne s'agit pas de "remplacer les forces de l'ordre", ni de faire de l'espionnage, mais de "faire la prévention des cambriolages des logements vacants", détecter les "comportements suspects" [avec toute la subjectivité que cela suppose] et créer une "chaîne d'information" pour faire remonter à la gendarmerie des "faits anormaux" afin de combler les réticences à appeler le 17[42] ». Concernant le statut de ces citoyens, la participation à ce dispositif se fait de manière bénévole ne permettant aucune contrepartie financière[43] et, surtout, ne suppose aucun transfert ou délégation de prérogative de puissance publique. Comme l'a souligné la circulaire de 2011, cela n'exclut cependant pas qu'il(s) puisse(nt) se voir reconnaître la qualité de collaborateur occasionnel du service public, et, partant, de bénéficier le cas échéant de la protection fonctionnelle qui y est attachée en l'absence de faute détachable de ses fonctions, le Conseil d'État ayant rappelé que « ce principe général du droit s'étend à toute personne à laquelle [une telle qualité] est reconnue[44] ». Malgré ces apports, progressifs, tendant à garantir l'attractivité du dispositif, reste que les retours semblent inviter à la mesure : certes, son efficacité est régulièrement félicitée au gré des rapports officiels mais les constats formulés par les premiers concernés, à savoir les élus locaux, sont eux plus mitigés, même si certains en apprécient davantage le principe et le fonctionnement que celui des voisins vigilants, y voyant là l'émanation d'un service public[45]. D'un point de vue statistique, le rapport d'enquête 2022 du Service statistique ministériel de la sécurité intérieure (SSMSI)[46] appelle également à la mesure. Les chiffres évoqués permettent en effet de constater qu'à l'exception de la période couverte par l'obligation de confinement imposée en 2020 en réponse à l'épidémie de la SARS-CoV-2, le nombre des atteintes aux biens, et plus spécifiquement les vols avec effraction, n'a pas connu de baisse significative, même s'il est vrai

42. E. Elguezabal, « Quand la gendarmerie devient participative. L'engagement des voisin·es dans les réseaux officiels de vigilance en France », *Participations* 2021/1, vol. 29, p. 73-96.

43. Il ne s'agit donc en aucun cas d'opérer une confusion ici entre les membres des voisins vigilants et « les indicateurs de l'État[, ces] rouages indispensables dans l'obtention d'informations pour garantir l'ordre sur tout le territoire » (M. Roger Karoutchi et plusieurs de ses collègues, *Rémunération des indicateurs des services de renseignement*, texte n° 492 2019-2020, déposé au Sénat le 8 juin 2020) que sont les informateurs de la police judiciaire (art. 15-1 de la loi n° 95-73 du 21 janv. 1995 d'orientation et de programmation relative à la sécurité), les aviseurs des douanes (art. 2 de l'arrêté du 21 nov. 2007 modifiant l'arrêté du 18 avr. 1957 fixant les modalités d'application de l'article 391 du Code des douanes relatif à la répartition du produit des amendes et confiscations), et les informateurs en matière fiscale (art. 109 de la loi n° 2016-1917 du 29 déc. 2016 de finances pour 2017) lesquels obtiennent une indemnisation en échange de la délivrance d'informations.

44. CE, 10e et 9e ch. réun., 13 janv. 2017, n° 386799.

45. V. en ce sens [https://www.ladepeche.fr/2021/06/24/voisins-vigilants-20-ans-apres-sa-creation-le-dispositif-reste-operationnel-9627928.php]

46. SSMSI, « Vécu et ressenti en matière de sécurité. Victimation, délinquance et sentiment d'insécurité », rapport d'enquête, édition 2022, p. 103.

que la victimation diffère très nettement d'un territoire à un autre, le fait de vivre en milieu urbain restant comme toujours discriminant[47].

La coexistence de ces deux dispositifs, auxquels certaines municipalités prennent parfois spontanément part de manière cumulative[48] afin « d'avoir des yeux un peu partout[49] », est encouragée par les pouvoirs publics. La circulaire du 24 février 2021 précitée précise en ce sens que « les services de police nationale s'engagent à contacter les communes ayant déjà adhéré au site "voisinsvigilants.org", sans avoir pour autant conventionné avec le ministère de l'Intérieur, afin de les inviter à signer une convention de participation citoyenne et ainsi d'élargir l'assise territoriale commune des deux dispositifs ». Le maillage surveillanciel ainsi encouragé questionne cependant : sans occulter leur succès auprès des habitants – spécifiquement pour « les voisins vigilants » – qui, à l'évidence, répond à un besoin croissant de sécurité, la démocratisation de ces dispositifs interroge cependant sur la place que doivent occuper les citoyens dans cette coproduction de la sécurité. Dans le prolongement, et même si cela pourrait prêter à sourire au premier abord tant l'image du justicier a gagné la culture populaire[50], l'essor constaté du vigilantisme[51] impose de se questionner sur ces mouvements citoyens qui « au-delà de leurs différences tant idéologiques que tactiques [...] ont en commun d'estimer les autorités officielles incapables de faire face aux problèmes d'ordre et de sécurité et de s'engager à en assurer la maîtrise souvent en punissant eux-mêmes les suspects qu'ils arrêtent[52] ».

---

47. De nombreux travaux rappellent la dimension criminogène attachée au milieu urbain, en dépit des dispositifs de prévention situationnelle mis en œuvre et de l'effet plumeau de certaines mesures, notamment le développement exponentiel du recours au système de vidéoprotection. V. not. sur cette question L. Laref, *La surveillance en droit pénal*, thèse dact., Limoges, Université de Limoges, 2020.

48. Circulaire du 30 avr. 2019 préc.

49. M. Gardenier, « Les voisins vigilants : le sentiment d'insécurité peut-il recréer du lien social ? », art. préc., p. 54.

50. Sans exhaustivité, peuvent être cités à titre d'exemples *The Punisher*, the *Judge Dredd*, l'inspecteur Harry, ce « flic taciturne, solitaire et teigneux » (F. Defferrard, « L'état de droit vu par l'inspecteur Harry », *Dalloz IP/IT* 2020. 456) ou encore *Dexter*. Les questionnements juridiques autour de certains de ces justiciers et de leur activité, souvent perçus comme des super-héros, rassemblent d'ailleurs des enseignants-chercheurs qui, dans le cadre du mouvement Droit et pop-culture, ambitionnent d'en éprouver toutes les facettes. V. not. sur cette question A. Ciaudo, Y. Basire et A.-L. Mosbrucker (dir.), *Les super-héros au prisme du droit*, PUFC, 2020.

51. Sur le phénomène du vigilantisme, v. not. G. Favarel-Garrigues et L. Gayer, *Fiers de punir. [...]*, *op. cit.* ; *idem*, « "Les mots de la science" : V comme vigilantisme », *The Conversation* 10 juin 2021 ; D. Pratten et S. Atreyee (dir.), *Global Vigilantes*, Hurst & Company, 2007.

52. D. Fassin, *Punir. Une passion contemporaine*, Points, coll. « Essais », 2020, p. 55.

II. SURVEILLANCE, VIGILANCE ET AUTO-JUSTICE : L'ÉTAT DE DROIT AU DÉFI DU VIGILANTISME

La surveillance citoyenne – passive ou dynamique – restait en tout état de cause avec les dispositifs précédemment évoqués subsidiaire à celle déployée par les pouvoirs publics. Elle se mue parfois désormais en une surveillance active et pro-active en empruntant les formes d'un mouvement d'auto-justice dénommé *vigilantisme* outre Atlantique, lequel se traduit par des actions bien plus radicales[53]. Celui-ci est appréhendé comme étant « un mouvement social composé d'agents privés volontaires qui, sur la base d'une préméditation et face à ce qu'ils perçoivent être une transgression des normes institutionnelles, souhaitent contrôler la criminalité et garantir la sécurité des membres de leur mouvement en utilisant ou en menaçant d'utiliser la violence[54] ». En sont généralement exclus, en dépit des divergences doctrinales autour des *lone avengers*, « les actes de vengeance personnelle, les justiciers solitaires, les vendettas, les crimes d'honneur [mais encore] les forces supplétives auxquelles les autorités délèguent plus ou moins explicitement des prérogatives policières et judiciaires[55] ». Indépendamment des modalités retenues, le vigilantisme séduit un peu partout dans le Monde et la France n'y est pas restée hermétique[56]. Désormais en effet, loin de se contenter d'une surveillance visuelle, par ailleurs généralement dans un rayonnement géographique reposant pour beaucoup sur l'interconnaissance[57], des individus, toujours plus nombreux, ont fait le choix de traquer les potentiels délinquants ou ceux qu'ils le seraient à la lumière de leurs seules perception et moralité[58]. À la différence des États-Unis où ce mouvement trouve des racines profondes[59], en France, ces justiciers

53. Au titre des exemples tirés des expériences étrangères, peuvent être cités sans exhaustivité les *Minute Men* qui disent se réapproprier la loi tout en l'enfreignant, souvent par le biais d'actions violentes (v. sur ce point, M. Lamotte, « Minute Men. À la frontière de la légalité », *Plein droit* 2015/4, vol. 107, p. 36-39) comme en témoigne le nombre de corps retrouvés dans les États frontaliers au Mexique (v. not. « Rio Grande. Minutemen, des milices borderline », *Libération* 14 janv. 2015).

54. L. Johnston, « What Is Vigilantism? », *The British Journal of Criminology* 1996/2, vol. 36, p. 220-236, cité par L. Fourchard, « État de littérature. Le vigilantisme contemporain. Violence et légitimité d'une activité policière bon marché », *Critique internationale* 2018/1, vol. 78, p. 169.

55. V. G. Favarel-Garrigues et L. Gayer, « Violer la loi pour maintenir l'ordre. Le vigilantisme en débat », *Politix* 2016/3, vol. 115, p. 24.

56. Pour une étude de ces groupements à l'échelle mondiale, v. not. D. Simmoneau et P. Casteri Gattinara, « Prendre part aux logiques d'exclusion. Les mobilisations anti-migrants en France, en Italie et aux États-Unis », *Critique internationale* 2019/3, vol. 84, p. 105-124.

57. V. *supra*.

58. V. not. J.-B. Thierry, « Le mouvement Real Life Super Heroes », *in* RERDH, *Héroïsme et droit*, Dalloz, coll. « Thèmes & Commentaires », 2014, p. 60-70.

59. « Dérivé de l'espagnol *vigilante*, le terme *vigilantism* a une histoire plus complexe que ne le suggèrent les représentations dominantes de ces redresseurs de torts dans la culture populaire américaine (*comics*, cinéma, *pulp novels*, etc.). Il prend son origine dans les *Vigilance Committees* apparus au cours de la première moitié du XIXe siècle et qui,

ne se confondaient que rarement au sein de groupes structurés et d'actions communes. La tendance se renverserait-elle, imposant dans son sillage, « le temps des justiciers autoproclamés[60] » ? Des initiatives sporadiques témoignent de cette volonté d'auto-justice en France. Ce fut le cas de certains individus membres du dispositif des voisins vigilants qui, en excédant le cadre d'action défini, ont cru pouvoir s'ériger en justicier d'occasion en interpellant eux-mêmes des jeunes en scooter à l'occasion de rodéos urbains[61]. Au-delà, à l'été 2023, certains se sont crus autorisés à procéder à des expéditions punitives à la suite de la mort d'un adolescent quand d'autres choisissent d'organiser des « rondes citoyennes » en réaction à des incivilités ou à l'augmentation de certains phénomènes criminels dans des quartiers identifiés[62]. En parallèle de ce vigilantisme urbain, le vigilantisme de frontières a lui aussi alimenté les médias durant ces dernières années. Les actions se sont multipliées, et avec elles le retour de ce qui s'apparente à des milices privées. Faut-il ici rappeler ces riverains qui, organisés en collectifs, ont répondu en 2015 à l'appel de l'élue calaisienne qui invitait les citoyens à s'insurger contre le « squattage » de migrants et les patrouilles qui ont suivi, initiées, pour beaucoup, par des militants d'extrême droite[63]. La même logique était à l'œuvre lorsqu'au printemps 2018, au col de l'Échelle dans les Hautes-Alpes, des militants de l'association Génération Identitaire, en nombre, ont déployé une banderole sur laquelle était inscrite *« Closed Border You will not make Europe Home! No way Back to your Homeland »* afin de bloquer un point de passage. Dans un tout autre contexte, les récents évènements en Nouvelle-Calédonie ont conduit certains habitants à constituer des milices de circonstance afin d'assurer eux-mêmes, arme à la main, la sécurité qu'ils réclamaient aux autorités[64]. Toutes ces actions, qualifiées

---

contrairement à une idée reçue, n'avaient pas seulement vocation à maintenir l'ordre sur les fronts pionniers mais aussi à assurer la défense du territoire face aux menaces d'invasion étrangère (mexicaine, notamment), avant que la "doctrine de la vigilance" ne soit récupérée par les antiabolitionnistes du Sud », J.-P. Brodeur, *op. cit.* D'autres pensent situer les débuts du vigilantisme américain bien en amont, dès 1767, avec la naissance des *Regulators*, qui prendront les traits au XIXe siècle des comités de vigilance. Le siècle suivant sera marqué par les *Minutemen* mais aussi de nombreux comités communautaires constitués aux fins de protéger les intérêts des minorités concernées : *Jewish Defense League*, *Black Panther Party*, et, plus récemment, le *Minneapolis Freedom Figthers* (v. en ce sens G. Favarel-Garrigues et L. Gayer, *Fiers de punir. [...], op. cit.*, p. 28-34).

60. « Le temps des justiciers autoproclamés. De la Russie à la Colombie, une dérive planétaire », *Le Monde diplomatique* nov. 2021.

61. V. en ce sens M. Gardenier, « Les voisins vigilants : le sentiment d'insécurité peut-il recréer du lien social ? », art. préc., p. 54 s.

62. [https://www.leparisien.fr/val-d-oise-95/des-rondes-citoyennes-pour-pacifier-le-quartier-des-marronniers-24-05-2010-934165.php]

63. V. not. M. Gardenier, « Patrouiller, dénoncer, détruire : comment le vigilantisme est né à Calais », *The Conversation* 25 nov. 2018. Du même auteur, « Sauvons Calais, un groupe anti-migrants. Une perspective : "rétablir l'ordre" », *Revue européenne des migrations internationales* 2018/1, vol. 34, p. 235-256.

64. [https://www.francetvinfo.fr/france/nouvelle-caledonie/emeutes-en-nouvelle-caledonie-les-habitants-organisent-des-milices-pour-se-proteger_6548120.html]

« d'actions sociales directes[65] », se multiplient également sur l'Internet. Rien de surprenant à cela puisque « si le numérique [peut être] un incroyable levier pour différents projets de transformation démocratique, parmi lesquels les *civic tech*, qui cherchent à transformer notre culture du débat public et le fonctionnement de la démocratie institutionnelle en donnant une place plus importante aux citoyens[66] », il peut tout autant permettre les dérives les plus contestables. En ce sens, en France comme ailleurs[67], des « entrepreneurs justiciers » se sont en effet emparés d'internet en définissant des « niches d'auto-justice » les autorisant à traquer des comportements qu'ils jugent amoraux ou immoraux[68]. Ces chasses à l'homme numériques sont néanmoins particulièrement virulentes dans le cadre de la lutte contre la pédocriminalité[69]. S'est en ce sens démarqué en France un collectif de citoyens, la *Team Moore*, revendiquant un peu plus de soixante-dix arrestations et une trentaine de condamnations depuis sa création en 2019. Les méthodes se sont affinées au gré des années mais la mécanique reste la même. Les prédateurs sexuels sont appâtés avec de faux profils d'enfants ou d'adolescents afin de monter un dossier avant un signalement aux autorités compétentes en prenant soin d'éviter toute manœuvre de nature à compromettre des poursuites ultérieures[70]. Mais ce vigilantisme numérique peut se traduire de diverses manières puisque, s'il s'agit « non seulement d'alerter les autorités ou l'opinion publique, [il implique parfois de] "se faire justice soi-même" en engageant des formes actives de surveillance, de répression ou de dissuasion ciblées, qui passent avant tout par un surcroît d'attention non sollicitée ou de publicité négative[71] ». C'est dans ce cadre que se sont développés des « spectacles d'auto-justice[72] », spécifiquement sur les réseaux sociaux propres à permettre une visibilité et une circularité rapide de l'information, parfois même en temps réel. Du châtiment public au *online shaming*, « la sombre fête punitive[73] » renaît de ses cendres.

Basculant ainsi de la vigilance au vigilantisme, la surveillance citoyenne, d'abord passive, se fait davantage proactive, quitte, parfois, à violer la loi[74].

---

65. D. Simmoneau et P. Casteri Gattinara, « Prendre part aux logiques d'exclusion. Les mobilisations anti-migrants en France, en Italie et aux États-Unis », art. préc., p. 110.
66. CNIL, *Civic Tech. Une exploration critique des tensions et des usages de demain*, 2023, p. 1.
67. D. Myles, F. Millerand et C. Benoit-Barné, « Solving crimes online. The contribution of citizens on the Reddit Bureau of Investigation », *Réseaux* 2016/3, vol. 197-198, p. 173-202.
68. V. sur la défense d'un mode de vie sain et la traque en Russie des personnes fumant et/ou buvant en public, France Culture, « Les ravages de l'auto-justice », émission du 9 juin 2021, 5'32.
69. « Justiciers ingérables ou citoyens vigilants : ces collectifs qui piègent les pédocriminels en ligne », *Le Monde* 21 janv. 2023.
70. AN, Question écrite n° 6091 du 7 mars 2023 de Mme Sarah Tanzilli.
71. B. Loveluck, « Le vigilantisme numérique, entre dénonciation et sanction. Auto-justice en ligne et agencements de la visibilité », *Politix* 2016/3, vol. 115, p. 127.
72. « Faire justice soi-même. Les spectacles d'auto-justice se multiplient avec le développement des réseaux sociaux », *Libération* 21 juin 2021.
73. M. Foucault, *Surveiller et punir. Naissance de la prison*, Gallimard, 1975, p. 14.
74. V. G. Favarel-Garrigues et L. Gayer, « Violer la loi pour maintenir l'ordre. Le vigilantisme en débat », art. préc.

Passivité des autorités, lenteur de la justice, sentiment d'abandon, insuffisance des peines et mesures pénales mises en œuvre, la rhétorique à l'appui de leur démarche se veut plus revendicative que celle des mouvements des voisins vigilants. Les moyens employés le sont également en dépassant trop souvent les prescriptions légales. Certes, l'article 73 alinéa 1er du Code de procédure pénale rappelle classiquement qu'en cas de crime ou de délit flagrants faisant encourir une peine d'emprisonnement, « toute personne a qualité pour en appréhender l'auteur et le conduire devant l'officier de police judiciaire le plus proche », la jurisprudence n'en ayant jamais écarté le principe[75] tout en en rappelant constamment les limites, à savoir un usage de la force nécessaire et proportionné aux conditions de l'arrestation. Certes encore, conformément à l'article 40 alinéa 1er du Code de procédure pénale, tout citoyen est autorisé à déposer plainte et à dénoncer des faits auprès du procureur de la République qui appréciera les suites à leur donner. Certes enfin, les plateformes de signalement mises en œuvre successivement afin d'inviter les citoyens à se mobiliser participent aussi de cette coproduction de la sécurité, PHAROS, pour la plus connue d'entre elles. Mais on se situe là très en deçà des moyens soulevés par les acteurs les plus engagés du vigilantisme. Surveiller, dénoncer, réprimer parfois, et, plus encore, « mobiliser la population d'un territoire donné dans un mouvement en vue de rétablir l'"ordre", le tout sous le regard plus ou moins bienveillant des pouvoirs publics[76] ». Au surplus, ces justiciers, « fiers de punir[77] » en faisant corps « autour d'un entreprenariat de cause[78] », nourrissent le sentiment erroné que « la punitivité extrajudiciaire repose sur une présomption d'impunité. [Ces] justiciers autoproclamés parient [pour beaucoup] sur les défaillances ou la complicité des autorités pour échapper aux poursuites pénales[79] ». Pourtant, en l'état du droit positif, leur responsabilité pénale pourrait évidemment être engagée, les poursuites dépendant alors de la qualification des faits retenus : actes de violence volontaire, diffamation, dénonciation calomnieuse... même s'ils ne manqueraient pas de mobiliser une cause objective d'irresponsabilité ou d'atténuation de responsabilité pénale, la proportionnalité exigée pour leur bénéfice faisant cependant souvent défaut au regard des exemples relatés. Ils ne peuvent par ailleurs s'associer à loisir aux fins de rétablissement d'un ordre dont ils seraient les seuls juges sans faire encourir la disparition de leur groupement lorsque l'objet poursuivi et/ou les moyens employés dépasseraient le cadre légal. L'article L. 212-1 du Code de la sécurité intérieure prévoit en ce sens la dissolution de toute association ou

75. V. not. Crim. 13 avr. 2005, n° 04-83.939.

76. M. Gardenier, « Sauvons Calais : un groupe anti-migrants. Une perspective : "rétablir l'ordre" », art. préc., p. 255.

77. G. Favarel-Garrigues et L. Gayer, *Fiers de punir. Le monde des justiciers hors-la-loi*, *op. cit.*

78. D. Simmoneau et P. Casteri Gattinara, « Prendre part aux logiques d'exclusion. Les mobilisations anti-migrants en France, en Italie et aux États-Unis », art. préc., p. 108.

79. G. Favarel-Garrigues et L. Gayer, *Fiers de punir. Le monde des justiciers hors-la-loi*, *ibid.*, p. 16.

groupement de fait qui s'adonnerait aux pratiques dont il a pu être question dans les lignes précédentes[80], justifiant, notamment, la dissolution du groupement Génération identitaire précédemment évoqué. Ce dernier, assimilé à une formation paramilitaire, « souhait[ait] [en effet] "entrer en guerre" [...], utilis[ait] une imagerie et une rhétorique guerrières, organis[ait] des camps d'été au cours desquels des exercices de combat [étaient] proposés et des actions imitant l'action des forces de l'ordre et leurs uniformes en mettant en œuvre des moyens similaires en vue de faire constater leurs prétendues défaillances et d'apparaître comme un recours[81] ».

S'ils ne sont pas encore dotés de e-cornées leur permettant d'augmenter leurs capacités visuelles et d'ainsi accroître l'efficacité de la surveillance mise en œuvre[82], reste que l'implication de ces « bons citoyens[83] » dans le déploiement d'une coproduction de la sécurité est déjà significative et qu'elle pourrait encore se faire plus importante, à l'instar – peut-être – des dispositifs mis en œuvre au Japon[84] ou encore en Chine[85], qu'elle soit spontanée ou à l'initiative des pouvoirs publics. Qu'importent les modalités – latérale ou ascendante –, qu'importe le statut conféré : si la « Revenge week[86] » garante d'une transparence totale et permettant une visibilité totale n'a pas – encore – eu lieu, « la "nouvelle" surveillance est [bien] entre les mains des citoyens[87] ». Le vigilantisme, lui, rassemble toujours plus. Les actions restent épisodiques mais on aurait tort, en France, et selon de nombreux observateurs, de s'en désintéresser[88] car si « le vigilantisme n'[y] a pas [encore légalement] droit de cite[89] », à l'évidence, il s'y est progressivement installé[90].

---

80. Ce dernier précise en effet que sont notamment dissous, par décret en conseil des ministres, toutes les associations ou groupements de fait qui présentent, par leur forme et leur organisation militaires, le caractère de groupes de combat ou de milices privées ou dont l'activité tend à faire échec aux mesures concernant le rétablissement de la légalité républicaine ou ceux qui, encore, provoquent à la discrimination, à la haine ou à la violence envers une personne ou un groupe de personnes à raison de leur origine ou de leur appartenance ou de leur non-appartenance à une ethnie, une nation, une race ou une religion déterminée ou en propagent des idées et théories similaires.
81. CE 3 mai 2021, n° 451743, § 11, *D. actu.* 6 mai 2021, obs. M.-C. de Montecler.
82. V. sur ce thème le dossier « Le procès du transhumanisme », *Dalloz IP/IT* 2017. 427 s.
83. J. Talpin, « Jouer les bons citoyens. Les effets contrastés de l'engagement au sein de dispositifs participatifs », *Politix* 2006/3, vol. 75, p. 11-31.
84. V. *infra*, N. Tokumitsu-Partiot.
85. V. *infra*, S. Arsène.
86. L. Hassaine, *Panorama*, Gallimard, 2023.
87. E. Taïeb et T. Devars, « Éditorial. La surveillance, c'est les autres », art. préc., p. 8.
88. V. France Culture, « Les ravages de l'auto-justice », préc. V. également G. Favarel-Garrigues et L. Gayer, *Fiers de punir. [...]*, *op. cit.*, p. 265-280.
89. V. Malochet, « L'article 12 de la DDH au regard du continuum de sécurité. Cadrage étatique et réalités pratiques », *AJDA* 2022. 1159.
90. « Applis, sites, groupes Facebook : le vigilantisme s'installe en France », *Le Nouvel Obs* 15 juin 2016.

QUATRIÈME SOUS-PARTIE

La surveillance à finalité probatoire confrontée aux droits de l'homme

Preuve issue d'un moyen de surveillance et limites dérivées de la Convention de sauvegarde des droits de l'homme et des libertés fondamentales, approche syncrétiste d'une hétérodoxie malheureuse

MICHAËL LAREF

Enseignant-chercheur de droit privé et sciences criminelles à l'UCLille, C3RD – Centre de recherche sur les relations entre les risques et le droit

La multiplication des techniques surveillancielles[1] ne pouvait pas ne pas contaminer la preuve. Incidemment, cette évolution ne pouvait pas rester loin, trop loin, du champ d'attraction de la Convention de sauvegarde des droits de l'homme et des libertés fondamentales (Conv. EDH) et, dans la lignée, de son interprète officiel. Or, de ce point de vue, la Cour européenne des droits de l'homme (CEDH) adopte une démarche originale, en clair-obscur. Si elle sanctionne fermement les techniques surveillancielles d'administration de la preuve quand elles dépassent les limites du raisonnable – le clair (I) –, en revanche, sur le terrain de l'admissibilité de la preuve, son approche se fait plus impressionniste – l'obscur (II).

1. V. cet ouvrage, propos introductif.

I. LE CLAIR. LES DROITS FONDAMENTAUX SUBSTANTIELS COMME LIMITE À LA SURVEILLANCE PROBATOIRE

Le droit au respect de la vie privée, tel que protégé par l'article 8 de la Conv. EDH, apparaît être une limite aux techniques surveillancielles dans le champ de l'administration de la preuve (A). Mais, la nature des limites dérivées de ce droit ne saurait en faire une limite absolue par le truchement de sa clause d'ordre public (B) qui, avec le temps, ne semble bien n'être devenue qu'une barrière de papier tant le principe et l'exception, sans forcément s'inverser, s'atténuent.

A. LE DROIT AU RESPECT DE LA VIE PRIVÉE, LIMITE PRINCIPIELLE AUX TECHNIQUES SURVEILLANCIELLES À FINALITÉ PROBATOIRE

Les techniques de surveillance à finalité probatoire n'ont eu de cesse de se perfectionner et de se démocratiser. Il faut croire que chacune des techniques qui permet cette insatiable quête du graal de la vérité[2], dès lors qu'elle existe, sera mise au service de la preuve.

La densité du Code de procédure pénale témoigne de cette évolution même si, *in principio*, le principe de la liberté de la preuve gouverne, mais qu'il n'est pas sans limite, fruit de la distinction entre liberté dans l'admissibilité de la preuve, qui domine, et respect, dans l'administration, de la légalité, tant matérielle que formelle, qui s'impose dans un État de droit[3], suivant en cela ce que d'éminents auteurs dénomment la « liberté dans la légalité[4] » ou, ce que Merle et Vitu visaient dans leur *Traité de droit criminel*[5] par une extension de la maxime classique, reprise par la suite[6] : *nullum crimen, nulla poena, nullum judicium sine lege*. Ainsi, tant le répertoire « classique » des actes, s'intéressant aux infractions de droit commun, que le répertoire « spécial » des actes, s'intéressant à la criminalité et à la délinquance organisées, proposent un certain nombre de techniques de surveillance. On y retrouve, pêle-mêle, aux côtés des techniques classiques d'enquête[7] (et d'instruction[8], outre des

2. M. Laref, « L'évolution de la preuve du temps de Kaamelott à nos jours : la quête du Graal de la vérité », in *Kaamelott. La légende juridique*, PUFC, Droit et Pop culture, 2023, p. 161.
3. Et ce notamment par la mise en place d'une réglementation. V. B. Bouloc, *Procédure pénale*, 28e éd., Dalloz, coll. « Précis », 2022, n°s 149 s.
4. S. Guinchard et J. Buisson, *Procédure pénale*, 14e éd., LexisNexis, coll. « Manuel », 2021, n° 531. Dans le même sens, J. Pradel, *Procédure pénale*, 18e éd., Cujas, 2015, n° 405.
5. R. Merle et A. Vitu, *Traité de droit criminel*, 7e éd., t. 1, Cujas, 1997, n° 151.
6. J. Pradel, *Droit pénal général*, 18e éd., Cujas, 2010, n° 135.
7. C. pr. pén., art. 53 s.
8. C. pr. pén., art. 92 s.

dispositions communes[9]), certaines opérations de prélèvements externes, de relevés signalétiques[10] ainsi que l'enregistrement, la comparaison et l'identification de ces dernières[11], les visites, perquisitions[12], qui peuvent prendre une coloration numérique[13], les réquisitions[14] ; les contrôles, vérifications et relevés d'identité[15] ; les interceptions des correspondances[16] ; plus récentes, la géolocalisation en temps réel[17], les captations et fixations d'images dans les lieux publics au moyen de dispositifs aéroportés[18], autrement dit les *drones*, et l'activation à distance d'un appareil électronique[19], outre la mise au clair de données chiffrées[20], les fichiers de police judiciaire[21] et autres logiciels de rapprochement[22]. La garde à vue, mixte, et qui n'est parfois pas sans poser de nombreuses difficultés probatoires[23], notamment au prisme de la vulnérabilité qu'une telle mesure peut créer et de ses conséquences sur la suite de la procédure[24], peut encore être citée. Autant de procédés pouvant être mis en œuvre. On rappellera d'ailleurs, pour les fichiers, qu'ils ont pu être approchés par la CEDH, dans la décision phare *S. et Marper*[25] s'intéressant à la conservation généralisée et indifférenciée des empreintes digitales, échantillons cellulaires et autres profils ADN[26]. Pour la France, à deux condamnations non moins célèbres au titre du FAED[27] (antérieure à la condamnation du STIC[28], qui, avec le JUDEX, ont cédé la place au TAJ) et du FNAEG[29], l'un et l'autre ayant (difficilement) été modifiés par la

9. C. pr. pén., art. 230-1 s.
10. Prise d'empreintes digitales, palmaires ou de photographies.
11. C. pr. pén., art. 55-1 ; 76-2.
12. C. pr. pén., art. 56 s., 76 s. et 92 s.
13. C. pr. pén., art. 57-1 s., 76-3 s. et 97-1 s.
14. C. pr. pén., art. 60-1 s., 77-1-1 s. et 99-3 s.
15. C. pr. pén., art. 78-1 s.
16. C. pr. pén., art. 100 s.
17. C. pr. pén., art. 230-32 s.
18. C. pr. pén., art. 230-47 s.
19. C. pr. pén., art. 230-34-1 s.
20. C. pr. pén., art. 230-1 et, v. déjà, art. 60, 77-1 et 156.
21. C. pr. pén., art. 230-6. V. aussi, en matière de terrorisme, art. 706-25-3 s. ; d'infractions de nature sexuelle, art. 706-53-1 s., le FNAEG, art. 706-54 s., etc.
22. C. pr. pén., art. 230-20 s.
23. M. Laref, « Les dérives de l'enfermement à finalité probatoire ou la fabrique illicite et déloyale de la preuve en garde à vue », *in* L. Laref (dir.), *Les pratiques d'enfermement*, L'Harmattan, coll. « Droit, Société et risque », 2024.
24. M. Laref, « Entre nécessité de l'enquête pénale, protection limitée des droits fondamentaux et accès imparfait au juge judiciaire. La vulnérabilité de la personne gardée à vue en (dé)tension », *in* B. Mallevaey et R. Laulier (dir.), *Vulnérabilité et accès au juge*, IFJD, 2023, p. 215-240.
25. CEDH, gr. ch., 4 déc. 2008, *S. et Marper c/ Royaume-Uni*, n°s 30562/04 *et a.* V. déjà, CEDH, gr. ch., 4 mai 2000, *Rotaru c/ Roumanie*, n° 28341/95.
26. J.-P. Marguénaud, « De la conservation des empreintes digitales, échantillons cellulaires et profils ADN des personnes innocentées », *RSC* 2009. 182.
27. CEDH, 5e sect., 18 avr. 2013, *M. K. c/ France*, n° 19522/09.
28. CEDH, 5e sect., 18 sept. 2014, *Brunet c/ France*, n° 21010/10.
29. CEDH, 5e sect., 22 juin 2017, *Aycaguer c/ France*, n° 8806/12.

suite[30]. La CJUE, parfois plus protectrice, est au demeurant particulièrement active en ce domaine[31].

Aux côtés de ces premières mesures, on en retrouve d'autres, complémentaires, en matière de criminalité organisée permettant d'accroître les prérogatives des enquêteurs et les mesures de surveillance. Certaines tendent seulement à évoluer et à s'adapter à cette forme de criminalité, soit que l'autorité, limitée dans le cadre classique de l'enquête, puisse, dans ce cadre particulier, les mettre en œuvre, comme c'est le cas de l'accès à distance aux correspondances stockées par la voie des communications électroniques[32], soit que la force coercitive, bornée dans le cadre classique[33], s'accroisse, comme c'est le cas des perquisitions, visites et saisies[34]. Les règles sont aujourd'hui fixées aux articles 706-73 à 706-106 du Code de procédure pénale. Après avoir dressé une liste étroite des infractions concernées par cette procédure dérogatoire[35], le code les expose. Outre les deux précédentes, on y retrouve des mesures dans une section éponyme : « De la surveillance[36]. » Elles ne sont pas toutes, intrinsèquement, des mesures de surveillance, mais parfois des mesures aux fins de surveiller. Les enquêteurs peuvent ainsi demander à leurs homologues de ne pas procéder au contrôle et à l'interpellation de personnes suspectées ou au contrôle et à la saisie des objets, biens ou produits tirés de la commission de l'infraction afin de ne pas compromettre la poursuite de leurs investigations[37]. La « livraison » donne en outre la possibilité aux agents publics de livrer ou délivrer à la place des prestataires de services postaux et des opérateurs de frêt ces derniers, sans être pénalement responsables[38]. On découvre encore la technique de l'infiltration[39], l'enquête sous pseudonyme[40],

30. Décret n° 2015-1580 du 2 déc. 2015 modifiant le décret n° 87-249 du 8 avr. 1987 relatif au fichier automatisé des empreintes digitales géré par le ministère de l'intérieur, *JORF*, n° 281, 4 déc. 2015, n° 31, pour le premier et décret n° 2021-1402 du 29 oct. 2021 modifiant le Code de procédure pénale et relatif au fichier national automatisé des empreintes génétiques et au service central de préservation des prélèvements biologiques, *JORF*, n° 254, 30 oct. 2021, n° 20, pour le second.

31. V., pour une affirmation récente, CJUE, 5e ch., 26 janv. 2023, *Ministerstvo na vatreshnite raboti*, C-205/21 et Crim. 4 avr. 2024, n° 23-84.520. V. aussi, sur la surveillance de masse plus généralement, les différentes décisions dans la lignée de la célèbre affaire CJUE, gr. ch., 8 avr. 2014, *Digital Rights Ireland [...]*, C-293/12 et C-594/12, et not., CJUE, gr. ch., 21 déc. 2016, *Tele2 Sverige [...]*, C-203/12 et C-698/15 ou encore CJUE, gr. ch., 6 oct. 2020, *La Quadrature du Net [...]*, C-511/18 C512/18 C-520/18 et *Privacy International [...]*, C-623/17, même si, à l'instar de la CEDH, on peut noter un certain affaiblissement de la protection.

32. C. pr. pén., art. 706-95 s.

33. C. pr. pén., art. 59, 76 et 95.

34. C. pr. pén., art. 706-89 s. V. aussi, art. 706-28 et 706-35.

35. C. pr. pén., art. 706-73 à 706-74.

36. C. pr. pén., art. 706-80 s.

37. C. pr. pén., art. 706-80-1.

38. C. pr. pén., art. 706-80-2.

39. C. pr. pén., art. 706-81 s. V. aussi, en matière de stupéfiants, art. 706-32 et C. douanes, art. 67 *bis*.

40. C. pr. pén., art. 706-87-1 (anc.).

quoique cette dernière mesure ait évolué par l'effet de la loi du 23 mars 2019 et qu'elle ne soit plus réservée à la seule criminalité organisée[41]. On y dévoile enfin, dans une section 6 remodelée par l'effet de la précédente loi, les autres techniques spéciales d'enquête[42]. Elle comporte les mesures les plus intrusives en matière de surveillance. Ces dernières, à la différence des précédentes, bénéficient d'un ensemble de dispositions communes[43] avant que chacune d'entre elles ne soit détaillée. Ainsi en est-il du recueil des données techniques de connexion et des interceptions de correspondances émises par la voie des communications électroniques, renvoyant aux célèbres *IMSI Catchers*[44], des sonorisations et fixations d'images de certains lieux ou véhicules[45] et de la captation des données informatiques[46].

Il faut toutefois d'ores et déjà préciser que, suivant la dichotomie mise en lumière par la doctrine classique[47], il s'agit là d'actes nommés. Il peut encore exister, aux côtés de ces derniers, des actes innommés, c'est-à-dire des actes qui ne sont pas proposés par le Code[48], comme peut en témoigner la pratique de la géolocalisation mise en œuvre avant la loi du 28 mars 2014 et qui n'était pas sans poser certaines interrogations[49], quand bien même l'affaire *Uzun*[50] permettait déjà partiellement d'en fixer les lignes directrices. La technique française a d'ailleurs trouvé une issue défavorable puisque la CEDH l'a condamnée dans une affaire *Ben Faiza*[51], à la différence des réquisitions judiciaires qu'elle devait analyser de concert. Toutefois, la technique peut apparaître tour à tour nommée et innomée en fonction de son véhicule procédural[52]. Schématiquement, ces actes rejoignent alors en partie ceux qui peuvent être mis en œuvre dans l'ensemble des autres branches du droit. En effet, la liberté de la preuve gouverne[53], voire même s'impose sur le fondement de l'article 6, § 1, de la Conv. EDH[54]. Ne bénéficiant pas, comme en matière pénale, d'un catalogue d'actes d'enquête, les particuliers peuvent alors mobiliser un certain nombre de technologies aux fins d'administrer

41. V. ainsi C. pr. pén., art. 230-46.
42. C. pr. pén., art. 706-95-11 à 706-102-5.
43. C. pr. pén., art. 706-95-11 à 706-95-19.
44. C. pr. pén., art. 706-95-20
45. C. pr. pén., art. 706-96 s.
46. C. pr. pén., art. 706-102-1.
47. E. Vergès *et alii*, *Droit de la preuve*, PUF, coll. « Thémis », 2015, n° 442.
48. Plus généralement, aucun texte ne prévoit ces actes qui découlent le plus souvent d'une initiative de l'agent dont le juge fixera le régime juridique.
49. Les interrogations perdurent au demeurant. V. ainsi, la distinction opérée concernant la géolocalisation en temps réel des téléphones portables et des véhicules, Crim. 27 févr. 2024, n° 23-81061 et E. Vergès, « Géolocalisation en temps réel d'un téléphone : sauvetage d'une preuve illicite », *AJ pénal* 2024. 208.
50. CEDH, 5e sect., 2 sept. 2010, *Uzun c/ Allemagne*, n° 35623/05.
51. CEDH, 5e sect., 8 févr. 2018, *Ben Faiza c/ France*, n° 31446/16.
52. V. E. Vergès, « Preuves scientifiques et technologiques », CDST 2021, § 37.
53. E. Vergès *et alii*, *Droit de la preuve*, *ibid.*, nos 70-71.
54. V. par ex. Civ. 2e, 10 mars 2004, n° 03-10154.

une preuve, même si les textes peuvent parfois les limiter, à l'instar du CSI[55], si ce n'est directement les actes, à tout le moins les personnes se livrant à ces derniers ; le Code du travail[56] et les textes existants aux fins, notamment, de mettre en place des procédés de surveillance dans l'entreprise[57] ; ou encore, le Code de procédure civile, au titre des mesures d'instruction[58], outre ses principes directeurs[59], limitant le plus souvent les investigations à ce qui est légalement admissible. On peut d'ailleurs rappeler que les mesures d'instructions *in futurum* en cette matière, combinées au droit à la preuve, permettent parfois de pousser certaines mesures de surveillance. Il faut ajouter que les investigations ne sont pas hermétiques[60]. Les actes des particuliers en matière civile peuvent parfois servir la procédure pénale et ne sont pas soumis aux mêmes principes concernant tant la licéité que la loyauté. En effet, les moyens de preuve produits par ces derniers ne constituent pas des actes de procédure et, comme tels, ne sont pas susceptibles d'être annulés dès lors qu'ils ont été contradictoirement débattus, outre certaines spécificités tenant à la relation avec un agent public. Ce dernier, sur qui pèse une obligation de loyauté en général[61], suivant en cela l'approche strasbourgeoise sur la distinction à opérer entre provocation à l'infraction et provocation à la preuve[62], ne doit pas non plus avoir participé à l'administration de la preuve obtenue de façon illicite ou déloyale par une partie privée[63].

---

55. C'est le cas des agents de surveillance et enquêteurs privés. Le livre VI du CSI prévoit un titre Ier, consacré aux « Activités privées de surveillance [...] », et un titre II, aux « Activités des agences de recherches privées ».

56. C. trav., art. L. 1121-1.

57. C. trav., art. L. 1222-4 concernant l'information préalable des salariés et L. 2312-8 celle des représentants du personnel (outre la déclaration à la CNIL).

58. C. pr. civ., art. 143 à 284-1.

59. C. pr. civ., art. 1 à 24.

60. Sur ce glissement de la preuve, v. spéc. P. Beauvais et R. Parizot (dir.), *Les transformations de la preuve pénale*, HC, LGDJ, 2018, p. 153 s.

61. Cass., ass. plén., 9 déc. 2019, n° 18-86.767 et, sur ce dernier, P.-J. Delage, « Loyauté de la preuve en matière pénale. Les clarifications de l'Assemblée plénière (et quelques réserves ou incertitudes à la suite) », *RSC* 2020. 103. La Cour distingue selon qu'il s'agit d'une provocation à la commission de l'infraction, jamais admise, et la provocation à la preuve, qui peut l'être puisque, énonce-t-elle, le « stratagème employé par un agent de l'autorité publique pour la constatation d'une infraction ou l'identification de ses auteurs ne constitue pas en soi une atteinte au principe de loyauté de la preuve ». Elle précise que « Seul est proscrit le stratagème qui, par un contournement ou un détournement d'une règle de procédure, a pour objet ou pour effet de vicier la recherche de la preuve en portant atteinte à l'un des droits essentiels ou à l'une des garanties fondamentales de la personne suspectée ou poursuivie ». Sur ce détournement, *idem*, « Qu'est-ce qu'un détournement de procédure ? », *RSC* 2019. 657.

62. V. de longue date, CEDH, ass. plén., 9 juin 1998, *Teixeira de Castro c/ Portugal*, n° 25829/94 ; CEDH, gr. ch., 5 févr. 2008, *Ramanauskas c/ Lituanie*, n° 74420/01. La CEDH estime que la provocation à l'infraction est prohibée quand en revanche la provocation à la preuve est licite si elle se limite à révéler l'existence d'agissements délictueux et n'est pas consubstantielle d'un stratagème tendant à les déterminer.

63. Crim. 20 sept. 2016, n° 16-80.820 ; Cass., ass. plén., 10 nov. 2017, n° 17-82.028.

Si tous peuvent ainsi, pour administrer une preuve, surveiller, l'acte de surveillance porte en lui le germe d'une ingérence au droit au respect de la vie privée soit par sa nature, ainsi en est-il des méthodes intrusives évoquées, soit par sa durée, par exemple une filature privée, organisée par un employeur ou une institution ou encore d'un agent de la force publique qui entraîne le plus souvent une surveillance physique (et la prise de clichés photographiques[64]), recouvrant la catégorie des actes innommés. Souvent secrets, ces actes d'intrusion, parfois par ruse et stratagème, ce qui peut entraîner des sanctions sur le terrain non de l'illicéité mais de la déloyauté, trouvent une barrière principale dans la protection qui est assurée par l'article 8, § 1, de la Conv. EDH qui agit alors comme un véritable catalyseur de la surveillance à finalité probatoire, à l'instar, en amont, des techniques de renseignements ou de collation de données pour alimenter les fichiers. Mais, la barrière de la vie privée n'est pas infranchissable.

B. LA CLAUSE D'ORDRE PUBLIC, VECTEUR DE LIMITES MESURÉES AUX TECHNIQUES SURVEILLANCIELLES À FINALITÉ PROBATOIRE

Les droits fondamentaux, s'ils ne sont pas par principe hiérarchisés, n'en demeurent pas moins dissemblables. Cette dichotomie, mise en lumière par de très nombreux auteurs, même si certains ont récemment proposé une vision renouvelée, singulièrement au prisme du modèle de la société démocratique faisant varier l'échelle des droits[65], permet une classification suivant leur nature, absolue ou relative. On peut cependant observer, chez le professeur Delmas-Marty, une approche affinée, invitant à distinguer les droits quasi absolus des droits quasi relatifs au milieu de cette structure duale classique[66]. Sans surprise, la clause d'ordre public étant matérialisée par le § 2 de l'article 8, le droit au respect de la vie privée est un droit relatif si bien que l'ingérence probatoire dérivée d'une technique de surveillance n'emporte pas à elle seule atteinte au droit. Trois conditions doivent être remplies pour que l'ingérence ne se transforme pas en atteinte, pouvant entraîner un constat de violation. La preuve issue d'un moyen de surveillance doit être légale, poursuivre un but légitime et être nécessaire dans une société démocratique.

Outre que le critère de la légalité pose une difficulté définitionnelle dans la dogmatique probatoire, *a fortiori* dans un système gouverné par la liberté

64. V. par ex., de longue date, Crim. 21 mars 2007, n° 06-89.444, concernant des photographies réalisées à l'intérieur d'une propriété privée, recevables pour les juges du fond, mais sanctionnées par la Haute juridiction. V., plus réc., mais dans un lieu public, Crim. 28 mars 2023, n° 22-83.874 et Crim. 25 juin 2024, n° 23-86.048.

65. M. Afroukh, *La hiérarchie des droits et libertés dans la jurisprudence de la Cour européenne des droits de l'homme*, Bruylant, coll. « Thèses », 2011.

66. M. Delmas-Marty, *Les forces imaginantes du droit. Le relatif et l'universel* Seuil, coll. « La couleur des idées », 2004, p. 126 s.

de la preuve, il est aussi aux sources d'un contentieux important au prisme de la qualité de la norme qui a d'ailleurs la plus souvent rencontré des mesures en lien direct avec cette forme de surveillance. En effet, si la base légale doit exister – l'ingérence doit être prévue par la loi –, elle n'est pas suffisante, *a fortiori* lorsqu'il s'agit de mesures de surveillance. Il faut encore qu'elle soit accessible et dotée d'une clarté et d'une précision suffisante pour permettre à la personne concernée par la mesure d'en prévoir les conséquences comme l'a expressément affirmée la CEDH de longue date dans ses affaires *Huvig* et *Kruslin*[67]. Il est nécessaire qu'elle indique les personnes susceptibles d'être visées, tout comme les circonstances et les conditions dans lesquelles elle habilite les autorités publiques à prendre ces mesures de surveillance, par nature secrètes. Bien sûr, cette transparence n'est pas totale, sous peine de ruiner les mesures de leur essence. La Cour fait donc preuve d'une certaine souplesse conduisant à une modulation du niveau de précision requis qui dépend notamment du domaine considéré[68]. La prévisibilité confinant à une certitude absolue ne s'impose pas. La Cour admet d'ailleurs qu'une telle finalité est hors d'atteinte et que la rigidité l'accompagnant serait excessive, là où le droit doit pouvoir s'adapter. Le but est ici d'encadrer l'activité des autorités étatiques aux fins d'éviter et donc de protéger les individus contre des atteintes arbitraires de la puissance publique dans les restrictions apportées aux droits fondamentaux en permettant de contrôler les ingérences à partir de la norme ainsi produite[69], au besoin, sous le contrôle d'un juge indépendant et impartial, ce qui n'a pas non plus été sans faire couler beaucoup d'encre, notamment lorsque la mesure est autorisée par le procureur de la République, ce que n'a pas manqué de relever la CEDH dans ses célèbres décisions *Medvedyev*[70] et *Moulin*[71], à l'instar de la CJUE[72].

Ces arrêts, anciens, sont aussi intéressants en ce qu'ils vont permettre de traiter deux questions accessoires en renouant avec la jurisprudence récente de la Cour. Tout d'abord, concernant la nature de la norme, il n'existait pas dans ces affaires de loi au sens formel du terme, c'est-à-dire adoptée par le pouvoir législatif. Certains auteurs[73], mais certaines cours protectrices des

67. CEDH, ch., 24 avr. 1990, *Huvig c/ France*, n° 11105/84, § 26 et *Kruslin c/ France*, n° 11801/85, § 27.
68. V., de longue date, CEDH, ass. plén., 2 août 1984, *Malone c/ Royaume-Uni*, n° 8691/79, § 67-68.
69. Sur la construction de cette dernière, v. E. Vergès, « Construire la norme en procédure pénale. Une étude des techniques juridiques à travers un cas symptomatique, la géolocalisation », *RSC* 2014. 599.
70. CEDH, gr. ch., 29 mars 2010, *Medvedyev et autres c/ France*, n° 3394/03.
71. CEDH, 5e sect., 23 nov. 2010, *Moulin c/ France*, n° 37104/06.
72. V. par ex. CJUE, gr. ch., 2 mars 2021, *H.K. c/ Prokuratuur*, C-746/18.
73. V. J. Velu et R. Ergec, *La convention européenne des droits de l'homme*, Bruylant, 1990, n° 188.

droits de l'homme également[74], ont affirmé que pour que la protection des droits fondamentaux soit effective, la base légale devait s'entendre dans son sens formel lorsqu'il s'agit de restrictions aux droits, soit un acte parlementaire. Ce n'est pas l'approche de la CEDH qui entend le terme « loi » selon une acception matérielle et non uniquement formelle[75], c'est-à-dire aussi bien le droit écrit que non écrit[76]. L'interprétation retenue par la Cour conduit donc à admettre, de façon étendue, comme base légale, l'ensemble du droit en vigueur qu'il soit législatif, réglementaire ou jurisprudentiel[77], cette dernière précisant que les uns ne sont pas exclusifs des autres, mais plutôt complémentaires dans la détermination de sa teneur[78]. Concernant la vigueur de la norme, ensuite, la Cour contrôle s'il s'agit d'une atteinte grave au droit au respect de la vie privée, ce que sont, pour cette dernière, les interceptions téléphoniques ou encore les sonorisations. Dans de tels cas, les mesures doivent se fonder sur « une loi d'une précision particulière[79] ». En revanche, la CEDH a pu estimer dans l'affaire *Uzun* que la géolocalisation est une mesure moins intrusive, ce qui la conduit à tempérer l'exigence de précision de la loi. Mais, il ne s'agit pas d'un blanc-seing. La condamnation de la France dans l'affaire *Ben Faiza* en témoigne, au demeurant de façon assez prévisible en contemplation de l'interprétation de la Cour de cassation en présence d'actes innommés fondés sur l'article 81 du Code de procédure pénale et des affaires *Huvig* et *Kruslin*, le droit français n'indiquant pas, encore une fois, avec assez de clarté, l'étendue et les modalités du pouvoir d'appréciation des autorités (avant la loi du 28 mars 2014 relative à la géolocalisation).

La question complémentaire qui peut se poser au titre de la base légale, et plus généralement de la clause d'ordre public, est encore de savoir si et comment elle s'applique en matière civile en contemplation de la formulation usitée. En effet, si l'article 8 énonce, dans le paragraphe premier, le droit au respect de la vie privée pour toute personne, la clause d'ordre public, fixée dans le second, qui admet des ingérences dans ce droit, précise qu'il s'agit de l'« ingérence d'une autorité publique ». L'énoncé peut conduire à deux interprétations : soit l'article forme un tout indissociable et le premier paragraphe doit se lire à la lumière du second faisant du respect de la vie

74. CIDH 9 mai 1986, OC-6/86, cité par J. Velu et R. Ergec, *ibid. Adde* CIDH 29 août 1986, OC-7/85, cité par V. Coussirat-Coustere, « Article 8 § 2 », *in* L.-E. Pettiti, E. Decaux et P.-H. Imbert (dir.), *La Convention européenne des droits de l'homme. Commentaire article par article*, 2ᵉ éd., Economica, 1999, p. 234. V. égal. *Kruslin*, préc., § 28 *in fine*, l'avis du délégué de la Commission (distinguant de l'analyse faite dans l'affaire *Sunday Times*).

75. *Huvig*, préc., § 28 ; *Kruslin*, préc., § 29.

76. CEDH, ass. plén., 2 août 1984, *Malone c/ Royaume-Uni*, n° 8691/79, § 66.

77. V. GACEDH, n° 5.

78. *Huvig*, préc., § 28 ; *Kruslin*, préc., § 29. V. aussi CEDH, gr. ch., 22 mars 2001, *Streletz, Kessler et Krenz c/ Allemagne*, n°s 34044/96 *et a.*, § 50, sur le fondement de l'article 7 de la Convention mais dont la CEDH reprend les principes dans l'affaire *Uzun*, précisant que, développés sous l'angle de l'article 7, ils s'appliquent également sous l'angle de l'article 8.

79. *Huvig*, préc., § 32 ; *Kruslin*, préc., § 33.

privée une obligation exclusivement étatique, à l'instar des ingérences ; soit on conçoit qu'il existe dans le passage de l'un à l'autre une césure qui conduit à admettre dans le paragraphe premier une obligation *erga omnes* de respecter la vie privée et dans le second une ingérence qui ne serait permise qu'au profit de la seule autorité publique. Incidemment, cette dernière vision conduirait à réévaluer la valeur attribuée au droit au respect de la vie privée puisque l'absence de prévision d'une ingérence spécifique dévolue aux particuliers conduirait à admettre son caractère absolu dans les rapports interindividuels. La juridiction strasbourgeoise a évincé ces deux voies et s'est dirigée dans une troisième en lien avec la diffusion de l'effet horizontal[80] de la Convention et des obligations positives[81] qui s'imposent à l'État. En effet, l'article 8 a essentiellement pour objet de prémunir l'individu contre les ingérences arbitraires des pouvoirs publics. Il s'agit d'une obligation négative. Mais, elle a aussi indiqué que cet article ne se contente pas de commander à l'État de s'abstenir de pareilles ingérences et qu'à cet engagement négatif peuvent s'ajouter des obligations positives inhérentes au respect effectif de ce droit même entre les parties privées, au besoin, par l'adoption de mesures visant au respect de la vie privée jusque dans les relations des individus entre eux[82]. Se faisant, la Cour admet que les impératifs s'imposent aussi bien dans les rapports verticaux qu'horizontaux et autorise, de façon similaire, des ingérences encadrées aussi bien en matière sociale[83] que civile[84], avec la relativité qui s'impose tant en raison de la nature particulière du contentieux devant la CEDH[85] que concernant l'agent qui met en œuvre la mesure. En effet, son contrôle se fait plus pesant dans les rapports entre salarié et employeur que dans les rapports purement individuels, du fait des spécificités de la relation

80. B. Moutel, *L'effet horizontal de la Convention européenne des droits de l'homme en droit privé français. Essai sur la diffusion de la CEDH dans les rapports entre personnes privées*, thèse dact., Limoges, Université de Limoges, 2006.

81. M. Colombine, *La technique des obligations positives en droit de la Convention européenne des droits de l'Homme*, Dalloz, NBP, vol. 133, 2014.

82. V. CEDH, 3e sect., 27 mai 2014, *De La Flor Cabrera c/ Espagne*, n° 10764/09, § 32 ; CEDH, gr. ch., 5 sept. 2017, *Bărbulescu c/ Roumanie*, n° 61496/08, § 110 ; CEDH, gr. ch., 17 oct. 2019, *López Ribalda et autres c/ Espagne*, nos 1874/13 *et a.*, § 111 et déjà CEDH, 5e sect., 23 sept. 2010, *Obst. c/ Allemagne*, n° 425/03, § 40, dans laquelle le requérant ne se plaignait guère d'une action de l'État, mais d'un manquement de ce dernier « à protéger sa sphère privée contre l'ingérence de son employeur » et CEDH, gr. ch., 12 nov. 2013, *Söderman c/ Suède*, n° 5786/08, § 78.

83. V. ainsi, par ex., les affaires *Bărbulescu*, préc., § 108 ou *López Ribalda*, préc., § 111. V. aussi CEDH, 5e sect., 22 févr. 2018, *Libert c/ France*, n° 588/13, § 43 et, déjà, CEDH, 4e sect., 3 juill. 2007, *Copland c/ Royaume-Uni*, n° 62617/00.

84. Concernant la légalité formelle, on pourra se reporter à CEDH, 2e sect., 10 oct. 2006, *L.L. c/ France*, n° 7508/02, § 37-38, la Cour estimant que l'ingérence en cause était bien « prévue par la loi » et, concernant la légalité matérielle, l'ingérence en cause étant prévue par « une jurisprudence et une doctrine bien établies », CEDH, 2e sect., 13 mai 2008, *N.N. et T.A. c/ Belgique*, n° 65097/01, § 38 et 41.

85. Les particularités découlent de la compétence de la Cour qui ne peut connaître que de la résolution d'un conflit horizontal indirect, v. B. Moutel, préc.

en droit du travail[86]. Elle a d'ailleurs ajouté qu'outre « la spécificité des relations de travail », le « développement des nouvelles technologies » pouvait « permettre des mesures de surveillance de plus en plus intrusives dans la vie privée des salariés[87] » dont il convenait de tenir compte, ce qui a toutefois aussi trouvé un écho récent dans les relations *interpartes* et le contentieux particulier des « cyberviolences » et de la « cybersurveillance » mise en œuvre au sein du couple consistant à « surveiller, accéder à ou sauvegarder sans droit la correspondance du conjoint[88] ».

Dans ces deux cas, l'État jouit en revanche d'une marge d'appréciation beaucoup plus ample qu'en matière pénale. Mais, bien qu'elle admette qu'il existe un faible consensus et corrélativement une marge d'appréciation étendue[89], sans toutefois que les États ne jouissent d'une latitude illimitée[90], la Cour a pu indiquer que cette marge se restreint, notamment lorsqu'est en cause un aspect des plus intimes de la vie privée[91], rejoignant sur ce point l'approche pénale. De façon générale, elle admet que les mesures protectrices peuvent être prévues tant par le « droit du travail que par le droit civil et le droit pénal[92] ». Il faut en effet rappeler que la Cour laisse aux États le choix des mesures à mettre en œuvre aux fins de garantir l'observation de l'article 8, qui peut adopter ou non une législation spécifique, sous réserve que ces dernières revêtent la forme d'un « cadre juridique » adéquat offrant une protection contre les ingérences[93]. Logiquement, mais la Cour le rappelle, « Il existe [...] plusieurs manières différentes d'assurer le respect de la vie privée, et la nature de l'obligation de l'État dépendra de l'aspect de la vie privée qui se trouve en cause[94] ». Toutefois, elle indique également, pour les actes interindividuels de moindre gravité, que la voie pénale est possible, sans être obligatoire. Si les États ont l'obligation de mettre en place et d'appliquer en pratique un cadre juridique adapté, ce dernier peut ainsi consister en de « simples » recours civils dès lors qu'ils sont aptes à fournir une protection suffisante[95].

Pour les autres critères, que l'espace assigné ne permettra pas de développer dans les actes écrits, il faut en synthétiser l'approche. Ainsi, si l'ingérence est *prévue par la loi*, encore convient-il qu'elle vise l'un des buts établis par la Convention pour être légitime. À cet égard, l'énumération des buts légitimes conduit à une approche à la fois homogène et hétérogène.

---

86. CEDH, 5e sect., 12 janv. 2017, *Saumier c/ France*, n° 74734/14, § 60 ; *Bărbulescu*, préc., § 117.
87. *López Ribalda*, préc., § 116.
88. CEDH, 4e sect., 11 févr. 2020, *Buturugă c/ Roumanie*, n° 56867/15, § 74 (et sur le rappel des principes, § 60-62 ne manquant pas de renvoyer à l'affaire *Bărbulescu*)
89. *Bărbulescu*, préc., § 118-119.
90. *Ibid.*, § 120.
91. *Ibid.*, § 119.
92. *Ibid.*, § 116.
93. *López Ribalda*, préc., § 113.
94. *Söderman*, préc., § 79 ; *Bărbulescu*, préc., § 113.
95. *Söderman*, préc., § 85.

Homogène tout d'abord, par la formulation initiale qui précède l'énumération proprement dite des buts. Cette dernière, négative[96], confère à ces derniers un caractère limitatif. La mesure de surveillance ne peut se concevoir que dans les limites assignées. Hétérogène ensuite, tant la densité de ces buts est importante et leur contenu général et flou. Cela a fait dire à certains auteurs que chaque État peut ainsi y voir le reflet de ses préoccupations nationales[97]. Enfin, la nécessité dans une société démocratique. Ce critère mériterait encore une longue étude. En effet, si la Convention distingue déjà les caractères de cette dernière à l'aune des droits qu'elle garantit en admettant des gradations de la plus « souple » à la plus ferme, renvoyant à l'exigence d'une simple « nécessité » pour les droits relatifs, et donc l'article 8, mais aussi à ce qui est « absolument nécessaire » pour l'article 2 et a ce qui est « strictement nécessaire » pour l'article 6, la Cour a elle-même admis des variations jurisprudentielles en matière de surveillance. Ainsi, au-delà des marqueurs intrinsèques de la Convention, la Cour a parfois adopté une position très stricte puisqu'elle a pu décider dans l'affaire *Klass* concernant, à l'instar des affaires *Huvig* et *Kruslin*, des écoutes téléphoniques, que le pouvoir de surveiller en secret les citoyens n'est tolérable que dans la mesure « strictement nécessaire à la sauvegarde des institutions démocratiques », ce qui, sur le terrain de l'article 8 de la Convention, renvoie à l'exigence pourtant imposée par l'article 6[98]. Cette vision, confirmée par la CEDH dans de nombreuses affaires, bien qu'elle en tempéra parfois la rigueur, a surtout fait l'objet d'une notable évolution puisque l'analyse, assez limitée initialement, se construit aujourd'hui autour de (très) nombreux critères[99], parfois en combinant l'analyse de la légalité et de la nécessité de la mesure. Ce repli s'est poursuivi sur le terrain de l'admissibilité de la preuve.

II. L'OBSCUR. LES DROITS FONDAMENTAUX PROCESSUELS COMME DILUTION DES LIMITES À LA SURVEILLANCE PROBATOIRE

Le système, ainsi pensé au titre de l'administration de la preuve, déjà vacillant, aurait pu se conjuguer avec un système performant sur le terrain de

96. « Il ne peut y avoir ingérence [...] que » (art. 8). Sur ce point, v. Coussirat-Coustere, « Article 8 § 2 », *in op. cit.*, p. 336.

97. O. de Frouville, *L'intangibilité des droits de l'homme en droit international. Régime conventionnel des droits de l'homme et droit des traités*, FMDH, Pedone, 2004, p. 136.

98. La Cour le réaffirme par ex. dans son affaire CEDH, 4e sect., 12 janv. 2016, *Szabó et Vissy c/ Hongrie*, n° 37138/14, not. § 84 : *« strict necessity »*. V. toutefois CEDH, gr. ch., 4 déc. 2015, *Roman Zakharov c/ Russie*, n° 47143/06, § 232.

99. V. *Bărbulescu* et *López Ribalda*, préc., bien que, dans l'affaire *Libert*, la structure reste plus classique. V. aussi, mais dépassant le cadre strict de la preuve, CEDH, gr. ch., 25 mai 2021, *Big Brother Watch et autres c/ Royaume-Uni*, nos 58170/13 *et a.* et *Centrum för Rättvisa c/ Suède*, n° 35252/08.

son admissibilité, singulièrement quand il avait été porté atteinte à un droit fondamental. Originellement, la CEDH ne se prononçait pas sur cette question incidente, une fois le constat de violation du droit substantiel déclaré. Quoi qu'il en soit, la réponse paraissait de bon sens. La technique, condamnée sur le terrain de l'administration de la preuve issue d'un moyen de surveillance portant atteinte au droit fondamental, ne devait pouvoir reparaître et prospérer sur le terrain de son admissibilité, sous peine de ruiner l'édifice érigé. Il faut d'ailleurs faire remarquer qu'en l'absence d'un tel constat de violation, la Cour se livre à un contrôle minimal de cette admissibilité[100]. Toutefois, les juges strasbourgeois n'ont pas retenu cette conception (A), conduisant à un paradoxe en matière de protection des droits fondamentaux (B).

A. LE DROIT AU PROCÈS ÉQUITABLE, VECTEUR DE LÉGITIMATION DE L'ATTEINTE PROBATOIRE

Par principe, et sur le fondement de l'article 19 de la Conv. EDH, la jurisprudence de la CEDH en matière probatoire est claire : l'admissibilité de cette dernière est une compétence que la Cour renvoie aux États depuis sa célèbre décision *Schenk*[101], confirmée en formation de grande chambre dans son affaire *García Ruiz*[102], puis constamment réaffirmée depuis lors, avec quelques variantes concernant la formulation[103]. Pour cette dernière, elle a pour seule tâche d'assurer le respect des engagements résultant de la Convention pour les États contractants. À cet égard, elle indique qu'il ne lui appartient pas, « spécialement », « de connaître des erreurs de fait ou de droit prétendument commises par une juridiction [interne], sauf si et dans la mesure où elles pourraient avoir porté atteinte aux droits et libertés sauvegardés par la Convention[104] ». Par ailleurs, et plus spécifiquement concernant la preuve, elle précise que « Si la Convention garantit en son article 6 le droit à un procès équitable, elle ne réglemente pas pour autant l'admissibilité des preuves en tant que telle [ou leur appréciation], matière qui dès lors relève au premier chef du droit interne [et des juridictions nationales][105] », affirmant qu'elle n'a pas à jouer le rôle d'une quatrième instance, sauf si l'appréciation des tribunaux internes peut passer pour arbitraire ou manifestement déraisonnable.

Dans ces conditions, elle décide qu'elle ne saurait donc exclure par principe et *in abstracto* l'admissibilité d'une preuve recueillie de manière illégale, ce qui se conçoit aisément, et qu'il lui incombe seulement de rechercher si le procès a présenté dans l'ensemble un caractère équitable, ce qui se conçoit moins aisément. Un tel désengagement de la Cour en matière probatoire

100. *López Ribalda*, préc., § 154-158.
101. CEDH, ass. plén., 12 juill. 1988, *Schenk c/ Suisse*, n° 10862/84, spéc. § 45-46.
102. CEDH, gr. ch., 21 janv. 1999, *García Ruiz c/ Espagne*, n° 30544/96, spéc. § 28.
103. V. par ex. *López Ribalda*, préc., § 149-150.
104. *Schenk*, préc., § 45 (consolidé par la jurisprudence ultérieure).
105. *Ibid.*, § 46.

n'avait pas déjà été sans élever par le passé de nombreuses critiques[106], outre que, relativement à l'article 6, elle a procédé, plus récemment, et sous couvert d'un soi-disant éclaircissement, à un changement profond de la philosophie de son contrôle[107], par l'approche toujours plus globalisante du procès équitable, régression au demeurant limitée au domaine terroriste[108] dans un premier temps[109], mais qui s'est étendue et a contaminé le droit commun. Cette transformation du contrôle se matérialise d'ailleurs dans les critères mêmes de ce dernier. Il était renvoyé initialement à la question de savoir si le procès a présenté « dans l'ensemble un caractère équitable ». Ce dernier a cependant muté vers la seule question de savoir si la « procédure a été équitable dans son ensemble », ce qui ne manque pas de modifier le paradigme probatoire de ce contrôle[110]. Cela conduit notamment, dans ce type de contentieux, à examiner l'illégalité, mais aussi, dans le cas où se trouve en cause la violation d'un autre droit protégé par la Convention, la nature de cette violation, ce qui a été rendu possible par une extension de sa « jurisprudence *Shenck* », notamment dans les affaires *Khan*[111] ou encore *P.G. et J.H.*[112], dans lesquelles l'irrégularité de la preuve ne résultait plus d'une violation de la loi, mais d'une violation d'un droit conventionnel (l'article 8), ouvrant par ricochet la voie à un assouplissement substantiel des règles d'irrecevabilité de la preuve issue d'un moyen de surveillance inconventionnel.

Il faut ajouter, cette approche se voulant processuelle, que, à l'instar de la clause d'ordre public, si les principes ont initialement été fixés pour l'admissibilité d'une preuve pénale, la Cour en fait une application similaire en matière civile. Toujours similairement à la clause d'ordre public, elle indique en revanche que les garanties du « procès équitable » ne sont pas nécessairement les mêmes dans les domaines pénal et civil et que les États disposent d'une marge d'appréciation plus ample dans le second cas. Toutefois, et justifiant l'adverbe, elle peut tout à fait s'inspirer, pour l'examen de l'équité d'une procédure civile, des principes développés sous l'angle du volet pénal de l'article 6. Et elle n'hésitera d'ailleurs pas à le faire concernant la surveillance des salariés par exemple[113]. Des critiques similaires à la matière pénale peuvent être émises, la Cour admettant en ce domaine également de faire

---

106. F. Deshayes, *Contribution à une théorie de la preuve devant la Cour européenne des droits de l'homme*, thèse dact., Monptellier, Université de Montpellier, 2002, n° 69. V. aussi B. Delzangles, *Activisme et autolimitation de la Cour européenne des droits de l'homme*, Fondation Varenne, coll. « Thèses », p. 84-85.
107. V. par ex. CEDH, gr. ch., 12 mai 2017, *Simeonovi c/ Bulgarie*, n° 21980/04 ; CEDH, gr. ch., 9 nov. 2018, *Beuze c/ Belgique*, n° 71409/10.
108. J.-P. Marguénaud, « La régression des garanties procédurales conventionnelles face aux exigences de la lutte contre le terrorisme », *RSC* 2017. 130.
109. CEDH, gr. ch., 13 sept. 2016, *Ibrahim et autres c/ Royaume-Uni*, n°s 50541/08 *et a.*
110. V. par ex. CEDH, gr. ch., 1er juin 2010, *Gäfgen c/ Allemagne*, n° 22978/05, § 163.
111. CEDH, 3e sect., 4 oct. 2000, *Khan c/ Royaume-Uni*, n° 35394/97.
112. CEDH, 3e sect., 25 sept. 2001, *P.G. et J.H. c/ Royaume-Uni*, n° 44787/98.
113. *López Ribalda*, préc., § 152.

évoluer sa formulation, puisqu'elle s'interroge non plus sur la question de savoir si le procès a présenté dans l'ensemble un caractère équitable mais s'il a été équitable dans son ensemble[114].

Le contrôle opéré par la CEDH au titre du procès équitable peut ainsi remettre en tension les limites aux techniques de surveillance à finalité probatoire, notamment celles fondées sur les barrières qu'élève l'article 8, consacrant le droit au respect de la vie privée. D'ailleurs, l'analyse probatoire, opérée au prisme d'autres droits, dont la nature est distincte puisqu'ils sont absolus et comme tels, par principe intangibles, à l'instar de l'article 3 de la Convention, a aussi interpellé l'observateur, conduisant à s'interroger sur la jurisprudence de la Cour, sibylline, dans le domaine particulier de la preuve et de son admissibilité quand elle trouve sa source dans une violation d'un tel droit fondamental. La CEDH adopte une nouvelle fois une jurisprudence toute en nuance en ce domaine, mais qui dépasse les limites de l'étude. Elle distingue là où il n'y a souvent pas lieu de le faire, notamment la question de savoir si la preuve découle d'un traitement inhumain ou d'un traitement dégradant ou encore d'un acte de torture. Subdivisant son approche, elle contrôle encore si elle résulte directement ou indirectement de certains de ces agissements. Elle mobilise parfois des techniques, comme par exemple la rupture dans la chaine de la causalité, quelque peu hétérodoxes, là où pourtant, le contrôle, comme cela a été de nombreuses fois soulevé dans les opinions séparées des juges, ne devrait absolument pas pouvoir prospérer au risque de ruiner ces droits. Une phrase en résume d'ailleurs la dérive, comme dans son affaire *Gäfgen*[115] dans laquelle elle indique, de façon constante depuis, que l'utilisation d'éléments de preuve obtenus au moyen d'une mesure jugée contraire à l'article 3 suscite toujours de graves « doutes » quant à l'équité de la procédure... On notera au surplus que, quel que soit le droit fondamental substantiel intrinsèquement violé, il n'est souvent pas sans porter en lui le germe de nombreuses autres conséquences, notamment de nature purement procédurale, et subséquemment des atteintes aux autres droits fondamentaux processuels.

Un nouveau contrôle aura donc lieu aussi bien en matière civile que pénale tenant compte de toutes les circonstances de la cause, et en particulier de la question de savoir si les droits de la défense ont été respectés, avec les régressions propres que l'on a pu évoquer. Sur le terrain probatoire, la Cour vérifiera si le requérant a eu accès au moyen de preuve issu de la surveillance probatoire et s'il a eu la possibilité de s'opposer à son utilisation. La qualité de ce dernier est également prise en compte. L'analyse portera alors sur la possibilité pour le requérant de remettre en cause son authenticité, sa fiabilité et son exactitude. Enfin, la Cour examinera, un peu à l'instar de la CJUE dans le contrôle de la nécessité probatoire, mais inversement aux juridictions

114. *Ibid.*, § 150.
115. *Gäfgen*, préc., § 165.

internes, si la preuve litigieuse est corroborée par d'autres moyens, même si elle tempère ce critère d'appréciation puisqu'elle admet que cela ne s'impose pas nécessairement lorsque ce dernier « est très solide et ne prête à aucun doute », le besoin d'autres éléments à l'appui devenant moindre dans ce cas. Surtout, elle examinera s'il a pu être contradictoirement débattu. Ainsi, la preuve obtenue au mépris du droit au respect de la vie privée ne sera pas déclarée irrecevable. Elle devra encore passer ce filtre de l'équité. Si la preuve qui a ainsi violé la vie privée reste équitable, le paradoxe se révèle à l'écriture même, alors elle sera potentiellement recevable, ce qui n'est pas sans conséquences à la lumière de la lecture d'ensemble qui s'impose dans le domaine de la protection des droits humains.

B. LE PARADOXE DE L'APPROCHE, L'AFFAIBLISSEMENT GÉNÉRALISÉ DES DROITS FONDAMENTAUX

Dans ce schéma, le paradoxe s'affirme. L'administration de la preuve issue d'un moyen de surveillance peut être limitée au titre d'une ingérence dans le droit au respect de la vie privée alors que, au titre de son admissibilité, un nouveau contrôle s'opère, permettant sa recevabilité potentielle si elle répond à des impératifs alternatifs alors même que ces derniers sont ordinairement complémentaires.

De deux choses l'une. Soit, suivant un cercle vertueux, dont on sait que les particuliers et *a fortiori* l'État ne seront pas prompts à l'embrasser, les investigateurs, par volonté (et en actes), respecteront *ab initio* la vie privée d'autrui, seule à même de limiter la preuve, puisqu'elle pourra vraisemblablement être recevable sur le terrain de l'équité si, suivant la lecture minimale de la CEDH, et la régression des droits fondamentaux processuels, la procédure a été équitable dans son ensemble. Soit, et la réalité s'impose peut-être davantage ici, suivant un cercle vicieux, les personnes privées, comme les agents de la puissance étatique, prendront le pari, peu protecteur des droits fondamentaux, de violer la vie privée, en espérant que le procès équitable sera à même de blanchir la preuve obtenue qui, illicite, sera, *in fine*, recevable.

Une telle approche est alors une prime offerte à l'illicéité des méthodes de surveillance à finalité probatoire. En témoigne, d'ailleurs, le mouvement que l'on connait actuellement en droit interne qui postule une véritable tentative de rendre admissible la plupart des preuves, que ces dernières s'avèrent illicites ou déloyales, soit par la sophistication de la théorie des nullités construite par la chambre criminelle de la Cour de cassation, mêmes lorsque sont en jeu les droits fondamentaux[116] soit, plus généralement pour les autres chambres, au nom du droit à la preuve, qui se fondamentalise[117],

116. Crim. 27 févr. 2024, préc.

117. M. Mekki, « La fondamentalisation du droit de la preuve », *RDA* oct. 2015, p. 58. V. aussi J.-P. Marguénaud, « Preuve et droits fondamentaux. Rapport général », *in* Association

et permet de faire sauter les barrières probatoires. Un arrêt récent[118] valide d'ailleurs l'approche au-delà de l'illicite, qui a encore permis de rendre plus poreuses les barrières des limites probatoires, ce qui n a pas été sans susciter des craintes de la doctrine[119], même si certains auteurs appelaient de leurs vœux cette évolution[120], au demeurant à la suite d'un arrêt tout aussi inquiétant[121] qui avait permis en matière pénale, remettant en tension son nuancier probatoire quant à la déloyauté[122], d'administrer une preuve dont on ignorait la source[123].

Dans une telle déconstruction des limites probatoires, la CEDH doit, à n'en pas douter, redevenir le phare qui éclaire le navire battant pavillon des libertés et le guide sur les mers agitées de la surveillance à finalité probatoire qui tendent à le faire sombrer, sous peine qu'il ne s'échoue aux portes du port de l'État de droit, la Cour ne se faisant, n'éclairant plus, que l'ombre d'elle-même...

Capitant, *La preuve*, Bruylant, 2015, p. 20. *Adde* C. Grimaldi, « Preuve et droits fondamentaux. Rapport français », *ibid.*, p. 161 ; M. Mekki, « Preuve et vérité. Rapport français », *ibid.*, p. 815.

118. Cass., ass. plén., 22 déc. 2023, n° 20-20.648.

119. B. Bossu, cet ouvrage. V. déjà, *idem*, « Virage de la chambre sociale de la Cour de cassation sur la recevabilité d'une preuve illicite », *JCP S* 2021. 1032 ; *idem*, « Loyauté et contrat de travail », *in* F. Petit (dir.), *Droit et loyauté*, Dalloz, coll. « Thèmes & Commentaires », 2015, p. 134-135. V. aussi S. Guinchard *et alii*, *Droit processuel. Droit commun et droit comparé du procès équitable*, 12e éd., Dalloz, coll. « Précis », 2023, n° 752.

120. G. Lardeux, V° « Preuve : règles de preuve », *Rép. Dr. civ. Dalloz*, oct. 2018, n° 407. V. aussi P. Adam, « Sur la recevabilité d'un moyen de preuve illicite. Nouvelle variation sur le droit à la preuve », *Dr. soc.* 2022. 81.

121. Crim. 1er déc. 2020, n° 20-82.078.

122. V. *supra*.

123. Des journalistes étaient entrés en possession d'éléments dont ils refusaient de divulguer la source. Si cela se justifie par la protection dévolue au secret des sources de ces derniers (v. not. la loi du 29 juill. 1981 sur la liberté de la presse et l'article 10 de la Conv. EDH), elle interroge sur le terrain de la loyauté probatoire : comment savoir quels acteurs ont concouru à l'administration de la preuve et surtout, si une autorité publique y a participé, ce qui a une importance non négligeable à suivre la jurisprudence de la chambre criminelle de la Cour de cassation en ce domaine. L'absence d'informations pourrait conduire à rendre admissible une preuve qui ne l'est classiquement pas sur le fondement du principe de loyauté probatoire. Plus encore, elle pourrait conduire les autorités publiques à user d'un stratagème pour permettre à une preuve déloyale d'intégrer la procédure en la remettant aux journalistes qui n'auront pas à en révéler l'origine, *a fortiori* si une telle remise est faite anonymement. La preuve policière déloyale serait ainsi blanchie par le filtre du secret des sources des journalistes.

TROISIÈME PARTIE

Surveiller et punir, 40 ans après

PREMIÈRE SOUS-PARTIE

Surveiller, est-ce punir ?

Surveillance et alternatives aux poursuites pénales

FRANCK LUDWICZAK

Maître de conférences de droit privé et sciences criminelles à l'UCLille, C3RD – Centre de recherche sur les relations entre les risques et le droit

Issues d'une interprétation du principe de l'opportunité des poursuites, les procédures alternatives constituent, en matière répressive, des « circuits de dérivation[1] » devant lutter contre l'engorgement des tribunaux pénaux face aux contentieux de masse. De natures diverses[2], elles constituent des modalités de traitement de l'infraction décidées par l'organe de poursuite[3] avant tout déclenchement de l'action publique.

Consacrant un large évitement du juge et de ses missions traditionnelles[4], ces procédures constituent des formes particulières de dépénalisation[5] pouvant favoriser le consensualisme en matière pénale et prévenir le renouvellement des faits. Cependant, en réalisant un « classement sans poursuites[6] » par l'apport d'une réponse pénale minimale aux infractions de faible gravité, ces procédés[7], semblent *a priori* étrangers à toute modalité de surveillance. Celle-ci, pouvant être définie comme « le fait de surveiller une personne ou une opération pour la sauvegarde d'autres intérêts », repose sur une action fondée sur la vigilance de celui qui surveille et est marquée par des actes

1. H. Haenel, « Justice de proximité, Premier bilan », *Pouvoirs* 1995, n° 74, p. 93.
2. S. Guinchard et J. Buisson, *Procédure pénale*, 16e éd., LexisNexis, 2023, nos 1617 s.
3. Il s'agira le plus souvent du procureur de la République, sauf les cas où une administration peut recourir à la transaction pénale. V. X. Pin, *Le consentement en matière pénale*, LGDJ, 2002, p. 567.
4. J. Carbonnier, « Réflexion sur la médiation », in *La médiation : un mode alternatif de résolution des conflits ?*, Lausanne, 14-15 nov. 1991, Zürich, *Schuthess Polygraphister Verlag*, 1992.
5. M. Delmas-Marty, *Les grands systèmes de politique criminelle*, PUF, 1992, p. 279.
6. Audition de P. Truche par la commission des lois du Sénat, 8 oct. 1997, projet de loi sur l'action publique, rapp. n° 11, 13 oct. 1999
7. B. De Lamy, « Procédures et procédés, propos critiques sur la contractualisation du droit pénal », in *Le système juridique à l'ère de la contractualisation*, Rencontres Demogue, Université Lille 2, 2005.

de vérification et de contrôle[8]. Cette notion, proche de celle de probation connue au titre de l'application des peines, vise la prévention de la récidive[9] et l'amendement de l'auteur des faits. Elle apparaît alors comme un élément de la réponse pénale face à la commission d'une infraction.

Le développement des alternatives aux poursuites, consacrées comme des réponses pénales à part entière[10], repose sur l'accomplissement volontaire des obligations acceptées par l'auteur des faits et suppose ainsi la surveillance de celle-ci. Cette mission est confiée aux organes chargés de l'exécution des alternatives aux poursuites (I). Cependant, à la faveur de la législation récente, de nouveaux procédés recourent à des modalités de surveillance accrues semblant renforcer la fonction de répression. Il s'agit de l'avertissement pénal probatoire et de la convention judiciaire d'intérêt public (II).

I. ALTERNATIVES AUX POURSUITES ET EXISTENCE DE MODALITÉS DE SURVEILLANCE

Bien que principalement décidée par le procureur de la République, le déroulement des alternatives aux poursuites est très souvent confié à un organe délégué (A). Celui-ci est chargé d'une mission de surveillance dont il faut préciser le contenu (B).

A. UNE MISSION DE SURVEILLANCE CONFIÉE À UN ORGANE DÉLÉGUÉ

Conçues en tant qu'outils au service de l'efficacité et la célérité de la procédure pénale, les alternatives aux poursuites favorisent le recours à des organes délégués. Selon les articles 41-1 et suivants du Code de procédure pénale, il pourra s'agir d'un officier de police judiciaire ou d'un délégué ou médiateur du procureur[11].

Cet organe est investi de deux missions distinctes. La première consiste en la proposition de la mesure à l'auteur de l'infraction. Il s'agit d'une mission d'information au titre de laquelle le délégué précise au délinquant la nature de l'infraction qui lui est reprochée et les peines en principe applicables, la procédure alternative décidée par mesure de faveur par le parquet, ainsi que les obligations mises à sa charge.

En outre, le mis en cause sera informé des conséquences de la mesure sur l'opportunité des poursuites, notamment en cas de commission d'une nouvelle infraction. Ainsi, le refus ou l'absence d'exécution parfaite de la

8. G. Cornu, *Vocabulaire juridique*, 15e éd., Puf, 2024, 1004.
9. Entendue au sens criminologique.
10. Depuis la loi n° 2004-204 du 9 mars 2004.
11. Habilité dans les conditions de l'art. R. 15-33-30 C. pr. pén.

mesure mènera à l'information du parquet, lequel pourra décider une réponse plus répressive pouvant prendre la forme d'un déclenchement de l'action publique[12]. La marge de manœuvre du délégué est restreinte car il ne peut modifier ni le contenu, ni le quantum de la mesure décidée par le parquet. Cependant, selon la nature de la mesure, une mission de surveillance de la bonne exécution de cette dernière peut être confiée à l'organe délégué.

B. LE CONTENU DE LA MISSION DE SURVEILLANCE

L'ampleur de cette mission est variable. Avant sa suppression par la loi « Confiance dans l'institution judiciaire[13] », le rappel à la loi ne supposait aucune surveillance puisque l'exécution de la mesure se confondait avec la mission d'information elle-même. La surveillance est toutefois plus consistante à propos de la mesure de régularisation[14] décidée principalement en cas d'absence de détention d'un titre[15]. Le procès-verbal de cessation de l'infraction est alors conditionné à la vérification, par le délégué, de la mise en conformité de la situation de l'individu avec les exigences normatives. Tel est aussi le cas des stages alternatifs des articles 41-1 ; 2° ou 41-2 du Code de procédure pénale. Ainsi, l'exécution du stage de sensibilisation à la sécurité routière, par exemple, sera vérifiée par la remise par le stagiaire au délégué d'une attestation de stage[16]. La structure de stage, émettrice de ce document, constitue alors un organe subdélégué de la procédure. Une telle subdélégation existe également en cas d'injonction thérapeutique associée à une composition pénale. Dans ce cas, la surveillance de l'exécution est plus complexe. En effet, le suivi d'une cure de désintoxication est confié à un médecin relais désigné dans le cadre d'un protocole conclu entre le parquet et l'agence régionale de santé[17]. Cet organe, en lien avec le médecin choisi par l'auteur, procèdera à un examen régulier de l'individu pendant une durée maximale de 24 mois. Le médecin relais devra informer régulièrement le délégué du procureur de l'évolution de la situation médicale de l'intéressé. Il doit, en outre, l'informer sans délai en cas d'interruption du traitement, à charge pour le délégué d'en informer le parquet. Toutefois, sa qualité de professionnel médical tenu au secret confère au médecin relais une marge d'appréciation importante car il peut seul déterminer l'existence d'une rechute dans la toxicomanie synonyme d'échec de la mesure.

Modalité du procédé lui-même, la surveillance opérée est toujours antérieure à la décision du parquet sur l'action publique. Cependant, bien que les effets sur cette dernière varient d'une procédure à une autre, chacune

12. Tel est le cas lors de l'échec d'une composition pénale.
13. Loi n° 2021-1729 du 22 déc. 2021.
14. C. pr. pén., art. 41-1 ; 3°.
15. V. not. Circ. CRIM 2004-03 E5 du 16 mars 2004, *BOMJ* n° 93.
16. C. pr. pén., art. 15-33-55-1.
17. V. Circ. 12 mai 2017, *BOMJ* n° 2017-05.

permet d'observer leur caractère répressif et la fragilité de la surveillance mise en œuvre.

Ainsi, d'une part, les alternatives de l'article 41-1 du Code de procédure pénale ne présentent qu'un effet suspensif, y compris en cas de pleine exécution. Le procureur peut ainsi toujours décider d'une composition pénale ou du déclenchement des poursuites, tant que la prescription de l'action publique n'est pas acquise. La bonne exécution apparaît alors indifférente, même si le délégué relève l'impact positif de la mesure sur l'auteur[18]. Ce constat confirme l'absence de pouvoir de l'organe chargé de la surveillance, tout autant qu'il affirme l'absence de portée de cette dernière au titre du traitement pénal du délinquant. D'autre part, la même critique peut être faite à propos de la composition pénale pourtant extinctive de l'action publique en cas de pleine exécution[19]. Tout espoir d'évitement d'un procès peut être déçu en raison de l'effet interruptif de la prescription de l'action publique de la mesure pendant son déroulement, celui-ci perdurant tant que l'exécution n'est pas achevée.

L'objectif punitif et la surveillance au sein des alternatives aux poursuites déjà existantes ont pu être confirmés par le législateur à l'occasion de réformes récentes. Cependant, le recours accru à la surveillance sert de manière inégale la fonction répressive des mesures nouvellement créées.

II. ALTERNATIVES AUX POURSUITES RÉCENTES, SURVEILLANCE ACCRUE ET APPARENCE DE RÉPRESSION

Deux procédés peuvent être relevés. Il s'agit, d'une part, de l'avertissement pénal probatoire. Celui-ci, voulu plus répressif que le rappel à la loi qu'il remplace, conditionne l'absence de poursuites à une période probatoire s'avérant *in fine* ineffective (A). D'autre part, il s'agit de la convention judiciaire d'intérêt public. Cette procédure constitue un procédé recourant à des modalités de surveillances spécifiques, lesquelles s'éloignent d'un objectif purement répressif (B).

A. AVERTISSEMENT PÉNAL PROBATOIRE ET ABSENCE DE SURVEILLANCE EFFECTIVE

L'avertissement pénal probatoire[20] de l'article 41-1 ; 1° du Code de procédure pénale remplace, depuis le 1er janvier 2023, le rappel à la loi. Ce dernier, né

18. Crim. 21 juin 2011, n° 11-80.003, *RSC* 2011. 660, obs. J. Danet, *D.* 2011. 2379, note F. Deprez et *D.* 2011. 2379, note J.-B. Perrier, *Gaz-Pal.* 17-19 juill. 2011, p. 18, note S. Detraz, *JCP* 2011. 1453, note F. Ludwiczak.
19. C. pr. pén., art. 41-2, al. 9.
20. Loi n° 2021-1729, préc.

de la pratique des parquets[21], faisait l'objet de critiques variées[22]. D'une part, en ce qu'il consistait en un rappel solennel du caractère infractionnel des faits et des peines normalement applicables, il apparaissait comme une réponse pénale trop légère puisqu'aucune obligation positive n'était mise à la charge de l'individu en principe primodélinquant. D'autre part, il était très souvent mis en œuvre par un officier de police judiciaire dans le cadre d'un traitement en temps réel de l'infraction, ce qui favorisait les sentiments d'impunité de l'auteur et d'injustice ressentie par la victime dont les intérêts étaient négligés.

Simple évolution, l'avertissement pénal probatoire demeure une mesure exceptionnelle et consiste en une réponse pénale minimale. Cependant, désormais, les intérêts de la victime sont préservés puisque, lorsque l'infraction a causé un dommage, la mesure ne pourra être décidée que si le préjudice est déjà réparé ou en complément d'une réparation[23].

Sur le fond, la nouvelle mesure dispose d'un domaine infractionnel plus restreint[24]. Toutefois, sur la forme, l'article 41-1 ; 1er du Code de procédure pénale impose que la mesure soit adressée à l'auteur par le procureur ou son délégué, à l'exclusion de l'officier de police judiciaire.

L'innovation majeure réside dans le caractère probatoire de la mesure et la surveillance qui en découle, laquelle sert *a priori* un objectif punitif. Le code précise que la décision de classement sans suite sera « revue » en cas de commission d'une nouvelle infraction dans un délai de deux ans en cas de délit ou d'un an en matière de contravention.

Si cette révision poursuit un objectif répressif par le rappel du caractère précaire de la décision prise au titre de l'article 41-1 du Code de procédure pénale, le dispositif présente des défauts. Tout d'abord, l'avertissement pénal probatoire ne dispose, comme toutes les mesures de l'article 41-1 du Code de procédure pénale, que d'un effet seulement suspensif de la prescription de l'action publique. Ainsi, la révision de la décision du procureur est toujours possible puisqu'elle a lieu avant son déclenchement et laisse sauve l'opportunité des poursuites.

Ensuite, le délai de révision fixé à deux ans en matière de délit apparait inefficace puisque la prescription de l'action publique en la matière est fixée à six ans[25]. Ainsi, l'épuisement de ce délai sera sans effet sur la possibilité pour le procureur de la République ou la victime[26] de déclencher les poursuites.

Enfin, d'après la circulaire du 13 décembre 2022, la révision imposée au magistrat du parquet n'est pas contraignante, ce texte précisant que la réitération d'une infraction ne remettra pas systématiquement en cause le

21. Puis consacré par la loi n° 99-515 du 23 juin 1999.
22. Delage, « Du rappel à la loi à l'avertissement pénal probatoire », *D.* 2022. 364.
23. C. pr. pén., art. 41-1 ; 4°.
24. V. Circ. CRIM-2022-22/E1 du 13 déc. 2022 relative à l'avertissement pénal probatoire.
25. C. pr. pén., art. 8.
26. Crim. 17 janv. 2012, n° 10-88.226, *LPA* 14 janv. 2013, Chron. Droit et risque n° 4, p. 5, note Ludwiczak.

classement sans suite initialement décidé. Si la surveillance prévue en matière d'avertissement pénal probatoire se révèle ineffective, celle insérée au sein des conventions judiciaires d'intérêt public (CJIP), éloigne la mesure de l'objectif répressif.

B. LES CONVENTIONS JUDICIAIRES D'INTÉRÊT PUBLIC ET L'EXISTENCE D'UNE SURVEILLANCE NON RÉPRESSIVE

Intermédiaire entre les alternatives de l'article 41-1 du Code de procédure pénale et la composition pénale, la CJIP est à l'origine issue de la loi « Sapin 2 »[27]. Forme particulière de transaction pénale inspirée du *« deferred prosecution agreement »* du droit américain, la CJIP réservée à la personne morale permet l'évitement du procès et la préservation de la réputation de celle-ci afin de ne pas l'exclure des marchés publics[28], à condition de respecter les obligations mises à sa charge à titre probatoire.

Le domaine infractionnel de la procédure s'est élargi. Si, initialement, la CJIP ne concernait que certains délits d'atteinte à la probité ou à l'autorité de l'État, tels que la corruption active et le trafic d'influence[29], la loi du 24 décembre 2020[30] étend cette procédure aux délits d'atteinte à l'environnement[31].

Sous réserve des dispositions de l'article 180-2 du Code de procédure pénale, la CJIP constitue une alternative aux poursuites en ce qu'elle découle d'une proposition faite, avant tout déclenchement de l'action publique, directement par le procureur de la République territorialement compétent[32].

La procédure, comparable à celle de la composition pénale, suppose, en cas d'acceptation par l'auteure de l'infraction, la saisine par le parquet du président du tribunal judiciaire aux fins de validation de la convention[33]. Lorsque ce juge valide la CJIP, les obligations mises à la charge de la personne morale seront mises à exécution[34]. Cette procédure est avantageuse car la validation de l'accord, extinctif de l'action publique, empêche toute poursuite. En outre, la CJIP ne peut constituer le premier terme de la récidive car elle n'a ni la nature, ni les effets d'un jugement, pas plus qu'elle n'emporte déclaration de culpabilité ou inscription au bulletin n° 1 du casier judiciaire. En revanche,

---

27. Loi n° 2016-1691 du 9 déc. 2016.
28. J. Pradel, *Procédure pénale*, 19e éd., Cujas, 2017, n° 690 ; Claude, « Réflexions sur la première convention judiciaire d'intérêt public », *AJ pénal* 2018. 30.
29. C. pr. pén., art. 41-1-2.
30. L. n° 2020-1672 du 24 déc. 2020.
31. C. pr. pén., art. 41-1-3.
32. Sous réserve des dispositions de l'art. 705 C. pr. pén. relatif à la compétence du procureur de la République financier et de l'art. 706-2-3 du même code relatif à la compétence des pôles régionaux spécialisés en matière d'atteintes à l'environnement.
33. Ce juge n'interviendra pas dans le cade de ses missions traditionnelles mais aura pour rôle de vérifier notamment la régularité de la procédure ou la légalité et la proportionnalité des sanctions au regard des avantages tirés des manquements.
34. Sauf rétractation de la part de la personne morale rendant caduque la mesure.

l'ordonnance de validation, le montant de la sanction pécuniaire ainsi que la convention sont publiés sur les sites internet des ministères de la justice et du budget ou du ministère de l'environnement.

Les articles 41-1-2 et 41-1-3 du Code de procédure pénale prévoient que le procureur peut décider, comme mesure première, d'une amende dite d'intérêt public dans les limites et modalités fixées par le code. La référence à l'amende confère *a priori* au procédé une nature répressive. Cependant, celle-ci peut être complétée ou remplacée par un programme de mise en conformité devant assurer le déploiement au sein de la personne morale des mesures et procédures énumérées au II de l'article 131-39-2 du Code pénal. Ce programme[35], placé sous le contrôle des organes chargés de la surveillance de la bonne exécution, comporte les sanctions prévues par ce même texte, en matière d'atteinte à la probité[36]. En matière environnementale, la mise en conformité portera sur la régularisation de la situation de la personne morale au regard de la loi ou du règlement. La circulaire d'application de la loi[37] précise les dispositions légales et fait référence à une obligation de remise en état des lieux telle que prévue par le Code de l'environnement. En outre, une obligation de réparation du préjudice écologique, au besoin sous astreinte de 3000 € par jour, peut être décidée.

L'article R. 15-33-60-7 du Code de procédure pénale fait de l'agence française anticorruption, des services compétents du ministère de l'environnement ou de l'office français de la biodiversité, les organes d'exécution et de surveillance de la CJIP. Ceux-ci demeurent soumis au procureur de la République puisqu'ils doivent lui rendre compte, au moins annuellement. En outre, le caractère suspensif de la mesure laisse sauf son pouvoir d'opportunité tout au long de la mesure de mise en conformité. Cette prérogative, classique en matière d'alternatives aux poursuites, ne suffit pas à convaincre que la surveillance opérée appuie un objectif répressif de la CJIP.

En effet, la lecture des CJIP publiées permet d'observer un objectif punitif nuancé qu'il s'agisse d'atteintes à la probité ou à l'environnement. Dans le premier cas, l'objectif punitif semble prévaloir puisque l'amende d'intérêt public est systématiquement décidée pour un montant souvent élevé[38], alors que le programme de mise en conformité est plus rarement retenu. Dans le second cas, la tendance s'inverse, favorisant une conception préventive, avec une amende plus faible, mais une mise en conformité toujours conclue[39].

35. D'une durée de 3 ans contre 5 lorsqu'il est prononcé à titre de peine.
36. Tels que la réalisation d'un code de conduite définissant les comportements proscrits, d'un régime disciplinaire sanctionnant ces comportements, d'un dispositif d'alerte interne, d'une cartographie des risques, etc.
37. Circ. CRIM 2021-02/G3 du 11 mai 2021 visant à consolider le rôle de la justice en matière environnementale.
38. 26 millions d'euros à propos de la CJIP Banque JP Morgan (Ord. 2 sept.2021) ou 15 millions d'euros à propos de la CJIP Airbus 2 (Ord. 30 nov. 2022), *D. actu.* 28 sept. 2021, obs. Dufourcq, 16 janv. 2023, obs. Gallois.
39. TJ Puy-en-Velay, Ord. 16 déc. 2021 et 18 févr. 2022, *D. actu.* 31 janv. et 22 mars 2022, obs. Dufourcq.

Enfin, deux derniers indices confirment un recul de la fonction répressive de la CJIP. D'une part, l'indemnisation systématique des victimes confirme une fonction réparatrice de la CJIP. D'autre part, la conclusion de deux CJIP pour des infractions successives au bénéfice du même agent[40] confirme la crainte du Conseil d'État selon laquelle le dispositif ne permettrait pas à la justice pénale d'assurer pleinement sa mission de restauration de la paix publique et de prévention de la récidive[41]. Ce constat n'est pas propre à la CJIP. L'évolution législative des alternatives aux poursuites favorise une dilution des objectifs initiaux de chacune d'entre elles[42], sans que les modalités de surveillance les complétant ne convainquent ni de leur efficacité, ni de leur destination répressive.

40. Gallois, « CJIP Airbus 2 : *Bis repetita placent* », *D. actu.*, préc.

41. CE 24 mars 2016, avis n° 391.262, *RSC* 2020. 351, obs. Stasiak.

42. F. Ludwiczak, « Les apports de la loi n° 2021-401 du 8 avril 2021 en matière d'alternatives aux poursuites », *AJ pénal* 2021. 234.

La surveillance, vue par un juge de l'application des peines

Libres propos

MEHDI KÉBIR

Docteur de droit privé et sciences criminelles, magistrat de l'ordre judiciaire, juge de l'application des peines

« – J'ai mesuré ta peine avec justice...
– Mesuré avec justice ? Mais où donc, juge, est ta mesure ? »
S. ZWEIG, *Virata*, 1922.

Il est approximativement 18 heures, lorsqu'un soir de semaine, alors que je suis juge de l'application des peines depuis quelques semaines seulement, je reçois dans mon bureau, sur mandat d'amener, un condamné faisant l'objet d'un rapport d'incident du SPIP. Il m'avait été rapporté que l'intéressé, condamné en récidive pour des violences conjugales, a bondi de sa chaine lorsqu'à ma demande, son conseiller pénitentiaire avait évoqué avec lui la possibilité d'ajouter au sursis probatoire auquel il était soumis, l'obligation de porter un bracelet anti-rapprochement. La victime, particulièrement inquiète, faisait état de menaces persistantes, qu'elle imputait au condamné. Après enquête, il s'est avéré qu'il n'en était rien et que ce dernier respectait les obligations et interdictions de la mesure parmi lesquelles figuraient une interdiction de contact avec la victime et une interdiction de paraître à son domicile. Mais la situation devenait de plus en plus tendue, le condamné exprimant sa lassitude de devoir se justifier devant les insinuations de la victime. À l'évocation du BAR, il m'a opposé la même fin de non-recevoir qu'à son conseiller pénitentiaire, ajoutant qu'il préférait porter 24 heures sur 24 une *go pro*, qu'un tel bracelet. « Comme ça, m'a-t-il dit, vous pourrez me surveiller toute la journée et vous verrez que Madame dit n'importe quoi ! »

Le propos aurait pu prêter à sourire. Au contraire, j'ai pris très au sérieux son cri du cœur en me posant rapidement la question : *et si... un jour?* La proposition de cette « PPSMJ », comme dit le SPIP, avait des allures de prémonitions. N'est-ce pas là la prochaine étape du processus consistant à vouloir à tout prix supprimer tout risque de récidive et plaçant les condamnés sous la surveillance du juge de l'application des peines? Une surveillance effective, concrète quoique par essence virtuelle, permettant de savoir où il se trouve et quand, afin d'être sûr de pouvoir agir avec une rapidité digne d'un film d'action hollywoodien...

Il faut dire que la surveillance, entendue dans son acception la plus courante comme le fait de veiller particulièrement et avec autorité sur quelque chose, fait partie intégrante du travail du juge de l'application des peines.

Non défini par la loi, cet office du juge est sans doute aussi fascinant que méconnu. Ce magistrat est, de l'avis des magistrats eux-mêmes, celui qui concentre aujourd'hui le plus de pouvoir entre ses mains. Il s'est vu doter de pouvoirs qui ont été refusés à tous les autres. Il a le pouvoir de faire et de défaire. Faire : il peut faire ce qui n'a pas été fait par la juridiction de jugement. Défaire : il peut défaire ce qu'a fait la juridiction de jugement. Il a ainsi le pouvoir de convertir des peines, de les aménager, de les archiver, d'en anticiper la fin, de les prolonger au-delà du terme prévu.

Instituée par l'ordonnance du 23 décembre 1958, la fonction de juge de l'application des peines fut historiquement conçue comme une activité non spécifique. Elle était confiée à un magistrat du siège du tribunal de grande instance. Les lois du 15 juin 2000 et du 9 mars 2004 ont élargi les attributions du juge de l'application des peines et transformé son office. Ils en ont fait une juridiction du premier degré autonome appliquant des procédures juridictionnelles. Toutes les réformes qui ont eu lieu par la suite n'ont fait que renforcer ses prérogatives et élargir ses missions.

Cette préoccupation du législateur traduit plus généralement une évolution du droit pénal français vers une volonté de traiter la *dangerosité*. Les auteurs évoquent depuis longuement ce mouvement qui a conduit l'émergence du droit pénal de la dangerosité à l'aube des années 2000. Ils l'analysent comme le résultat de la conjonction d'un repli sécuritaire des sociétés occidentales et d'une politique criminelle plus favorable à la victime.

Ce repli sécuritaire s'appuie sur l'échec imputé à l'*idéal* de réhabilitation défendu par l'école de la Défense sociale nouvelle et qui a profondément inspiré la politique criminelle d'après-guerre. « Le législateur a souhaité miser sur les mesures de surveillance et de neutralisation des individus jugés dangereux pour la société. » Cette évolution repose en grande partie sur la peur, comme l'a expliqué Mireille Delmas-Marty, « la propagation de la peur aurait ainsi facilité la transposition du principe de précaution des risques naturels ou technologiques à la criminalité, réelle ou potentielle, au point de justifier presque sans protestation du public, l'autonomisation de la dangerosité[1] ». Cette culture de la peur a conduit à une politique criminelle qualifiée de « sécuritaire[2] », laquelle a entraîné la création d'un droit pénal « de précaution et de prédiction[3] », un droit pénal de la dangerosité reposant sur un culte de la surveillance.

Cette surveillance est aujourd'hui au cœur de l'activité du juge de l'application des peines, dont le rôle est de fixer les principales modalités de l'exécution des peines privatives de liberté ou de certaines peines restrictives de liberté en orientant et en contrôlant les conditions de leur application. Elle est presque codée en dur comme disent les informaticiens. L'évolution de l'office de ce juge a même consisté à en faire un *juge de la surveillance*, et pas seulement dans le domaine du suivi post-peine, qui constitue le terreau classique de la notion (I). La notion de surveillance irrigue aujourd'hui littéralement son activité quotidienne et s'étend bien au-delà du suivi post-peine (II).

I. LA SURVEILLANCE, NOTION CLASSIQUEMENT RATTACHÉE AU SUIVI POST-PEINE

Plusieurs mesures confiées au contrôle du juge de l'application des peines reposent classiquement sur la notion de surveillance au stade du suivi post-peine.

A. LA SURVEILLANCE JUDICIAIRE

La loi du 12 décembre 2005 a introduit « la surveillance judiciaire de personnes dangereuses condamnées pour crime ou délit ». Il s'agit d'un mécanisme qui permet de soumettre, après sa libération, un condamné évalué comme dangereux à des obligations déterminées, de façon à éviter la réalisation du risque de récidive. À sa libération, le condamné est soumis à des obligations pendant une durée équivalente aux réductions de peine dont il a bénéficié. Si, pendant ce temps d'épreuve, le condamné ne respecte pas ses obligations, les réductions de peines peuvent être retirées et l'intéressé réincarcéré.

1. M. Delmas-Marty, « Comment sortir de l'impasse ? », *RSC* 2010. 107 : « [...] l'imprévisibilité des dangers contribue à nourrir la peur. Peur des risques globaux (risques environnementaux comme le changement climatique, ou sanitaires comme les épidémies). Mais aussi la peur de l'autre, quand il apparaît comme une menace : délinquant (auteur de meurtres, d'attentats sexuels, de violences volontaires), ancien délinquant (récidiviste ayant exécuté une peine), délinquant potentiel, ou personne seulement potentiellement dangereuse (malades mentaux, étrangers en situation irrégulière, mineurs « à risques ») ».

2. V. not. L. Mucchielli (dir.), *La frénésie sécuritaire. Retour à l'ordre et nouveau contrôle social*, La Découverte, coll. « Sur le vif », 2008 ; v. également M. Delmas-Marty, *Libertés et sûretés dans un monde dangereux*, Seuil, coll. « La couleur des idées », 2010.

3. V. X. Pin, « Politique criminelle et frontières du droit pénal : enjeux et perspectives », *RPDP* 2011. 83 ; v. également C. Lazerges, « La tentation du bilan 2002-2009 : une politique criminelle du risque au gré des vents », *RSC* 2009. 689.

Selon le Conseil constitutionnel, elle constitue une modalité d'exécution de la peine qui a été prononcée par la juridiction de jugement et repose non sur la culpabilité du condamné, mais sur sa dangerosité. La surveillance judiciaire est prononcée aux seules fins de prévenir une récidive dont le risque paraît avéré.

B. LA SURVEILLANCE DE SÛRETÉ

La surveillance de sûreté est un mécanisme qui permet de soumettre un condamné qui a fini d'exécuter sa peine, évalué comme dangereux, à des obligations déterminées, de façon à éviter la réalisation du risque de récidive.

Le placement sous surveillance de sûreté répond à une évolution positive de l'intéressé qui présente un risque de récidive plus faible qu'avant. Si l'expertise constate la persistance de la dangerosité et si la commission pluridisciplinaire des mesures de sûreté propose le placement sous surveillance de sûreté, le juge de l'application des peines ou, à défaut, le procureur de la République, saisit la juridiction régionale de la rétention de sûreté, et ce, 6 mois avant la fin de la surveillance judiciaire ou du suivi socio-judiciaire.

La personne est placée sous le contrôle du juge de l'application des peines, assisté du SPIP, dans le ressort duquel elle a sa résidence habituelle.

En cas de méconnaissance des obligations qui lui ont été imposées au titre de la surveillance de sûreté, et si cette méconnaissance fait apparaître que la personne présente, à nouveau, une particulière dangerosité, caractérisée par une probabilité très élevée de commettre l'une des infractions mentionnées à l'article 706-53-13 du Code de procédure pénale, le juge de l'application des peines ou le procureur de la République saisit le président de la juridiction régionale afin que celui-ci ordonne, s'il y a lieu : soit la modification des obligations, soit le placement provisoire dans un centre socio-médico-judiciaire de sûreté.

C. LE PLACEMENT SOUS SURVEILLANCE ÉLECTRONIQUE MOBILE

Il s'agit d'une mesure de sûreté qui vise à assurer une surveillance post-pénitentiaire du condamné.

Le condamné placé sous surveillance électronique mobile est astreint au port, pendant toute la durée du placement, d'un dispositif intégrant un émetteur permettant à tout moment de déterminer à distance sa localisation sur l'ensemble du territoire national[4].

4. Le PSEM est applicable dans quatre hypothèses :
- dans le cadre du suivi socio-judiciaire, soit par la juridiction de jugement au moment de la condamnation initiale, soit par le juge de l'application des peines modifiant le contenu du suivi socio-judiciaire initial ;

Ce dispositif est conçu de façon à ne pas pouvoir être enlevé par le condamné sans qu'un signal d'alarme ne soit émis. Il vise à accroître le contrôle social de certains condamnés dangereux, de déterminer à tout moment où se trouvent les intéressés et de vérifier le respect des obligations et interdictions qui leur sont imposées.

Le « PSEM », comme on dit en pratique, se distingue de la surveillance électronique « statique », qui consiste à assigner une personne en un lieu précis, à des temps déterminés.

Conformément à sa nature de mesure de sûreté, le PSEM ne peut être prononcé qu'à l'encontre d'un condamné dont la dangerosité est constatée au jour où la mesure est décidée. Le constat de dangerosité résulte d'une expertise médicale ou d'un examen de dangerosité accompli avant la libération de l'intéressé. Par ailleurs, il ne peut être prononcé que s'il apparaît indispensable pour prévenir la récidive à compter du jour où la privation de liberté prend fin.

Le juge de l'application des peines doit faire pratiquer un examen qui vise à évaluer la dangerosité de l'intéressé et le risque de récidive. Cet examen doit être réalisé par un psychiatre et un psychologue.

Loin de se cantonner au strict cadre du suivi post-peine des condamnés les plus dangereux, la notion de surveillance irrigue aujourd'hui l'activité du juge de l'application des peines au quotidien. Assisté du service pénitentiaire d'insertion et de probation qui agit sur mandat, le juge de l'application des peines met en œuvre cette logique de surveillance dans tous les pans de son activité.

II. LA SURVEILLANCE, UNE NOTION QUI IRRIGUE DÉSORMAIS L'ENSEMBLE DE L'ACTIVITÉ DU JAP

De façon générale, certains dispositifs intègrent des mesures de contrôle qui sont celles prévues aux articles 132-44[5] et 132-45 du Code pénal. C'est toute l'activité du juge de l'application des peines qui repose sur cette logique de

– dans le cadre de la surveillance judiciaire, il peut constituer une obligation particulière de la SJPD imposée par le tribunal de l'application des peines ; dans ce cas, les conditions propres à la surveillance judiciaire sont applicables ;
– dans le cadre de la libération conditionnelle : il peut constituer une obligation particulière de la libération conditionnelle accordée par le JAP ou le TAP, à condition que le suivi socio-judiciaire soit encouru pour l'infraction commise et que la peine initialement prononcée soit supérieure ou égale à 5 ans ;
– dans le cadre d'une surveillance de sûreté : il peut constituer, dans certains cas, une obligation particulière de la surveillance de sûreté.

5. Les mesures de contrôle auxquelles le condamné doit se soumettre sont les suivantes :
1° Répondre aux convocations du juge de l'application des peines ou du service pénitentiaire d'insertion et de probation désigné ;

contrôle : suivi des sursis probatoires, simples ou renforcés, des interdictions de séjours, de l'exécution d'un travail d'intérêts général, de suivi socio-judiciaire, etc. Le juge est destinataire, à échéances régulières, de rapports du SPIP lui signalant des incidents, ce qui le conduit à réagir en fonction (courrier de cadrage, convocation en rappel des obligations, convocations en débat contradictoire).

Plus spécifiquement, toutefois, certaines mesures reposent, dans leur fondement même, sur la notion de surveillance et non plus seulement sur la notion de contrôle.

A. LA DÉTENTION À DOMICILE SOUS SURVEILLANCE ÉLECTRONIQUE

Cette mesure peut d'abord être prononcée à titre de *peine*. Il s'agit de l'une des innovations majeures de la loi de programmation et de réforme pour la justice qui fait de la surveillance électronique une peine à part entière, distincte de la surveillance électronique prononcée à titre d'aménagement de peine ou de mesure de sûreté.

Il s'agit d'une peine alternative à l'emprisonnement consistant pour le condamné à demeurer en un lieu désigné, pendant des périodes déterminées. Elle implique le port d'un dispositif de surveillance électronique relié à un centre géré par l'administration pénitentiaire qui contrôle à distance le respect par le condamné des horaires d'assignation. La particularité de la DDSE-peine est qu'il ne s'agit pas d'une mesure exécutée sous écrou puisqu'elle ne constitue pas une peine d'emprisonnement. Par conséquent, la personne condamnée ne peut bénéficier d'aucune réduction de peine, ni de permission de sortir, ce qui explique en grande partie le fait qu'elle soit si peu prononcée aujourd'hui.

En cas d'inobservation des interdictions ou obligations qui lui sont imposées, d'inconduite notoire, de nouvelle condamnation ou de refus par le condamné d'une modification nécessaire des conditions d'exécution, le juge de l'application des peines peut : soit limiter les autorisations d'absence du

2° Recevoir les visites du service pénitentiaire d'insertion et de probation et lui communiquer les renseignements ou documents de nature à permettre le contrôle de ses moyens d'existence et de l'exécution de ses obligations ;
3° Prévenir le service pénitentiaire d'insertion et de probation de ses changements d'emploi ;
4° Prévenir le service pénitentiaire d'insertion et de probation de ses changements de résidence ou de tout déplacement dont la durée excéderait quinze jours et rendre compte de son retour ;
5° Obtenir l'autorisation préalable du juge de l'application des peines pour tout changement d'emploi ou de résidence, lorsque ce changement est de nature à mettre obstacle à l'exécution de ses obligations ;
6° Informer préalablement le juge de l'application des peines de tout déplacement à l'étranger.

condamné; soit ordonner son emprisonnement pour la durée de la peine restant à exécuter.

La détention à domicile sous surveillance électronique-aménagement de peine est aussi un mode d'*aménagement* des peines d'emprisonnement en dehors d'un établissement pénitentiaire. Impliquant le port d'un bracelet électronique relié à un centre géré par l'administration pénitentiaire, il emporte pour le condamné interdiction de s'absenter du lieu désigné en dehors de périodes fixées par le juge. Un dispositif placé au lieu d'assignation permet de détecter la présence ou non du bracelet, et donc du condamné.

Les périodes et le lieu d'assignation sont fixés par le juge en tenant compte notamment de l'exercice d'une activité professionnelle par le condamné, du suivi d'un enseignement, d'un stage, d'une formation ou d'un traitement médical, de la recherche d'un emploi, de sa participation à la vie de famille, ou de tout projet d'insertion ou de réinsertion.

Le dispositif fonctionne sur le réseau de téléphonie portable à partir de puces SIM appartenant à l'administration pénitentiaire. Ce système ne fonctionne donc que si le logement est couvert par le réseau, ce qui est le cas sur quasiment tout le territoire national mais pas partout. Le logement doit permettre un fonctionnement normal des liaisons entre le bracelet et le modem placé près du téléphone. Le condamné n'est autorisé à s'absenter de son domicile pendant des périodes déterminées par la juridiction ou le juge de l'application des peines que pour le temps nécessaire à l'exercice d'une activité professionnelle, au suivi d'un enseignement, d'un stage, d'une formation ou d'un traitement médical, à la recherche d'un emploi, à la participation à la vie de famille ou à tout projet d'insertion ou de réinsertion.

La personne détenue à domicile sous surveillance électronique est inscrite au registre d'écrou de l'un des établissements pénitentiaires dépendant du centre de surveillance. Le contrôle est effectué à distance par les agents de l'administration pénitentiaire au moyen d'un dispositif électronique générant des alarmes de violation de périmètre et par vérifications téléphoniques.

Les agents de l'administration pénitentiaire peuvent également, dans les horaires prévus, se présenter au lieu fixé, pour y contrôler sa présence. Ces agents font aussitôt rapport au juge de l'application des peines de leurs diligences.

Le juge de l'application des peines peut retirer la décision de détention à domicile sous surveillance électronique notamment en cas de non-respect des obligations fixées (interdiction de s'absenter de son domicile, obligation de répondre aux convocations de toute autorité publique, etc.) ou en cas d'inconduite notoire.

B. LE CAS PARTICULIER DU BRACELET ANTI-RAPPROCHEMENT

Un sursis probatoire peut comporter l'obligation de respecter l'interdiction de se rapprocher d'une victime de violences commises au sein du couple, prévue à l'article 132-45-1 du présent code et contrôlée par un dispositif électronique mobile anti-rapprochement.

Le BAR peut être prononcé dans le cadre d'une peine, d'un aménagement de peine, d'une mesure de sûreté, mais également au stade présentenciel dans le cadre d'un contrôle judiciaire ou d'une ARSE/ARSEM. Il consiste pour le condamné en une interdiction de se rapprocher de la victime à moins d'une certaine distance (distance d'alerte), dont le contrôle est assuré par le port d'un bracelet électronique permettant de déterminer sa localisation sur l'ensemble du territoire national et s'il s'approche de la victime, elle-même dotée d'un dispositif de localisation.

Dans le cadre d'un BAR, il convient de fixer la distance d'alerte, soit la distance à laquelle le condamné ne doit pas s'approcher de la victime : elle est exprimée en nombre entier en kilomètres et doit être comprise entre 1 et 10 km. Si le condamné entre dans la zone de pré-alerte (correspondant automatiquement au double de la distance d'alerte), il doit être contacté par le service de surveillance afin d'être averti de la situation et invité à changer de direction. En cas d'entrée dans la zone d'alerte, le service de surveillance peut contacter la victime voir alerter les forces de l'ordre.

Le manquement à cette interdiction est constitué en cas de rapprochement volontaire, ce caractère volontaire étant indispensable pour entrainer le prononcé d'une sanction. Constitue également une violation de l'obligation le fait pour le condamné de ne pas s'assurer du rechargement périodique du dispositif afin de garantir son fonctionnement.

En cas d'incident, le JAP dispose des moyens d'investigation et de contrainte classiques, en ce compris le placement en retenue, et peut décider, après débat contradictoire, d'une révocation, d'un retrait ou d'une mise à exécution dans le cadre de la peine ou mesure servant de support à l'obligation.

Au quotidien, le suivi de ces mesures pose d'importantes difficultés au juge de l'application des peines. La principale tient à la célérité de la transmission de l'information lorsqu'un incident survient, tel qu'une entrée en zone de pré-alerte voire d'alerte. L'efficacité du mécanisme tient à la réactivité des services en charge du suivi de la mesure, au premier rang desquels se trouve le juge de l'application des peines. Or, cette célérité n'est pas toujours de mise, le juge étant parfois alerté plusieurs heures après ledit incident. L'autre difficulté tient au mode de transmission des alertes reçues sur la boîte structurelle du service de l'application des peines. Cette boîte reçoit l'intégralité des alertes générées par les BAR en cours de suivi, y compris les alertes dites techniques qui découlent d'une simple perte de signal et qui sont tellement nombreuses qu'elles finissent par noyer littéralement les vraies alertes. Ces difficultés mettent considérablement à mal l'efficience de la surveillance opérée par le juge de l'application des peines, alors même que ce mécanisme repose tout entier sur cette notion.

En conclusion, la notion de surveillance irrigue aujourd'hui toute la fonction de juge de l'application des peines tant son champ s'est élargi au gré des réformes. Cette extension du champ de la surveillance au sein des fonctions du juge de l'application des peines conduit à une transformation progressive de son office. Le juge de l'application des peines, chargé de ce rôle de surveillance, devient un juge intervenant ponctuellement pour sanctionner les comportements qui ne respectent pas le cadre judiciaire. Cela conduit par voie de conséquence à faire du SPIP le principal interlocuteur au quotidien des personnes suivies. Ce sont aujourd'hui les conseillers pénitentiaires d'insertion et de probation qui travaillent au jour le jour auprès des personnes condamnées pour permettre la mise en œuvre de l'objectif de réinsertion fixé par la loi, alors que c'est là le cœur de métier du juge de l'application des peines. Celui-ci ne verra la personne suivie que si la surveillance mise en œuvre relève un manquement, auquel il sera alors chargé d'apporter une réponse. Une question se pose aujourd'hui à tous les juges de l'application et tous ont la réponse au fond d'eux même : et si le juge de la *surveillance* qu'est le juge de l'application n'était pas devenu qu'un juge de l'*incident* ?

La surveillance des mineurs

NADIA BEDDIAR

Professeur de droit public à l'UCLille,
C3RD – Centre de recherche sur les relations entre les risques et le droit

Le service public pénitentiaire se caractérise avant tout par la sécurité, impératif qui se déploie à travers l'ensemble des rapports existants en son sein, afin de préserver le bon ordre et son fonctionnement normal.

Au titre de la police intérieure, l'article R. 231-1 du Code pénitentiaire (CP) dispose que « les personnes détenues doivent obéir aux fonctionnaires ou agents ayant autorité dans l'établissement pénitentiaire en tout ce qu'ils lui prescrivent pour l'exécution des dispositions législatives ou réglementaires, du règlement intérieur défini aux articles L. 112-4 et R. 112-22, ou de toute autre instruction de service ». Ainsi, tout détenu, qu'il soit majeur ou mineur, est concerné par cette disposition.

La finalité de la discipline pénitentiaire a considérablement évolué au fur et à mesure des décennies, de façon à devenir un élément de réinsertion par l'apprentissage du respect des règles de fonctionnement d'une organisation[1], reposant sur la gestion d'une communauté de personnes.

Cet aspect se vérifie de manière particulière pour les mineurs. En effet, ils constituent le public pour lequel le régime de détention est le plus dérogatoire dans la réglementation pénitentiaire, et est défini par la circulaire du 24 mai 2013 relative au régime de détention des mineurs[2]. Cette spécificité trouve sa source dans la vulnérabilité caractéristique de cette catégorie de détenus.

Longtemps très rigoureuses, les règles disciplinaires, et plus largement les normes de gestion de la population, se sont considérablement assouplies à l'encontre des mineurs.

Néanmoins, le droit disciplinaire ne consacre pas de spécialisation pleine et entière de la procédure au profit des mineurs. Le droit commun s'applique alors aux mineurs (I), mais trouve une adaptation en consacrant un mode

1. É. Péchillon, *Sécurité et droit du service public pénitentiaire*, LGDJ, 1998, p. 330.
2. Circulaire du 24 mai 2013 relative au régime de détention des mineurs NOR : JUSK1340024C.

alternatif de sanction, distinct du cadre de la procédure disciplinaire traditionnelle. Cette voie alternative implique alors une latitude dans l'appréciation des actes répréhensibles et, en conséquence, un régime de sanctions répondant aux profils spécifiques des mineurs (II).

I. L'APPLICATION DU DROIT DISCIPLINAIRE DE DROIT COMMUN EN MATIÈRE D'INCRIMINATION

Toute ouverture d'une procédure disciplinaire suppose la commission et la qualification d'un comportement répréhensible adopté par le détenu, selon une échelle de gravité (A), puis le prononcé d'une sanction conforme au principe de proportionnalité (B).

A. UNE DÉFINITION VARIÉE DES COMPORTEMENTS FAUTIFS

Longtemps restées sans définition[3], les fautes disciplinaires sont à présent énumérées aux articles R. 232-4 et suivants du CP. Selon leur nature et leur gravité, les fautes disciplinaires peuvent être autonomes vis-à-vis du droit pénal et ainsi échapper à une qualification pénale.

Les fautes susceptibles d'être commises par un détenu sont classées en trois degrés de gravité (CP, art. R. 232-2).

Le premier degré regroupe 16 comportements répréhensibles, considérés comme les plus graves pour les personnes et les plus attentatoires à la sécurité de l'établissement.

Il peut s'agir de violences physiques à l'encontre d'un membre du personnel, d'une personne en mission ou en visite dans l'établissement ou d'un autre détenu. L'article précité incrimine également la tentative dans la mesure où les comportements décrits constituent à la fois des fautes disciplinaires et des infractions pénales. À titre d'illustration, participer ou tenter de participer à une évasion est puni par une mise en cellule disciplinaire et une peine de trois ans d'emprisonnement et 45000 euros d'amende (C. pén., art. 434-27).

Le deuxième degré concerne 16 fautes intermédiaires. Elles visent des comportements perturbateurs, qui ne portent pas directement atteinte à la sécurité des établissements. Il peut s'agit de l'écriture de lettre de menaces ou d'injures, de vols ou la consommation de stupéfiants.

L'intention coupable est particulièrement soulignée pour certains actes par l'emploi du terme « délibérément », tout comme la notion de complicité dans la commission des actes faisant spécifiquement l'objet du 16° de l'article R. 232-5 du CP.

3. N. Beddiar, *Le mineur délinquant face au service public pénitentiaire*, thèse de doctorat en droit, Université de Lille, 2011, p. 339 s. ; N. Beddiar, *Le régime de détention des mineurs. Droit et pratique pénitentiaire*, Paris, Berger-Levrault, 2020, 400 p.

Enfin, le 3e degré décrit 8 fautes considérées comme les moins graves et les plus fréquentes. L'article R. 232-6 du CP incrimine, par exemple, l'entrave des activités, le jet d'objet par les fenêtres ou encore la réalisation de jeux interdits et sanctionne aussi l'incitation d'autrui à commettre ces fautes.

Si la liste des comportements punissables semble limitative, le pouvoir réglementaire allonge considérablement les agissements fautifs en prévoyant la sanction de toute violation du règlement intérieur de l'établissement.

La création, par voie réglementaire, d'une hiérarchisation des fautes disciplinaires répond à la mise en place d'un éventail précis des sanctions envisageables pour chaque cas.

Le droit disciplinaire prévoit 11 sanctions prononcées à l'encontre des détenus majeurs (CP, art. R. 233-1 s.). Les sanctions qui concernent les mineurs sont prévues dans la partie réglementaire du Code de la justice pénale des mineurs (CJPM).

Les sanctions sont organisées selon une différenciation entre mineurs de moins de 16 ans et de plus de 16 ans.

Une réforme introduite par le décret du 11 mai 2007 a introduit le principe d'une atténuation des sanctions disciplinaires prononcées à l'encontre des mineurs. La durée de nombreuses sanctions est passée de 2 mois à 15 jours. Le décret du 23 décembre 2010 a confirmé ce mouvement d'adoucissement de la rigueur disciplinaire en précisant que les sanctions doivent être prononcées en tenant compte « notamment de leur âge et de leur degré de discernement ». Il souligne que les sanctions collectives sont prohibées, il limite le recours au confinement en cellule ordinaire et le placement en cellule disciplinaire. Par ailleurs, ce décret introduit une nouvelle sanction, l'activité de réparation qui présente une dimension pédagogique certaine (CP, art. R. 124-25).

Pour tous les mineurs, peu importe leur âge, huit sanctions peuvent être prononcées selon l'article R. 124-23 du CJPM : l'avertissement ; la privation, pendant une période maximale de 15 jours, de la faculté d'effectuer en cantine tout achat autre que celui de produits d'hygiène et du nécessaire de correspondance ; la privation, pendant une durée maximale de 15 jours, de tout appareil audiovisuel dont le mineur a l'usage personnel ; l'activité de réparation ; la privation ou la restriction d'activités culturelles, sportives et de loisirs pour une période maximum de 8 jours ; le confinement en cellule individuelle ordinaire pour une durée de 3 à 7 jours, selon la gravité de la faute[4].

Chacune de ces sanctions présente un régime juridique spécifique qui peut impliquer des conséquences plus ou moins graves pour la situation pénale et administrative du mineur détenu.

4. Cette sanction est possible pour les mineurs âgés de 13 à 16 ans uniquement s'ils ont commis l'une des dix premières fautes du 1er degré et pour une durée de 3 jours.

B. LE RÉGIME JURIDIQUE DES SANCTIONS DISCIPLINAIRES SELON LEUR GRAVITÉ

L'avertissement est la sanction disciplinaire la moins grave. Inscrit dans le dossier disciplinaire du mineur, son prononcé n'est pas sans effet. L'article R. 234-29 du CP prévoit que le chef d'établissement transmet la copie de la décision disciplinaire dans un délai de 5 jours au DISP, au DIRPJJ et au juge des enfants (JE) ou au juge chargé du dossier de la procédure pénale. L'article précité ne distingue pas le type de décision disciplinaire, l'avertissement n'est donc pas exclu.

Même si la commission d'application des peines (CAP) n'est pas informée du prononcé d'un avertissement, la transmission de l'information au JE faisant office de JAP peut le conduire à retenir l'avertissement pour justifier un refus de permission de sortir ou un aménagement de peine.

D'ailleurs, en cas de nouvelles poursuites disciplinaires, l'avertissement prononcé antérieurement peut constituer une circonstance aggravante retenue par la commission de discipline. Les effets non négligeables liés au prononcé de cette sanction, qui semble anodine, conduisent à qualifier la décision comme une mesure faisant grief, susceptible de recours pour excès de pouvoir devant le juge administratif[5].

La réparation est une sanction propre aux mineurs et qui dénote un caractère éducatif. Elle concerne les mineurs âgés de 13 à 18 ans. Elle consiste en la présentation orale des excuses à la victime ; la rédaction d'une lettre d'excuse ; la rédaction d'un écrit portant sur la faute commise et sur le préjudice qu'elle a occasionné ou l'exécution d'un travail de nettoyage ou de rangement des locaux de l'établissement pour une durée globale n'excédant pas 10 heures (lorsque la faute disciplinaire est en relation avec un manquement aux règles de l'hygiène). Cette dernière modalité concerne ici la collectivité.

La circulaire du 24 mai 2013 précitée précise qu'« il s'agit du seul cas où la sanction de réparation présente un caractère spécifique, attaché aux circonstances de commission de la faute ».

Le président de la commission de discipline détermine la nature de l'activité de réparation. Il recueille le consentement du mineur et de ses représentants légaux préalablement au prononcé de la sanction de réparation. Si le mineur n'exécute pas la sanction prononcée, la commission de discipline se réunit à nouveau, car une faute du deuxième degré est établie : se soustraire à une sanction disciplinaire prononcée à son encontre.

Sans surprise, les sanctions disciplinaires consistent également en un certain nombre de privations.

La privation pendant une période maximum de 15 jours de la faculté d'effectuer en cantine tout achat autre que celui de produits d'hygiène et du

5. CE, 6e et 1re ss-sect. réun., 21 mai 2014, n° 359672, *Lebon* 2014.

nécessaire de correspondance. Cette privation d'achat en cantine signifie qu'aucune commande de produit ne peut être prise en compte et qu'aucun bon de cantine ne peut être délivré pendant la durée de la sanction. Autre privation très redoutée par les mineurs, la privation pendant une durée maximum de 15 jours de tout appareil audiovisuel dont le mineur a l'usage personnel[6]. Cette confiscation concerne une télévision ou une radio et peut être exécutée même si la faute n'est pas en lien avec l'appareil en question. Il n'est donc pas nécessaire que le mineur ait effectué un usage dangereux, excessif ou détourné de l'appareil pour qu'il en soit privé.

La volonté du pouvoir disciplinaire de bouleverser le quotidien du mineur se traduit également par la privation ou la restriction d'activités culturelles, sportives et de loisirs pour une période maximum de 8 jours. À l'instar des personnes détenues majeures, la commission de discipline ne peut pas prononcer une privation générale pour l'ensemble des activités organisées. Elle doit circonstancier le choix de la privation en lien avec le contexte de commission de la faute. Ainsi, une faute commise pendant une activité sportive peut être sanctionnée par une privation de sport pendant 8 jours au maximum.

Le tribunal administratif de Dijon a estimé, dans une décision du 28 décembre 2004, que le recours pour excès de pouvoir exercé contre une décision de privation d'activités socio-éducatives était recevable. Cette sanction est donc une mesure faisant grief.

Parmi les réponses plus répressives, le confinement en cellule individuelle ordinaire, sanction d'origine canadienne[7], a été introduit pour la première fois par le décret du 2 avril 1996 et est applicable aux mineurs et aux majeurs. Selon l'article R. 235-2 du CP, cette mesure consiste à placer le détenu dans une cellule ordinaire qu'il occupe seul. Il peut s'agir de sa cellule habituelle ou une autre cellule désignée à cet effet.

Ce placement emporte un certain nombre de restrictions qui le rapproche d'une sorte de « mise à l'écart » du détenu. Le chef d'établissement fait un rapport sur cette sanction à la CAP et à l'équipe pluridisciplinaire chargée du suivi individuel du mineur.

Les restrictions liées au confinement sont variées comme la faculté d'effectuer des achats en cantine. Mais, le principe du maintien des liens familiaux implique que les droits de correspondre, de téléphoner et de recevoir des visites soient maintenus. L'accompagnement éducatif étant fondamental, le suivi de la scolarité ou de la formation n'est pas interrompu, tout comme le suivi éducatif assuré par les éducateurs de la PJJ ou encore le suivi médical.

---

6. Cette sanction est efficace dans la mesure où le mineur bénéficie d'un encellulement individuel et ne peut donc pas disposer des appareils utilisés par un codétenu.

7. V. P. Darbeda, « L'action disciplinaire en détention : un panorama européen », *RSC* 1993. 808-815.

La personne confinée bénéficie d'une heure minimum de promenade à l'air libre, ce qui souligne un temps important passé seul en cellule.

Ce type de placement peut être prononcé à titre préventif, uniquement pour les mineurs de plus de 16 ans car il s'agit ici d'une mesure de sûreté.

Ce placement se justifie par l'urgence en vue de faire cesser la commission d'une faute ou d'un trouble au sein de l'établissement et la nécessité de rétablir la sécurité. À cet égard, il ne peut être fait usage de cette mesure que lorsqu'elle apparaît comme l'unique moyen de mettre fin à l'incident ou de préserver l'ordre interne de l'établissement au moment où la décision est prise[8] et elle doit être aussi courte que possible, sans dépasser 2 jours ouvrables.

Enfin, le placement en cellule disciplinaire est la sanction la plus grave et la plus emblématique du monde carcéral. Désignée sous le terme de « mitard » dans l'argot des détenus, cette sanction a abondamment été illustrée dans la littérature et le cinéma. Sa rigueur est très importante en raison de l'isolement important qu'elle produit. Elle ne concerne que les mineurs de plus de 16 ans qui peuvent se voir prononcer un placement en cellule disciplinaire, uniquement pour les fautes du 1er et du 2e degré pour une durée respective de 7 jours et 5 jours.

Ce placement est réalisé dans une cellule ayant un aménagement particulièrement minimaliste, au sein d'un quartier dénommé « quartier disciplinaire », distinct des espaces de vie ordinaires.

Au regard de la rigueur de cette sanction, les mineurs bénéficient d'un régime différent de celui appliqué aux majeurs. En effet, le principe de continuité de l'action éducative conduit à ce que les activités, la formation et l'enseignement ne soient pas interrompus. Comme pour le confinement, le mineur placé en cellule disciplinaire bénéficie d'une heure minimum de promenade par jour et peut exercer son droit à la correspondance. Son droit de téléphoner est limité à un appel sur une durée de 7 jours.

Cette sanction n'emporte aucune restriction à leur faculté de recevoir les visites de leur famille (un parloir pour une période de 7 jours) ou de toute autre personne participant à leur éducation et à leur insertion sociale.

Comme pour les majeurs, les mineurs placés en quartier disciplinaire peuvent rencontrer leur avocat, le Défenseur des droits et ses délégués, le Contrôleur général des lieux de privation de liberté, les membres de l'équipe médicale, les personnels pénitentiaires et l'aumônier du culte de leur choix.

En revanche, les achats en cantine sont suspendus durant la durée de la sanction, à l'exclusion des produits d'hygiène et de correspondance (CP, art. R. 235-8).

Il peut arriver que le mineur doive comparaître devant la commission de discipline pour plusieurs fautes commises. Elle ne peut pas prononcer plusieurs sanctions pour une même faute. Le principe est celui d'une sanction par faute.

8. Cette mesure ne doit être envisagée que lorsque les autres moyens de faire cesser le trouble ont échoué ou sont insuffisants.

Selon l'article R. 234-34 du CP, sauf décision contraire du président de la commission de discipline, les durées des sanctions prononcées se cumulent entre elles. Si les sanctions sont de même nature[9], leur durée cumulée ne peut excéder la limite du maximum prévu pour la faute la plus grave.

Afin de répondre aux besoins des mineurs et renforcer leur protection, la réglementation pénitentiaire a créé une nouvelle forme de réponse aux agissements perturbateurs commis par les mineurs, les mesures de bon ordre.

II. L'ADAPTATION DE LA DISCIPLINE PÉNITENTIAIRE GRÂCE AUX MESURES DE BON ORDRE

Les mesures de bon ordre, comme réponses disciplinaires « douces », présentent un certain intérêt pour l'administration pénitentiaire en raison de leur souplesse (A) et offrent une dimension éducative bénéfique pour le mineur détenu (B).

A. UNE MODALITÉ SOUPLE ET RAPIDE DE PUNITION

L'individualisation de la sanction pour les mineurs prend une forme aboutie avec les mesures de bon ordre, qui constituent la réponse disciplinaire la plus spécifique en détention.

Une note conjointe de la DAP et de la DPJJ du 19 mars 2012[10] présente les mesures de bon ordre (MBO) exclusivement appliquées aux personnes mineures.

En pratique, les mineurs détenus sont régulièrement auteurs d'incivilités et de perturbations de faible gravité, correspondant aux fautes du 3e degré qui ne doivent pas rester impunies.

Il s'agit, par exemple, de cris aux fenêtres, de l'utilisation des yoyos, de dégradations légères, de jets de détritus, du défaut d'entretien de la cellule (nettoyage-rangement), de l'occultation de l'œilleton, de chahuts ou tapages en unité de vie et lors des mouvements et du retard dans la réintégration en cellule.

Ainsi, les finalités des MBO sont la garantie d'une sanction rapide et d'éviter le formalisme contraignant découlant de la mise en œuvre de la procédure disciplinaire classique. Elles limitent la naissance d'un sentiment d'impunité chez leurs auteurs.

---

9. Pour l'application de cette disposition, sont réputés de même nature :
1° Le confinement en cellule individuelle ordinaire et le placement en cellule disciplinaire ;
2° La privation de tout appareil audiovisuel dont le mineur a l'usage personnel et la privation d'activités culturelles, sportives et de loisirs.

10. Note du 19 mars 2012 relative aux mesures de bon ordre (MBO) appliquées aux personnes détenues mineures, NOR:JUSK1240025N.

Contrairement aux sanctions prononcées dans le cadre de la commission de discipline, les MBO sont une réponse immédiate au comportement fautif du mineur et s'apparentent à des « sanctions éducatives », destinées à produire des effets sur la vie sociale du mineur ou à des « sanctions disciplinaires alternatives ».

Le cadre des MBO est singulier car, si l'administration pénitentiaire détient le monopole de la sanction, les réponses sont apportées conjointement par le personnel de surveillance et le personnel éducatif de la PJJ. Les MBO proposées à un mineur perturbateur sont la rédaction d'une lettre d'excuse, une mesure de médiation, des mesures de rangement, le nettoyage, le ramassage de détritus lorsqu'ils présentent un lien avec l'acte transgressif (avec le consentement du mineur), la prise du repas en cellule, la privation d'activité de loisirs (ping-pong, baby-foot, etc.) limitée à 24 heures, la privation de TV pour une durée de 24 heures et enfin, la réintégration et le maintien en cellule pour la durée restante de l'activité perturbée.

B. UNE PROCÉDURE INTELLIGIBLE ET EFFICACE

Bien que les MBO offrent une souplesse absente de la procédure disciplinaire ordinaire, elles impliquent néanmoins le respect de règles précises.

Après la commission des actes transgressifs, le personnel de surveillance et les éducateurs de la PJJ s'entretiennent avec le mineur pour constater le comportement problématique et lui expliquer la mesure qui sera prononcée. Il s'agit d'un entretien préalable qui doit se tenir le jour même de l'incident.

Bien que le personnel de la PJJ soit associé, c'est l'autorité pénitentiaire qui prend seule la décision de prononcer une MBO et sa mise en exécution relève exclusivement de la compétence du personnel de surveillance.

L'exécution d'une MBO impose, dans la journée[11], la rédaction d'un compte-rendu verbal auprès de l'autorité hiérarchique concernée. Le personnel de surveillance en rend compte à un gradé ou à un officier et le personnel de la PJJ avise le responsable d'unité éducative (RUE). L'information relative à la MBO est enregistrée sur les supports de suivi des détenus, accessibles à l'ensemble des professionnels habilités comme GENESIS.

En cas de comportements fautifs répétitifs du mineur, il convient de ne pas prononcer des MBO successives, ce qui aboutirait à une situation de privation importante. Dans ce dernier cas, la procédure disciplinaire peut être mise en œuvre.

Toutefois, comme pour les poursuites disciplinaires, une seule MBO peut être prononcée pour un seul acte perturbateur. Il n'est donc en principe pas possible de cumuler plusieurs MBO pour un même acte transgressif, sauf

11. Si l'incident a lieu pendant la nuit, un signalement est effectué sur le registre de nuit. Le surveillant et le personnel de la PJJ de service apprécient le lendemain l'opportunité de prononcer une MBO.

pour la MBO de maintien en cellule qui peut se cumuler avec une autre MBO comme la rédaction d'une lettre d'excuse. Les MBO étant des alternatives aux poursuites disciplinaires, les faits ayant fait l'objet d'une MBO ne peuvent pas être sanctionnés une seconde fois, par la commission de discipline.

La souplesse des MBO et son formalisme minimaliste impliquent des effets très limités sur la situation du mineur. En effet, leur prononcé ne produit pas d'influence sur la situation juridique du mineur condamné dans la mesure où le juge des enfants statuant en qualité de juge de l'application des peines ne peut pas se fonder sur le prononcé d'une MBO pour refuser une réduction de peine. Les décisions de MBO ne font pas l'objet d'un rapport destiné à la CAP. Mais, le personnel éducatif informe les représentants légaux du mineur et signale une MBO dans son rapport écrit au magistrat chargé du suivi du mineur, pour l'informer du déroulement de l'incarcération.

Le développement du contrôle du juge administratif sur le droit disciplinaire est relativement récent[12]. Et c'est sans surprise que les MBO ne sont pas, selon le Conseil d'État, susceptibles d'un recours pour excès de pouvoir.

D'emblée, elles s'apprécient au regard du parallélisme existant avec les mesures d'ordre intérieur, qui ne font également pas grief. Cette analyse est retenue par le Conseil d'État dans un arrêt du 24 septembre 2014[13]. Il considère que les MBO sont d'« une durée trop brève, d'une gravité insuffisante ou d'une fréquence trop rare pour fonder une sanction disciplinaire ». Reconnaissant que certaines MBO présentent la même nature que certaines sanctions disciplinaires (la privation de TV par exemple), le juge retient qu'elles « s'en distinguent notamment par leur intensité, leur gravité, leur durée ou les conditions de leur occurrence ». Cette qualification entraîne plusieurs conséquences non négligeables. Les MBO ne sont pas soumises au respect du principe des droits de la défense, elles ne font pas partie des décisions devant être motivées au titre des articles 1er et 2 de la loi n° 79-587 du 11 juillet 1979 relative à la motivation des actes administratifs et ne sont pas soumises à la procédure contradictoire.

Comme pour les mesures d'ordre intérieur, devenues toutefois moins nombreuses, cette position du Conseil d'État trouve en partie son fondement dans la volonté de préserver le bon fonctionnement des établissements, en garantissant une souplesse pour l'administration pénitentiaire dans ses réponses répressives, justifiées par des agissements de faible gravité.

* *
*

12. Dans l'arrêt *Marie*, le Conseil d'État avait reconnu qu'une sanction de placement en cellule disciplinaire constituait une mesure faisant grief et donc susceptible d'un recours pour excès de pouvoir (CE, ass., 17 févr. 1995, n° 107766, n° 97754).

13. CE 24 sept. 2014, n° 362472.

Qu'il s'agisse de MBO, de sanctions disciplinaires ou d'opérations de contrôle, les procédures de maintien de l'ordre recherchent constamment un équilibre parfois précaire entre respect des droits fondamentaux, prise en compte des vulnérabilités et préservation de la sécurité intérieure.

En témoigne un arrêt du Conseil d'État rendu le 23 novembre 2022[14], concernant la régularité de la composition de la commission de discipline. Le juge administratif précise notamment que l'article 6 de la Convention européenne des droits de l'homme, dans son volet pénal, n'est pas applicable aux procédures disciplinaires pénitentiaires dans la mesure où les sanctions disciplinaires ne sont pas des accusations pénales. Si cette position est susceptible d'évoluer à l'avenir sous l'impulsion de la Cour européenne des droits de l'homme[15], elle reste l'expression d'une position prétorienne bien consciente du caractère difficile et risqué des missions assumées par l'autorité pénitentiaire.

14. CE 23 nov. 2022, n° 457621.

15. M. Dominati, « L'inapplicabilité de l'article 6 de la Convention européenne à la procédure disciplinaire pénitentiaire », *D. actu.* 5 déc. 2022.

La surveillance en milieu fermé : une punition à une punition ?

ANDRÉ FERRAGNE
Secrétaire général du CGLPL

Le Contrôleur général des lieux de privation de liberté est une autorité administrative indépendante chargée de contrôler les conditions de prise en charge et de transfèrement des personnes privées de liberté pour s'assurer du respect de leurs droits fondamentaux. À ce titre, il visite tout lieu où des personnes sont privées de leur liberté par décision d'une autorité publique, ainsi que tout établissement de santé habilité à recevoir des patients hospitalisés sans leur consentement. Il visite environ 150 sites par an et fait connaître ses observations aux ministres intéressés. Il enquête sur les signalements qui lui sont adressés. La loi protège son indépendance, notamment en l'autorisant à rendre publics tous ses travaux et à rester en relation directe avec les instances internationales auprès desquelles la France s'est engagée pour le respect des droits des personnes enfermées.

Dans tous les lieux qu'il visite, le CGLPL est confronté à la problématique de la surveillance qui s'exerce dans les limites prévues par la loi et la suite d'une décision de justice ou sous le contrôle de l'autorité judiciaire, gardienne des libertés individuelles. Plusieurs champs de l'action publique sont concernés :

- Le pénal, domaine dans lequel on enferme le temps d'une instruction ou pour punir et qui concerne environ 3 000 locaux de garde à vue, pour des séjours limités à 24 heures prolongeables, sous le contrôle du parquet ; une cinquantaine de centres éducatifs fermés où des mineurs peuvent être placés six mois à titre préventif ou après une condamnation, qui ont d'abord un objectif éducatif et relèvent de décisions judiciaires ; environ 200 prisons, où l'on peut être enfermé à titre préventif ou après une condamnation, mais toujours sous le contrôle de l'autorité judiciaire.
- Le médical, domaine où l'on peut enfermer des personnes atteintes de troubles de santé mentale dans le but de les soigner dans environ 300 hôpitaux, spécialisés ou non en psychiatrie, sur le fondement de

décisions administratives soumises au contrôle du juge des libertés et de la détention.

- L'administratif, domaine où l'on peut enfermer des étrangers en situation irrégulière dans le but de les retenir en attente d'une reconduite à la frontière dans une trentaine de centres de rétention administrative, sur la base de décisions administratives et sous le contrôle du juge des libertés et de la détention.

De manière générale, le nombre des mesures d'enfermement est en croissance, soit que l'on augmente la capacité des structures d'accueil, comme dans les centres de rétention administrative ou les centres éducatifs fermés, soit que l'on densifie l'occupation de ceux qui existent sans en augmenter la capacité, comme pour les établissements de santé mentale et les prisons. Les hôpitaux atteignent un niveau de saturation critique aggravé par une crise du recrutement, les prisons plient depuis de nombreuses années sous le poids d'une suroccupation qui met en péril tous les aspects de la prise en charge carcérale, à commencer par la capacité à réinsérer.

Malgré la diversité des objectifs qui les animent et des fondements juridiques de leur action, les lieux de privation de liberté connaissent des caractéristiques en partie comparables. En premier lieu, ils accueillent une population semblable : un public très défavorisé, marqué par la pauvreté, l'exclusion et une santé précaire. Nombre des personnes prises en charge dans une catégorie de lieux connaissent également les autres. En prison, les détenus qui ont connu une enfance difficile et des placements en centre éducatif fermé ne sont pas rares, les détenus atteints de troubles mentaux qui ont été hospitalisés avant leur incarcération sont nombreux, de même que ceux qui nécessiteront une prise en charge psychiatrique au cours de leur séjour en prison. Dans les centres de rétention administrative, le nombre des personnes admises immédiatement à leur sortie de prison ou de garde à vue est de plus en plus important. Pour divers qu'ils soient les lieux de privation de liberté connaissent donc une grande perméabilité.

Les contraintes auxquelles ils sont soumis ne sont pas non plus dépourvues de traits communs : leur quotidien est marqué par la violence, la promiscuité, une hygiène incertaine, des atteintes à l'intimité, l'éloignement des siens, la solitude et le désœuvrement.

Dans toutes les catégories de lieux de privation de liberté, la surveillance est constante et, sauf dans les centres éducatifs fermés, peut s'exprimer par une forme de contrainte additionnelle ou de sur enfermement. Des mesures d'isolement ou de mise à l'écart sont possibles dans un but de protection du captif ou des tiers, pour divers motifs de sécurité ; en prison cela peut même être à titre de sanction. Un captif peut également être soumis à des mesures de contrainte physique, la contention en psychiatrie et le port de menottes en prison ou en rétention, ou à des actes de surveillance très intrusifs qui peuvent aller jusqu'à la vidéosurveillance quasi permanente ou la fouille à nu. La dimension sécuritaire est toujours présente, qu'elle soit prioritaire comme en prison ou en centre de rétention administrative, ou accessoire, comme en psychiatrie ou en centre éducatif fermé. La prise en charge présente en outre toujours le risque de mépriser la personne privée de liberté ou de négliger son libre arbitre, conduisant ainsi à perdre de vue la seule issue de l'enfermement, le retour à la liberté qui suppose précisément une valorisation de l'autonomie.

Dès lors la question se pose de savoir pourquoi l'on surveille ; cette question est susceptible de plusieurs réponses. Il s'agit en premier lieu de garder afin que la contrainte prévienne le risque de la fuite ou celui d'un mauvais comportement. L'enfermement est alors une version structurelle de la surveillance, c'est une « première intention », les murs permettent le contrôle. On peut également pratiquer la surveillance en marge d'un service à la personne tel que le soin ou l'éducation. L'enfermement est alors un moyen, mais le risque est grand que l'enfermement ne devienne en lui-même un objectif de substitution : il n'est pas rare que l'on place un enfant en centre éducatif fermé à la suite de l'échec d'une mesure plus ouverte, ou que l'on fasse usage des soins sans consentement dans le but, parfois affiché, notamment par l'autorité administrative, d'interdire la sortie d'une personne.

La surveillance est indissociable de l'enfermement. Elle peut viser à protéger le captif, contre lui-même, contre son auto-agressivité ou contre les risques liés à sa pathologie. Elle peut aussi tendre à protéger une personne d'autrui : les lieux de privation de liberté sont des lieux d'insécurité qui accueillent beaucoup de personnes vulnérables, les trafics sont fréquents, les atteintes aux personnes aussi. En pareil cas, le sur enfermement et la surveillance sont regardés par les professionnels comme des nécessités légitimes et le risque est grand que l'on passe d'une volonté de protection à des pratiques dont le niveau de contrainte ou le caractère intrusif est hors de proportion avec l'objectif. La surveillance doit en effet toujours être légale, nécessaire et proportionnée ; veiller au respect de ces critères nécessite une vigilance constante afin de faire la balance entre la surveillance nécessaire et la surveillance excessive, car enfermer une personne, c'est la placer en situation de vulnérabilité et de dépendance, c'est-à-dire l'éloigner de la communauté dans laquelle on doit au contraire la réintégrer.

Dès lors, la question des moyens de la surveillance devient centrale.

Les moyens humains, d'abord. Cette fonction est rarement exercée par des gens qui l'ont choisie, elle est peu valorisée socialement, elle ne donne pas toujours lieu à une formation suffisante, de sorte que les droits de la personne enfermée sont parfois mal connus de ses gardiens. Lorsque cette fonction est accessoire, comme chez les soignants ou les éducateurs, elle n'a pas toujours été anticipée par ceux qui sont contraints de l'exercer. Dans un tel contexte, la relation entre le captif et le surveillant est rarement fluide ; elle est marquée par la défiance ou la mise en valeur d'une inégalité structurelle. Elle est toujours sous-tendue par la nécessité d'établir une distance que la promiscuité de la vie quotidienne rend parfois difficile. Les risques d'abus sont structurels : des politiques disciplinaires ou des régimes de responsabilité des agents peuvent les pousser à l'excès et une culture de la contrainte, nécessaire, peut conduire à des excès que le stress inhérent à la fonction de surveillance ne fait qu'aggraver.

Les moyens matériels ensuite. L'enfermement lui-même engendre une promiscuité source de violences, mais surtout, son caractère collectif conduit à le dimensionner pour faire face au risque le plus avéré, c'est-à-dire à lui donner un poids excessif pour tous ceux dont le comportement ne justifie pas tant d'efforts : les prisons sont conçues pour éviter l'évasion de malfaiteurs aguerris et font peser sur tous des contraintes qui ne sont nécessaires que pour un petit nombre. Les mesures de sécurité, fouilles et menottage, sont souvent systématiques alors qu'elles devraient être personnalisées. Utilisées à l'excès, elles sont privées de justification et deviennent humiliantes.

La vidéo surveillance est toujours ambivalente. Elle peut être un facteur de sécurité, mais elle peut aussi instaurer une distance préjudiciable dans la relation de surveillance qui dès lors perd sa dimension humaine pour ne rester que technique. Mal dimensionnée, elle peut être parfois insuffisante, comme dans les cours de certaines prisons où la sécurité de chacun n'est pas assurée, parfois excessive quand elle entre dans l'intimité d'une personne ou dans le contrôle de fonctions qui appellent la confidentialité, comme les soins.

On ne peut décrire la surveillance des personnes enfermées sans la considérer aussi de leur point de vue : il s'agit alors de demeurer sous surveillance. Cela comprend l'obligation de se mettre à nu pour subir des fouilles parfois dans des locaux inadaptés, mal isolés ou mal entretenus, ou de subir des méthodes indignes comme écarter les jambes, se pencher ou tousser. Cela comprend aussi l'obligation de subir une contrainte physique avec le risque de violence qu'elle comporte. La surveillance s'insinue aussi dans les actes les plus intimes de la vie, notamment, pour les détenus, dans la consultation médicale : l'objectif de confidentialité et de respect du secret médical ne pèse pas lourd face à celui, toujours subjectif et toujours perfectible de sécurité. C'est donc devant les surveillants que sont exposées les souffrances, communiqués les diagnostics et prodigués les soins.

Pour prévenir les excès de la surveillance, il faut qu'elle soit elle-même surveillée. Cela incombe en premier lieu à ses acteurs qui doivent être mis en mesure de porter un regard distancié sur leur propre action. Les outils nécessaires pour cela sont connus : la formation, l'analyse des pratiques ou la supervision. Dans la pratique, ils sont assez diversement mis en œuvre : si certaines équipes en sont toujours demandeuses, d'autres y sont plus réticentes.

La hiérarchie joue également un rôle essentiel dans la modération des pratiques contraignantes. Il est essentiel qu'elle émette des directives appropriées, qu'elle s'assure d'une formation adaptée et que dans l'organisation et le contrôle des services placés sous son autorité elle veille à écarter la maltraitance structurelle. C'est à elle aussi qu'il revient de choisir avec soin les objectifs mis en avant : à ne parler que de sécurité, on finit par convaincre les agents que pour parvenir à une sécurité absolue tous les moyens peuvent être mobilisés.

Dans les lieux d'enfermement, les professions intervenantes sont nombreuses ; chacune joue un rôle différent : la surveillance, l'enseignement, les soins, le conseil juridique, l'éducation, le sport, la réinsertion, etc. Derrière la multiplicité des rôles et des statuts se cache celle des déontologies : chaque profession a ses règles propres adaptées à ses objectifs et à son organisation. Du respect simultané de déontologies parfois concurrentes naît la modération des pratiques et à la fin, le respect des personnes prises en charge dans toutes leurs dimensions, sans que la surveillance prenne le pas sur toute autre exigence.

Enfin, c'est le regard de la société qui, toujours, doit entrer dans les lieux de privation de liberté pour qu'il soit assuré que tout excès de contrainte en sera banni. Ce regard a de multiples formes : le Contrôleur général des lieux de privation de liberté rend publics tous ses constats, la justice contrôle toutes les situations individuelles, la presse porte les témoignages et la recherche explique ou critique les structures. C'est l'addition de tous ces regards qui permet, finalement, malgré les murs, de surveiller la surveillance.

DEUXIÈME SOUS-PARTIE

Le renouveau de la surveillance en matière pénitentiaire

Surveillance carcérale et logique prédictive

L'injonction actuelle à la prédiction

L'exemple de la prison

GUILLAUME BRIE

Enseignant-chercheur en sociologie à l'ENAP, responsable du CIRAP – Centre interdisciplinaire de recherche appliquée au champ pénitentiaire

Cette contribution expose les lignes principales d'une réflexion menée actuellement autour de ce que j'appelle « la prison prédictive » à partir de travaux de recherche conduits en sociologie notamment sur la prise en charge pénitentiaire des délinquants sexuels et sur le repérage de la radicalisation en prison[1].

Pour commencer, et pour dire très largement les choses, la prison n'échappe bien sûr pas aux logiques globales qui traversent nos sociétés contemporaines, comme celles qui ont trait à l'invention de modes de pensée et d'anticipation de l'avenir. Même si, aussitôt, nous pouvons préciser que ce principe de l'anticipation n'est pas nouveau : par exemple, la criminologie, qui est née à la fin du 19e siècle, avait déjà le projet de mieux connaître pour mieux juger et mieux « prévenir ».

Toutefois, mon propos ne consiste pas à faire la critique radicale du principe d'anticipation. S'il est vrai que l'on refuse de plus en plus l'aléa dans nos sociétés contemporaines, je crois que c'est aussi pour des raisons parfaitement entendables : par exemple, et pour le dire comme le sociologue

1. G. Brie et C. Rambourg, « Dire et prédire la radicalisation. Le cas de la prison », *Dossiers thématiques*, CIRAP/ÉNAP, ministère de la justice, 2020 ou encore G. Brie, « Nouvelles problématiques de prise en charge des auteurs d'infractions à caractère sexuel », *Dossiers thématiques*, CIRAP/ÉNAP, ministère de la justice, 2018.

Michel Wieviorka[2], la violence des phénomènes climatiques, un virus inconnu, l'impensable d'une guerre à nos portes font vivre (ou revivre) des sentiments d'impuissance et la peur de la mort, et tout cela appelle à prévoir un ensemble de risques pour, qu'un tant soit peu, nous puissions agir, sinon réagir, à partir de connaissances existantes ou en en produisant de nouvelles. Pour ce faire, la *rationalité scientifique* – sur laquelle je reviendrai juste après – doit permettre de prendre les décisions les plus (ou les mieux) adaptées en fonction des situations et de leur complexité. De mon point de vue, le problème n'est dès lors pas tant dans le principe que dans la manière dont on le conçoit : « En matière de dangers naturels ou humains, le futur n'est pas le prolongement du passé[3]. »

C'est à partir de cette assertion que je propose de réfléchir à la question de l'anticipation. C'est en tout cas une formulation intéressante pour penser les pratiques de prises en charge des justiciables ; pratiques qui se réclament, d'une façon ou d'une autre, de la prédiction – ou, plus exactement, de ce que j'appelle une « logique prédictive » quand la prédiction n'est pas strictement outillée par des grilles d'évaluation des risques ou encore par des outils actuariels. Il est donc préférable, en pareil cas, d'évoquer une « logique » ; l'intention d'évaluer, sous quelque forme que ce soit, présidant les choix.

« Le futur n'est pas le prolongement du passé », cela signifie quoi ?

Eh bien sans doute que nous avons là un brouillage des lignes entre des notions à la fois proches et différentes : la prévention, la prévision, la prédiction. Par exemple, dans cette perspective, Michel Wieviorka demande : « Qui peut annoncer avec certitude si, où et quand surviendra un tsunami ? Après la Covid-19, nous savons que d'autres épidémies menacent. Mais lesquelles, où, quand, comment[4] ? »

Bref, en matière de gestion de risque, le sociologue explique que nous pouvons, certes, dégager des tendances lourdes, mais nous ne pouvons pas connaître les échéances et les modalités d'apparition des évènements. Si nous en venons à présent à la prison, avec la prédiction du risque de récidive, c'est bien le problème : on prétend évaluer un risque (qui est donc défini de manière statistique) à l'échelle d'un individu. Cette logique est dangereuse : les caractéristiques statistiques d'un groupe ne sont pas celles de chacun des individus qui le composent. Par exemple, les chances d'avoir un accident ne signifie pas qu'il adviendra à chaque individu. De plus, en inférant une moyenne statistique sur un individu particulier, on augmente les chances de créer le problème que l'on redoute par un phénomène bien connu des psychologues sociaux : la prophétie autoréalisatrice.

2. M. Wieviorka, « Prendre en compte les enjeux écologistes et sociaux », *Ouest France* 9 sept. 2022. Plus largement, je renvoie le lecteur à son ouvrage suivant : M. Wieviorka, *Pour une démocratie de combat*, Paris, Robert Laffont, 2020.

3. *Ibid.*

4. *Ibid.*

Que se passe-t-il en prison ?

En prison, il est effectivement demandé aux personnels pénitentiaires d'évaluer chez les justiciables des risques de récidive et même de prévoir des types de comportements, comme avec la « radicalisation » où, parmi la population des condamnés de droit commun, il faut repérer ceux qui seraient justement en train de se radicaliser – ou qui le seraient déjà.

Dans ces conditions, pour faire de la prédiction, les acteurs auront tendance à rechercher le problème qui correspond aux solutions dont ils disposent. Par exemple, toujours avec la radicalisation, à défaut d'avoir une définition précise de celle-ci, les personnels pénitentiaires mobilisent des grilles de repérage pour la détecter. Autrement dit, on ne sait pas ce qu'est (précisément) la radicalisation, mais on dit qu'on sait la repérer.

Comment comprendre ce paradoxe ?

Il me semble que nous pouvons le comprendre du point de vue de ce que certains analystes appellent le précautionnisme social, sous-tendu par le principe de précaution[5].

Le précautionnisme social

Le physicien Hubert Curien[6] pose merveilleusement bien la contradiction majeure du précautionnisme et je rapporte immédiatement son propos aux politiques de suivi et de contrôle qui s'appliquent aux justiciables dans les prisons : Hubert Curien explique que « la précaution conduit à envisager toutes sortes de choses qui ne peuvent être démontrées, mais qui sont émotionnellement évoquées. On vous demande, quoique vous fassiez, d'être en mesure de prévenir un évènement qui n'est pas prévisible, mais dont on ne peut pas dire qu'il n'aura pas lieu ».

Curien conçoit avec clarté le rapport plus qu'ambivalent, contradictoire, que nos sociétés entretiennent aujourd'hui avec le risque. Et les personnels pénitentiaires n'échappent pas à ce principe de précaution tel qu'il est évoqué ici : prévenir l'incertain, au cas où... Ces professionnels mobilisent même constamment leur capacité à redéfinir leur travail selon cette orientation. Ce qui est souvent épuisant, sinon perturbant. Beaucoup de conseillers pénitentiaires d'insertion et de probation expliquent, lors de nos entretiens de recherche, qu'ils ne savent plus très bien s'ils font de l'évaluation des risques, du travail de réinsertion, du repérage au profit du renseignement pénitentiaire, du travail sur le passage à l'acte... ou un peu tout cela à la fois. Bref, au final, ils décrivent des contextes d'actions kaléidoscopiques, mais toujours pris sous le spectre du sécuritaire et de son objectif de prédiction : il est toujours question, *in fine*, de se prononcer sur un risque de récidive.

---

5. G. Bronner et É. Géhin, *L'inquiétant principe de précaution*, Paris, PUF, 2010.

6. Ministre de la recherche et de la technologie de 1984 à 1986 puis de 1988 à 1993. Président du Centre national d'études spatiales de 1976 à 1984 puis premier président de l'Agence spatiale européenne de 1979 à 1984.

Ce qui crée des contradictions au sein des missions, et des tensions entre les personnels pénitentiaires et les justiciables : par exemple, comment instaurer un rapport de confiance propice à la réinsertion sociale du condamné tout en faisant planer sur lui le soupçon qu'il pourrait récidiver en l'évaluant? Tout cela crée un climat très particulier : l'incertitude règne, la méfiance s'accroît et le condamné se voit progressivement constitué comme un individu potentiellement porteur de risques endogènes. Et qu'observons-nous? Eh bien qu'il finît parfois par intérioriser la possibilité selon laquelle il pourrait récidiver. Autrement dit, tout se passe comme si les professionnels du contrôle et des suivis des justiciables mettaient en œuvre les dispositions pour que la prédiction soit tenue.

Par ailleurs, c'est dans ce contexte de la prédiction que nous voyons le développement de toute une offre marchande de l'évaluation des risques avec une floraison d'échelles de mesure de tout ordre. En d'autres termes, c'est la rationalité instrumentale et technique qui l'emporte en lieu et place d'une réflexion rationnelle exigeante qui tiendrait le savoir comme une obligation prioritaire. Ce vers quoi, au contraire, le principe de précaution devrait nous conduire, si on suit, sur ce terrain-là, Hans Jonas[7].

Cet imaginaire de la prédiction et du risque zéro engage à l'évidence un rapport techno-scientiste au monde en deçà des exigences éthiques de la rationalité scientifique : d'un côté, nous aurions affaire à la rationalité scientifique avec sa promesse d'ouvrir à un imaginaire créatif, à l'espoir et à l'avenir; une rationalité qui construit l'acteur comme un sujet apte à agir autrement et, de l'autre, le scientisme, équipé de ses dogmes qui tuent le réel avec ses idéologies parfois les plus folles : comme utiliser les outils du neuromarketing pour détecter les psychopathes ou encore mesurer la réponse érectile des délinquants sexuels pour savoir s'ils sont encore dangereux[8]. Depuis Lombroso ou Le Gall et la cranioscopie, l'objectif semble bien demeurer le même... Seule différence, les techniques de mesure et de détection se sont sophistiquées : il est désormais désuet de palper les crânes pour trouver la bosse du crime. Nous avons à présent l'imagerie par résonance magnétique ou bien encore l'extensomètre au mercure pour mesurer les changements de la circonférence des pénis chez des condamnés sexuels.

Une criminologie sécuritaire et techniquement discrétionnaire

Contre l'hermétisme du discours scientiste – et son conservatisme –, il serait souhaitable de rendre effectives de nouvelles pratiques en plaidant véritablement en faveur d'une rationalité scientifique qui vise, par-dessus tout, une réflexion éthique et démocratique, capable de placer en son centre l'individu

---

7. H. Jonas, *Le principe responsabilité*, Paris, Flammarion, 2013.

8. K. Emplit, « "La machine ne ment pas?" L'évaluation de la délinquance sexuelle par la pléthysmographie pénienne », *Déviance et Société* 2019/2, vol. 43, p. 189-219. DOI:10.3917/ds.432.0189. URL : [https://www.cairn.info/revue-deviance-et-societe-2019-2-page-189.htm].

en qualité de *sujet*, c'est-à-dire en plaçant au centre de l'action l'activité autonome des individus.

Or, si nous reprenons le point de vue de la logique prédictive, celle-ci ne laisse pas de place à la possibilité du *sujet*. C'est une logique limitée qui conduit les acteurs à passer leur temps à vouloir « mesurer des risques » – en pensant d'ailleurs qu'ils les « objectivent » –, ce qui « écrante » (pour parler comme les psychanalystes) l'expérience subjective des individus (expérience qui s'avère pourtant cruciale à prendre en compte pour conduire le changement).

Autrement dit, cela signifie deux choses essentielles pour penser autrement l'accompagnement et le suivi des personnes placées sous main de justice :

1. La nécessité de prendre en compte l'être dans sa totalité, c'est-à-dire de le prendre dans sa condition sociale et dans l'idée qu'il a de lui-même avant d'inciter à un quelconque changement (qui ne peut être que d'ordre normatif s'il s'impose de l'extérieur et en surplomb).
2. Sortir de l'imaginaire du « Chiffre » et de l'évaluation *individuelle* du risque. Au fond, ce que je souhaite au plus haut point, c'est que le monde des institutions devienne assurément un monde d'acteurs, avec le respect de la conscience intime de chacun. Or, l'analyse des dispositifs de prises en charge carcérale révèle souvent l'inverse : nous rencontrons des espaces où se déploient des pratiques qui réifient le condamné par le prisme du repérage de certains comportements et de l'évaluation[9].

J'aimerais conclure par quelques mots du sociologue Alain Touraine lorsqu'il écrit que *la société est un drame plus qu'une structure*[10]. Cette formulation a le mérite de marquer une préférence : celle qui refuse toute forme de systématisation et laisse entrevoir de possibles espaces conduisant vers des pratiques transformantes. Au fond, la dramaturgie tourainienne ouvre peut-être cette voie-là : la possibilité d'un travail où l'individu est en perpétuelle germination et dispersion. C'est une façon aussi de souligner à quel point il est illusoire et prétentieux de se considérer comme des technologues fascinés par l'ambition de réaliser, au nom de la Science, des artefacts autonomes qui déchargeraient l'humanité du fardeau de la liberté et de la complexité. Cet imaginaire, qui n'est pas neuf, est pourtant celui avec lequel une certaine criminologie sécuritaire et évaluative poursuit sa quête prédictive en enfermant les individus dans une vision ultra-déterministe de la vie.

9. G. Brie et C. Rambourg, « Dire et prédire la radication », *op. cit.*
10. A. Touraine, *La voix et le regard*, Paris, Seuil, 1978.

Surveillance, contrôle et normalisation de la détention ?

« Il y a une technologie pour ça ! »

ANAÏS TSCHANZ

Enseignante-chercheure en criminologie
à l'École nationale d'administration pénitiaire (Énap),
CIRAP – Centre interdisciplinaire de recherche appliquée au champ pénitentiaire

Redéfinissant notre rapport au temps et à l'espace, les technologies sont souvent présentées et même perçues comme favorisant la productivité des organisations et des individus et nous procurent un sentiment de liberté, d'immédiateté, de facilité. Omniprésents dans notre vie quotidienne, les dispositifs technologiques sont l'objet d'un intérêt qui ne cesse de croître : c'est le cas notamment des technologies de sécurité de plus en plus présentes dans les discours, les politiques et les pratiques. Ce chapitre propose de s'intéresser au déploiement des technologies en détention à travers une approche sociotechnique allant au-delà d'une étude des fonctionnalités de ces outils et dispositifs. Le texte qui suit invite son lecteur à se questionner sur l'usage des technologies en prison : au-delà des fonctionnalités qui leur sont assignées, que produisent-elles ? Il ne cherche pas à s'inscrire dans un débat nécessairement stérile et réducteur qui consisterait à se positionner sur le spectre « pour ou contre la technologie », mais tente de proposer une analyse qui dépasse sa matérialité pour la comprendre dans sa complexité.

L'avènement du *Big Data*, de l'intelligence artificielle et de la rationalité algorithmique a contribué à démocratiser l'usage de technologies d'identification, de surveillance et de traçabilité qui ont pour objectif de contrôler les mouvements, de surveiller les individus, d'analyser les comportements, de gérer des risques ou encore de prédire des actions futures. Si la prison a longtemps été hermétique au développement des nouvelles technologies en son sein, ce n'est aujourd'hui plus le cas : au contraire, elle est un client de choix pour les entreprises privées et autres start-up qui surfent sur le tournant général de modernisation (ou de sécurisation par la modernité) des institutions pénales et carcérales, mettant au centre de leurs arguments de vente les intérêts que représentent ces technologies. En plus de pallier des impératifs sécuritaires de contrôle et de surveillance, elles pourraient ainsi répondre à des besoins managériaux de productivité, d'efficacité et de sécurité[1]. Elles sont également de plus en plus perçues comme une solution potentielle face à une double exigence de transparence et de normalisation de la détention, voire de protection des droits, dans des conditions qui permettraient de concilier l'impératif de sécurisation des établissements pénitentiaires et celui de protection de l'intimité et de la dignité des personnes incarcérées.

L'outil technologique, à travers ce qu'il promet, peut donc paraître intéressant au premier abord. Pourtant, la technologie n'est ni neutre ni statique et son usage peut produire des effets différents de ses fonctionnalités initiales, qui se dévoilent en portant un regard non pas seulement technique sur la technologie, mais en posant une analyse compréhensive qui la questionne dans sa globalité. Au-delà d'une perspective dite de la « boîte noire », qui envisage ces nouvelles technologies d'un point de vue fonctionnaliste et déterministe, l'approche sociotechnique ne se restreint pas à évaluer l'efficacité et la productivité de technologies inertes mais invite à appréhender leur conception et leur insertion sociale et idéologique à travers les débats politiques, scientifiques, stratégiques et pratiques qui les accompagnent, ainsi qu'à saisir leurs effets sur les plans individuels, sociétaux, institutionnels, etc. Cette approche, de plus en plus populaire dans l'analyse du recours aux technologies de sécurité[2], permet ainsi de mettre en lumière les interactions entre les utilisateurs et la technologie, les politiques de développement, d'implantation et d'utilisation de ces outils ainsi que les écarts entre fonctionnalités et usages.

Mon propos se focalisera sur les technologies de détection utilisées en prison auxquelles sont dévolues certaines fonctions de surveillance et de contrôle, permettant l'identification de la présence d'objets de contrebande, d'armes potentielles ou d'items interdits en détention. On pense ici aux détecteurs de métaux portatifs, aux portiques de détection de masses métalliques ou encore aux portiques à ondes millimétriques (POM). Ces technologies participent à la surveillance constante à laquelle sont soumises les personnes détenues en prison, en venant pallier ses potentiels angles morts et d'une certaine façon la compléter : la technologie de détection intervient là où les pratiques ou outils de surveillance auraient pu faire défaut. Afin d'illustrer

1. D. Kaminski, « Que font faire les technologies à la justice pénale ? », *Déviance et Société* 2013, 37, 3, p. 255-264.
2. B. Poirier, « Comprendre le succès et l'échec de l'innovation policière. Une analyse du déploiement de caméras portatives dans un service policier », *Criminologie* 2021, 54(1), p. 69-96 [https://doi.org/10.7202/1076694ar].

mon propos, je reviendrai ici successivement sur deux enjeux auxquels la technologie prétend pouvoir répondre : d'une part, la normalisation de la détention et le respect des droits des personnes incarcérées, d'autre part l'impératif sécuritaire prédominant au sein des prisons.

Normaliser la détention : le paradoxe de l'humanisation par la technologie

L'intérêt de l'usage de technologies en détention peut être perçu à travers une dimension paradoxalement humaine : la machine au service de l'humain pourrait en prison servir l'amélioration des conditions de travail pour le personnel et de celles de détention pour les personnes incarcérées. Si le premier point peut se discuter (au regard entre autres des dysfonctionnements et biais technologiques), nous insisterons ici sur le second, la technologie étant vue comme une solution à la pratique banalisée, routinière et pour autant dégradante et humiliante de la fouille. En 2008, la Commission nationale consultative des droits de l'homme (CNCDH) préconisait ainsi de substituer à la fouille intégrale « des moyens de détection modernes garantissant le respect de la dignité de la personne et de son intégrité physique et psychique ». Face au degré de déshumanisation qu'implique la fouille corporelle, la promesse d'une technologie pouvant remplacer cette pratique paraît séduisante.

C'est en tout cas ce à quoi tente de répondre le marché de la technologie, qui s'est saisi de cette problématique pour proposer toute une gamme d'instruments de détection, allant du simple détecteur de masse métallique manuel au scanner le plus performant, produisant sons et images[3]. Si ce type de technologie semble garantir une détection non intrusive et non invasive dans le sens où son seul usage n'implique pas de contacts, il ne peut représenter à lui seul une solution à la pratique de la fouille. Bien au contraire, son utilisation peut justifier la réalisation d'une fouille corporelle. En effet, dans le cas où un passage sous le portique ne déclencherait pas l'alarme, comment s'assurer qu'il ne s'agit pas d'un « faux négatif » ? Comment s'assurer qu'aucun autre objet (qui n'aurait pas été repéré à cause de l'endroit d'insertion ou de son matériau) ne puisse se trouver sur le corps de la personne scannée ? Inversement, le retentissement du signal sonore ou la visualisation d'un objet sur la vidéo peuvent constituer la preuve nécessaire justifiant l'exécution d'une fouille, afin de déceler l'objet suspect identifié par la machine. En produisant une information – la présence et l'emplacement d'un objet – qui ne se suffit pas à elle-même pour déceler l'objet, ou au contraire, en ne produisant aucune donnée – ce qui ne garantit pas l'absence d'objets insérés – les technologies de détection sont donc en réalité à l'origine d'une double légitimation d'une pratique dont elles ne peuvent constituer l'alternative recherchée.

3. C'est notamment le cas du BOSS (Body Orifice Security Scanner), v. A. Tschanz, « Le nouveau BOSS en prison. Une alternative technologique à la pratique de la fouille ? », *Déviance et Société* 2016, 40(4), p. 457-475 [https://www.cairn.info/revue-deviance-et-societe-2016-4-page-457.htm?ref=doi].

Répondre à l'impératif sécuritaire : gestion technologique des risques et politique du soupçon

Outre la perception des technologies de sécurité comme réponse à des besoins managériaux ou à une exigence de normalisation de la détention, l'objectif premier de leur introduction en milieu carcéral est de satisfaire l'impératif sécuritaire institutionnel, visant la protection des infrastructures, du personnel, des personnes détenues, ainsi que de la société. En plus de la sécurité physique, de la surveillance des corps et du contrôle des mouvements, ces technologies peuvent sembler représenter une solution pour réduire le trafic en détention, lutter contre la violence ou encore gérer les risques suicidaires.

Si la modernisation du système carcéral participe à l'extension et au renforcement du pouvoir de l'institution comme souligné par Hancock et Jewkes[4], l'acquisition de technologies permet de leur déléguer une partie de ses missions de contrôle et de surveillance. La recherche perpétuelle de l'outil le plus performant, infaillible et sans angle mort possible, conduit à la constitution d'un arsenal sécuritaire composé de techniques variées de détection (humaines ou non) et par conséquent à la superposition des contrôles physiques sur le détenu. Cette politique de gestion technologique des risques fait émerger une logique du soupçon au cœur même de l'usage effectif des technologies en prison : chaque individu, qu'il soit détenu, visiteur ou professionnel, devient un potentiel corps dangereux ou contrebandier, qu'il convient de scruter dans ses moindres recoins pour éviter tout risque qu'il pourrait représenter. Si la suspicion se retrouve au cœur même du fonctionnement et de la gestion de la détention, l'outil technologique en permet de nouvelles formes : par exemple, dans le cas des technologies de détection, le déclenchement de l'alarme ou au contraire l'absence de retentissement sonore créent une suspicion, renforcée par le fait que l'outil n'est pas seulement subi mais également « vécu » dans le sens où il peut faire l'objet d'appropriations et de résistances qui laisseront toujours planer un doute : celui du risque de laisser passer un objet non détecté. Or, bien que la politique du soupçon touche tout le monde, elle n'en est pas moins potentiellement discriminante. Alors que les technologies de détection peuvent être perçues comme des « machines démocratiques » indiquant la présence de l'objet en dehors de toute considération individuelle, la suspicion est ici seulement déplacée. Comme le rappelle Kaufmann[5], elle dépend, d'une part, de l'opérateur qui choisit celui qui sera amené à passer à travers la technologie de détection et, d'autre part, du contexte d'action qui détermine si l'information produite est suffisante ou non. La politique du soupçon animant l'usage des technologies écarte donc la neutralité et l'objectivité dont elles sont censées être porteuses.

4. P. Hancock et Y. Jewkes, « Architectures of incarceration. The spatial pains of imprisonment », *Punishment & Society* 2011, 13, 5, p. 611-629.
5.

Innovation et solutionnisme technologique

En suggérant de dépasser une approche déterministe de la technologie pour interroger son interaction avec des institutions, des acteurs et des pratiques ainsi que pour réfléchir à ses logiques d'implantation et ses effets, ce texte soutient la nécessité de ne pas se limiter à des questions de fonctionnalité, d'efficacité et de productivité apparentes qui ont tendance à être au cœur des discours politiques, professionnels ou marketing. Percevoir la technologie comme solution à un problème ne peut dès lors se faire sans prendre en considération les intentions, les appropriations, les usages dont elle est l'objet. En effet, la technologie peut produire des effets différents de ceux initialement prévus en faisant preuve d'une véritable force d'action autonome, son utilisation dépassant l'intention derrière sa conception[6] afin de répondre à des logiques à la fois politique et institutionnelle de gestion des risques.

Se questionner sur l'implantation de technologies de sécurité en détention permet aussi de poser une réflexion plus globale :

- Sur le phénomène de « solutionnisme technologique[7] » qui, en plus de se répandre au sein de la société, a définitivement gagné les sphères pénales et carcérales. Sans remettre en cause l'intérêt de certains outils technologiques, la tendance observable est celle d'une solution technologique apportée dès qu'un problème ou enjeu particulier est soulevé. Terrorisme et radicalisation, prévention de la récidive, violences intrafamiliales, violences en détention, etc., ont chacun occupé une place prépondérante dans l'agenda politique ces dernières années entrainant systématiquement une réponse technologique : on pense ici à la surveillance électronique, aux bracelets anti-rapprochement, au recours grandissant à la réalité virtuelle ou encore aux caméras-piétons pour les surveillants pénitentiaires. On assiste alors à un phénomène de cumul de technologies dans une optique de tolérance zéro.
- Sur la question de l'innovation par la technologie : les dispositifs technologiques étant souvent qualifiés d'innovants, il est nécessaire de se questionner sur ce que l'on entend par « innovation » : la nouveauté est-elle automatiquement innovante si elle pérennise la logique institutionnelle ou doit-elle avoir une action transformatrice pour pouvoir être ainsi qualifiée ? Car dans la configuration où le recours aux technologies ne provoque pas de réel changement, la question qui se pose, telle que soulevée par Marie-Sophie Devresse[8], est celle de savoir : « avec un tel outil, s'agit-il de faire quelque chose de nouveau ou s'agit-il de faire la même chose autrement ? ».

6. D. Lyon, *Surveillance Society: Monitoring Everyday Life*, McGraw-Hill Education, 2001.
7. E. Morozov, « To save everything, click here: The folly of technological solutionism », *Public Affairs* 2013.
8. M.-S. Devresse, « Innovation pénale et surveillance électronique. Quelques réflexions sur une base empirique », *Champ pénal/Penal Field* 2007 [http://champpenal.revues.org/1641].

Au final, l'implantation de nouvelles technologies en prison contribue principalement à accroitre le dispositif sécuritaire déjà mis en œuvre par l'institution carcérale, en plus de s'ajouter aux tâches des agents, sans pour autant changer leurs pratiques. En ce sens, la technologie peut donner l'illusion de prendre en considération un problème, mais en le déplaçant plutôt qu'en le supprimant. À défaut de proposer un réel changement, il est possible de se demander si elle ne sert pas alors le renforcement des logiques punitives de l'institution carcérale, en créant de nouvelles formes de suspicions ou encore en renforçant le contrôle des individus et les mécanismes de domination déjà à l'œuvre.

La logique de la détention domiciliaire sous surveillance électronique (DDSE) : quelle subjectivité pour les condamnés, quelle forme sociale pour la collectivité ?

TONY FERRI

Docteur de philosophie,
conseiller pénitentiaire d'insertion et de probation,
chercheur GERPHAU

Notre texte poursuit un double but : d'abord, il a pour objet d'esquisser une étude portant sur la particularité de l'exercice du contrôle pénal sur la subjectivité des condamnés, lorsque ce contrôle s'appuie sur la DDSE ; ensuite, il vise à dégager la forme de vie collective qui se constitue sur la base des procédures de régulation sociale que produit le pouvoir de la surveillance électronique. Si, dans l'économie du système pénal contemporain, la DDSE est une mesure qui paraît s'inscrire dans le mouvement d'externalisation du modèle carcéral, qui consiste à exporter en milieu libre la norme de la prison, il s'ensuit qu'elle peut servir de laboratoire pour diagnostiquer l'état de notre structure sociale actuelle.

C'est donc à l'exploration de la subjectivité des individus soumis au bracelet pénal qu'il faut préalablement s'intéresser, afin de comprendre comment les mécanismes de pouvoir de la détention domiciliaire sont en retour susceptibles de s'exercer sur la vie collective. L'enjeu concerne l'appréhension des conséquences de ce pouvoir sur l'élément vital et sur ce que Durkheim nomme la « cohésion sociale[1] ».

1. L'opposition entre un objet et une chose

Notre analyse s'élance à partir de cette interrogation : quelle distinction convient-il d'établir entre un objet et une chose ? Nous allons voir comment l'examen de cette distinction sert à éclairer le mouvement de transformation qui affecte aujourd'hui le statut de la sanction pénale, sous l'action du déploiement massif de la DDSE. Dans cette perspective, c'est en convoquant d'abord deux figures centrales de la subjectivité, telles qu'elles ont été réfléchies dans l'histoire de la philosophie, que nous allons être à même de cerner, après coup, l'écart qui sépare l'objet de la chose et d'identifier la particularité du traitement moderne des individualités dans la sphère pénale. Il nous faut donc explorer ces deux formes subjectives modernes que sont le sujet personnel et le « je » transcendantal, parce qu'elles se présentent comme les deux configurations autorisant à penser deux formes de la connaissance et deux modes de rapport au monde.

De prime abord, que désigne le « je » transcendantal, sinon cette figure impersonnelle et générique de la subjectivité ? En effet, ce « je » n'appartient à personne en particulier, et habilite chacun à s'insérer dans un cadre commun où les individus deviennent indistincts. Cette subjectivité s'adapte particulièrement bien à l'emploi des objets techniques et marchands, où la standardisation est prédominante. Cette spécificité du « je » transcendantal met en lumière la manière dont les conditions de l'expérience influent sur notre connaissance du monde et notre manière d'interagir avec lui. À cet égard, on doit à Kant d'avoir montré comment les conditions *a priori* de l'expérience, telles que l'espace, le temps et les catégories, façonnent notre manière de connaître une altérité. Ce représentant des Lumières montre en effet, dans la *Critique de la raison pure* (1781), comment les conditions *a priori* d'une expérience possible en général se ramènent aux conditions de possibilité des objets de l'expérience. Il souligne à cet égard : « Le postulat de la *possibilité* des choses exige donc que leur concept s'accorde avec les conditions formelles d'une expérience en général[2]. »

De ce que le « je » transcendantal impose sa loi aux objets, il résulte que nous ne saurions sortir de ce cercle entre l'objet connu et ses conditions, qui à la fois le rendent possible et le limitent. Ainsi la conséquence majeure de cette règle de constitution de tout rapport à une extériorité est telle que le sujet ne peut connaître que des objets, vu qu'il n'a relation qu'avec ce qui respecte les règles *a priori* de l'expérience possible en général.

Dès lors, nous comprenons comment le monde de la technique et du marché nous met en présence d'objets à manipuler, de machines à utiliser,

1. É. Durkheim, *De la division du travail social*, Paris, PUF, coll. « Quadrige », 1991.
2. E. Kant, *Critique de la raison pure*, livre II « Analytique des principes », chapitre II, 3e section, Paris, PUF, 1944, p. 201.

d'affaires à gérer, de compétences à développer comme le fait de conduire un véhicule, d'évaluer un prix ou de s'adapter aux appareils. En effet, ce qui compte ici, c'est d'être efficace, performant, rapide, et d'être immédiatement en accord avec les possibilités offertes. Nous devons y agir vite et bien, y être parfaitement « ajustés », ne pas faire d'erreurs, comme quand nous nous servons d'ordinateurs, de cartes bancaires, d'outils techniques, ou quand nous devons nous rendre disponibles sur notre lieu de travail ou respecter un couvre-feu horaire. Le monde des objets est celui des individus conditionnés et opérationnels, en tant qu'« utilisateurs », « consommateurs », « travailleurs ».

Pour mesurer la différence qui s'établit entre l'objet et la chose, il y a lieu de s'intéresser au statut de l'événement. Le propre de l'événement réside en ce qu'il se donne comme un phénomène qui échappe par nature à une compréhension immédiate et définitive. De fait, il n'est pas rare que nous nous heurtions à la difficulté d'attribuer quelque cause précise aux événements. La particularité des événements tient à leur caractère opaque, à leur inintelligibilité, à leur *non-reproductibilité*. C'est pourquoi il est frappant de voir à quel point la vie, elle aussi faite d'événements, ne saurait être réduite à un objet, c'est-à-dire à une entité connaissable, maîtrisable, calculable. Pour se le représenter, il se peut que le recours à l'antinomie entre le langage articulé et la vie soit éclairant : en effet, bien qu'une langue permette la communication, elle n'est pas capable de rendre compte de la variété des émotions et des réalités individuelles. En fait, le langage humain fonctionne comme un système de généralisation, ce qui entraîne nécessairement l'appauvrissement et la déformation de notre perception du réel. Bergson le souligne avec force : « Pour tout dire, nous ne voyons pas les choses mêmes ; nous nous bornons, le plus souvent, à lire des étiquettes collées sur elles[3]. » Le monde des objets, le langage commun, les normes sont le résultat d'un étiquetage.

De là vient la nécessité de distinguer deux formes de connaissance : celle liée à la maîtrise des objets qui, par leur caractère prévisible et rationnel, relève du « je » transcendantal ; et celle qui est en rapport avec l'expérience particulière et le vivant, et qui procède du sujet personnel, de l'individu concret en tant qu'il se confronte à des événements inattendus. Dans la mesure où la raison énonce, à l'instar d'une langue, des généralités sur des réalités différentes et, par là, « objective » le réel, il est frappant qu'elle se révèle comme impropre à saisir la singularité des choses, le cœur des événements, les éléments fondamentaux de la vie, la profondeur différentielle du moi. Il n'est pas douteux que les événements, comme l'amour, la mort, une naissance, quelque chose de surprenant qui nous arrive, un acte tragique imprévu, une émotion abyssale, notre relation à notre propre corps, tendent à échapper à notre compréhension complète, du fait de leur nature complexe *non réductible aux objets*, au langage, aux sciences rigoureuses. N'ayant pas de codages afférents, les événements sont du côté des choses, pas des objets ;

3. H. Bergson, *Le Rire*, Paris, PUF, 1993 [1899], p. 117.

du côté des singularités différentielles, pas des abstractions. Notre analogie est importante pour établir une comparaison entre la fonction du langage, qui est sociale et qui ignore les nuances individuelles, avec la fonction de la sanction pénale, qui n'est pas moins utilitaire que le langage et qui néglige, tout autant que lui, les intériorités des condamnés.

Ainsi l'opposition entre le « je » transcendantal et le sujet personnel recoupe-t-elle celle de l'objet et de la chose. La vie se pense comme une chose, parce qu'elle n'est pas un objet comme les autres, ni même tout simplement un objet, au sens strict d'*objectum* comme ce qui est posé devant soi, dans la représentation. Vouloir réduire la vie à un simple objet de la consommation ou de la technique, c'est non seulement la laisser s'absorber dans le technicisme et l'instrumentalisme, mais nier son caractère truculent, épais, mystérieux. Si la vie était un pur objet, prévisible et intelligible, il s'ensuivrait qu'elle pourrait être dominée par la planification et la préformation mécaniques. Avec la vie, nous avons affaire à un préalable qui ne se décrète pas, tandis qu'avec l'objet nous sommes bien autrement en présence d'un élément successif, qui copie les facteurs antérieurs. Une canette de soda ressemble à toutes les autres. C'est la raison pour laquelle, au contraire de la vie, les marchandises, comme les objets techniques, sont reproductibles et sérielles. *En d'autres termes, tandis qu'un concept correspond à l'objet, la chose est ce quelque chose qui s'observe, s'expérimente en dehors de tout concept préalable.* L'objet obéit donc à des principes rationnels, pas la chose qui est insaisissable par l'intellect, ingouvernable par nos procédures, proprement inaccessible par l'entendement seul.

Cette détermination de l'objet permet de mettre au jour comment le mode de connaissance de soi, qui implique des médiations éducatives et sociales, ne saurait justement se régler sur celui de la connaissance des objets. De saint Augustin à Kierkegaard, en passant par Pascal, la vérité de soi ne peut pas être atteinte par des techniques mesurables, car elle ne relève pas du domaine du vérifiable, des grandeurs, de la moyenne statistique.

2. Les caractères de la sanction pénale

De même que le fonctionnement d'une langue, la particularité du système pénal contemporain réside dans sa tentative d'objectiver la personnalité et l'histoire des condamnés, ce qui a pour effet de nier leur diversité et de les réduire à des modèles quantifiables. Cette approche néglige les aspects qualitatifs de l'individu au profit d'une conception abstraite de l'infracteur. Le cas de la DDSE est emblématique de cette tendance. En effet, si, selon le principe de l'individualisation des peines, la sanction pénale se concentre sur la subjectivité des délinquants, elle le fait cependant en tentant de l'objectiver, de la schématiser, de l'évaluer comme un objet mesurable. Pour tâcher de ramener la subjectivité à de l'objectivité à travers la DDSE, le dispositif technique et la méthodologie de suivi du déroulement de la mesure s'attachent alors, en quelque manière, à modéliser la conscience, les allées et venues, le vécu des condamnés. Avec la DDSE, cette modélisation s'effectue au moyen de l'utilisation du logiciel informatique SAPHIR relatif au traçage et à l'enregistrement des périodes d'entrées et de sortie du domicile, et à l'aide de l'emploi d'outils actuariels et de l'établissement de comptes-rendus dans l'application APPI[4], dans le but d'anticiper les mouvements et de contrôler la raison des déplacements, selon que ceux-ci sont autorisés ou interdits, conformes ou non-conformes à l'égard du jugement ayant statué sur la DDSE.

Il en ressort qu'un tel système ambitionne de ramener le qualitatif au quantitatif, en gommant les expériences personnelles, les complexités psychologiques des condamnés. De ce que la surveillance électronique s'avise à enregistrer les données sur les déplacements des individus, il s'ensuit qu'elle les considère avant tout, non pas comme des sujets en action ou des *êtres de désir*, mais comme des corps en mouvement réduits à un jeu de mécanismes, dépourvus de subjectivité personnelle, et donc comme des objets. Ce qui prévaut dans la DDSE, ce ne sont pas les fluctuations de la conscience et du sentir, mais les paramètres mesurables et reproductibles du système en lequel s'enchâssent les personnes détenues.

En conséquence, à l'intérieur d'un dispositif de collecte illimitée de données, reposant sur l'évacuation des composantes idiosyncrasiques et l'édification d'un modèle épistémologique général du délinquant, il va sans dire que les *porteurs du bracelet pénal sont aliénés à leur objectivation* ; et que, à travers cette objectivation, le moi se transforme en un sujet transcendantal, impersonnel et minimal, dépourvu de qualités propres, à l'égard duquel ce qui compte n'est rien que le diagramme abstrait en lequel il a à s'insérer. D'où il résulte que ce système électronique néglige le fait que les détenus domiciliaires soient des êtres de relation, qui font quotidiennement face à des événements et à de l'imprévu. Dès sa décision inaugurale, la DDSE se constitue sur la base de la réduction des personnes à des sujets transcendantaux.

3. La forme de la vie sociale

Il n'est pas superflu de considérer la DDSE comme un dispositif de surveillance qui non seulement a fait ses preuves dans le domaine pénal, mais qui, en raison de son succès, de la facilité de son déploiement et de son moindre coût économique par rapport à la prison, en vient à transcender le domaine judiciaire pour affecter progressivement la condition humaine contemporaine : en d'autres termes, elle ne cesse de se développer aussi comme une technique de gouvernement. De fait, elle se caractérise par sa capacité à s'étendre au-delà du seul cadre judiciaire pour concerner sensiblement tous

4. À noter que le sigle APPI veut dire « Application des peines, probation, insertion », et que l'administration a programmé son remplacement, durant l'année 2024, par un logiciel encore plus sophistiqué et dénommé « PRISME », qui signifie « Probation, insertion, suivi, mesure, évaluation ».

les individus, dont la conséquence est que chacun peut s'éprouver désormais comme sujet surveillé chez lui, à son travail, dans la rue, ou sur Internet. La gestion de la crise sanitaire liée au Covid-19 a offert une illustration de la surveillance de masse, avec le concours plus ou moins actif de la multitude, c'est-à-dire l'appui, non pas tant des condamnés, mais des gens qui ont consenti à se constituer comme des reclus infantilisés au sein même de leur lieu de résidence devenu l'espace de la réclusion et du contrôle omniprésent.

D'où l'utilité de mettre en perspective ceci : au lendemain de l'abolition de la peine de mort, la sanction pénale a évolué de manière à suivre deux principes. D'une part, elle a tendu à devenir plus globalisée et à toucher un nombre supérieur de personnes grâce à des procédures plus élaborées. D'autre part, elle a cherché à influencer directement le vécu intérieur des individus. L'importance de la captation de la dimension sensorielle et subjective des condamnés s'est alors accrue dans la formation et l'application des peines. Bien des mécanismes se sont progressivement intégrés dans le quotidien concret des condamnés, au moyen du pistage des déplacements des détenus domiciliaires, des techniques d'entretiens réguliers, de la traçabilité des données, du suivi des mesures dans la vie libre. Parallèlement, les pratiques d'enfermement se sont graduellement déplacées du domaine de l'édifice visible vers celui du vécu sensible, allant du monde extérieur à l'univers intérieur des individus. L'introduction et la multiplication des mesures restrictives de liberté en fournissent aujourd'hui un témoignage notable. À cet égard, il n'est pas étonnant de constater la coexistence actuelle de deux réalités carcérales : la prison et les sanctions mixtes, qui combinent une peine d'emprisonnement avec un accompagnement en milieu ouvert[5]. Cela s'explique par le fait que les pratiques carcérales visent non seulement à construire des « objets » de la peine, tels que les prisons, mais aussi à annexer le sentiment de plaisir et de peine, par le truchement de l'installation de dispositifs intérieurs en plus des appareils extérieurs existants : par là, l'objet pénètre le sujet, ou, ce qui revient au même, le sujet devient objet, au sens où nous avons défini ici ce terme.

La DDSE a beau apparaître, « de loin », comme un système qui s'intéresse humainement aux condamnés, il n'en reste pas moins qu'elle s'exerce, « de près », de telle façon que les individus deviennent, dans ses mailles, indistincts, et soient propulsés au milieu d'un univers sans relief et aligné. Au point que ce pouvoir de surveillance est à même de fonctionner tout seul. Cela s'illustre par le fait que les porteurs du bracelet font généralement l'objet d'un suivi « en distanciel », qu'ils doivent, certes, constamment rendre des comptes de leurs déplacements, de leurs retards et de leurs obligations, justifier de leurs actes, mais « à l'écart », sans avoir, la plupart du temps, à

5. Pour un examen chiffré et argumenté portant sur le statut de la prison et l'évolution des pénalités françaises, v. J.-M. Delarue, *La prison*, Paris, Dalloz, 2023, et T. Ferri, *Abolir la prison. L'indispensable réforme pénale*, préf. T. Paquot, postface T. Lodé, Paris, éd. Libre et Solidaire, 2023.

se présenter, en personne, dans les locaux de l'administration du contrôle. Le visage des condamnés importe peu.

La détention électronique est le reflet de l'émergence d'un environnement désormais établi comme uniforme, nivelé, autocentré, où les individus sont dissous en tant qu'acteurs singuliers, et où la rationalité mécanique du dispositif prime sur la prise en compte des composantes vitales. Si cette logique du système pénal obéit à ce que nous pouvons nommer, sous sa forme la plus aiguë de la DDSE, un mouvement de réduction homologique au même, elle tend à s'offrir comme un modèle de gestion de la société tout entière soumise de façon croissante aux jeux invasifs des technologies. Bien qu'appartenant d'abord à l'ordre juridique, il se peut que la DDSE relève également du domaine politique et social, en ce sens qu'elle contribue à développer un modèle quasi idéal de traitement des masses, à partir de procédures globales et automatiques qui consistent à effacer la personne derrière le sujet transcendantal, et à uniformiser, dé-singulariser, dévitaliser les individus, ce qui n'est pas sans remettre en question la notion d'identité personnelle telle qu'elle a été conçue par les penseurs modernes comme Locke, qui définit la personne comme « un être pensant et intelligent capable de raison et de réflexion et qui se peut consulter soi-même comme le même, comme une même chose qui pense en différents temps et lieux ; ce qu'il fait uniquement par le sentiment qu'il a de ses propres actions... ; aussi loin que cette conscience peut s'étendre sur les actions ou les pensées déjà passées, aussi loin s'étend l'identité de cette personne ; le soi est présentement le même qu'il était alors[6] ». Selon Locke, c'est indéfectiblement le « sentiment intérieur » comme noyau référentiel à nul autre pareil qui constitue l'essence singulière des individus. Et c'est cette disposition intérieure, que George Berkeley qualifie de « réalité sensible[7] », qui est la proie des dispositifs de pouvoir contemporains, à commencer par celui de la DDSE.

De sorte que, à la place du sujet personnel, se forme aussi bien pénalement que socialement ce que Michel Foucault nomme « une morale de la pièce d'identité[8] », qui traduit symboliquement la transformation des condamnés en « objets », et caractérise la réduction des individus réels à une sorte d'entités génériques interchangeables. Il se peut donc que le recours au dispositif de la DDSE soit de plus en plus source d'inspiration pour d'autres mesures politiques et d'autres applications numériques, aux fins de surveillance et de réglementation des comportements. Il est déjà utilisé dans le secteur de la consommation de masse et le domaine de la sûreté civile et urbaine, ainsi que les travaux de Shoshana Zuboff, d'Éric Sadin et d'André Mattelard l'ont dévoilé[9].

---

6. J. Locke, *Essai philosophique sur l'entendement humain*, II, XXVII, § 9, Vrin, 1972, p. 264-265.
7. G. Berkeley, *Trois dialogues entre Hylas et Philonous*, Paris, GF/Flammarion, 1998.
8. M. Foucault, *L'archéologie du savoir*, Paris, Gallimard, 2008, p. 29.
9. V. S. Zuboff, *L'Âge du capitalisme de surveillance*, Paris, Zulma, 2020 ; É. Sadin, *La vie algorithmique. Critique de la raison numérique*, Paris, L'Échappée, 2015, et A. Mattelart et A. Vitalis, *Le profilage des populations. Du livret ouvrier au cybercontrôle*, Paris, La Découverte, 2014.

QUATRIÈME PARTIE

Surveiller et anticiper

PREMIÈRE SOUS-PARTIE

Surveiller et anticiper le risque : des méthodes repensées pour un objectif renouvelé

Surveillance & « guerre cognitive »

BENOÎT LE BLANC
Professeur d'intelligence artificielle à l'École nationale de cognitique de Bordeaux (INP)

FRANCK RENUCCI
Professeur de sciences de l'information et de la communication à l'Université de Toulon, IMSIC – Institut méditerranéen des sciences de l'information et de la communication

Surveiller quelqu'un, c'est surveiller son comportement, ses actions. La surveillance est alors une activité qui sous-entend d'une part un flux d'information, d'autre part une intention, et bien sûr une cible. De tout temps, ces trois points ont évolué en fonction des possibilités offertes par les techniques (Mattelart, 2008). Si le recours à des outils numériques pour une part de plus en plus importante de nos activités nous a familiarisé avec les notions de flux d'information et de données massives, en revanche nous ne percevons pas spontanément ce que la technologie ouvre comme perspectives en matière d'intentions et de cibles. La surveillance exercée passe de plus en plus d'un format passif à un format actif, transformant le contrôle en influence. Du côté de la cible, la surveillance sur son propre environnement se retrouve leurrée, et elle passe d'une posture de méfiance à une posture d'approbation des tentatives d'influence qu'elle subit. Notre époque est celle où l'influence fait déjà l'objet de véritables stratégies, dans un monde où les repères bougent très rapidement. Surveiller et prédire sont toujours reliés (Renucci, 2016), mais la prédiction gagne en importance et pourrait bien s'autonomiser dès lors que la surveillance deviendrait influence. À tel point que l'on peut se demander s'il est encore véritablement opportun de parler de surveillance. Il y a là un véritable conflit qui se met en place dont l'enjeu est la maîtrise de la cognition de l'opposant. L'expression « guerre cognitive » est rentrée dans les débats et recouvre une réalité que nous proposons d'explorer ici.

I. UNE GUERRE EN MARCHE SUR LA COGNITION ET LES ESPRITS

Les termes sont trompeurs mais le phénomène est bien là. Si nous n'avons pas de mot en français pour distinguer les mots anglais « war » et « warfare », il n'en demeure pas moins que dans le domaine militaire ces vocables reflètent d'une part l'action du combat et d'autre part la stratégie de la lutte. On remarquera au passage que très souvent les deux termes « combat » et « lutte » se traduisent en anglais par le seul « fight ». Il peut donc paraître surprenant d'entendre parler de « guerre cognitive » pour traduire l'expression « cognitive warfare », car il s'agit là beaucoup plus d'un concept relatif à l'organisation de la lutte, que faisant référence à un affrontement physique, et puis nous savons tous que la guerre n'a rien à voir avec l'acquisition de connaissances. On devrait plutôt parler de l'activation de stratégies d'influences, du ciblage de la cognition de l'adversaire, ou encore d'un terrain d'action de la cognitique ; la cognitique étant à la cognition, ce que l'informatique est à l'information.

Les attentats du 11 septembre 2001 auront fait entrer le XXIe siècle dans un monde de lutte contre le terrorisme par « la globalisation de la surveillance » (Mattelard, *ibid.*). Les liens entre surveillance, guerre, terrorisme et technologies sont évidents ; les médias traditionnels et les réseaux sociaux numériques ne cessent de les évoquer. On le remarque dans le cadre de projets géopolitiques, stratégiques traditionnels mais de plus en plus dans les luttes d'influences. Celles-ci sont aujourd'hui corrélées à des transformations en continu de nos connaissances par des processus qui nous sont invisibles et que nous ne pouvons appréhender. À notre insu, notre vision du monde peut changer tout comme notre comportement et nos pensées. Quand on parle de cognitique, on signifie que les technologies jouent là un rôle important, dépassant le traitement automatique des informations pour tendre vers un traitement automatique des connaissances (Claverie, 2014).

Quoi qu'il en soit, ce que l'on désigne depuis quelques années comme du « cognitive warfare » témoigne bien de l'avancée des technologies, permettant d'envisager une stratégie destinée à toucher directement la pensée des adversaires. Certains y voient là une simple continuité des actions de propagande, d'autres pensent que le croisement entre les réseaux sociaux numériques et la manipulation des émotions ouvre bel et bien un tout nouvel espace de conflit et d'influence (Claverie & du Cluzel, 2022) (Claverie & Prébot, 2024). Initialement introduit à la suite des attentats du World Trade Center à New York (Harbulot & Lucas, 2002), le concept de « guerre cognitive » a véritablement été intégré aux réflexions de l'OTAN à partir des années 2020 (Lanata, 2021) et développé ensuite dans les différents états-majors occidentaux. Du côté de la Russie, la pratique ancienne de la guerre psychologique et des techniques d'enfumage et de masquage accompagne les opérations militaires soviétiques (Claverie, 2023) et s'appuie sur un *soft power* élaboré à dessein (Audinet, 2016). Pour la Chine, les influences se mènent à l'échelle mondiale et selon trois plans : la guerre de l'opinion publique, la guerre psychologique, et la guerre du droit (Charon & Jeangène Vilmer, 2021).

Le *Department of Defense* (DoD) aux USA, les différents états-majors des armées en France, et plus largement les rapports produits collectivement au niveau de l'OTAN, s'accordent sur une classification des milieux d'intervention qui structurent les organisations de leurs armées. Le nombre de ces milieux a évolué au fil du temps pour intégrer des nouveaux terrains d'actions et donc des menaces nouvelles, rendues possibles par les avancées technologiques. C'est par exemple le cas avec le monde du cyber et tout récemment avec le domaine du spatial qui s'ajoutent aux trois domaines historiques de la Terre, la Mer et l'Air. Mais appréhender ce qu'est la « guerre cognitive », et comprendre les attaques subies par nos démocraties, nécessite de repenser les domaines classiques d'intervention pour envisager des opérations multi-domaines dont les cibles sont les individus et leurs pensées. La question d'ajouter un sixième domaine s'est posée, afin de répondre au problème du positionnement des attaques cognitives. Le « 6e domaine » envisagé correspondrait à celui des cerveaux, tourné vers les individus et leurs prises de décision (Le Guyader, 2022). Il est toutefois difficile d'isoler ce domaine de la cognition des cinq autres domaines (terrien, maritime, aérien, cybernumérique et spatial), car d'une part chacun d'eux inclut déjà des individus, et d'autre part les attaques cognitives comportent très souvent une partie kinétique s'inscrivant justement dans un ou plusieurs de ces cinq domaines. Dans la réflexion menée ici sur les populations et la cognition, les domaines d'intervention peuvent aussi être étendus aux domaines des forces de l'ordre, de la défense civile, de la sécurité incendie, etc., car ils présentent eux aussi un intérêt certain pour y développer des attaques cognitives visant des opérations d'influence.

Tout ce qui touche à la cognition se retrouve donc transverse aux domaines d'action ; par ailleurs ces domaines sont de moins en moins étanches entre eux. Aussi les réflexions militaires récentes parlent beaucoup d'interventions « multi-domaines » et évoquent en complément trois champs d'action modélisés sous la forme de couches successives venant recouvrir l'ensemble des domaines (Trabelsi, 2023). On y trouve tout d'abord les couches du monde physique (celles où se situent les différents matériels), puis viennent les couches du monde virtuel (celles liées au domaine de l'information), et enfin les couches du monde de la cognition (celles des individus et des sociétés).

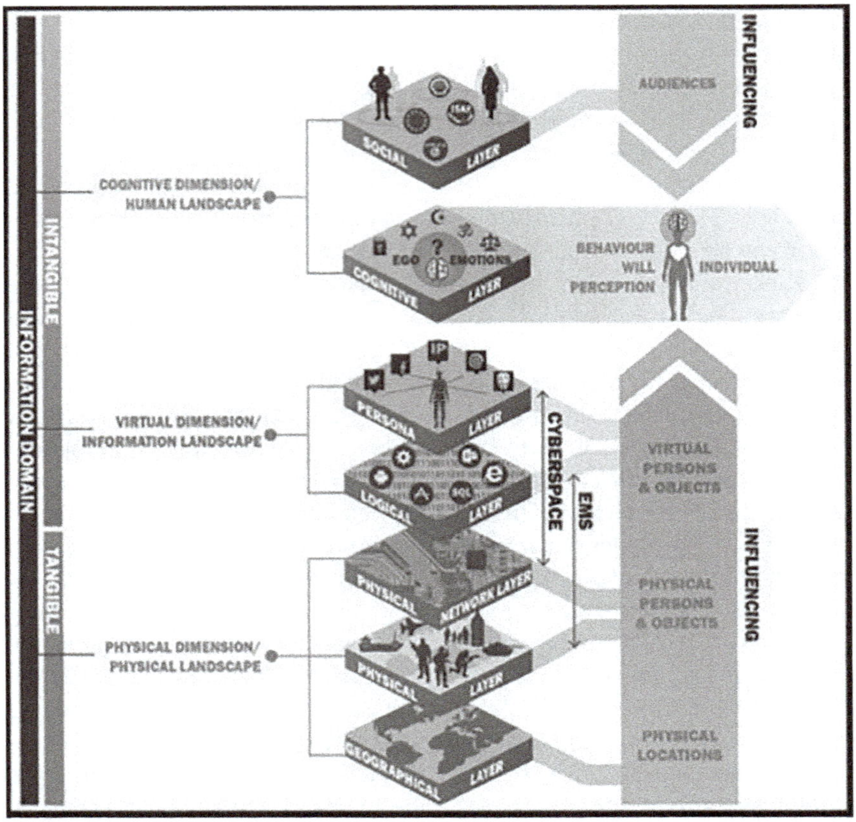

Figure 1 – Les trois couches d'actions des interventions multi-domaines : le niveau physique, le niveau virtuel et le niveau de la cognition (van Dalen, 2020).

Ces actions de « guerre cognitive » peuvent s'ancrer sur n'importe lequel des points nécessaires à la chaîne reliant la perception (ce qui « rentre » dans le cerveau), à la pensée (ce qui se passe dans le cerveau), et enfin au comportement (ce qui « sort » du cerveau).

Orienter la perception consiste à présenter à la personne des informations de telle manière que sa perception ne sera plus neutre. Il peut s'agir de cacher des informations en les retirant du champ visuel de l'individu (camoufler, dissimuler, cacher, masquer, poser des œillères), ou bien en les noyant dans un volume trop important d'informations (obfusquer, saturer), ou encore en attirant l'attention sur un autre point (détourner, leurrer, « tunnéliser »).

Les illusions sensorielles et certains biais cognitifs répondent à des mécanismes automatiques de notre appareil cognitif et tendent à produire une distorsion perceptive. La réalité n'est plus perçue de façon que l'on pourrait dire assez objective, certains filtres viennent s'ajouter et orienter la perception.

Perturber la pensée revient à agir de façon à bloquer, entraver ou altérer les processus de la réflexion et du raisonnement. D'un côté, le déclenchement de certaines émotions peut venir transformer ou fausser la pensée. On peut chercher à sidérer, submerger ou blesser l'individu. D'un autre côté, la sélection judicieuse des informations présentées peut venir jouer sur les mécanismes de la pensée en « semant le doute », pour manipuler les façons de penser, les logiques mentales, les représentations spontanées, les processus de conceptualisation.

Toute inférence ou déduction se fera alors sur de mauvaises bases ou sur une fausse piste. L'action aura détruit les cadres censés venir informer et filtrer le débat ; elle aura coupé la relation avec la réalité ; en un mot elle aura introduit, inoculé, un désordre dans l'esprit. « Dès lors, L'œil absolu » (Wajcman, 2010) qui manifeste un regard panoptique sur la société et les individus n'est plus là pour permettre d'anticiper un événement mais pour surveiller notre changement de comportement qui lui-même produira des données en toute « transparence ». Que produisons-nous ? Que voyons-nous ? Que faisons-nous ? Une boucle d'une régulation orientée s'instaure.

Forcer le comportement de l'individu constitue la cible même de l'attaque cognitive. Il peut s'agir d'une inhibition de ses actions : entraver, engluer, immobiliser, décourager. Il peut aussi s'agir de le pousser à certaines actions : par imitation, par réaction, par engagement.

Ce forçage du comportement peut provenir du niveau des automatismes (ne pas pouvoir s'empêcher de faire), du niveau des constructions (vouloir faire) ou bien du niveau des influences (être incité, imposer à faire). Une « sousveillance » algorithmique comme « vigilance incessante » (Ganascia, 2009), agissante s'instaure.

II. UNE GRILLE D'ANALYSE DES « ATTAQUES COGNITIVES »

Une attaque cognitive est très souvent la résultante d'une chaîne de causalité allant d'une action physique à un effet cognitif. C'est ce que traduit le « House Model », élaboré par le groupe HFM ET 356 (OTAN-STO) et présenté dans son rapport *Mitigating and Responding to Cognitive Warfare.*

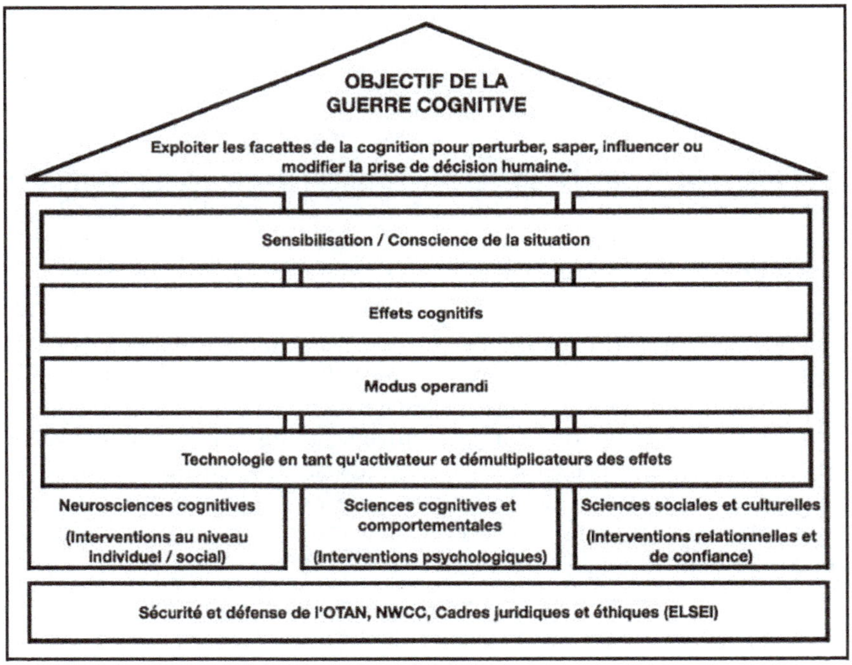

Figure 2 – Le « House Model » émanant du HFM Exploratory Team 36 de l'OTAN-STO (Masakowski & Blatny 2023, chapitre 2)

Ce modèle propose deux axes principaux. L'axe vertical décompose la chaîne causale de l'action, en partant du physique (technologie et mode opératoire employés) vers le mental (perturbation de la cognition de l'individu venant modifier sa conscience de la situation) ; l'axe horizontal passe en revue les différents compartiments envisageables pour l'action, en se basant sur les différentes disciplines des sciences humaines mobilisées

Le second axe du « House Model » traite du ciblage pour porter l'action. Ce point du modèle mobilise différents domaines scientifiques et en ce sens donne une sorte de granularité permettant d'envisager l'action, au niveau du cerveau, de l'individu, ou bien de la société. On retrouve là quelques-unes des grandes disciplines constitutives des sciences cognitives. Il serait facile d'y ajouter la philosophie dans l'élément central, au côté de la psychologie, ainsi que les sciences du langage avec les sciences sociales. On retrouverait alors les 4 sciences fondatrices des sciences cognitives : les PPLS philosophie, psychologie, linguistique et sociologie (Le Blanc, 2014). Elles donnent, avec les neurosciences en complément, une base au « House Model ». Le sixième pôle des sciences cognitives est celui de la modélisation, et donc de l'intelligence artificielle ; ce pourra être l'objet des moyens de l'action ou encore, dans le futur, constituer un nouveau point d'ancrage, lorsqu'il s'agira d'attaquer ce qui constitue l'IA personnelle de l'individu.

L'exemple sans doute le plus marquant de ces possibles « attaques cognitives » est celui documenté sous le nom du scandale de « Cambridge Analytica » qui a ébranlé le monde de la technologie et de la politique à l'échelle mondiale (Manokha, 2018). C'est en 2018 que cette société spécialisée en analyse de données a été incriminée pour avoir illégalement collecté les informations personnelles de millions d'utilisateurs de Facebook sans leur consentement. Ces données ont permis d'élaborer des profils psychographiques détaillés, destinés à manipuler des électeurs ciblés lors de campagnes politiques, notamment celles de l'élection présidentielle américaine de 2016 et du référendum sur le Brexit.

Mais il existe également des attaques plus directes, prenant pour cible le cerveau en tant qu'organe biologique. Le syndrome de La Havane, appelé ainsi car il a été mis en évidence pour la première fois en 2016 sur du personnel présent dans l'ambassade américaine à Cuba, est un phénomène mystérieux qui a suscité l'intérêt de la communauté scientifique et militaire. Il se manifeste par une série de symptômes neurologiques, tels que des maux de tête, des vertiges, des troubles de l'ouïe et des pertes de mémoire (Lin, 2021). De récentes investigations menées par les médias *The Insider*, *Der Spiegel* et *60 minutes* en attribuent l'origine à des armes à énergie directe employées par des membres de l'unité 29155 du GRU russe. L'administration Biden a pris une initiative, fin 2021, pour reconnaître ce syndrome comme maladie professionnelle dans l'armée américaine.

III. DES QUESTIONS QUI SE POSENT SUR LES « ATTAQUES COGNITIVES »

À « L'âge du capitalisme de surveillance » (Zuboff, 2019), du fait du recours massif à des outils numériques et à la guerre cognitive, notre perception de la surveillance va changer. Dans le même temps, les capacités d'information offertes par ces outils numériques, les motivations de la surveillance vont aussi évoluer. L'influence et l'incitation pourraient bien venir modifier profondément la nécessité de faire des surveillances. Auparavant, il fallait bien saisir le présent de façon à pouvoir anticiper le futur. Désormais il devient possible de directement orienter le futur.

Dès lors, est-il nécessaire de surveiller une personne si l'on a assez d'éléments sur elle pour l'inciter à prendre telle ou telle décision ?

Cette personne qui accepte docilement la surveillance nierait sans doute l'influence de la guerre cognitive. Alors qu'elle est surveillée et y consent, quand et comment pourra-t-elle reconnaître qu'elle a fait l'objet d'une action de guerre cognitive ? Ne niera-t-elle pas, arguant qu'elle sait, avec certitude, ce qu'elle pense ?

Alors que la surveillance permettrait d'intervenir avant l'événement, la guerre cognitive provoquerait de l'imprévisible par une logique de désordre ou de saturation. N'aurait-on pas trop de certitudes quand on « s'adresse » au cerveau d'une personne ?

La guerre cognitive ne profiterait-elle pas d'une société hypermoderne où les cadres symboliques structurants sont de moins en moins opérants ?

Tout comme certaines surveillances, la guerre cognitive destinée à semer du désordre cognitif n'irait-elle pas trop vite en négligeant les différences culturelles essentielles pour saisir les concepts ou des émotions ?

Siri Hustvedt avec *Les mirages de la certitude* (2018) abordait l'épineuse question des relations entre corps et esprit. Avec les luttes cognitives, penser uniquement un corps comportemental, ne serait-ce pas oublier la plasticité cérébrale créative inhérente à l'association de traces et d'informations proprioceptives de notre corps et extéroceptives ?

L'inconscient et le cerveau opèrent dans des incommensurables. Nos propres démons pourraient-ils surgir en miroir à la suite d'actions de guerre cognitive ? Dans une posture paranoïaque, les affrontera-t-on en pensant qu'ils nous menacent ?

Difficile de savoir où placer le curseur entre surveillance, guerre cognitive et luttes d'influences. Il faudra peut-être surveiller le cheminement de nos propres pensées en ne cessant de les discuter lors de rencontres en continuant de s'inventer avec d'autres.

BIBLIOGRAPHIE

Audinet M. (2016), « Promouvoir la culture, conforter l'influence. Rossotrudnicestvo et Russkij Mir, instruments du soft power russe à l'ère postsoviétique », *La Revue russe*, 46(1), 39-53.

Charon P., Jeangène Vilmer J. B. (2021), *Les opérations d'influence chinoises: un moment machiavélien*, Paris, Institut de recherche stratégique de l'École militaire.

Claverie B. (2014), « De la cybernétique aux NBIC : l'information et les machines vers le dépassement humain », *Hermès*, Paris, CNRS Édition, vol. 68, n° 1, p. 95-101.

Claverie B., du Cluzel F. (2022), *The Cognitive Warfare Concept*, Innovation Hub Sponsored by NATO Allied Command Transformation.

Claverie B. (2023), « Les opérations d'influence psychologiques russes et la Maskirovka comme état d'esprit », *Ingénierie cognitique*, 6(1).
Claverie B. (2021), « What is cognition and how to make it one of the means of war? », in *Cognitive Warfare. La guerre cognitique*, chap. 4 [https://hal science/hal-03424899/document].
Claverie B., Prébot B. (2024), « La guerre cognitive de bas niveau : la guerre des cerveaux », *Ingénierie cognitique*, 7(1), p. 67-75.
Claverie B., du Cluzel F. (2022), « "Cognitive Warfare": The Advent of the concept of "Cognitics" in the field of Warfare », *in* Claverie B., Prébot B., Buchler N. du Cluzel F., *Cognitive Warfare. The Future of Cognitive Dominance*, NATO Collaboration Support Office, p. 2, 1-7.
Ganascia J.-G. (2009), *Voir et pouvoir : qui nous surveille ?*, éd. Le Pommier.
Harbulot C., Lucas D. (2002), *La guerre cognitive, l'arme de la connaissance*, Paris, éd. Lavauzelle.
Lanata A. (2021), « Préface », par le Commandant suprême allié Transformation (SACT) de l'OTAN, *in* Claverie B., Prébot B., du Cluzel F., *La guerre cognitique*, CSO-Neuilly [https://hal.archives-ouvertes.fr/hal-03425407].
Le Blanc B. (2014), « La (non) place de l'altérité dans les sciences cognitives », *Hermès*, (1), p. 102-105.
Le Guyader H. (2022), « Cognitive Domain: A Sixth Domain of Operations », *in* Claverie B., Prébot B., Buchler N., du Cluzel F., *Cognitive Warfare. The Future of Cognitive Dominance*, NATO Collaboration Support Office, p. 3, 1-5, 978-92-837-2392-9 [hal-03635898].
Lin J.C. (2021), « The Havana syndrome and microwave weapons [Health Matters] », *IEEE Microwave Magazine*, 22(11), p. 13-14.
Manokha I. (2018), « Le scandale Cambridge Analytica contextualisé. Le capital de plateforme, la surveillance et les données comme nouvelle "marchandise fictive" », *Cultures & Conflits*, p. 39-59.
Mattelart A. (2008), *La globalisation de la surveillance. Aux origines de l'ordre sécuritaire*, La Découverte/Poche.
Masakowski Y. R., Blatny J. M. (2023), *Mitigating and Responding to Cognitive Warfare*, North Atlantic Treaty Organization (NATO), Tech. Rep. [https://apps.dtic.mil/sti/trecms/pdf/AD1200226.pdf].
Renucci F. (2016), « Surveiller et prédire », *Hermès*, (3), p. 156-161.
Trabelsi B. (2023), « La guerre cognitive. Note de recherche », rapport interne, Observatoire des conflits, Pôle études et prospective, Armée de Terre [https://www.terre.defense.gouv.fr/cdec/nos-publications/recherche-conflits/notes-recherche-sciences-technologies/guerre-cognitive].
Van Dalen J.A. (2020), « On mind war, Manoeuvreren op het internetslagveld », *Militaire Spectator*, 189, (9), p. 405-417.
Wajcman G. (2010), *L'œil absolu*, Denoël.
Zuboff S. (2019, 2021), *L'âge du capitalisme de surveillance*, Zulma, coll. « Essais ».

Surveillance, « safe cities » et prédiction

FLORENT CASTAGNINO
Maître de conférences en sociologie à l'Institut Mines-Telecom (IMT Atlantique – DI2S), LEMNA – Laboratoire d'économie et de management de Nantes-Atlantique

Le renouveau contemporain des techniques d'intelligence artificielle (IA, et plus spécifiquement l'apprentissage profond fonctionnant avec des réseaux de neurones) transforme à la fois les modes de connaissance des phénomènes de déviance et les dispositifs de prévention et de sécurité. Les (grandes) villes apparaissent comme les terrains d'expérimentations privilégiés pour tester et déployer ces innovations au sein de dispositifs dits de « safe city/ville sûre ». Ces projets, portés par des municipalités et des entreprises, mettent en avant deux principaux objectifs : acquérir une connaissance en temps réel des mobilités et des évènements sur un territoire (capteurs de mouvement, sonores, olfactifs, vidéosurveillance « intelligente », reconnaissance faciale, etc.) ; développer des capacités prédictives d'action (cartographie prédictive, détection de signaux faibles sur les réseaux sociaux numériques, calcul de risque d'occurrence d'incident, détection des mouvements de foule ou de comportements dits suspects, etc.). S'il faut se tenir à distance des promesses et visées marketing de ce type d'innovations, ils offrent à la recherche des cas circonscrits pour examiner les dynamiques plus larges d'innovation, et des liens entre surveillance et technologies.

L'utilisation des techniques d'IA à des fins de surveillance est un fait déjà bien établi dans le monde. L'AI Global Surveillance Index (AIGS) de la Fondation Carnegie révèle que sur 176 pays recensés, 75 utilisent l'IA à des fins de surveillance, représentant 42 % du total. Ces utilisations comprennent les plateformes de villes intelligentes (31 %), les systèmes de reconnaissance faciale (36 %) et le « smart policing » (29 %), la France étant présente dans ces trois catégories[1].

1. Steven Feldstein, « The Global Expansion of AI Surveillance », Working Paper (Washinton, DC, USA: Carnegie Endowment For International Peace, 2019).

UNE POLICE DES SAVOIRS

Le mouvement historique dans lequel s'inscrivent les dispositifs de « safe cities », remonte jusqu'au XIXe siècle en Europe, où la police - loin de se limiter à la seule répression des crimes et des délits - apparaît comme une entreprise générale de connaissance de la société, afin d'en assurer le « bon ordre » social, politique et économique[2]. De fait, collecter des informations en vue d'agir a toujours constitué une activité centrale des appareils policiers. Jobard et de Maillard proposent de rapprocher les pratiques des agents de police judiciaire visant à anticiper les crimes à venir et celles des agents de la police de renseignements. Ces pratiques forment une « police de l'information », caractérisée par l'idée que la constitution de savoirs peut permettre une action policière préalable à la commission de crimes et de délits[3]. Il est possible d'appréhender les projets de « safe city » comme une actualisation urbaine de cette police de l'information (qui, contrairement à la « police criminelle » cherchant de l'information pour élucider des faits passés, collecte des données pour établir ce qui pourrait se passer). Ces projets de « villes sûres » renouent également avec la perspective de la *policey*, cette police voulant assurer le bon développement de l'État. En effet, ils sont souvent couplés à des projets plus vastes de « villes intelligentes et durables », réactivant les idéaux cybernétiques d'une ville autorégulée grâce à un ensemble de données actualisées en temps réel[4]. L'un des effets des technologies de l'intelligence artificielle sur la police pourrait être le rapprochement des différentes activités policières (polices de tranquillité publique, d'investigation criminelle, d'information et des foules), les dispositifs de « smart city » pouvant leur offrir un support informationnel généralisé.

Les recherches sur la diffusion de l'innovation dans la police ont bien montré que leur succès dépend en partie de leur congruence avec le « modèle standard de police[5] ». Parmi les grands chantiers de réformes des polices occidentales[6], ce sont aux politiques de rationalisation de l'action policière que l'on peut rattacher *a priori* les usages de l'intelligence artificielle - notamment via l'adoption d'indicateurs de performance et de quantification de l'activité[7]. C'est ce qui explique, en partie, comme nous le verrons, le relatif

---

2. Michel Foucault, *La société punitive. Cours au Collège de France. 1972-1973*, EHESS Gallimard Seuil, 2013 ; Paolo Napoli, *Naissance de la police moderne*, La Découverte, 2003.

3. Fabien Jobard et Jacques de Maillard, *Sociologie de la police*, Armand Colin, 2015.

4. Antoine Picon, *Smart cities: a spatialised intelligence*, John Wiley & Sons, 2015.

5. David Weisburd et Anthony Braga, « La diffusion de l'innovation dans la police », *Revue francaise de science politique* Vol. 59, n° 6 (2009): 1097-1126.

6. Jacques de Maillard et Sébastian Roché, « Les chantiers de réforme de la police dans les états occidentaux », *Revue francaise de science politique* Vol. 59, n° 6 (2009): 1093-95.

7. Emmanuel Didier, « « Compstat » à Paris : initiative et mise en responsabilité policière », *Champ pénal/Penal field*, n° Vol. VIII (11 juin 2011) ; Anne-Cécile Douillet, Jacques de Maillard, et Mathieu Zagrodzki, « Une centralisation renforcée par le chiffre? Les effets contradictoires des indicateurs chiffrés dans la police nationale en France », *Politique et Management Public*

échec des dispositifs de police prédictive et le relatif succès des dispositifs de vidéosurveillance algorithme. Ce chapitre explore ainsi deux principales perspectives de recherche (en particulier en sociologie et science politique) : l'avènement d'un nouveau régime de quantification lié au « big data policing », et les reconfigurations du marché de la sécurité urbaine, notamment autour de la vidéosurveillance algorithmique (VSA).

DE LA POLICE DE L'INFORMATION AU *BIG DATA POLICING* : VERS UN NOUVEAU RÉGIME DE QUANTIFICATION ?

La disponibilité des *big data* et leur traitement algorithmique pourrait transformer les modes de connaissances des phénomènes de déviance. En suivant l'hypothèse d'une « scientifisation » du savoir policier[8], l'avènement des projets de « safe cities » peut s'interpréter comme le résultat d'emprunt par les services de police (via l'intermédiation de start-up et de grandes entreprises du numérique) d'outils issus des sciences informatiques afin de construire de nouveaux modes de représentation de l'activité criminelle. On semble plutôt assister à un prolongement des logiques classiques de la criminologie environnementale qui cherche à identifier des régularités spatiales[9], de la prévention situationnelle qui se focalise sur le passage à l'acte[10] qu'à des renouvellements épistémiques plus profonds.

Que ce soit en France ou à l'étranger, les expériences de « police prédictive » ne semblent pas concluantes. Après 10 ans de bons et loyaux services, le service de police de Los Angeles a décidé en 2023 de ne plus utiliser PredPol, logiciel visant à identifier les zones à risque dans lesquelles la police devait patrouiller, tandis que la police de Chicago a décidé d'arrêter l'utilisation de sa *Strategic Subject List* visant à attribuer des scores de risque à des suspects potentiels. En France, plusieurs tentatives au niveau national (PredVol et Paved) ou local (M-Pulse à Marseille) ont été abandonnées ou suspendues, et la dimension proprement prédictive de plusieurs logiciels d'entreprises (MapRévélation de Sûreté Globale, SmartPolice d'Edicia) ne semble pas encore mature[11]. Plusieurs critiques adressées à ces outils peuvent expliquer leur abandon ou suspension.

Parmi les critiques internes aux institutions policières, celle portant sur l'efficacité est majeure. La plus-value opérationnelle semble faire défaut,

---

31, n° 4 (2014): 421-42; Jacques de Maillard, « Diffusion des logiques néo-managériales et organisations policières », *Revue francaise de sociologie* Vol. 61, n° 1 (26 juin 2020): 109-34.

8. R. Ericson et Kevin Haggerty, *Policing the Risk Society* (Oxford: Clarendon Press, 1997).

9. Paul J. Brantingham et Patricia L. Brantingham, *Environmental criminology* (Beverly Hills, CA: Sage Publications, 1981).

10. Ronald V. Clarke, « Situational Crime Prevention », *Crime and Justice* 19 (1 janvier 1995): 91-150.

11. La Quadrature du Net, « La police prédictive en France » (La Quadrature du Net, 2024), en ligne [consulté le 25 janvier 2024] : https://www.laquadrature.net/wp-content/uploads/sites/8/2024/01/20240118_LQDN_policepredictive.pdf.

notamment par rapport aux logiciels classiques de cartographie des points chauds (« hot spots »). Si les modèles d'apprentissage machine sont performants mathématiquement et peuvent parfois faire mieux que la statistique classique, leur contribution pratique à la réduction du crime semble faible dans la mesure où ils ne font que pointer des lieux et moments déjà identifiés par les policiers[12]. Plusieurs postulats partagés par de nombreux modèles de police prédictive peuvent expliquer ce faible apport. En se focalisant sur l'espace et le passage à l'acte – et en s'inscrivant ainsi dans un déterminisme environnemental du crime – ces modèles ne sont pas conçus pour améliorer la compréhension des phénomènes de délinquance, mais pour piloter le travail policier au quotidien. Ce faisant, ils opèrent un rabattement des causes de la délinquance sur ses manifestations géographiques (tel lieu ou tel moment sont considérés comme criminogènes) et écartent de fait toutes déterminations socio-économiques. De manière plus générale, les algorithmes prédictifs reposent sur des hypothèses de stabilité spatio-temporelle (héritage du *hot spot policing*) dont la validité est très variable en fonction des types de crimes et de délits. S'il n'est pas irraisonnable de supposer un degré de continuité spatio-temporelle sur les cambriolages ou les vols de véhicules, l'hypothèse tient moins pour les kidnappings ou les violences conjugales[13]. L'un des risques du développement de la police prédictive est alors la focalisation du policing sur les types de délits et crimes bien « ajustés » à un traitement mathématique, et sur une pratique répressive (patrouilles et contrôles préventifs) qui peine à faire ses preuves. Cela est d'autant plus vrai que les modèles mathématiques peuvent exclure certaines variables, soit parce qu'elles ont été jugées non pertinentes en amont, soit parce qu'elles sont difficiles à produire. Comme l'indiquent Moses et Chan[14], cela peut entraîner des généralisations abusives (surtout si elles sont congruentes avec les cadres traditionnels de l'entendement policier) là où une plus grande granularité aurait été plus juste (par exemple, pour les accidents de la route, prendre comme prédicteur « jeune et homme » là où « conduite agressive » serait plus juste, mais reste une variable difficilement mesurable). Cette contrainte de productibilité des données mobilisables par les modèles tend également à surreprésenter les variables environnementales (dans la plupart les modèles, les prédicteurs ayant le plus de poids pour prédire les faits de demain seront le nombre de fait à J-1 et la météo) au détriment des variables socio-économiques. Alors que l'on peut avoir une très grande granularité des données météorologiques et une plutôt grande régularité pour l'enregistrement des faits, on ne dispose pas d'une telle qualité pour

12. Camille Gosselin, « La police prédictive. Enjeux soulevés par l'usage des algorithmes prédictifs en matière de sécurité publique » (IAU Île-de-France, 2019) ; Simon Egbert et Matthias Leese, *Criminal Futures: Predictive Policing and Everyday Police Work* (Taylor & Francis, 2021).
13. Lyria Bennett Moses et Janet Chan, « Algorithmic Prediction in Policing: Assumptions, Evaluation, and Accountability », *Policing and Society* 28, n° 7 (2 septembre 2018): 806-22.
14. Bennett Moses et Chan, *op. cit.*

les données du recensement des populations, les niveaux de revenus, le niveau de chômage, etc.[15].

La deuxième critique interne concerne le peu de prise d'action de ces outils pour les policiers de terrain, voire l'hostilité de ces derniers à leur égard. Les logiciels de type PredPol induisent une plus grande traçabilité de l'activité et des déplacements des patrouilleurs et donc potentiellement un plus grand contrôle hiérarchique, là où historiquement, le travail de patrouille et d'ilotage était relativement libre et à l'initiative des agents. En effet, l'innovation principale ne vient pas tant d'une amélioration du taux de prédiction, mais de la traçabilité des policiers eux-mêmes (par la connexion du logiciel aux GPS des véhicules policiers), qui permet ainsi à la hiérarchie de suivre et de vérifier leur travail[16]. Cependant, des travaux au Royaume-Uni ont montré que les policiers n'étaient pas sans prise face aux logiciels, et développaient des attitudes critiques allant parfois jusqu'à ne pas suivre les recommandations automatiques[17]. Pour les logiciels focalisés sur les personnes (non pas prédire où et quand, mais qui), l'exemple de la SSL à Chicago est édifiant. La liste anonymisée a compris jusqu'à près de 400 000 personnes, soit 15 % de la population, l'algorithme n'étant pas capable de distinguer les potentiels futurs auteurs de crimes et délits des potentielles futures victimes[18]. Si la police s'est un temps focalisée sur le haut de la liste (avec le score de risque le plus élevé), en mettant en place un programme préventif (visant essentiellement à faire du porte-à-porte pour indiquer aux personnes leur présence sur la liste), la plus-value opérationnelle reste limitée. Après plusieurs études remettant en cause la fiabilité de l'algorithme[19], et les craintes d'un potentiel effet autoréalisateur ou autre effet psychologique sur les personnes listées, il a été mis fin à l'expérience en 2020[20].

Enfin, parmi les critiques externes aux institutions policières, c'est essentiellement la question des biais discriminatoires qui a été mise en avant par la recherche et des associations de défense des droits et libertés individuelles.

15. Andrey Bogomolov et al., « Once Upon a Crime: Towards Crime Prediction from Demographics and Mobile Data », in *Proceedings of the 16th International Conference on Multimodal Interaction* (Istanbul Turkey: ACM, 2014), 427-34.

16. Sarah Brayne, *Predict and Surveil: Data, discretion, and the future of policing*, Oxford University Press (Oxford, USA, 2021) ; Bilel Benbouzid, « Quand prédire, c'est gérer », *Reseaux*, n° 5 (2018): 221-56.

17. Ajay Sandhu et Peter Fussey, « The 'Uberization of Policing'? How Police Negotiate and Operationalise Predictive Policing Technology », *Policing and Society* 31, n° 1 (2 janvier 2021): 66-81.

18. Mick Dumke et Frank Main, « A Look inside the Watch List Chicago Police Fought to Keep Secret », *Chicago Sun-Times*, 18 mai 2017.

19. Jessica Saunders, Priscillia Hunt, et John S. Hollywood, « Predictions Put into Practice: A Quasi-Experimental Evaluation of Chicago's Predictive Policing Pilot », *Journal of Experimental Criminology* 12, n° 3 (2016) ; Brianna Posadas, « How Strategic Is Chicago's "Strategic Subjects List"? Upturn Investigates. », *Equal Future* (blog), 26 juin 2017.

20. Joseph Ferguson, « Advisory Concerning CPD Predictive Risk Models » (Chicago: City of Chicago - Office of Inspector General, 2020).

Sur la police et la justice criminelle, ce sont notamment les discriminations ethnoraciales qui sont régulièrement mises en avant. Il a par exemple été montré que les personnes noires avaient proportionnelles plus de chances que les personnes blanches d'avoir des scores de risques indûment élevés[21] ou que les algorithmes de police prédictive conduisaient à une concentration des patrouilles dans les quartiers majoritairement non blancs et à faibles revenus, et plus généralement à un ciblage disproportionné de groupes sociaux déjà marginalisés[22]. L'essentiel de ces effets trouve leur cause dans les biais présents dans les données d'apprentissage qui la plus grande partie du temps proviennent des services policiers. Ainsi, les schémas récurrents « trouvés » par l'exploration algorithmique de données massives objectivisent les biais des activités étudiées. Les usages qui en sont faits par les professionnels et les controverses publiques qu'ils font naître reflètent alors des conflits de normes et de valeurs. Dans la cartographie prédictive, le paramétrage des algorithmes fait varier l'importance des critères pris en considération dans le calcul de recommandation des zones où patrouiller[23]. De manière similaire, les usages sur les scores de risques utilisés dans les systèmes judiciaires (pour calculer des chances de récidive) révèlent des conflits de valeur entre magistrats et avocats sur ce que signifie rendre la justice[24]. Si des travaux montrent comment les développeurs, quand ils réussissent à mesurer mathématiquement ces biais, pourraient les corriger en pondérant certains critères pris en compte par l'algorithme, les biais historiques concernant les groupes sociaux minoritaires sont extrêmement difficiles à corriger[25].

VSA ET RECONFIGURATION DU MARCHÉ DE LA SÉCURITÉ URBAINE

Pour rendre intelligibles ces systèmes sociotechniques de surveillance, on ne peut faire l'économie d'explorer le monde social dans lequel ils s'insèrent, celui des villes « sûres et intelligentes ». Il est important tout d'abord de prendre de

---

21. Julia Dressel et Hany Farid, « The Accuracy, Fairness, and Limits of Predicting Recidivism », *Science Advances* 4, n° 1 (5 janvier 2018) ; Michael Mayowa Farayola et al., « Ethics and Trustworthiness of AI for Predicting the Risk of Recidivism: A Systematic Literature Review », *Information* 14, n° 8 (août 2023): 426.

22. Kristian Lum et William Isaac, « To predict and serve? », *Significance* 13, n° 5 (2016): 14-19.

23. Mareile Kaufmann, Simon Egbert, et Matthias Leese, « Predictive policing and the politics of patterns », *The British Journal of Criminology* 59, n° 3 (2019): 674-92.

24. Angèle Christin, « Algorithms in Practice: Comparing Web Journalism and Criminal Justice », *Big Data & Society* 4, n° 2 (1 décembre 2017): 1-14.

25. Murat Volkan Dülger, « Prevention of Discrimination in the Practices of Predictive Policing », in *Algorithmic Discrimination and Ethical Perspective of Artificial Intelligence*, éd. par Muharrem Kılıç et Sezer Bozkuş Kahyaoğlu, Accounting, Finance, Sustainability, Governance & Fraud: Theory and Application (Singapore: Springer Nature, 2024), 105-17 ; Ninareh Mehrabi et al., « A Survey on Bias and Fairness in Machine Learning », *ACM Computing Surveys* 54, n° 6 (31 juillet 2022): 1-35.

la distance avec les imaginaires et discours entourant la « ville intelligente », et se concentrer sur les effets concrets du développement des technologies numériques dans la gouvernance urbaine[26]. Cela paraît d'autant plus nécessaire que les industriels du numérique (IBM, Cisco, Google, etc.) ont déjà largement reformulé l'offre centralisatrice et systémique de « smart city », qu'ils avaient proposée au milieu des années 2000. Alors que ce modèle était déjà vivement critiqué pour son réductionnisme urbain et son solutionnisme technologique[27], les entreprises du numérique, au cours des concrétisations de leur offre « smart city », ont été « confrontées à la complexité du fonctionnement des villes difficilement commensurables par le biais de données et d'algorithmes[28] ». À rebours du modèle originel centralisateur et propriétaire, les firmes numériques ont donc re-sectorialisé leur offre en cherchant à nouer des partenariats avec les entreprises traditionnelles de services urbains. L'un des secteurs en question est celui de la sécurité urbaine. Le marché de la sécurité urbaine est alors reconfiguré en partie par des relations concurrentielles et partenariales entre trois grands types d'entreprises : les entreprises traditionnelles de la sécurité privée (Securitas, Thalès, etc.), les firmes de services urbains ou de conseil (telles que Engie Ineo ou Spallian) et les firmes classiques du numérique (IBM, CISCO, Huawei, etc.). La configuration partenariale (soit l'équilibre entre les entreprises de sécurité, d'informatique et de service urbain) est un facteur de modulation de l'offre « safe city » proposée aux collectivités. L'imaginaire associé à ces projets de « safe city » français les fait apparaître comme une survivance des projets de « ville intelligente », comme système d'information intégrateur et centralisateur des données de tous les services urbains, afin d'assurer une gouvernance surplombante de la ville. Cependant, ces offres commerciales et les usages concrets sont parfois très éloignés de ces représentations – les entreprises de la safe city s'inscrivant ici en pleine continuité avec celles de la « smart city »[29]. Comme cela a été montré par Myrtille Picaud, l'arrivée des entreprises du secteur numérique dans la sécurité urbaine s'opère par une réadaptation de modèles souvent issus du géomarketing (études des flux en ligne et ciblage publicitaire) vers le risque urbain (ciblage de lieux et de personnes dites à risque)[30]. À l'inverse, Picaud montre que le repositionnement des entreprises issues du secteur de la sécurité et de la défense nécessite

26. Antoine Courmont et Patrick Le Galès, *Gouverner la ville numérique* (Paris: PUF, 2019); Claudio Coletta et al., *Creating Smart Cities* (Abingdon, UK: Routledge, 2018).
27. Rob Kitchin, « Making sense of smart cities: addressing present shortcomings », *Cambridge Journal of Regions, Economy and Society* 8, n° 1 (2015): 131-36.
28. Antoine Courmont, « Où est passée la smart city? Firmes de l'économie numérique et gouvernement urbain », *Cities are back in town Working Papers, Sciences Po Urban School*, n° 2 (2018): 8.
29. Myrtille Picaud, « Optimiser grâce aux algorithmes et aux données urbaines? Promesses, caractéristiques et offre réelle des start-up pour la ville intelligente », *Flux*, n° 3 (2023): 9-23.
30. Myrtille Picaud, « La sécurité numérique pour l'espace urbain en France », *SciencesPo Cities and Digital Technology Chair*, n° 01/2021 (2021): 35.

une « urbanisation » de leurs outils, tant du point de vue économique (avec une reprise partielle du modèle des plateformes numériques censé être plus flexible et adaptable), que du point de vue technique (avec des algorithmes utilisés au départ pour des opérations militaires).

Les effets de ces recompositions semblent différenciés en fonction des technologies considérées. Si l'on peut constater un relatif échec des expérimentations de police prédictive, tout porte à croire qu'il en sera autrement pour la vidéosurveillance algorithmique. Ceci est essentiellement dû à un effet de dépendance au sentier (l'infrastructure est déjà là), à une relative facilitée d'installation (une couche logicielle venant se surajouter à l'existant) et à une volonté politique de déploiement du marché (tant par l'État que les pouvoirs publics locaux). Comme pour la vidéosurveillance classique, on peut faire l'hypothèse que son succès ne proviendra pas de son efficacité dans la lutte contre la délinquance, mais – outre les trois facteurs cités – de sa réappropriation par les autres services (inter)communaux comme un outil de support à la gestion urbaine[31]. Cependant, les effets de la VSA opèrent un changement d'échelle et de nature en fonction des méthodes d'apprentissage utilisées et des usages. Les techniques d'apprentissage algorithmique supervisé[32] conduisent plutôt à reproduire les catégorisations antérieures des professionnels de la sécurité. Étant donné qu'elles nécessitent de larges bases de données annotées préalablement, elles supposent d'avoir défini en amont ce que l'on cherche à détecter. C'est notamment le cas de l'expérimentation du traitement algorithmique des images de vidéosurveillance permise par la loi n° 2023-380 du 19 mai 2023 relative aux JOP 2024. Le décret d'application cible 8 catégories spécifiques d'objet ou d'évènements : objet abandonné, arme à feu, personne ou véhicule à contresens, personne au sol, mouvement de foule, densité trop importante de personne, départ de feu. Cette liste témoigne des préoccupations des autorités qui vont au-delà du cadre strict des enjeux de sécurité et touche à la gestion urbaine en général. Les différentes expérimentations (autorisées jusqu'en mars 2025 pour tout évènement sportif ou culturel de grande ampleur) permettront surtout aux

31. Elodie Lemaire, *L'oeil sécuritaire: mythes et réalités de la vidéosurveillance* (Paris: La Découverte, 2019); Anne-Cécile Douillet, Laurence Dumoulin, et Séverine Germain, « Un dispositif sociotechnique à la loupe :le développement de la vidéosurveillance dans trois villes françaises », *Quaderni*, n° 74 (2011): 105-20.

32. Pour le dire simplement, les différents algorithmes d'apprentissage machine, à l'inverse des méthodes statistiques paramétriques (qui mobilisent des modèles de relation entre variables définis préalablement), tentent de produire un modèle *ad hoc* qui émerge de leur analyse des données. L'apprentisssage dit supervisé suppose d'avoir des données étiquetées : l'algorithme connaît déjà les réponses qu'on attend de lui. C'est notamment le cas dans la reconnaissance d'images. Avec suffisamment d'images étiquetées « chat » ou « chien », un algorithme peut apprendre quelles sont les caractéristiques qui permettront d'opérer au mieux la classification. L'apprentissage dit non supervisé consiste à détecter une structure de l'ensemble des données d'entrées, mais sans connaître au préalable les valeurs à prédire (les données ne sont pas étiquetées).

entreprises retenues de disposer de bases de données inédites afin d'optimiser leurs algorithmes, l'État se faisant ici auxiliaire du marché de la VSA.

De leur côté, les techniques d'apprentissage non supervisé impliquent une définition procédurale de la « normalité » et de ce qui est considéré comme suspect, pouvant alors s'éloigner des préoccupations des professionnels[33]. En effet, dans ces techniques, l'algorithme apprend à repérer des schémas comportementaux récurrents (dans les images de telle caméra, la plupart des personnes rentrent par tel angle, reste quelques secondes devant ce mobilier urbain et ressortent du champ, avec telle vitesse moyenne, etc.) ; quand on lui soumet de nouvelles images, l'algorithme peut alors générer une alerte dès lors qu'une personne adoptera un comportement qui ne peut être catégorisé dans les schémas préalablement repérés. Devient alors suspect ce qui est peu fréquent statistiquement, charge à l'opérateur vidéo de confirmer ou non l'alerte. On peut alors craindre un effet de clôture du réel sur lui-même, symptomatique d'une gouvernementalité algorithmique[34]. L'attention de l'opérateur tend alors à être orientée vers des comportements peu fréquents statistiquement (typiquement un enfant sortant un ballon dans le métro, une personne en fauteuil roulant sur une voie piétonne, une démarche erratique d'une personne souffrant d'une pathologie mentale, etc.), mais qui n'ont pas, ou très peu, d'intérêt d'un point de vue sécuritaire. À l'inverse des éléments intéressant les opérateurs peuvent apparaître aux yeux des algorithmes tout à fait « normaux », car fréquents (typiquement l'activité de pickpockets ou de deal). Ces enjeux de faux positifs et de faux négatifs sont également très prégnants dans la reconnaissance faciale. Les biais dans la composition des bases de données d'apprentissage (majoritairement constitués de visages d'hommes blancs) se retrouvent dans les résultats des algorithmes dont les taux d'erreur sont systématiquement plus élevés pour les femmes et les personnes non blanches[35]. À titre d'exemple, les études du NIST (organisme états-unien de certification des technologies) montrent que le logiciel de la start-up israélienne AnyVision confondait deux femmes noires dans plus de 10 cas sur 1 000 tandis qu'ils confondaient deux hommes blancs dans 1 cas sur 1 000[36]. Au Royaume-Uni, deux services de police (celui de Londres – où

33. Florent Castagnino, « Rendre « intelligentes » les caméras déplacement du travail des opérateurs de vidéosurveillance et redéfinition du soupçon », *Working papers de la Chaire Villes et Numériques, Sciences Po*, n° 5/2019 (2019): 1-32.

34. Antoinette Rouvroy et Thomas Berns, « Gouvernementalité algorithmique et perspectives d'émancipation », *Réseaux* 177, n° 1 (1 avril 2013): 163-96.

35. Joy Buolamwini et Timnit Gebru, « Gender shades: Intersectional accuracy disparities in commercial gender classification », in *Conference on fairness, accountability and transparency* (PMLR, 2018), 77-91 ; Fabio Bacchini et Ludovica Lorusso, « Race, Again: How Face Recognition Technology Reinforces Racial Discrimination », *Journal of Information, Communication and Ethics in Society* 17, n° 3 (12 août 2019): 321-35.

36. Patrick Grother, Mei Ngan, et Kayee Hanaoka, « Face Recognition Vendor Test Part 3 : Demographic Effects » (Gaithersburg, MD : National Institute of Standards and Technology, décembre 2019).

la liste des personnes surveillées est passée de 5 900 en 2022 à 10 000 en 2023 – et celui du South Wales) reconnaissent utiliser la reconnaissance faciale en direct : de 2015 à 2022, sur 3 315 identifications, 340 seulement sont de vrais positifs, soit un taux de faux positifs de 89,8 %[37]. Ces faux positifs peuvent conduire à des poursuites contre les personnes identifiées à tort, avec toutes les conséquences graves que peuvent entrainer les erreurs policières et judiciaires[38].

S'il importe ainsi de différencier les impacts de ces nouvelles pratiques de surveillance en fonction des technologies étudiées, c'est bien leur appropriation par les forces de l'ordre – et donc *in fine* des objectifs qui leur sont donnés par les autorités politiques – qui déterminera l'ampleur de cet effet de clôture du réel sur lui-même.

37. Big Brother Watch, « Biometric Britain Facial Recognition Surveillance » (Big Brother Watch, 2023), en ligne [consulté le 25 janvier 2024]https://bigbrotherwatch.org.uk/wp-content/uploads/2023/05/Biometric-Britain.pdf.
38. « Does A.I. Lead Police to Ignore Contradictory Evidence? | The New Yorker », consulté le 29 janvier 2024, https://www.newyorker.com/magazine/2023/11/20/does-a-i-lead-police-to-ignore-contradictory-evidence.

La surveillance des foules sous l'empire du règlement européen sur l'intelligence artificielle

CAROLINE LEQUESNE

Maître de conférences HDR de droit public à l'Université Côte d'Azur, GREDEG UMR 7321 CNRS et du Centre Perelman de philosophie du droit

1. Après trois années d'intenses discussions, le trilogue européen aboutissait, le 8 décembre 2023, à l'adoption de l'accord politique final scellant le sort de la première législation occidentale relative aux systèmes dits « d'intelligence artificielle[1] » (IA). Cette législation de marché, nourrie de considérations existentielles liées à l'avènement, en cours d'adoption, des IA génératives, consacre une large part de ses développements aux systèmes de surveillance des foules. L'absence de régime idoine, liée à une forte demande du terrain policier et industriel[2], invitait le législateur européen à se positionner : l'intelligence artificielle a-t-elle sa place dans les espaces accessibles au public ? La surveillance biométrique, à laquelle elle invite, est-elle compatible avec un régime de libertés ? La réponse à ces questions a constitué un point d'achoppement central : entre un Conseil attentif aux préoccupations sécuritaires et enclin à un certain technosolutionnisme, une Commission soucieuse des intérêts économiques de l'industrie européenne et un Parlement farouchement

1. Proposition de règlement du Parlement européen et du Conseil établissant des règles harmonisées concernant l'intelligence artificielle (législation sur l'intelligence artificielle) et modifiant certains actes législatifs de l'Union (COM[2021]0206 – c9-0146/2021 – 2021/0106[cod]), ci-après RIA. À l'heure où nous concluons cette contribution, le texte final n'a pas été adopté. Nous travaillons sur la version du Parlement européen corrigée à la suite du vote du 13 mars 2024. Nous ne citons pas le texte dans la lettre, cette version étant en langue anglaise et sa traduction, libre.

2. Sur le sujet, nous renvoyons notre aimable lecteur à nos précédents travaux. V. notamment C. Lequesne et J. Keller (dir.), *Surveiller les foules. Pour un encadrement des IA physiognomoniques*, rapport pour l'Observatoire de l'éthique publique, avr. 2023, 92 p.

opposé à la normalisation de ces systèmes, le compromis émergea dans la douleur[3]. Si la surveillance des foules franchit le cap de la normalisation, celle-ci se conjugue au conditionnel. Tout en élargissant le spectre de la surveillance biométrique (I), le législateur européen en encadre des déploiements larges, à des fins sécuritaires (II).

I. LE PÉRIMÈTRE DE LA SURVEILLANCE BIOMÉTRIQUE

Le périmètre de la surveillance biométrique des espaces accessibles au public a notionnellement été redéfini par le RIA (A), qui en a, de surcroît, établi les lignes rouges. Celles-ci demeurent relativement souples au regard des exemptions larges que le texte permet (B).

A. DES NOTIONS ET DES USAGES : L'ÉVOLUTION DES TRAITEMENTS BIOMÉTRIQUES SOUS L'EMPIRE DU RIA

2. Les données biométriques constituent la base de nombreux systèmes de surveillance algorithmique des foules. Le droit en limite toutefois le traitement[4], privant de base légale l'usage de nombre d'entre eux à l'instar des systèmes de reconnaissance faciale. En réponse à l'état du droit, trois pratiques ont vu le jour. D'une part, le recours à ces outils s'est développé sous les cadres de la légalité, dans la plus grande opacité du public. L'affaire Briefcam, révélée dans la presse, est emblématique du phénomène : plusieurs collectivités territoriales françaises ont acquis, au cours des quatre dernières années, des systèmes de surveillance intelligents dotés (notamment) de la fonctionnalité de reconnaissance faciale[5]. D'autre part, certaines autorités ont « externalisé » ces mêmes fonctionnalités en recourant à des sociétés étrangères pourvues de bases biométriques géantes – et surtout globales – que les États n'auraient pu constituer. La médiatisation des contrats conclus

---

3. L. Bertuzzi, « Les négociateurs européens s'accordent sur le premier règlement sur l'IA au monde », *Euractiv*, 11 déc. 2023, en ligne [https://www.euractiv.fr/section/intelligence-artificielle/news/les-negociateurs-europeens-saccordent-sur-le-premier-reglement-sur-lia-au-monde/?_ga=2.15478578.502994560.1714568654-1284260045.1714568654].
4. V. nos analyses antérieures sur le règlement général sur la protection des données (UE) 2016/679 du 27 avr. 2016 (RGPD) et l'article 10 de la directive police justice (UE) 2016/680 du 27 avr. 2016 (dite « directive police justice »), *New Surveillance Technologies in Public Spaces Challenges and Perspectives for European Law at the Example of Facial Recognition*, Report for The Urban Agenda, European Commission, avr. 2021, 96 p.
5. « La police nationale utilise illégalement un logiciel israélien de reconnaissance faciale », *Disclose* 14 nov. 2023, en ligne : [https://disclose.ngo/fr/article/la-police-nationale-utilise-illegalement-un-logiciel-israelien-de-reconnaissance-faciale/]. Pour une brève analyse des enjeux juridiques : C. Lequesne, « Retour sur l'affaire Briefcam : la surveillance technologique aux frontières de la légalité », *Le Club des juristes* 15 déc. 2023, en ligne : [https://www.leclubdesjuristes.com/societe/retour-sur-laffaire-briefcam-la-surveillance-technologique-aux-frontieres-de-la-legalite-4116/].

par les polices, notamment européennes, avec l'américain Clearview[6] a mis en évidence ce second « contournement » de la légalité. Le troisième, enfin, procède de l'élargissement du spectre des outils de surveillance. L'industrie a développé une offre au-delà du traitement des données « biométriques », strictement entendues comme des données identifiantes. Elle promet, plus largement, d'identifier les comportements déviants au départ des données multiples d'un individu : température corporelle, tenue vestimentaire, traits du visage sont autant de paramètres susceptibles de caractériser, selon certains industriels, un comportement suspect[7]. Si la France a écarté le recours à ce type de système pour la sécurité des Jeux olympiques, d'autres expérimentations conduites sur le territoire européen illustrent la tendance. Mentionnons à ce titre le système d'analyse comportementale testée à la frontière européenne pour gérer les flux de voyageurs[8] ou le système de détection des expressions non verbales testé dans les prisons espagnoles pour « prédire les comportements illicites[9] ».

3. Ces pratiques ont suscité de vifs débats au cours des trois années d'adoption du règlement européen. Outre l'absence de transparence, les risques soulevés par la vidéosurveillance intelligente en termes de libertés publiques, indépendamment du défaut de rattachement aux identités civiles, ont été particulièrement pointés. Ces systèmes s'inscrivent dans un continuum technologique de l'identification (identifier, signaler, agir) qui peut conduire à prendre des mesures contre une personne « identifiée *comme* » dangereuse. Ces systèmes – encore aujourd'hui largement dysfonctionnels – comportent ainsi un potentiel discriminatoire important[10].

4. Le législateur européen s'efforce d'apporter une réponse à ces évolutions sur le terrain notionnel. D'une part, le règlement établit une définition renouvelée de la donnée biométrique. Celles-ci sont définies, à l'article 3, comme « les données à caractère personnel résultant d'un traitement technique spécifique relatif aux caractéristiques physiques, physiologiques ou comportementales d'une personne physique, telles que les images faciales

6. K. Hill, *Your Face Belongs to Us*, Random House, 2023, 352 p.
7. L. Stark et J. Hutson, « Physiognomic Artificial Intelligence », *Fordham Intell. Prop. Media & Ent. L.J.* 2022, 32, 922.
8. Nous nous référons en l'espèce au projet iBorderCtrl, financé par la Commission européenne à hauteur de 4,5 millions d'euros et testé en Hongrie, Lettonie et Grèce durant six mois. Le système, largement dysfonctionnel, a fait l'objet d'un recours porté devant les juridictions de l'Union européenne : CJUE 7 sept. 2023, *Breyer*, C-135/22 P, EU:C:2023:640.
9. M. Blancho, « Spanish inmates not to be automatically monitored in fear of AI Act », *Algorithm Watch* 24 mars 2024, en ligne : [https://algorithmwatch.org/en/spanish-inmates-not-monitored-in-fear-of-ai-act/].
10. Sur le sujet, nous renvoyons notre aimable lecteur à nos précédents travaux. V. notamment C. Lequesne et J. Keller (dir.), *Surveiller les foules. Pour un encadrement des IA physiognomoniques*, précédemment cité, n°s 19-24.

ou les données dactyloscopiques ». Si la formulation se calque sur l'article 9 du RGPD, elle ne fait plus mention de « l'identification unique » qui caractérise ces données sous l'empire du texte de 2016. D'autre part, le règlement établit des catégories d'usage au rang desquelles se classent désormais, aux côtés des « systèmes d'identification biométrique à distance », les « systèmes de reconnaissance des émotions » – destinés à « identifier ou à déduire les émotions ou les intentions de personnes physiques sur la base de leurs données biométriques » – et les « systèmes de catégorisation biométrique » visant à « classer des personnes physiques dans des catégories spécifiques sur la base de leurs données biométriques ». Cette double évolution élargit le spectre de la surveillance biométrique soumise à des exigences légales renforcées.

B. LES INTERDICTIONS DE PRINCIPE, ENTRE LIGNES ROUGES ET LIGNES SOUPLES

5. Pour le législateur européen, la surveillance biométrique soulève un risque inacceptable au regard du caractère « particulièrement attentatoire aux droits et libertés des personnes concernées », dès lors que les systèmes qui la composent peuvent « affecter la vie privée d'une grande partie de la population, susciter un sentiment de surveillance constante et dissuader indirectement l'exercice de la liberté de réunion et d'autres droits fondamentaux[11] ». La catégorisation biométrique – au fondement de l'évaluation sociale des individus – peut en outre conduire « à des résultats discriminatoires et à l'exclusion de certains groupes [...], violer le droit à la dignité et à la non-discrimination, ainsi que les valeurs d'égalité et de justice[12] ». Il en résulte que le régime de surveillance biométrique relève, par principe, de l'article 5 du règlement relatif aux « pratiques interdites en matière d'intelligence artificielle ».

6. L'article 5 dispose que sont interdites la mise sur le marché, la mise en service ou l'utilisation de systèmes de catégorisation biométrique qui classent individuellement des personnes physiques sur la base de leurs données biométriques afin de déduire ou d'inférer leur race, leurs opinions politiques, leur appartenance à un syndicat, leurs croyances religieuses ou philosophiques, leur vie sexuelle ou leur orientation sexuelle dès lors qu'ils exploitent les vulnérabilités d'une personne[13] ; l'utilisation de systèmes d'identification biométrique à distance « en temps réel » dans des espaces accessibles au public à des fins de maintien de l'ordre[14] ; la mise sur le marché, la mise en service ou l'utilisation d'un système d'IA pour évaluer ou prédire le risque

11. Considérant n° 32 du RIA.
12. Considérant n° 31, *ibid.*
13. Article 5.1b *bis*, *ibid.*
14. Article 5.1d, *ibid.*

qu'une personne physique commette une infraction pénale, sur la seule base du profilage d'une personne physique ou de l'évaluation de ses traits de personnalité et de ses caractéristiques[15]; la mise sur le marché, la mise en service à cette fin spécifique ou l'utilisation de systèmes d'IA pour déduire les émotions d'une personne physique sur le lieu de travail et dans les établissements d'enseignement[16]. Enfin, en amont de toute surveillance, la constitution, l'usage et la commercialisation de bases de données de reconnaissance faciale par l'extraction non ciblée d'images faciales sur Internet ou d'images de vidéosurveillance sont également prohibés[17].

7. Ces interdictions de principe souffrent toutefois de nombreuses exemptions, au bénéfice principal, bien que non exclusif, des forces de l'ordre.

7 a. Tout d'abord, la constitution de base biométrique, et la catégorisation qu'elle est susceptible d'établir, ne sont pas exclues dès lors qu'elles s'inscrivent dans le domaine de l'application de la loi[18]. On comprend que cette double interdiction, en forme de concession accordée au Parlement, vise principalement les pratiques émanant d'acteurs privés, en réponse aux affaires Clearview évoquées.

7 b. Le texte prévoit, en second lieu, que l'évaluation d'une personne visant à identifier ou prédire le risque de survenance d'une infraction pénale ne s'applique pas aux systèmes d'IA utilisés pour soutenir l'évaluation humaine de l'implication d'une personne dans une activité criminelle déjà fondée sur des faits objectifs et vérifiables directement liés à l'activité criminelle[19]. Cette exemption n'est pas des moindres dès lors que l'on considère l'automatisation totale des fonctions policières rares en pratique, voire interdites en France[20]. Dès lors, les outils d'évaluation, sous couvert « d'aide à la décision », semblent très largement entrer dans le domaine de l'exception.

7 c. Troisièmement, le recours à des systèmes d'identification biométrique à distance en temps réel dans des espaces accessibles au public pour confirmer l'identité d'une personne « spécifiquement ciblée » est permis à des fins de maintien de l'ordre dans trois hypothèses : (i) pour la recherche ciblée de victimes spécifiques d'enlèvement, de traite et d'exploitation sexuelle des êtres humains, et la recherche de personnes disparues ; (ii) pour la pré-

15. Article 5.1d *bis*, *ibid.*
16. Article 5.1dc, *ibid.*
17. Article 5.1db, *ibid.*
18. Article 5.1b *bis*, *ibid.*
19. *Ibid.*
20. Il est de jurisprudence constante qu'un contrat portant dessaisissement des pouvoirs de police est nul. CE 17 juin 1932, *Ville de Castelnaudary* ; CE 1er avr. 1994, *Commune de Menton*.

vention d'une menace spécifique, substantielle et imminente pour la vie ou la sécurité de personnes physiques ou d'une menace réelle et actuelle ou réelle et prévisible d'attentat terroriste ; (iii) pour la localisation ou l'identification d'une personne soupçonnée d'avoir commis une infraction pénale, aux fins de mener une enquête ou des poursuites pénales ou d'exécuter une sanction pénale pour des infractions visées à l'annexe II du règlement[21] et passibles, dans l'État membre concerné, d'une peine privative de liberté ou d'une mesure de sûreté d'une durée maximale d'au moins quatre ans[22]. Il est à noter que cette liste, que les États membres peuvent restreindre[23], ne se limite pas aux infractions les plus graves, mais s'étend encore aux délits, dessinant un très large spectre de cas justifiant la mobilisation de l'outil.

7d. Enfin, il est permis de recourir à la reconnaissance émotionnelle dans les cas où l'utilisation du système d'IA est destinée à être mise en place ou mise sur le marché pour des raisons médicales ou de sécurité. Cette exemption fait écho aux usages d'ores et déjà inscrits dans la législation européenne, à l'instar du système de détection directe de l'état de distraction et de fatigue du conducteur, obligatoire pour tous les nouveaux modèles automobiles homologués par les constructeurs en Europe à compter du 7 juillet 2024[24].

L'examen des exemptions laisse entrevoir une large normalisation des outils de surveillance biométrique des foules qui relèvent davantage, par suite et dans une large mesure, du régime des systèmes d'IA à haut risque.

21. Cette annexe identifie de manière exhaustive : le terrorisme, la traite des êtres humains, l'exploitation sexuelle des enfants et la pédopornographie, le trafic illicite de stupéfiants et de substances psychotropes, le trafic illicite d'armes, la détention de munitions et explosifs, le meurtre, les dommages corporels graves, le commerce illicite d'organes et de tissus humains, le trafic illicite de matières nucléaires ou radioactives, l'enlèvement, la séquestration et la prise d'otage, les crimes relevant de la compétence de la Cour pénale internationale, la saisie illégale d'aéronefs/de navires, le viol, la criminalité environnementale, le vol organisé ou à main armée, le sabotage, la participation à une organisation criminelle impliquée dans une ou plusieurs des infractions énumérées ci-dessus.

22. Article 5.1d du RIA.

23. Conformément à l'article 5.4 du RIA, un État membre peut décider de prévoir la possibilité d'autoriser totalement ou partiellement l'utilisation de systèmes d'identification biométrique à distance « en temps réel » dans des espaces accessibles au public à des fins répressives, dans les limites et conditions énumérées au paragraphe 1, point d), et aux paragraphes 2 et 3.

24. Règlement délégué (UE) 2023/2590 de la Commission du 13 juill. 2023 complétant le règlement (UE) 2019/2144 du Parlement européen et du Conseil en établissant des règles détaillées relatives aux procédures d'essai et aux prescriptions techniques spécifiques pour la réception par type des véhicules à moteur en ce qui concerne leurs systèmes avancés d'avertissement de distraction du conducteur et modifiant ledit règlement.

II. L'ARCHITECTURE DÉMOCRATIQUE DES MODES DE DÉPLOIEMENT

Si le déploiement des systèmes d'identification biométrique à distance en temps réel dans des espaces accessibles au public relève d'un régime spécial (A), la plupart des outils de surveillance biométrique relève du régime des systèmes d'IA à haut risque (B).

A. LES OBLIGATIONS SPÉCIALES ENTOURANT LE DÉPLOIEMENT DES SYSTÈMES DE SURVEILLANCE BIOMÉTRIQUE

8. Au sein de l'arsenal de surveillance biométrique des espaces publics, le recours à la reconnaissance faciale fait l'objet d'un traitement spécifique, le déploiement des systèmes d'identification biométrique à distance, en temps réel, à des fins répressives pour confirmer l'identité d'une personne ciblée étant soumis à un régime d'autorisation préalable. L'article 5.3 prévoit en effet que celle-ci est nécessairement délivrée en amont des déploiements, sur demande motivée, par une autorité judiciaire ou une autorité administrative indépendante dont la décision est contraignante. Il appartiendra aux États membres de fixer, dans leur droit, les modalités nécessaires à la demande, la délivrance et l'exercice des autorisations. Il est précisé que l'autorité compétente désignée devra s'assurer que l'utilisation du système d'identification biométrique à distance en temps réel concerné est nécessaire et proportionnée. L'évaluation prendra en compte, conformément à l'article 5.2, (a) de la nature de la situation donnant lieu à l'utilisation éventuelle et (b) des conséquences de l'utilisation du système pour les droits et libertés de toutes les personnes concernées, en particulier la gravité, la probabilité et l'ampleur de ces conséquences. Il convient notamment de veiller à ce qu'aucune décision produisant un effet juridique défavorable sur une personne ne puisse être prise sur la seule base des résultats du système[25]. Une analyse d'impact sur les droits fondamentaux, telle que prévue à l'article 27[26] devra être réalisée en amont à cet effet. L'autorisation est accordée dans des limites de temps, d'espace et de « personnes[27] ».

9. On comprend aussi que ce régime d'autorisation impose l'adoption de garanties et conditions spécifiques visant à assurer le caractère nécessaire et proportionné des déploiements. Bien que mentionnées à l'article 5.2, elles ne sont pas précisées par le texte, qui renvoie aux États membres le soin

25. Article 5.3. du RIA.
26. Article 5.2.
27. *Ibid.*

de les établir dans les législations nationales[28]. À l'échelon national, l'expérimentation conduite en matière de vidéosurveillance intelligente pour les Jeux olympiques de Paris constitue un précédent décisif, comme le laisse entrevoir la proposition de loi sur la reconnaissance biométrique dans l'espace public qui s'y réfère[29]. Sur le fondement de l'article 10 de la loi d'expérimentation, deux décrets d'application détaillent le protocole de déploiement. Le premier[30] établit des exigences relatives aux finalités des traitements, étroitement circonscrites[31]. Le second décret[32] précise les modalités de pilotage et d'évaluation de l'expérimentation.

10. Le dernier élément du régime spécial établi par le RIA intéresse le contrôle des autorités compétentes et les exigences de redevabilité à l'échelon européen. D'une part – et sauf exception d'urgence dûment justifiée – le système déployé est enregistré dans la base de données de l'Union européenne et établi à l'article 49[33]. Chaque utilisation du système est ensuite notifiée à l'autorité de surveillance du marché concernée et à l'autorité nationale chargée de la protection des données. La notification contient au minimum le nombre de décisions prises par les autorités judiciaires compétentes ou par une autorité administrative indépendante dont la décision est contraignante en ce qui concerne les demandes d'autorisation et leur résultat ; elle ne comprend pas de données opérationnelles sensibles[34]. Ces informations font l'objet de rapports annuels transmis à la Commission, laquelle est chargée de produire un rapport consolidé agrégeant l'ensemble des données des États membres[35].

B. LES EXIGENCES GÉNÉRALES ENTOURANT LES SYSTÈMES À HAUT RISQUE

11. Dès lors que la surveillance biométrique entre dans le champ de la légalité, le règlement appréhende les systèmes correspondant comme des

---

28. Et de notifier la Commission de leur adoption au plus tard trente jours après leur adoption. Les États membres peuvent introduire, conformément au droit de l'Union, des lois plus restrictives sur l'utilisation des systèmes d'identification biométrique à distance. Article 5.4.
29. En son article 1er *ter* II. Proposition de loi n° 1342, adoptée par le Sénat, relative à la reconnaissance biométrique dans l'espace public
30. Décret n° 2023-828 du 28 août 2023 relatif aux modalités de mise en œuvre des traitements algorithmiques sur les images collectées au moyen de systèmes de vidéoprotection et de caméras installées sur des aéronefs, pris en application de l'article 10 de la loi n° 2023-380 du 19 mai 2023 relative aux Jeux olympiques et paralympiques de 2024 et portant diverses
31. *Ibid.*, art. 1, 2, 3.
32. Décret n° 2023-939 du 11 oct. 2023 relatif aux modalités de pilotage et d'évaluation de l'expérimentation de traitements algorithmiques d'images légalement collectées au moyen de systèmes de vidéoprotection et de caméras installées sur des aéronefs
33. Article 5.2 du RIA.
34. Article 5.5, *ibid.*
35. Article 5.6, *ibid.*

systèmes d'IA à haut risque. L'annexe III, à laquelle renvoie l'article 6 paragraphe 2 du règlement, dispose en effet que sont qualifiés comme tels (a) les systèmes d'identification biométrique à distance (à l'exclusion des systèmes d'authentification utilisés dont le seul but de confirmer qu'une personne physique donnée est bien celle qu'elle prétend être) ; (aa) les systèmes d'IA destinés à être utilisés pour la catégorisation biométrique ; (ab) les systèmes d'IA destinés à être utilisés pour la reconnaissance des émotions. À ce titre les systèmes de surveillance biométrique doivent respecter une série d'exigences prévues à la section II du chapitre III, dont le « système de gestion des risques[36] » visé à l'article 9 doit garantir le respect.

12. Ces exigences se structurent en trois catégories : des obligations techniques, des obligations de transparence, et des obligations tenant à la maîtrise humaine.

12 a. Sur le plan technique, l'article 10 du règlement impose tout d'abord des exigences concernant les données et leur gouvernance. Les mesures anticipent les discriminations éventuelles qui pourraient résulter de l'insuffisante représentativité des jeux d'entrainement, ou d'erreurs. Il appartient ainsi au fournisseur de recourir à des ensembles de données de formation, de validation et d'essai pertinents, qui tiennent compte, dans la mesure requise par l'objectif visé, des caractéristiques ou des éléments propres au cadre géographique, contextuel, comportemental ou fonctionnel spécifique dans lequel le système est destiné à être utilisé. Conformément à l'article 15, les systèmes eux-mêmes sont « conçus et développés de manière à atteindre un niveau approprié de précision, de robustesse et de cybersécurité » ; ils fonctionnent « de manière cohérente à ces égards tout au long de leur cycle de vie ». Ce même article dispose que la mise en conformité avec les exigences techniques se traduit par le respect de critères de référence, établis par la Commission en coopération avec les parties prenantes et les organisations concernées, et indiqués dans les instructions d'utilisation. L'adoption de mesures techniques et organisationnelles, de plans de sauvegarde ou de sécurité intégrés et de solutions techniques spéciales visant à remédier aux vulnérabilités propres à l'IA[37] répond également de cette obligation.

36. Conformément à l'article 9, le système est défini comme un processus itératif continu, planifié et mis en œuvre tout au long du cycle de vie d'un système d'IA à haut risque, qui doit faire l'objet d'un examen et d'une mise à jour systématiques et réguliers. Il comprend les étapes suivantes : (a) l'identification et l'analyse des risques connus et raisonnablement prévisibles ; (b) l'estimation et l'évaluation des risques susceptibles d'apparaître lorsque le système d'IA à haut risque est utilisé ; (c) l'évaluation d'autres risques éventuels sur la base de l'analyse des données recueillies par le système de surveillance après la mise sur le marché visé ; (d) l'adoption de mesures de gestion des risques appropriées et ciblées, destinées à faire face aux risques identifiés.

37. Il s'agira notamment de mesures de prévention, de détection, de réaction, de résolution et de contrôle des attaques visant à manipuler l'ensemble de données d'apprentissage

12 b. Les exigences de transparence s'organisent autour de la documentation technique d'une part, la tenue de registres de l'autre. La documentation technique prescrite à l'article 11 est établie avant la mise sur le marché – ou mise en service – des systèmes, et tenue à jour. Gage de conformité, elle est fournie aux autorités nationales compétentes en cas d'évaluation. L'annexe IV prévoit les éléments minimums d'information[38], le formulaire informationnel étant susceptible d'être simplifié en fonction de la taille de l'entreprise[39]. La transparence des systèmes impose encore la traçabilité de leurs usages. L'article 12 impose en ce sens l'enregistrement automatique d'événements (« logs ») pendant toute la durée de vie du système. Les capacités de journalisation sont ajustées à l'aune des risques et des contrôles. L'article 13 envisage complémentairement la transparence à l'égard du public. Les systèmes d'IA à haut risque sont conçus et développés de manière à permettre aux utilisateurs d'interpréter les résultats du système et de les utiliser de manière appropriée. Le règlement insiste à ce titre sur la fourniture d'un mode d'emploi « comprenant des informations concises, complètes, correctes et claires, pertinentes, accessibles et compréhensibles pour les utilisateurs ».

12 c. Enfin, le contrôle effectif des systèmes par des personnes physiques est prescrit à l'article 14. Il se traduit en amont par la conception des systèmes[40], la formation des personnes habilitées[41] et l'adoption de mesures identifiées et intégrées par le fournisseur ; pendant la période d'utilisation, par la prévention ou la réduction des risques pour la santé, la sécurité ou les droits fondamentaux[42] par l'utilisateur. Une dernière garantie est établie au titre de la double vérification : aucune action ou décision ne peut être prise par le responsable du déploiement sur la base de l'identification résultant du

(« empoisonnement des données ») ou les composants pré-entraînés utilisés dans l'apprentissage (« empoisonnement du modèle »), des données d'entrée conçues pour amener le modèle à commettre une erreur (« exemples contradictoires » ou « évasion du modèle »), des attaques de confidentialité ou des failles dans le modèle.

38. L'annexe IV établit que la documentation technique visée à l'article 11 contient *a minima* la description générale du système d'IA, la description détaillée de ses éléments et du processus de son développement, les informations détaillées relatives à sa surveillance, son fonctionnement et son contrôle, une description de la pertinence des mesures de performance, du système de gestion des risques, des modifications pertinentes apportées par le fournisseur au système tout au long de son cycle de vie, la liste des normes harmonisées appliquées en tout ou en partie, une copie de la déclaration de conformité de l'UE et une description détaillée du système mis en place pour évaluer les performances du système d'IA pendant la phase de post-commercialisation.

39. Article 11.1 du RIA.

40. Article 14, *ibid.*

41. Celle-ci doit assurer : la compréhension des systèmes et de leurs limites, une sensibilisation au biais d'automatisation, la formation à l'interprétation des résultats, le développement de la capacité à ignorer les résultats du système, les neutraliser ou les inverser au besoin, de la capacité encore à interrompre ou arrêter le système dans un état sûr, article 14.4, *ibid.*

42. Article 14.2, *ibid.*

système, à moins qu'elle n'ait été vérifiée et confirmée séparément par au moins deux personnes physiques possédant les compétences, la formation et l'autorité nécessaires. Toutefois, cette exigence spécifique ne s'applique pas aux systèmes d'IA à haut risque utilisés à des fins répressives, de migration, de contrôle aux frontières ou d'asile[43].

13. L'adoption du RIA marque sans conteste une étape décisive dans la normalisation de la surveillance des foules qu'il autorise. Cette réglementation est toutefois loin de sonner la fin de l'histoire législative et réglementaire en la matière. La mise en œuvre pratique du règlement, qui se traduira par l'adoption de mesures nationales d'une part, l'acculturation des autorités compétentes de l'autre, en constitue la prochaine étape décisive. Elle tranchera non seulement la question de l'effectivité du texte, mais évaluera encore sa capacité à préserver les principes démocratiques fondamentaux : la mise en place de contre-pouvoirs, des moyens alloués aux contrôles, l'adoption de standards techniques respectueux de la garantie humaine, la formation des agents en constitueront autant de composantes et rouages essentiels.

43. Dans les cas où le droit de l'Union ou le droit national considère que l'application de cette exigence est disproportionnée. 14.5, *ibid.*

Intelligence artificielle et sécurité intérieure : de la protection des citoyens à la surveillance des criminels

PATRICK PERROT

Général, docteur en intelligence artificielle,
coordonnateur IA pour la Gendarmerie nationale,
conseiller IA auprès du commandement du ministère de l'intérieur dans le cyberespace

Dystopie ou utopie, le monde de demain sera un monde avec et non sans l'intelligence artificielle (IA). Nous pouvons le craindre, l'espérer, l'accepter ou le nier, l'intelligence artificielle influera nos actions, nos réflexions, nos décisions. Apparue dans les années cinquante sous son appellation actuelle, l'intelligence artificielle, hier source de tous les fantasmes, est aujourd'hui entrée dans le quotidien de nos vies. Le volume des données exploitables, les méthodes et outils algorithmiques et l'expansion des « clouds » en sont les principaux responsables. Il ne s'agit plus de savoir si nous devons ou non limiter les algorithmes mais bien de se préparer, dès à présent, à un bouleversement dans notre manière d'agir et d'interagir avec les algorithmes. Alors que le potentiel du développement de l'intelligence artificielle ne comprend guère de limites théoriques, les enjeux juridiques et éthiques sont vastes et mal définis. Ils ont trait aux données, aux développements scientifiques et aux objectifs poursuivis. Les polémiques mais aussi les violations autour de la protection des données ne manquent malheureusement pas, l'affaire « Cambridge Analytica » sur la fuite de dizaine de millions de données à caractère personnel en est une illustration concrète. Au-delà des données, les erreurs d'appréciation d'une IA sont elles aussi sujettes à débat. L'accident mortel impliquant le prototype de « robotaxi » de la société Uber interroge également le citoyen sur la potentielle autonomie des intelligences artificielles. Ces sujets de controverses continuent de défrayer l'actualité avec l'essor des IA génératives de plus en plus performantes. Face aux diverses finalités, l'enjeu le plus craint par la population est certainement celui de l'avènement d'une société de surveillance *a priori* des populations avec le risque d'une autonomie de l'IA. Alors vers quel avenir allons-nous, les États auraient-ils la volonté de surveiller leur population pour mieux la contrôler ou auraient-ils la volonté de protéger leur population en exploitant des outils à la hauteur des enjeux sécuritaires et de préservation des activités régaliennes? Du fantasme à la réalité, nous explorons, à travers quelques exemples concrets, les objectifs poursuivis en sécurité intérieure en matière d'utilisation de l'intelligence artificielle.

Du fantasme à la réalité

Le terme de surveillance, notamment lorsqu'il est associé à l'usage de l'intelligence artificielle, revêt un caractère qui relève souvent davantage du fantasme que de la réalité. La fiction qu'elle soit littéraire ou cinématographique regorge d'exemples où « l'algorithme » serait le vecteur de réalisation d'une société de surveillance.

Le 7e art s'est, très tôt et non sans logique, emparé du sujet tant son potentiel de fiction est intéressant. Nous pouvons citer, en 1998, la sortie du film de Steven Spielberg, *Minority Report* où par l'intelligence artificielle et sa capacité prédictive, il est possible de prévenir le passage à l'acte de criminels en exploitant leurs données biométriques. Ce principe de l'anticipation criminelle est aussi l'objet de la série *Person of Interest* où une IA est capable d'identifier des personnes impliquées dans un crime qu'elles soient victimes ou auteurs. Plus récemment, *M3GAN* explore le domaine de l'IA générative et les dangers de la surveillance et de la manipulation des IA. La littérature n'a pas échappé à cette tendance, à commencer par la phrase « Big Brother is watching you » du roman *1984* de Georges Orwell qui symbolise la représentation de l'État policier et la perte des droits individuels de la population au sein d'une société de surveillance. En réalité, il n'est guère étonnant que la fiction s'empare de ces sujets, peut-être est-il plus inquiétant en revanche d'entendre des personnalités scientifiques comme Stephen Hawkins qui déclarait en 2014 : « Je pense que le développement d'une intelligence artificielle complète pourrait mettre fin à l'humanité. » Enfin, et nous entrons dans des applications qui ne relèvent plus du fantasme ou de la fiction mais du réel, le système de cotation, qualifié de « crédit social », déployé en Chine concoure également à la défiance vis-à-vis de l'intelligence artificielle. Initialement inspiré de méthodes d'évaluation américaines à des fins économiques, le crédit social a été envisagé pour sécuriser le marché chinois. Mais un tel système, outre son enjeu économique, a également trait à la surveillance automatisée de la population. Ce type de système ne peut que faire craindre l'émergence d'une société de surveillance contrôlée par l'État, rompant avec le principe de protection des libertés individuelles.

Et en Europe les systèmes de cotation existent déjà dans des domaines comme celui de la finance, de l'assurance ou de la grande distribution.

Nous pouvons, tout simplement, citer les systèmes de cotation en ligne utilisés par le citoyen pour vanter ou dénigrer un restaurant, un chauffeur blablacar ou un vendeur de commerce en ligne. C'est d'ailleurs par le monde de l'entreprise privée qu'émergent ces systèmes de cotation. Cela illustre le fait que de tels systèmes de cotation pilotés par des entreprises privées pourraient s'étendre en Europe au-delà de tout service public. À l'heure où les villes et territoires deviennent de plus en plus connectés, il s'agit d'un risque de perte de souveraineté régalienne. Même si ces systèmes n'ont pas pour finalité la surveillance, l'impact sur les libertés individuelles pourrait échapper à tout contrôle. L'implication des États doit alors être majeure en matière de régulation et de gouvernance pour assurer la protection des droits fondamentaux.

De ces différentes approches allant de la fiction à des applications intrusives naît une défiance qui définit, de manière souvent irrationnelle, les risques et les limites de l'IA générant des idées reçues trop vite établies. Même si les méthodes mises en œuvre au sein de ces fictions sont possibles, comme le traitement d'images, la reconnaissance faciale ou vocale, l'analyse prédictive, les analyses de graphes relationnels, est-ce à dire qu'elles sont exploitées à des fins de surveillance *a priori* de la population en France? Il est évident que non et cela a été parfaitement affirmé et confirmé par la réglementation des usages de l'IA au sein de l'espace européen.

Protéger le citoyen, surveiller le criminel

Lorsque la fiction rencontre le concept de cotation du crédit social en Chine, il est difficile de revenir à une objectivité scientifique comme politique en matière d'IA au profit de la sécurité. Pourtant, la surveillance des individus n'est pas un objectif de sécurité intérieure dont l'ambition est la protection des populations comme du citoyen. Certes, cette protection peut aller jusqu'à la surveillance mais elle s'exerce alors dans un cadre légal parfaitement défini et la plupart du temps judiciaire. C'est d'ailleurs déjà le cas, indépendamment de l'usage de systèmes d'IA. Des personnes impliquées dans des enquêtes pénales peuvent être placées sous écoutes téléphoniques ou placées en garde à vue les privant de leur liberté d'aller et venir. Mais, ces pouvoirs judiciaires de privation de droits fondamentaux sont explicitement inscrits dans le Code de procédure pénale. Il n'y a pas d'actes de surveillance *a priori* de la population échappant à toute régulation juridique.

L'IA peut aussi trouver des applications dans un cadre administratif et ces dernières doivent alors être en conformité avec le RGPD. La réglementation européenne relative à l'IA a bien compris l'enjeu en interdisant certaines pratiques à risque et en autorisant certaines exceptions au profit des forces de sécurité intérieure. L'objectif est d'éviter de générer une asymétrie entre les possibilités criminelles et les capacités de protection de la population par les forces de l'ordre.

Les interdictions de la réglementation européenne sur les usages de l'intelligence artificielle sont les suivantes :

- la mise en place de systèmes de catégorisation biométrique exploitant des caractéristiques sensibles (par exemple, les convictions politiques, religieuses ou philosophiques, l'orientation sexuelle, etc.) ;
- l'extraction non ciblée d'images faciales à partir d'Internet ou d'images de vidéosurveillance pour créer des bases de données de reconnaissance faciale ;
- la reconnaissance des émotions sur le lieu de travail et dans les établissements d'enseignement ;
- les utilisations détournées de l'IA visant à exploiter les vulnérabilités des personnes (en raison de leur âge, de leur handicap, de leur situation sociale ou économique) ;
- les systèmes d'IA qui manipulent le comportement humain pour contourner son libre-arbitre ;
- la notation sociale (ou score social) fondée sur le comportement social ou les caractéristiques personnelles des individus.

Cette liste est complétée par des exceptions notamment au profit des forces de sécurité intérieure. La reconnaissance faciale « à distance » est par exemple autorisée « sous réserve d'une autorisation judiciaire préalable et pour des listes d'infractions strictement définie ». Elle concernera « la recherche ciblée d'une personne condamnée ou soupçonnée d'avoir commis un crime grave ». Il s'agit donc bien d'une exploitation de la reconnaissance faciale effectuée sous la direction d'un magistrat, premier garant des libertés individuelles. La reconnaissance faciale est largement associée à la crainte d'une surveillance de masse. Néanmoins, elle peut s'avérer particulièrement utile et efficace dans le cadre de la traite des êtres humains pour retrouver un enfant disparu au sein de sites pornographiques ou encore lorsqu'il s'agit de retrouver un pédophile dans des bases d'images présentes sur des disques durs. L'ensemble de ces cas d'usage relève de l'autorité judiciaire et sont systématiquement soumis à une supervision humaine. La machine ne décidera jamais seule de la culpabilité ou non d'un individu, celle-ci relève toujours d'un faisceau d'indices. Un système de reconnaissance faciale est inclus dans le fichier de traitements des antécédents judiciaires pour permettre aux agents habilités d'accéder aux traitements prévus par l'article R. 40-26 du Code de procédure pénale. Il permet notamment l'accès aux « photographies comportant les caractéristiques techniques permettant le recours à un dispositif de reconnaissance faciale ». L'objectif est de permettre l'identification d'une personne à partir de l'image de son visage grâce à une recherche automatisée, le cas échéant, d'exploiter les informations de la fiche correspondante dans le fichier TAJ, pour les finalités mentionnées à l'article 230-6 du Code de procédure pénale. Le Conseil d'État a jugé non disproportionné cet usage. Nous le voyons, tout acte pouvant potentiellement être considéré comme attentatoire aux libertés individuelles fait l'objet d'une attention particulière du législateur. Il est à noter qu'en aucune façon ces exemples d'exploitation d'utilisation de système de reconnaissance faciale ne relèvent d'une surveillance de masse et par ailleurs que cette utilisation de techniques biométriques demeure toujours sous la supervision humaine.

Et l'Europe a également très largement affirmé sa volonté de refus d'une société de surveillance bafouant les libertés individuelles. Les exceptions au profit des forces de sécurité intérieure peuvent légitimement interroger mais l'évolution de la criminalité nécessite de pouvoir faire face à l'exploitation de l'intelligence artificielle à des fins criminelles. Démunies de tels outils, les forces de sécurité intérieure ne seraient plus en mesure de protéger le citoyen et il serait alors du devoir des responsables de l'Union européenne d'en informer en toute transparence le citoyen. La gendarmerie, pour faire face à cette double ambition de protéger la population dans sa dimension sociétale comme la personne dans son individualité, a développé une stratégie qui appréhende l'intelligence artificielle de manière polysémique. Il s'agit de satisfaire aux diverses interrogations qu'elle suscite et surtout d'en faire un usage responsable et proportionné qui concilie la protection de notre société démocratique à celles des individus qui la composent.

L'explosion du numérique laisse certes à penser au sein de l'opinion publique à une utilisation des systèmes de décision algorithmique à des fins de surveillance. Alors que l'usage de l'IA se démultiplie chez les criminels pour des attaques de masse, il est devenu nécessaire aux forces de sécurité intérieure de développer une approche pro-active pour y faire face. Elles doivent l'adopter pour exploiter des informations multimodales caractérisant des faits prédéfinis et mettre en évidence des signaux faibles, précurseurs d'occurrences plus graves, ou encore relier des entités les unes aux autres. Les données sont aujourd'hui disponibles au travers des formats très hétérogènes : données de géolocalisation, tweet, sms, communication sur les réseaux sociaux, données d'environnement physique, analyse de faits précédents, contexte socio-économique, images, vidéos. Ce type de donnée n'est exploitée là encore qu'en fonction du cadre légal qui l'autorise. Il n'y a pas d'exploitation de données à caractère personnel sans un cadre défini. L'analyse prédictive de la délinquance est sur ce point symptomatique de la controverse qui existe entre prédire des faits pour prévenir des actes délictuels et surveiller des individus.

Les méthodes prédictives reposent sur des techniques d'apprentissage capables d'exploiter les données légalement, administrativement ou judiciairement. Loin de toute préemption, l'analyse prédictive a une vocation de prévention, c'est-à-dire que l'objectif est, non pas d'agir préalablement à toute commission d'infraction mais plutôt d'interrompre l'évolution d'un processus en cours. À l'opposé des clichés véhiculés par la fiction, l'analyse prédictive constitue en France une aide à la décision pour un chef opérationnel et non un système autonome en prise à des décisions *a priori* et non vérifiées.

L'analyse prédictive de la délinquance étudiée par la gendarmerie nationale est à distinguer du concept de police prédictive déployée aux États-Unis. Le système développé en France repose sur des données de faits (localisation spatiale et temporelle) et n'exploite aucune donnée nominative. Il n'en demeure pas moins que la localisation peut s'avérer une donnée à caractère personnel et donc fait l'objet d'un travail de conformité au RGPD (Règlement général de protection des données). Souvent caricaturée par des « experts » qui n'ont jamais effectué une patrouille de prévention ou qui n'ont jamais mis en œuvre une équation mathématique, l'analyse prédictive à des fins de lutte contre la délinquance est la source de nombreux clichés. Elle est par exemple décriée car elle accentuerait le caractère interlope, par la présence des forces de l'ordre, des zones ciblées. C'est quelque peu simpliste, les patrouilles de prévention des cambriolages ne constatent que très rarement des cambriolages en flagrant délit car leur objectif est la visibilité pour prévenir une commission. Or, être visible au sein d'une zone interlope ou qui pourrait le devenir ne correspond pas du tout à la meilleure approche pour relever un flagrant délit. Il n'y a donc pas de hausse constatée des cambriolages dans la zone surveillée par cette manière d'opérer. L'analyse prédictive est également critiquée car elle ne ferait que déporter la délinquance. Effectivement, et c'est l'un des objectifs poursuivis car c'est lorsque la délinquance est dérangée qu'elle ne s'installe pas et commet des erreurs. L'analyse prédictive ne serait ni transparente, ni explicable. Le chef qui exploite l'analyse prédictive peut présenter sa stratégie de lutte contre la délinquance à l'autorité préfectorale, aux élus locaux comme nationaux, peut solliciter des réquisitions au procureur de la république pour des contrôles renforcés en présentant l'analyse prédictive à l'autorité judiciaire, peut également présenter des opérations de lutte anti-délinquance à venir dans le cadre de rencontres citoyennes comme l'organise la gendarmerie nationale. Ce sont donc des méthodes qui loin de toute interprétation approximative n'ont aucune intention d'interpeller un individu dont on aurait prédit un passage à l'acte dans le cadre d'une infraction. Il est également utile de rappeler que ce sont des outils d'aide à la décision, ils apportent une information complémentaire à un chef qui en décide l'opportunité et les modes d'action qui en découleront. En dépit de l'intérêt manifeste que présentent les méthodes prédictives, il est important de ne pas considérer ces approches comme miraculeuses et de se garder de tout risque d'atteintes aux libertés individuelles.

Il existe également un évènement qui suscite beaucoup d'interrogations quant à la possibilité de surveiller la population à partir de méthodes d'IA : les Jeux olympiques. Et pourtant, là encore, tout est parfaitement défini et les cas d'usage sont explicitement indiqués au sein du décret n° 2023-828 du 28 août 2023, pris en application de l'article 10 de la loi n° 2023-380 du 19 mai 2023 relative aux Jeux olympiques et paralympiques de 2024. Le décret fixe les conditions pratiques d'utilisation de l'IA en matière de vidéo protection :

- présence d'objets abandonnés ;
- présence ou utilisation d'armes, parmi celles mentionnées à l'article R. 311-2 du Code de la sécurité intérieure ;
- non-respect par une personne ou un véhicule, du sens de circulation commun ;
- franchissement ou présence d'une personne ou d'un véhicule dans une zone interdite ou sensible ;
- présence d'une personne au sol à la suite d'une chute ;
- mouvement de foule ;
- densité trop importante de personnes ;
- départs de feux.

Afin de prévenir tout risque de mésusage, le législateur a mis en place un comité d'évaluation et un comité de pilotage de l'expérimentation qui apportera toutes ces conclusions à la fin de l'expérimentation en mars 2025. Il n'est donc nullement question de surveiller la population lors des *JO* ou de tout autre événement d'ampleur mais bien de la protéger et d'être particulièrement vigilant sur cet aspect. La France, par les garanties qu'elle met en place, se positionne comme précurseur au niveau européen d'usages de systèmes d'IA dans le cadre de grands évènements en développant une expérimentation sur le long terme à partir de différentes formes d'exploitation.

Ainsi, entre fantasme et fiction, l'usage de l'IA en sécurité intérieure est souvent considéré comme un moyen de surveillance algorithmique *a priori* de la population. Et pourtant, toute exploitation d'une IA est sujette à une réglementation stricte que ce soit dans le champ administratif ou judiciaire. La surveillance d'individus est possible dès lors qu'elle est utilisée sous le contrôle d'un magistrat et ce type d'activité ne concerne pas que l'IA, qui est, à ce jour, très peu utilisée. Outre l'activité judiciaire, l'usage de l'IA pour protéger la population a quant à elle de nombreuses applications possibles qui excluent toute surveillance de masse pour s'intéresser non à des individus mais à des faits. Dès lors que des données sensibles peuvent être concernées par l'usage d'une IA, celui-ci respecte les directives du règlement général de protection des données personnelles et demain le règlement européen sur l'IA. Cette réglementation européenne aujourd'hui adoptée par l'Union européenne se verra déclinée durant l'année à venir au sein des nations. Que l'intelligence artificielle soit exploitée dans un cadre de protection des individus ou de surveillance, il est indispensable que les personnes habilitées notamment au sein des forces de sécurité intérieure soient également soumises à des contrôles afin, d'une part, d'évaluer leur capacité à utiliser des systèmes d'IA et, d'autre part, d'en vérifier les usages conformes à la loi. C'est à cette condition que pourra se construire une relation de confiance entre les citoyens et les forces de sécurité intérieure autour de l'usage des systèmes d'intelligence artificielle. La protection de nos sociétés doit être une priorité tout autant que celle des libertés individuelles en offrant un équilibre nécessaire à la préservation d'activité souveraine sans craindre une appropriation de ces enjeux par les *Big Tech*. Il est à espérer que le fantasme et la polémique laisseront la place à la confiance et au débat démocratique afin de permettre un usage responsable et proportionné pour une meilleure protection des citoyens.

DEUXIÈME SOUS-PARTIE

Surveiller et anticiper les pratiques de surveillance de demain : d'une réflexion dystopique à une approche critique

IA, veillance, surveillance et sousveillance

1984 est-elle derrière ou devant ?

JEAN-GABRIEL GANASCIA

Professeur d'informatique à Sorbonne Université,
membre de l'Institut universitaire de France,
SCAI – Sorbonne Center for Artificial Intelligence

L'informatique et l'intelligence artificielle (IA) font craindre le pire à beaucoup. On évoque parfois l'entrée dans une société de surveillance, ce qui fait écho aux heures les plus sombres du XXe siècle. Certains mentionnent l'incidence de ces technologies sur les modalités de gouvernement avec un suivi à la trace des individus. D'autres parlent d'un « capitalisme de surveillance » [Zuboff, 2020], à savoir d'un régime politique oppressif et inégalitaire qui mobiliserait des dispositifs numériques pour asseoir sa domination sur les individus.

Nous ne nous prononcerons pas ici sur ces points, en l'occurrence sur les conséquences bénéfiques ou néfastes de la surveillance sur la démocratie. Notre propos ne vise aucunement à entamer une polémique ; nous ne nous posons pas ici comme critique, juge ou censeur. Notre but est autre. Nous cherchons à savoir si les évolutions technologiques en cours nous amèneront à vivre dans des sociétés plutôt verticales et hiérarchiques, comme on l'entend dire parfois, et comme l'invocation des grands totalitarismes du XXe siècle le suggère, ou si l'exercice vertical du pouvoir, opéré par les institutions étatiques, ne sera pas tempéré par une horizontalité qui tout en apparaissant, à quelques égards, louable, parce que mobilisant de nombreuses personnes et reposant sur une assise populaire large, ne se révélera pas, à son tour, et sur un autre registre, plus dévastatrice. Afin d'approcher cette horizontalité dans son opposition à la verticalité qu'implique la surveillance, nous recourrons au néologisme de « sousveillance » introduit par Steve Mann

[Mann *et al.*, 2003]. Et, pour comprendre le rôle crucial que prend l'IA dans sa mise en œuvre, nous commencerons par rappeler ce dont il s'agit et ce en quoi les technologies du numérique et de l'IA contribuent à brouiller les repères anciens en modifiant les relations interindividuelles et, en particulier, le regard que nous portons les uns sur les autres. Nous nous demanderons ensuite, dans un deuxième temps, qui regarde? et, surtout, à partir d'où?, du haut, regard descendant de ceux qui, placés au-dessus dans l'ordre hiérarchique, s'imposent à ceux qui se situent plus bas, ou regard ascendant à partir du bas, vers ceux que l'on a investis du pouvoir, en vue de les contrôler. Nous verrons après, dans un troisième temps, comment ces regards, qu'ils soient ascendants ou descendants, se transforment par l'entremise des outils contemporains construits avec les techniques d'IA et en quoi ils contribuent à une extension inouïe tant de la surveillance que de la sousveillance. Enfin, dans un quatrième temps, nous verrons que l'équilibre entre surveillance et sousveillance n'atteint pas de point de stabilité déterminé. Il s'ensuit que certains régimes donnent plus d'emprise à la surveillance, alors qu'à l'inverse, d'autres laissent une part considérable à la sousveillance. Nous montrerons alors que la sousveillance généralisée encourage de nouveaux pouvoirs qui, tout en s'opposant aux pouvoirs hiérarchiques traditionnels, n'en exercent pas moins un pouvoir démesuré et un contrôle de masse face auquel le citoyen se trouve en situation délicate, sans toutefois être totalement démuni.

L'INTELLIGENCE DE L'INTELLIGENCE ARTIFICIELLE

Avant de parler d'intelligence artificielle (IA) et de montrer en quoi elle contribue à l'établissement d'un régime de surveillance, précisons ce que signifie le mot « intelligence » dans la locution « intelligence artificielle », autrement dit ce qu'est l'intelligence de l'intelligence artificielle. Sur le plan étymologique, le mot vient du latin *interlegere*, de *inter*, « entre », et *legere*, « cueillir », « rassembler », « lire ». L'intelligence permettrait donc à l'esprit d'assembler, d'établir des liens, de bâtir des ponts, des analogies. D'aucuns comme Rémy de Gourmont ou Saint-Thomas d'Aquin font dériver le mot « intelligence » de *intelegere*, à savoir de l'accolement du préfixe *inte*, « à l'intérieur » en latin, au verbe *legere*, ce qui signifierait littéralement « lire à l'intérieur », « pénétrer », afin de déceler les préjugés, de dissocier comme avec un scalpel les idées sédimentées et accolées les unes aux autres. L'intelligence signifiait donc originellement l'esprit en acte, soit qu'il aide à forger des idées neuves à partir d'idées anciennes soit qu'il effectue un travail de sape sur les lieux communs. Avec le temps, l'intelligence en est aussi venue à désigner l'ingéniosité, à savoir l'ensemble des dons de l'ingénieur talentueux, de celui qui conçoit des dispositifs matériels judicieux. Au début du XXe siècle, le besoin d'évaluation des qualités individuelles, que ce soit pour anticiper les performances d'une personne, par exemple des enfants, avec l'âge mental, ou pour affecter les conscrits dans l'armée lors d'une mobilisation générale, conduisit à une tentative de mesure, le quotient individuel (QI), dont on sait aujourd'hui, grâce aux progrès des sciences cognitives l'inanité. L'« intelligence » de l'intelligence artificielle se distingue de toutes ces notions ; elle ne désigne ni l'esprit, ni la quantification des capacités individuelles ; elle dérive de la psychologie scientifique qui se développa à partir de la seconde moitié du XIXe siècle avec pour mission d'aborder les questions philosophiques traditionnelles sur la nature de la connaissance avec les méthodes des sciences physiques [Taine, 1870]. Dans ce contexte, l'intelligence recouvre l'ensemble des fonctions cognitives, à savoir la perception, la mémoire, le raisonnement, la décision, l'apprentissage, la communication, etc. L'intelligence artificielle, discipline scientifique née officiellement en 1956, lors d'une école d'été organisée dans une université de la côte est des États-Unis, a pour objectif déclaré de mieux comprendre l'intelligence, au sens que nous venons de préciser, en simulant l'ensemble des facultés mentales dont elle se compose au moyen de machines. Ces simulations peuvent ensuite être intégrées à des dispositifs technologiques à des fins pratiques. Ainsi en va-t-il de la reconnaissance faciale, posturale et comportementale qui permet de reconnaître les individus et leurs intentions à partir d'une image de leur visage et de l'analyse de leurs attitudes et de leurs mouvements. Il devient alors loisible, à l'aide de ces technologies, de suivre faits et gestes de chacun, sans recourir aux fins limiers de la police, comme on le faisait auparavant... Ce traçage des comportements individuels au moyen de dispositifs technologiques donne froid dans le dos, quand bien même on ne se reprocherait rien. Gage de systématicité, son caractère automatique inquiète en ce qu'il semble inflexible, au point de ne tolérer aucun écart. Dans le même temps, il rassure, parce qu'il protège contre toute intrusion, malversation ou agression, du moins, il en donne le sentiment. Or, à l'analyse, il apparaît que ces technologies ne nous prémunissent pas contre tous les dangers. Quant aux craintes d'un jugement aveugle, on doit aussi les relativiser.

Il y aurait beaucoup à dire sur ces sujets. Nous renvoyons à l'avis du Comité national pilote d'éthique du numérique (CNPEN) [CNPEN, 2024] pour une analyse plus fine, car l'objet de cet article n'est ni d'inquiéter outrancièrement, ni de rassurer à bon compte, mais de donner la mesure des évolutions technologiques en cours. En quoi les technologies de l'information programmées avec des algorithmes d'IA restreignent-elles les droits et libertés dites fondamentales, comme la liberté d'aller et venir ou la liberté de réunion ? Telles sont les questions que nous essayerons d'aborder ici. Avant cela, précisons ce que ces technologies recouvrent au juste.

VEILLANCE

Le suivi à la trace de tout un chacun relève de ce que l'on appellera ici la *veillance*, en reprenant un mot de l'ancien français désormais inusité[1] [DMF, 2020] et plus ou moins synonyme de vigilance. Demeurer en éveil, les sens aux aguets, attentif à tout ce qui advient, voici l'objet la veillance – ou de la vigilance. Exigence coûteuse que celle qui commande de rester éveillé, les yeux ouverts, résistant au sommeil. Auparavant, des personnes, des marins sur un navire ou des soldats en faction au bivouac ou sur leur campement la nuit, y étaient affectés. Et, dans un État constitué, des corps entiers de fonctionnaires s'y consacrent intégralement. Cette veillance ne relève pas seulement des domaines maritimes, patriotiques ou militaires. Les parents veillent leurs enfants ; les amants, leur conjoint ; les médecins, leurs patients, etc. La veillance devient alors synonyme de soin, d'exercice attentif et attentionné du regard. Veillance pour l'autre, de qui l'on se soucie au point de ne plus prendre de répit, ou veillance pour soi, afin de se protéger, ou encore veillance pour le groupe, famille, État, navire, etc.

Là où il n'y avait qu'hommes et femmes luttant contre le sommeil pour affronter l'adversité – maladies, éléments, ennemis, etc. –, nous disposons désormais de machines qui veillent à notre place. Mais, veillent-elles vraiment ? Pas exactement : elles sonnent l'alarme ; elles alertent pour solliciter notre attention en cas de danger. Si la machine ne veille pas, quel rôle exact lui assigne-t-on dans la veillance ? Trop souvent, la crainte nous aveugle ; elle nous fait oublier ce point, pourtant crucial : la machine n'intervient qu'à titre d'intermédiaire. Elle s'intègre à un dispositif sociotechnique auquel elle prend part, indubitablement, mais elle n'y prend qu'une simple part somme toute assez accessoire. Tout cela engage à une seconde question : qui veille ? Lorsqu'il s'agit de celui qui est investi de l'autorité, du pouvoir, qui se trouve situé au-dessus, on parle de surveillance.

Toutefois, avec le déploiement massif des technologies de l'information, il n'est plus nécessaire d'être investi d'un grand pouvoir ou d'être très riche pour prendre de l'information. Tous peuvent le faire avec une caméra, un micro, voire un simple téléphone portable, et diffuser cette information sur les réseaux. Dès lors, la veillance n'est plus l'apanage de la puissance ; ceux qui se trouvent situés à un rang social inférieur, et qui se sentent victimes de la police ou des pouvoirs politiques, parviennent à capter images et sons, puis à les diffuser, sans subir de censure.

On désigne cette forme de veillance en provenance du bas comme « sous-veillance ». Forgé par un technologue américain spécialiste d'informatique vestimentaire, Steve Mann [Mann *et al.*, 2003], ce néologisme a été repris par d'autres [Thomsen, 2019], dont moi-même [Ganascia, 2009, 2010].

1. V. [https://www.cnrtl.fr/definition/dmf/veillance].

SOUSVEILLANCE *VS* SURVEILLANCE

Sousveillance comme surveillance se présentent tout à la fois comme bénéfiques et pernicieuses. Et, assurément, c'est le cas. Pernicieuses, elles le sont, car faisant intrusion dans nos vies privées, elles font parfois obstacle tant à nos libertés fondamentales – liberté de réunion ou liberté d'aller et venir par exemple – qu'à notre autonomie, du moins le craint-on. Mais, elles sont bénéfiques aussi, à l'évidence, en ce qu'elles nous protègent de bien des périls individuels et collectifs. En outillant la veillance, les technologies amplifient tant les dangers qu'elles présentent pour la personne que les bénéfices qu'elle en tire, à la fois en tant qu'individu et en qualité de citoyen ou en tant que membre d'une collectivité. Il convient néanmoins d'insister sur la nécessaire clarification des finalités qu'on leur assigne et sur les éventuels détournements d'usages dont elles pourraient faire l'objet.

Au-delà, les mêmes technologies se mettent au service tant de la surveillance que de la sousveillance. Mais si, de ce fait, surveillance et sousveillance sont susceptibles de coexister, leurs logiques respectives s'opposent l'une à l'autre.

Précisons. La surveillance s'opère à l'insu de celui que l'on surveille. Le surveillant épie et cache son butin dans l'espoir qu'il lui servira ultérieurement. À l'inverse, la sousveillance se montre et, surtout, elle met à nu, dévoile au grand jour ce qui demeurerait caché sinon. Sur un autre registre, la surveillance prend place dans un monde de rareté où l'information parcimonieuse se conserve et s'interprète. Elle tient donc d'une forme de rétention. En revanche, la sousveillance opère dans un monde d'abondance et de redondance ; qui plus est, du fait de son caractère horizontal, elle conduit à une prolifération de sources d'information éventuellement incohérentes, ce qui accroît encore les volumes d'information. Enfin, elle vise non à l'accumulation, mais à l'écoulement, à la fuite, aux « leaks » – songeons à wikileaks. Et, cette profusion de sources d'informations déborde les capacités cognitives des récepteurs potentiels. Dès lors, on les profile, pour cibler ceux qui sont les plus susceptibles de réagir à chaque contenu informationnel, de façon à capter leur attention et à susciter leur approbation. De la sorte, les technologies du numérique et de l'IA ont un double emploi ici : d'une part, aider à interpréter les flots de données, ce qui vaut pour toute forme de veillance, à la fois pour la surveillance et pour la sousveillance ; d'autre part, segmenter le public de façon à n'adresser à chacun que les informations auxquelles il est susceptible de réagir pour éviter la saturation de ses capacités cognitives et la lassitude, afin d'assurer un investissement total de son esprit.

Au reste, dans la logique de surveillance, où toute information compte, les stratégies de manipulation passent par le gommage, l'élimination de ce qui apparaît sensible, voire le montage et le détournement de l'information existante. Dans la logique de sousveillance où la redondance est de mise, tout retranchement serait vain, car l'information se reproduit sans effort et prolifère. Il en va donc tout autrement, car l'hydre à cent têtes de l'information ressurgit sans cesse. En somme, rien ne sert d'éliminer. La manipulation procède alors par brouillage, par ajout d'informations superfétatoires, de façon à noyer l'information sensible, à faire diversion. Et, là encore, l'IA intervient doublement avec, en particulier, l'émergence de l'IA générative qui permet de fabriquer à loisir images, vidéos, sons et textes, puis le profilage afin d'acheminer sélectivement l'information vers des publics choisis, toujours par l'IA, parce que susceptibles d'y réagir avec le plus de vivacité.

1984 EST-ELLE DERRIÈRE OU DEVANT ?

Face aux progrès des technologies, beaucoup s'effraient. Un regard rétrospectif vers l'histoire du xxe siècle fait craindre l'apparition d'un régime politique autoritaire et centralisé qui tirerait profit des technologies de l'information pour surveiller chaque citoyen et le soumettre à sa volonté. On évoque souvent le roman de Georges Orwell, *1984* [Orwell, 1948] ; on s'inquiète des dérives totalitaires consécutives à l'usage généralisé des technologies. Et, il est vrai que les individus se sentent de plus en plus exposé [Harcourt, 2015] aux dispositifs de captation d'information qui fleurissent partout, dans les rues, dans les transports, chez les commerçants, sur soi, avec les téléphones portables, et même chez soi, avec tous les espions domestiques qui envahissent nos domiciles, tels les agents conversationnels qu'on nous vend à grand renfort de publicité. Il n'existe donc plus de refuge. On s'inquiète alors, et à juste titre, de la disparition de toute vie privée. Toutefois, il n'est pas certain que s'imposera un régime politique autoritaire et centralisé. En effet, les mêmes technologies bénéficient tant aux stratégies de surveillance des États centralisés et autoritaires qu'aux stratégies de sousveillance d'acteurs privés. On voit, dans le même temps, apparaître à la fois des régimes autocratiques imposant leur pouvoir par le truchement des technologies de l'information et des sociétés privées usant des mêmes technologies pour asseoir leur emprise sur les individus par l'exploitation massive d'éléments d'information que tous mettent à leur disposition en échange de services gratuits. Il n'existe donc pas de déterminisme qui nous engage dans l'une de ces logiques plutôt que dans l'autre : les technologies conduisent à la fois à un excès de surveillance, comme en Chine avec le crédit social, ce qui tend à renforcer le caractère monolithique de cette société, et à une généralisation de la sousveillance, comme en Occident, où la dissémination ciblée des infox conduit à une fragmentation toujours plus grande des sociétés. À ce propos, soulignons que le crédit social lui-même ne provient pas d'une tradition millénaire ancrée dans la culture chinoise ; comme Emmanuel de Las Cases nous le rappelle [Las Cases, 1840], Napoléon nourrissait, lors de son exil à Sainte-Hélène, un projet d'« espionnage de la vertu » qui ressemble, à maints égards, au crédit social en ce qu'il se proposait de recenser les bonnes et les mauvaises actions des citoyens pour récompenser les plus méritants...

Aujourd'hui, les technologies suppléent à la nécessité d'instituer un corps de fonctionnaires intègres et coûteux. Elles facilitent bien les choses... Mais, elles ne font pas tout.

Dans le même temps, la généralisation de la sousveillance conduit à une dissémination massive d'informations fallacieuses en direction de segments étroits de la population. Dès lors, le débat public et la délibération collective deviennent de plus en plus difficiles, car on manque de références communes. Chaque communauté se réfère aux faits qui lui ont été adressés et qui lui conviennent. On parle d'« effet de bulle » pour désigner ces phénomènes ou encore, pour reprendre le titre d'un ouvrage récent de Bruno Patino [Patino, 2021], de « civilisation des poissons rouges » où chacun se trouve enfermé dans son bocal. Dans ce contexte, on ne saurait conclure à une surveillance autoritaire et centralisée. Pour autant, les grands acteurs du numérique tirent un profit considérable de la veillance qu'ils exercent avec la complicité de l'ensemble de la population. Nous nous retrouvons là dans une forme nouvelle d'assujettissement des individus où l'asservissement s'opère au moyen d'outils numériques. Les contraintes ne sont plus mécaniques comme auparavant ; il n'y a plus ni chaînes, ni hallebardes, ni cachots ; l'homme n'est plus dans les fers, pour reprendre l'expression qu'emploie Jean-Jacques Rousseau au début du *Contrat social*. Les contraintes se font désormais en grande partie immatérielles ; les servitudes deviennent virtuelles [Ganascia, 2022]. Pour autant, il ne faudrait pas se résigner. De même qu'Étienne de la Boétie dans son fameux discours sur la Servitude volontaire expliquait que les hommes pouvaient, s'ils le désiraient, se soulever contre un tyran oppressant, de même les servitudes, fussent-elles virtuelles, ne résistent pas à une volonté collective très ferme !

RÉFÉRENCES

Olivier Aïm, *Les théories de la surveillance. Du panoptique aux* Surveillance Studies, Armand Colin, 2020.

CNPEN, avis n° 8, « Enjeux éthiques des technologies de reconnaissance faciale, posturale et comportementale » [http://www.ccne-ethique.fr/sites/default/files/2024-02/CNPEN_AVIS8.pdf] 2024.

DMF, Dictionnaire du Moyen Français, version 2020, ATILF-CNRS & Université de Lorraine, site internet : [http://www.atilf.fr/dmf].

Ganascia Jean-Gabriel, *Voir et pouvoir – qui nous surveille ?*, Le pommier, 2009.

Ganascia Jean-Gabriel, « The generalized sousveillance society », *Social Science Information* 2010, 49(3), p. 489-507.

Ganascia Jean-Gabriel, *Servitudes virtuelles*, Seuil, 2022.

Harcourt Bernard, *Exposed*, Harvard University Press, 2015.

La Boétie Étienne de, *Discours de la Servitude volontaire*, préf. A. Jouanna, F. Markovits et A. Pessel, postface M. Abensour, P. Quignard et J. C. Scott, Paris, Klincksieck, coll. « Critique de la politique », 2022

Las Cases Emmanuel de, « Mémorial de Sainte-Hélène ou Journal où se trouve consigné, jour par jour, ce qu'a dit et fait Napoléon durant dix-huit mois », Paris, Magen et Comon, 1840.

Mann Steve, Jason Nolan *et al.*, « Sousveillance: Inventing and Using Wearable Computing Devices for Data Collection in Surveillance Environments », *Surveillance and Society* 2003, 1(3), p. 331-355.

Orwell George, *1984*, Paris, Gallimard, 1948.

Patino Bruno, « La civilisation du poisson rouge. Petit traité sur le marché de l'attention », Grasset, 2022.

Taine Hippolyte, *De l'intelligence*, Librairie Hachette, 1870.

Thomsen F. K., « The concepts of surveillance and sousveillance: A critical analysis », *Social Science Information* 2019, 58(4), p. 701-713.

Zuboff Shoshana, *L'âge du capitalisme de surveillance*, Zulma, 2020.

Surveillance et crédit social chinois

Pourquoi le système de crédit social chinois nous est-il si difficile à appréhender ?

SÉVERINE ARSÈNE

Docteur en sciences politiques, chercheuse associée au Médialab de Sciences Po

Introduction. Une pratique de surveillance de demain? À rebours de quelques idées reçues.

Le système de crédit social développé en Chine fait l'objet d'un grand nombre de mythes et de spéculations. C'est un ensemble de dispositifs qui fonctionnent par récompenses et sanctions, comme le font les permis à points. Cela consiste à réutiliser des données dont disposent des administrations, par exemple l'existence d'un impayé auprès de l'administration fiscale ou du fournisseur d'électricité, ou une condamnation au tribunal pour un délit. En réunissant ce type de données, le service dédié au crédit social dans une municipalité ou une administration donnée établit un barème en fonction duquel les administrés gagnent et perdent des points ; quand on a perdu tous ses points on est inscrit sur une liste noire et on perd des privilèges. Cela peut conduire à être inspecté plus souvent, ne pas pouvoir accéder à certaines formes de subventions ou formalités administratives, ne pas pouvoir entrer dans la fonction publique par exemple[1].

Il est sans doute plus aisé de décrire ce que le système de crédit social développé en Chine n'est pas, que ce qu'il est. À proprement parler, le crédit social n'est pas une pratique de « surveillance », mais une technique de coercition. Il ne comporte pas de dispositif de recueil de données dédié. Il n'y a pas de caméras qui enverraient automatiquement des informations faisant perdre des points de crédit.

1. S. Arsène, « China's Social Credit System: A Chimera with Real Claws », Paris, IFRI, oct. 2019 [https://www.ifri.org/en/publications/notes-de-lifri/asie-visions/chinas-social-credit-system-chimera-real-claws].

Ainsi, le système de crédit social n'est pas l'attribut central du dispositif de surveillance chinois. Celui-ci passe par un maillage très serré de la population, à travers lequel les volontaires des comités de quartier rapportent sur leurs voisins, par la constitution de bases de données biométriques visant les minorités ethniques, ou encore la prolifération de caméras dans l'espace public, dont certaines sont équipées de logiciels de reconnaissance faciale[2]. Au demeurant, beaucoup de ces instruments ne reposent pas sur le numérique; d'autres comportent des bases de données numériques alimentées manuellement par des agents de l'État sur le terrain.

Le crédit social n'est pas non plus une pratique en rupture avec le passé. On peut tracer l'origine de cette logique de coercition en Chine dans des dispositifs administratifs qui se sont succédé depuis des décennies – et même jusqu'à l'Antiquité, avec la mise en place de registres familiaux associés à des récompenses et à des sanctions[3]. Le crédit social montre combien un dispositif avancé technologiquement peut être mis au service d'une logique politique ancienne, voire archaïque.

Ce dispositif, basé sur des permis à points, n'est pas non plus intrinsèquement « chinois », ni dans les technologies qu'il déploie (la collecte et le traitement de données) ni dans les objectifs poursuivis. Les permis à points sont une réalité quotidienne dans le monde entier, à l'école ou pour le permis de conduire. Les services publics et privés les utilisent, souvent sans le dire, pour déterminer quels types de profils feront l'objet de contrôles, ou accéderont aux aides de manière prioritaire[4]. Les concepteurs du système de crédit social se sont inspirés de l'expérience des États-Unis[5], en analysant l'historique de crédit dans le domaine financier. Puis ils ont rêvé d'un outil qui pourrait englober l'ensemble de la vie sociale, pour s'apercevoir que le développement d'un indicateur global n'était pas vraiment souhaitable, et qu'il valait mieux procéder de manière sectorielle et locale.

S'il n'est pas le dispositif de surveillance omniscient et innovant qui stimule l'imaginaire occidental, le système de crédit social constitue néanmoins un prisme éclairant sur les défis auxquels fait face l'administration chinoise et sur la pensée politique mobilisée pour y répondre. Faute d'une meilleure compréhension de ces dynamiques chinoises et d'un regard plus critique sur les enjeux de la collecte et du partage des données dans les administrations, il nous reste difficile à appréhender.

---

2. J. Rudolph, « Sharper Eyes: Surveilling the Surveillers (Part 1) », *China Digital Times* 9 sept. 2019 [https://chinadigitaltimes.net/2019/09/sharper-eyes-surveilling-the-surveillers-part-1/].
3. S. Arsène, « Le système de Crédit social ou la gestion technocratique de l'ordre public », *in* A. Cheng, *Penser en Chine*, Paris, Gallimard, 2021.
4. V. Eubanks, *Automating Inequality: How High-Tech Tools Profile, Police, and Punish the Poor*, New York (N.Y.), St. Martin's Press, 2018.
5. P. Sel, « From Financial Supervision to Morality Construction: Political Narratives of the Social Credit System Policy Process », *China Review*, à paraître (n.d.) [https://www.researchgate.net/publication/375525731_From_Financial_Supervision_to_Morality_Construction_Political_Narratives_of_the_Social_Credit_System_Policy_Process].

1. Un symptôme des défis du contrat social en Chine aujourd'hui

Le projet du système de crédit social, tel qu'énoncé par les autorités dès le plan qui en consolidait les contours en 2014[6], décrivait assez clairement les difficultés du gouvernement chinois à faire appliquer les lois. Pollutions industrielles, impayés et surendettement, corruption, toutes les catégories d'acteurs sont concernées : citoyens, entreprises et fonctionnaires. Les tribunaux ne parvenant pas à faire appliquer leurs décisions et à enrayer ces problèmes endémiques, le crédit social est censé ajouter une couche de coercition en privant l'accès des citoyens placés sur liste noire à certains « privilèges ».

Le projet offre également un regard sur la décentralisation, la fragmentation du régime chinois[7]. Les directives publiées par le gouvernement central sont déclinées à l'échelle des provinces, des municipalités, et des administrations sectorielles. Chacune met en place son propre dispositif de crédit social. Certains systèmes de points consistent en une liste de deux doubles pages ; d'autres fois, des mécanismes plus sophistiqués sont assortis d'un système de visualisation sur une application mobile. La remontée nationale des données n'est ni complète, ni fluide, et elle pose de nombreuses questions d'interopérabilité et surtout d'enjeux de pouvoir. Au demeurant, l'une des avancées principales du système de crédit social est d'avoir poussé les autorités à avancer sur le chemin de l'interopérabilité en définissant des normes pour le partage des données et leur stockage sécurisé, améliorant ainsi la capacité des autorités à faire sens des données dont elles disposent[8].

Il éclaire également la combinaison difficile à trouver, pour les autorités chinoises, entre des instruments relevant d'une part de la carotte et du bâton, qui s'appuient sur une conception de l'humain comme rationnel, répondant à des incitations (c'est l'école légiste en philosophie chinoise) ; et relevant d'autre part d'une propagande mettant en avant la morale, le sens du devoir et de la parole donnée (la notion de « crédit », qui renvoie plutôt à une vision confucéenne de l'humain).

Ainsi, le système de crédit social est-il typique d'une vision qui place la responsabilité individuelle au centre, et ignore le caractère structurel de certains types de problèmes. Par exemple, de nombreux cas de surendettement sont liés à des problèmes de santé des personnes, dans un contexte où les soins médicaux sont largement à la charge des individus et qu'une maladie longue peut ruiner une famille. Les entraves imposées par le crédit social

6. State Council, « Planning Outline for the Establishment of a Social Credit System (2014-2020) », trans. J. Daum, *China Law Translate*, 14 juin 2014 [https://www.chinalawtranslate.com/socialcreditsystem/].

7. V. Brussee, *Social Credit: The Warring States of China's Emerging Data Empire*, 1re éd., Palgrave Macmillan, 2023.

8. H. Chen et S. C. Greitens, « Information Capacity and Social Order: The Local Politics of Information Integration in China », *Governance* 2022, 35, n° 2, p. 497-523.

peuvent ainsi empirer la situation et préempter un véritable dialogue social, qui est impossible en contexte autoritaire.

Enfin le système de crédit social nous informe sur les relations tendues entre la puissance publique et les entreprises privées telles que Alibaba, Baidu ou Tencent. Le crédit social porté par les administrations est parfois confondu avec les dispositifs de microcrédit offerts par certaines de ces entreprises, qui sont des notes de solvabilité calculées à partir des usages des plateformes de e-commerce. Néanmoins, dans la mise en place du dispositif administratif, les collectivités font appel à des prestataires de services pour héberger les données, construire des dispositifs de visualisation ou de télétransmission par exemple, ce qui leur confère un pouvoir important, et a sans doute joué un rôle dans la volonté croissante de réguler le secteur à partir de 2021[9].

2. Un éclairage en miroir sur notre rapport à la question des données personnelles, de la surveillance, et de l'État

Le Crédit social est devenu par métonymie un symbole du modèle chinois de contrôle de la population, qui engloberait l'ensemble des dispositifs de surveillance et de coercition, publics et privés.

Pour certains, c'est un repoussoir : il s'agit de dénoncer le système orwellien et les violations des droits de l'homme, qui seraient pourtant mieux illustrés par la surveillance numérique adossée à la construction de camps au Xinjiang[10], la collecte de données biométriques ou les réseaux de caméras.

Pour d'autres, c'est un objet de fascination. La Chine aurait-elle inventé un moyen de discipliner des populations rétives et d'atteindre le risque zéro? En réalité il y a loin des promesses à la réalité. Mais la tentation autoritaire est réelle, surtout quand elle peut s'appuyer sur un « solutionnisme » numérique[11] trop prompt à faire fi des réalités matérielles.

Par exemple, le fonctionnement du système de crédit social est souvent décrit de manière exagérée[12], voire erronée dans la littérature scientifique comme dans la presse, et son efficacité affirmée alors que nous ne disposons pas de statistiques fiables sur les effets du système de crédit social. La nature des raisons pour lesquelles les individus entrent et sortent des listes noires, en fait, nous reste inconnue. Il n'existe pas non plus de contrefactuel : ces

9. S. Arsène, « Le système de Crédit social en Chine. La discipline et la morale », *Réseaux* 2021, n° 225.

10. Human Rights Watch, « China's Algorithms of Repression. Reverse Engineering a Xinjiang Police Mass Surveillance App », *Human Rights Watch* 1er mai 2019 [https://www.hrw.org/sites/default/files/report_pdf/china0519_web5.pdf].

11. E. Morozov, *To Save Everything, Click Here: The Folly of Technological Solutionism*, PublicAffairs, 2013.

12. M. Infantino et W. Wang, « Challenging Western Legal Orientalism: A Comparative Analysis of Chinese Municipal Social Credit Systems », *European Journal of Comparative Law and Governance* 27 janv. 2021, 8, n° 1, p. 46-85.

petites infractions auraient-elles été résolues en l'absence du dispositif? Nous ne le savons pas.

3. La connaissance de la Chine, désormais indispensable au développement d'une critique efficace du numérique

Face à ces mécompréhensions, nous avons collectivement besoin d'une plus grande popularisation de la pensée critique des technologies, chez les citoyens, les journalistes, les décideurs publics. Le cas de la Chine, tellement liberticide, montre qu'il est temps aujourd'hui de réussir à penser le progrès en le découplant de la question de la fuite en avant technologique. On peut être low-tech et innovant, tout comme on peut être à la pointe du numérique et politiquement réactionnaire.

Or la Chine devient productrice de normes et un acteur majeur de la compétition mondiale dans la plupart des grands défis systémiques auxquels nous faisons face ici, aujourd'hui : la technologie, mais aussi le climat, la remise en cause des normes démocratiques, etc. Nous avons donc besoin de renforcer la connaissance de base de la Chine qui doit faire partie maintenant de la culture générale de tout citoyen.

La surveillance participative au Japon : une coproduction de la sécurité au nom de la « fabrique de la ville »

NAOKO TOKUMITSU

Maître de conférences de sociologie à l'Institut national des langues et civilisations orientales (INALCO), IFRAE – Institut français de recherche sur l'Asie de l'Est (UMR CNRS)

Au début des années 2000, en même temps que fut enregistrée une augmentation du sentiment d'insécurité, les autorités publiques japonaises ont renforcé leur volet préventif tout en impliquant davantage les habitants. Ces groupes formés de civils sont appelés *Jishu bōhan boranthia* (bénévoles pour la prévention de la délinquance) : leur action principale consiste à déambuler au sein de leur quartier de résidence ou de commerce afin de dissuader les actes de délinquance – notamment les cambriolages, les violences sexuelles et les enlèvements d'enfants –, particulièrement en zone urbaine. À titre d'exemple, le nombre de groupes est passé d'environ 3 050 en décembre 2022 à 45 100 en décembre 2003, soit de 130 000 participants à 2 430 000 en décembre 2022[1]. La majorité des membres ont plus de 60 ans et environ 30 % effectuent des patrouilles plus de 20 jours par mois[2].

Cette participation des habitants au maintien de l'ordre n'est cependant pas un phénomène propre au Japon : aux États-Unis, nous pouvons retrouver

1. Statistiques publiées en mars 2023 par l'Agence nationale de la police (ANP) sur le site de soutien aux bénévoles des actions préventives [https://www.npa.go.jp/safetylife/seianki55/]. Les groupes comptabilisés dans ces statistiques comportent plus de 5 membres et réalisent plus d'une activité par mois en moyenne (à l'exception de simples échanges).
2. *Ibid.* 43,7 % ont entre 60 et 69 ans et 28,3 % ont plus de 70 ans. 29,7 % des groupes effectuent des patrouilles plus de 20 jours par mois, 9,5 % entre 10 et 19 jours, et 38,3 % entre 2 et 9 jours.

le « *Neighborhood watch* » mis en œuvre à la fin des années 60. En France, deux dispositifs coexistent : la « Participation citoyenne » s'appuyant sur la circulaire du 22 juin 2011[3] et encadrée par les institutions publiques ; et, d'autre part, les « Voisins vigilants[4] », service numérique à but lucratif créé en 2012. Dans le cadre de cette surveillance de voisinage, le motif oculaire est mis en avant avec des messages tels que « Si je n'alerte pas la police, mon voisin le fera ! » (Voisins vigilants), « We report all suspicious persons and activities to law enforcement » *(Neighborhood watch)* ou « La ville entière vous surveille. Les yeux du quartier préviennent les cambriolages[5] ». Cette forme de vigilantisme, comprise comme « tentative organisée par un groupe de citoyens ordinaires de maintenir l'ordre et de faire appliquer des normes au nom de leurs communautés[6] », recouvre une pluralité d'acceptions, comme le remarque Fourchard[7]. Tandis que dans le cas français l'on n'observe pas en principe de patrouilles de quartier, dans le cas japonais et états-unien, les riverains en réalisent, sans toutefois disposer d'une arme ou d'un pouvoir d'arrestation. De même, au Japon, à la différence des résultats établis par Fung concernant Chicago[8], le processus de délibération entre institutions publiques et riverains est moins développé, et ces derniers bénéficient d'un moindre soutien de la part d'organisations professionnelles[9]. Le cas japonais se caractérise en effet par une forte initiative des riverains en interaction avec la police, sans que cette dernière ne leur impose de participer. Ce mode de participation repose sur les organisations locales telles que les associations de quartier *(chōnaikai*[10]*)* ou les associations des commerçants *(shōtengai*[11]*)*, reconnues par les policiers et les municipalités[12]. D'après le

3. Ceci se trouvait en vigueur dans environ 5600 communes. Circulaire du 30 avr. 2019 du ministre de l'intérieur, Christophe Castaner.

4. Le site des Voisins vigilants indique qu'en 2022, il existait 1 000 000 de foyers participant au dispositif.

5. N. Tokumitsu-Partiot, « La théorie de la vitre cassée au Japon : le maillage des réseaux microlocaux par les riverains », *Lien social et Politiques* 2020, (84), p. 60-81.

6. Favarel-Garrigues et Geayer, 2016, cité par Fourchard, 2018, p. 170-171.

7. L. Fourchard, « État de la littérature. Le vigilantisme contemporain. Violence et légitimité d'une activité policière bon marché », *Critique internationale* 2018, vol. 78, n° 1, p. 169-186.

8. A. Fung, « Accountable Autonomy: Toward Empowered Deliberation in Chicago Schools and Policing », *KSG Working Paper*, sept. 2000, 00-008.

9. N. Tokumitsu-Partiot, *op. cit.*, 2020.

10. Ces associations de quartier se caractérisent par leur existence dans un périmètre donné, qui exclut l'existence d'autres communautés de quartier au sein de cette même zone (Kurasawa 1998 : 50-51). Les résidents de ce périmètre participent aux divers enjeux tels que faire passer des annonces municipales, collecter des dons, participer à la gestion de l'éclairage public, organiser le dépôt des déchets, veiller à la propreté du quartier, etc. V. S. Kurasawa, *Komyunithī-ron : chiiki shakai to jūmin katsudō* (*Community* : les communautés locales et les activités des habitants), Tokyo, Hōsō daigaku kyōiku sinkōkai, 1998, p. 176.

11. Le terme *shōtengai* désigne des rues ou des quartiers commerçants, mais peut également renvoyer au groupement des commerçants de quartier.

12. Pour approfondir le rôle des *cho¯naikai* à l'échelle microlocale, v. N. Tokumitsu, « Le développement d'actions préventives contre la délinquance à Tokyo et à Osaka : une

Bureau des statistiques, en 2016, 18,4 % de la population japonaise participait aux activités bénévoles en adhérant aux groupes (contre 7,9 % qui n'adhèrent pas au groupe) dont 11,6 % font partie d'organisations entretenant un lien étroit avec les communautés locales dont les *chōnaikai*[13]. Par une référence à la théorie de la vitre cassée[14], la surveillance ne se borne pas aux délits du quartier mais porte également sur les facteurs pouvant générer un sentiment d'insécurité. Les patrouilles s'accompagnent donc souvent d'un nettoyage de rue ou encore de salutations à l'égard des enfants, pour une « fabrique de la ville sûre et tranquille » *(anzen anshin no machizukuri)*. Les enjeux sécuritaires et d'hygiène, mais aussi l'éducation morale, apparaissent ainsi étroitement liés dans le cas japonais.

Dans cet article, nous tâchons de retracer l'évolution contemporaine du dispositif de surveillance de voisinage au Japon, et d'en mettre au jour les finalités. Premièrement, nous montrerons la manière dont ont été construites et justifiées les modalités de cette surveillance participative au Japon. Puis, nous analyserons ce qu'implique cette participation à la surveillance en lien avec la question de la vie privée. Pour ce faire, nous prendrons appui sur l'analyse de documents d'archives ainsi que sur des enquêtes de terrain (observations directes et entretiens semi-directifs) menées entre 2016 et 2018[15].

I. LA COPRODUCTION DE LA SÉCURITÉ ENTRE POLICE, HABITANTS ET MUNICIPALITÉS

Dès les années 70, la police japonaise cherchait à réduire la distance avec la population en contexte d'urbanisation. Mais c'est notamment à partir des années 90 qu'elle a commencé à approfondir les réflexions sur la participation des habitants aux dispositifs sécuritaires : la loi de la police *(keisatsu hō)* fut réformée en 1994 et un bureau de la sécurité du quotidien *(seikatsu anzen kyoku)* fut instauré afin d'« assurer la sécurité et la tranquillité de la vie de la

---

recomposition des liens de voisinage dans les territoires urbanisés du Japon ? », *Ebisu* 2018-55, p. 85-110.

13. Bureau des statistiques, *Shakai seikatsu kihon chōsa* (Enquêtes sur la vie sociale), ministère des affaires intérieures et des communications, 2016.

14. Cette théorie, nommée « *broken windows* » en anglais, a été définie en 1982 par George L. Kelling et James Q. Wilson. L'idée est que dès que se multiplient des signes d'abandon, le vandalisme tend à se manifester, suivi de comportements violents (vols, agressions, etc.) (S. Roché, « La théorie de la "vitre cassée" en France. Incivilités et désordres en public », *Revue française de science politique* 2000, vol. 50, n° 3, p. 387-412).

15. Il s'agit notamment des livres blancs publiés depuis 1973 par l'Agence nationale de la police japonaise, des arrêtés, débats municipaux, rapports et dossiers ministériels, résumés d'activités de 352 groupes d'actions préventives. Les enquêtes de terrain ont été menées auprès de 52 personnes participant à ces actions (policiers, agents municipaux, riverains et élus locaux) particulièrement à Tokyo et à Osaka.

population[16] » face au délitement des liens locaux et familiaux. En accordant de l'importance à l'idée de « *community policing*[17] », la police a alors souligné le rôle des postes de police *(kōban)* comme lieux d'échange avec les habitants. Suite à plusieurs événements, la politique de proximité fut renforcée : l'attentat au gaz sarin dans le métro de Tokyo de 1995, le meurtre d'une étudiante par un *stalker* à Okegawa en 1999, les affaires de la police départementale de Kanagawa, et des meurtres et agressions des enfants comme à Kobe en 1997[18] et dans une école d'Ikeda en 2001[19]. Les enquêtes d'opinion montrent que le sentiment de fierté à l'égard du maintien de l'ordre diminue à partir de 1995, et surtout 1998, avant de revenir à la hausse à partir de 2004[20]. De même, le nombre d'articles dénonçant des scandales policiers a nettement augmenté à partir de 1999[21]. C'est aussi à cette période que la police a enregistré une augmentation du taux de criminalité avec, en 2002, le nombre le plus important d'infractions au Code pénal non liées à la circulation *(ippan keihōhan ninchi kensū*[22]*)*. Or, au rebours d'une médiatisation d'événements sans conteste atroces, le taux d'homicide montre une diminution constante depuis la fin des années 50. La hausse de la criminalité révèle donc surtout un changement de politique par l'Agence nationale de la police, prenant davantage en compte des plaintes comme les agressions sexuelles, auxquelles la police accordait moins d'importance jusqu'alors[23].

Cependant, la police japonaise a justifié le renforcement de la surveillance en alléguant cette augmentation du nombre d'infractions. En établissant un lien avec la lutte contre les organisations criminelles[24], elle soutenait que les « visiteurs étrangers[25] » avaient davantage recours à la violence que les cambrioleurs japonais[26]. Affirmant faire face à l'internationalisation et à la

16. Article 22 de la loi de la police.
17. Afin de comprendre la perspective de l'Agence nationale de la police concernant la notion de « *community policing* », v. N. Tokumitsu-Partiot, *op. cit.*, 2020.
18. Ce collégien de 14 ans, s'étant donné le surnom Sakakibara Seito, a tué deux écoliers et en a blessé trois. Ses pratiques marquées par une grande cruauté ont suscité une attention médiatique importante.
19. Il s'agit de meurtres commis par un homme de 37 ans, ayant pénétré dans une école primaire, qui a tué huit enfants, et en a blessé treize autres ainsi que deux instituteurs.
20. K. Hamai et K. Serizawa, *Hanzai huan shakai* (La société du sentiment d'insécurité), Tokyo, Kōbunsha, 2006, p. 249.
21. *Ibid.*
22. Livre blanc de l'ANP, 2003.
23. K. Hamai, « Naze hanzai wa genshō shiteirunoka » (Pourquoi la criminalité est-elle en baisse ?), Tokyo, *Hanzai shakaigaku kenkyū* 2013, 38, p. 53-77.
24. Livre blanc de l'ANP, 2003.
25. Cette catégorie d'« étrangers » n'inclut pas les résidents dotés d'un visa permanent *(eijū visa)*, les militaires états-uniens travaillant au Japon, ainsi que ceux dont le titre de séjour n'est pas clairement établi.
26. Comme le remarque É. Seizelet, cette description des « étrangers » laisse voir la faiblesse des arguments avancés pour expliquer l'émergence de ces phénomènes criminels. V. É. Seizelet, « La criminalisation de l'étranger au Japon », *Revue européenne des migrations internationales (REMI)*, CNRS éditions, 2000, vol. 16 (1), p. 65-95.

complexification du crime, la police japonaise a alors appelé de ses vœux à une coopération entre institutions judiciaires et administratives. Des ordonnances locales sur la sécurité du quotidien *(seikatsu anzen jōrei)* ont alors commencé à être adoptées dans divers départements à partir de 2002[27], pour fournir une base légale aux mobilisations préventives des collectivités locales et des habitants. Au niveau national, a été formée en 2003, à l'initiative de l'Office du cabinet *(Naikakufu)*, la commission interministérielle de lutte contre la délinquance et le crime *(Hanzai taisaku kuryō kaigi)* autour du mot d'ordre suivant : « Pour ranimer le "Japon, comme pays le plus sûr au monde" » *(« Sekai ichi anzen na kuni, Nippon » no fukkatsu o mezashite)*. La participation des habitants au maintien de l'ordre a été alors mise en avant, dans l'objectif de « fabrique d'une ville sûre et paisible » *(Anzen de anshin na machizukuri)*. Au-delà du maintien de l'ordre public, ce projet intègre un aspect psychologique, qu'incarne ici le terme « paisible » *(anshin)*.

Police, collectivités locales et habitants ont été invités à participer à cette fabrique de la ville, particulièrement pour deux volets : d'une part, la dissuasion des « infractions quotidiennes pouvant menacer une vie paisible[28] », s'appuyant sur la prévention situationnelle consistant à « modifier de façon principalement défensive des situations que l'on juge génératrices de problèmes afin d'en atténuer la fréquence d'apparition ou la gravité (diminution des risques de commission d'une infraction et/ou augmentation des risques d'arrestation de l'auteur) » (Mary, 2001:37). Et, d'autre part, la dissuasion de la délinquance juvénile[29], pour enjoindre les habitants à participer à une « éducation saine ». Les deux idéologies servent à justifier l'intensification des regards sur les comportements potentiellement dangereux au sein du quartier.

II. LA PARTICIPATION VOLONTAIRE À LA SURVEILLANCE ET LE RESPECT DE LA VIE PRIVÉE

Il serait toutefois hâtif de conclure que les autorités japonaises ont contraint les habitants à former des groupes pour la prévention de la délinquance. Les habitants auprès de qui nous avons réalisé des entretiens semi-directifs soutiennent qu'ils ne s'inscrivent pas dans un rapport de subordination

27. Le livre blanc de l'ANP de 2018 indique que 46 départements ont adopté ces ordonnances. Par ailleurs, avant la mise en place au niveau départemental, des ordonnances similaires mais plus brèves ont commencé à être adoptées au niveau communal afin de promouvoir la participation des habitants et des municipalités au maintien de l'ordre. V. Groupe de recherches sur « les ordonnances locales sur la sécurité du quotidien », *Seikatsu anzen jōrei to ha nanika* (Qu'est-ce que les ordonnances locales sur la sécurité du quotidien ?), Tokyo, *Gendai jinbunsha*, 2005.

28. « Plan d'action pour la réalisation d'une société forte face à la délinquance » *(Hanzai ni tsuyoi shakai no jitsugen no tame no kōdō keikaku)*, déc. 2003, commission interministérielle de lutte contre la délinquance *(Hanzai taisaku kakuryō kaigi)*.

29. *Ibid.*

hiérarchique à l'égard des autorités publiques, par comparaison avec d'autres activités des *chōnaikai* telles que la distribution des annonces municipales. Ils affirment même qu'ils se sentent reconnus en tant qu'acteurs indispensables pour la fabrique de la ville.

Le démarrage d'actions, selon nos enquêtes, est particulièrement lié, d'une part, à un sentiment d'insécurité sous l'effet d'informations médiatiques, et, d'autre part, au choc lorsque les habitants ont appris que leurs quartiers étaient en danger, soit après avoir échangé avec les policiers, soit par les discussions de voisinage relatant des faits tels que des cambriolages. Sous l'impulsion d'une cheffe ou d'un chef d'équipe, les participants déambulent dans le quartier durant environ une heure. Un agent de police du secteur participe ponctuellement, pour saisir ce qui se passe au sein du quartier, même si les informations ne concernent pas forcément des faits sécuritaires, tels que des problèmes d'isolement de certains habitants. Par ailleurs, contrairement au dispositif de participation citoyenne en France, il n'y a pas de réunions régulières qui rassemblent référents de quartier et agents policiers[30].

S'appuyant sur la prévention situationnelle, afin de ne pas renvoyer l'image d'un quartier abandonné, les participants des patrouilles accordent un soin particulier au nettoyage de rue. Les pratiques de salutation sont également fortement recommandées par la police, dans l'idée que les cambrioleurs détestent « les quartiers résidentiels où les voisins entretiennent de bons rapports et se solidarisent[31] ». Notons toutefois que, même si les patrouilles régulières sont des phénomènes neufs au Japon depuis le début des années 2000, les activités de nettoyage sont traditionnellement inscrites dans le périmètre des associations de quartier *(chōnaikai*[32]*)*. Les enquêtes nationales réalisées par Y. Tsujinaka, R. Pekkanen et H. Yamamoto montrent que le taux de participation au nettoyage est le plus important parmi toutes les activités des *chōnaikai*, avec 67,3 %, devant les fêtes locales et les assemblées générales. Ainsi, 88,5 % des *chōnaikai* réalisent des actions de nettoyage et d'amélioration du quartier[33]. Mais, de façon plus nouvelle, les participants ont été responsabilisés en matière de surveillance et invités à repérer les comportements considérés comme inhabituels[34]. Leur regard tend alors à se diriger soit sur les inconnus, considérés comme étant peu insérés dans la vie locale, soit sur les pratiques de salutations

30. N. Tokumitsu-Partiot, *Les yeux de la ville*, Paris, éd. Maisonneuve et Larose/Hémisphères, 2021, p. 265-271.
31. Site du « numéro 110 » pour la prévention de la délinquance à domicile, géré par l'ANP *(sumairu bōhan 110 ban)*.
32. H. Torigoe, *Chiiki jichikai no kenkyū* (Les recherches sur les *jichikai* du quartier), Kyoto, Minerva shobō, 1994.
33. Y. Tsujinaka, R. Pekkanen et H. Yamamoto, *Gendai nihon no jichikai chōnaikai* (Les *jichikai* et les *chōnaikai* dans le Japon contemporain), Tokyo, Bokutakusha, 2009, p. 259.
34. Sur ce point, v. N. Tokumitsu-Partiot, 2020.

chez les enfants, jugées nécessaires en vue de leur capacité à nouer des rapports sociaux.

Des outils numériques visant à encourager la participation des habitants ont alors été développés. À Tokyo, a été mise en ligne une cartographie visibilisant les points de danger ou de vigilance, à partir d'informations remontées par les habitants aux postes de police, concernant les comportements suspects à l'égard des enfants, les arnaques de type spécial *(tokushu sagi*[35]*)*, les agressions de rue, les cambriolages, les vélos abandonnés, les actions préventives et les mesures prises par les municipalités[36]. De même, l'application Digi Police pour *smartphones* a également été développée pour notifier l'utilisateur dès le passage dans une zone aux infractions fréquentes. Elle en précise la nature et joint une description des personnes jugées « à risque » (physionomie, cheveux, vêtements, âge, etc.).

Ces actions répondent à une logique de responsabilisation, invitant les habitants à assurer leur propre surveillance. Un paradoxe se noue alors : tout en développant des activités pour tisser des liens de voisinage, ces résidents sont en même temps appelés à la vigilance concernant les inconnus du quartier dont les comportements font l'objet d'une observation jugée légitime. Une frontière se trouve ainsi tirée entre habitants qui surveillent et habitants surveillés dont les comportements ne s'inscrivent pas dans ces intentions politiques. Cet aspect de tri de la population apparaît cependant moins souligné par la plupart des participants, affirmant qu'ils s'y engagent face à la peur de l'isolement en cas de maladie ou de catastrophes naturelles :

> « Le lien de voisinage ne sert pas seulement pour prévenir la délinquance. C'est aussi pour prévenir les catastrophes. Par exemple, quand il y a des désastres naturels, les institutions telles que la police et la mairie mettent environ quatre ou cinq jours pour démarrer leur intervention. Et pour un quartier résidentiel comme le nôtre, ce sera peut-être au bout d'une semaine. Même s'il y a un incendie, les pompiers vont d'abord vers le centre et personne ne vient ici. Alors il faut que l'on s'entraide. Nous sommes obligés de nous défendre » (entretien avec un sous-chef d'équipe d'un groupe préventif, septuagénaire).

Ceci nous permet de comprendre, d'une part, la méfiance, voire la résignation concernant l'éventuelle réaction des autorités publiques en cas de crise et, d'autre part, le fait que les actions préventives soient interprétées à travers la notion large de sécurité comprenant l'idée de tissage des liens de voisinage entre membres locaux. Cela s'inscrit dans l'idée de « société du

35. Il s'agit d'une forme d'anarque visant à faire croire aux victimes par téléphone ou par voie postale qu'ils sont des proches ou des agents publics, en vue de dérober du liquide, des cartes bancaires, ou pour faire un virement vers le compte des arnaqueurs (synthèse d'une explication de l'Agence métropolitaine de la police) [https://www.keishicho.metro.tokyo.lg.jp/kurashi/tokushu/furikome/furikome.html].
36. [https://bouhan-tokyo.maps.arcgis.com/home/index.html]

bien-être à la japonaise » *(Nihongata fukushi shakai)* promue par le Parti libéral démocrate en contexte de moindre croissance économique, suite aux chocs pétroliers, s'appuyant sur les « efforts personnels de chaque individu ainsi que sur la solidarité des familles, du voisinage et de la société locale[37] » Les actions préventives se trouvent ainsi entreprises face à divers phénomènes de peur, qu'elles soient d'ordre sécuritaire ou social. Les contours d'infractions faisant l'objet de ces actions préventives s'avèrent indistincts : les fonctions de surveillance et d'entraide sont davantage attendues dans ces mesures, afin de suppléer les services sécuritaires et sociaux de l'État.

37. « Plan septennal pour une nouvelle société économique » *(Shin keizai shakai nanakanen keikaku)*, publié en 1979 par l'Agence de la planification économique *(keizai kikaku chō)*.

Propos conclusifs

Propos conclusifs distanciés et orwelliens

JEAN-PIERRE MARGUÉNAUD

Agrégé de droit privé et sciences criminelles,
chercheur à l'Institut de droit européen des droits de l'homme,
Université de Montpellier

Lille et Limoges se suivent par ordre alphabétique sur la liste des chefs-lieux de départements français. Sauter à reculons de Limoges, où je vis tout en dépendant d'un centre de recherche abrité par une université méridionale, à Lille promettait d'être une simple application ponctuelle du volet linguistique du principe de proximité que de très bonnes raisons justifiaient.

La première, était de retrouver à Lille Laure et Michaël Laref qui, il y a quelques années, ont été l'une et l'autre mes exemplaires chargés de travaux dirigés à la Faculté de droit et des sciences économiques de Limoges et à son antenne de Brive-la-Gaillarde. Les ayant perdus de vue depuis quelque temps et trois ans après avoir été sauvagement frappé par l'âge du départ à la retraite académique, j'avoue avoir été très touché par leur invitation à dégager la synthèse de leur ambitieux colloque sur la surveillance qui montrait qu'ils se souviennent encore de moi. Puisqu'ils sont rattachés à une université catholique et comme ils connaissent très bien le Limousin, je me suis demandé si leur invitation n'obéissait pas à une autre bonne raison qui fait subtilement écho à une particularité culturelle limousine inscrite depuis 2013 sur la liste représentative du patrimoine immatériel de l'humanité de l'UNESCO : les Ostentions limousines qui, au moment même du colloque lillois des 6 et 7 avril 2023, se déroulent comme tous les 7 ans à Limoges, dans une petite quinzaine de communes de la Haute-Vienne et 5 ou 6 autres de la Creuse, de la Vienne et de la Charente limousine. Il s'agit de processions où l'on porte dans une châsse des reliques et notamment celles de saint Martial dont l'exhumation aurait permis en 994 de conjurer le mal des ardents, terrible maladie transmise par l'ergot du seigle dont on faisait le pain. *Mutatis mutandis*, eu égard à mon grand âge et à mes racines limousines, je me suis demandé si les facétieux Laref ne m'avaient pas aussi invité à Lille un peu comme relique...

Quoi qu'il en soit, la procession ferroviaire a tourné court en raison d'un mouvement social qui aurait obligé un vieillard de Province à faire une escale imprévue d'une nuit à Paris pour pouvoir attraper le lendemain avant l'aube une correspondance pour Lille. Cet obstacle ferroviaire qui, avec 10 ans de moins, aurait sans doute pu être surmonté, m'aura privé de revoir les organisateurs et de connaître ou, dans le cas de Bernard Bossu et de Pauline Le Monnier de Gouville, de reconnaître les autres intervenants. Il m'aura aussi conduit à remplacer, la mort dans l'âme, ma présence par la technique de la visioconférence en ligne dont j'ai déjà eu plusieurs occasions de dénoncer la généralisation dans les termes les plus définitifs : on apprend donc à tout âge qu'il ne faut jurer de rien. Cette prise de distance contrainte et forcée aura eu pour conséquence scientifique de supprimer et de remplacer le rapport de synthèse qui était prévu au programme.

Un rapport de synthèse exige que l'on ait préalablement lu toutes les communications pour pouvoir dégager à tête presque reposée des lignes de convergence ou de fractures et proposer des compromis et des voies moyennes ou choisir résolument un camp. Souvent les organisateurs intiment aux futurs contributeurs de sévères directives pour qu'ils transmettent 15 jours à l'avance leur texte ou un résumé très détaillé de manière que la personne affectée au périlleux exercice de la synthèse débitée lorsque presque tout le monde est reparti puisse au moins la préparer à peu près sereinement. Comme l'élégance universitaire est une vertu de plus en plus rare, pratiquement plus personne ne se soucie de respecter de telles consignes et chacun, qui vient d'achever sa préparation dans le train au petit matin, laisse le rapporteur, souvent désigné parce qu'une prestation désastreuse ne peut plus avoir d'incidence fâcheuse sur sa carrière qui est derrière lui, se débrouiller comme il pourra. Il faudra alors s'adapter aux circonstances en risquant d'échafauder un plan après avoir entendu les trois ou quatre premières communications en espérant que celles de l'après-midi ou du lendemain ne viendront pas en démentir cruellement la pertinence. On se trouve alors mécaniquement porté à oublier le rapport de synthèse pour le remplacer par des conclusions générales où l'on exprime ce que le sujet inspire sans trop se soucier de ce que les autres ont pu en raconter. Relativement au colloque de Lille, il a fallu passer d'autant plus résolument du rapport de synthèse aux conclusions générales qu'aucune autre intervention n'a été entendue. Encore les conclusions écrites rédigées pour figurer dans les Actes peuvent-elles être rectifiées, replacées dans l'axe et l'esprit du colloque par la découverte *in extremis* des contributions écrites des autres. Or les incertitudes postales ayant pris le relais des contrariétés ferroviaires, il a même fallu renoncer à ce contact minimum entre le corps du colloque et les propos qui sont censés le conclure. Jamais, dans ces conditions, des conclusions générales publiées n'auront été autant distanciées puisqu'elles ont été rédigées sans la connaissance de la moindre phrase que les contributeurs ont ajoutée sous le titre de la communication qui leur avait été attribuée.

Aussi se seront-elles recroquevillées sur les deux spécialités de leur auteur que sont le droit européen des droits de l'homme, et le droit animalier qui apparaîtra ici de manière très subsidiaire.

Pour orienter ce travail beaucoup plus solitaire qu'il ne menaçait de l'être à l'origine, la Cour européenne des droits de l'homme avait eu l'heureuse idée, le 25 mai 2021, de consacrer au thème de la surveillance deux importants arrêts de Grande chambre au nombre desquels figure l'arrêt *Big Brother Watch c/ Royaume-Uni* (requête n° 58170/13). C'est dire que, comme son affiche le suggère déjà fortement, le colloque de Lille des 6 et 7 avril 2023 se devait d'être placé sous l'influence directe de George Orwell et sa dénonciation de la surveillance totalitaire destructrice de tous les droits de l'homme et de toutes les libertés fondamentales exercée sur tout le monde avec des moyens toujours plus sophistiqués tels que les télécrans de *1984* par quelqu'un que l'on ne connaît pas et qui, finalement, n'existe pas vraiment. De plus, le hasard a permis la découverte dans l'œuvre de George Orwell d'une éclairante allusion à une forme plus archaïque de surveillance. On la trouve dans une œuvre moins connue que *1984* ou *La ferme des animaux* : *Wigam Peer au bout du chemin* où il est question de l'organisation annuelle par le roi George VI d'un camp où les élèves des *public schools* et les gamins des taudis étaient censés se mêler sur un pied d'égalité absolu « un peu à la façon des animaux qu'on voit dans des cages abritant une "joyeuse famille" où un chien, un chat, deux furets, un lapin et trois canaris observent une paix armée sous l'œil vigilant du forain » (George Orwell, *Œuvres*, Bibliothèque de la Pléiade, Gallimard, 2020, p. 599). D'où l'idée qu'il est permis de distinguer entre la surveillance exercée par *Big Brother* sur tout un chacun qui n'a pas l'impression d'être dans une cage et qui ne sait jamais quand, ni comment, ni pourquoi, ni par qui il peut être surveillé et la surveillance exercée par le forain de la joyeuse famille qui pourrait être tout aussi bien un maton ou un patron, sur quelqu'un qui se sait ou devrait se savoir dans une cage et qui se sait ou devrait se savoir surveillé.

I. LA SURVEILLANCE EXERCÉE PAR *BIG BROTHER*

Une de ses caractéristiques essentielles est d'être exercée en secret. Ici apparaît une distinction de toute première importance entre la surveillance secrète ciblée et la surveillance secrète de masse.

A. LA SURVEILLANCE CIBLÉE

Pour simplifier, on dira qu'elle vise une ou plusieurs personnes précises à qui l'on a déjà quelques reproches à adresser ou sur qui l'on a déjà quelques soupçons à nourrir. Elle tend à accumuler des preuves contre elles pour pouvoir les confondre et les sanctionner pénalement, disciplinairement ou civilement. Il est à parier que tout ce qui pouvait en être dit a été développé au cours de la séance intitulée surveiller et prouver. Pour conjurer les risques de redites particulièrement redoutables quand on ne sait rien de ce qui a été abordé dans le détail, on s'en tiendra à les placer ici sous l'influence à nouveau décisive de la Cour européenne des droits de l'homme et de ses arrêts *Kruslin* et *Huvig* du 24 avril 1990, célèbres pour compter parmi les premiers à avoir dressé des constats de violation de la Convention contre la France, qui ont entraîné la rédaction et la promulgation de la loi du 10 juillet 1991 relative au secret des correspondances émises par la voie des communications électroniques qui organise la surveillance par interception dans des conditions conformes aux exigences de la protection du droit au respect de la vie privée et des correspondances découlant de l'article 8 de la Convention européenne des droits de l'homme (Conv. EDH). La Cour a d'ailleurs étendu la protection de la vie privée contre des mesures de surveillance secrète réalisées par les nouvelles technologies les plus variées : sonorisation d'un appartement (arrêt *Vetter c/ France*, 31 mai 2005), géolocalisation (arrêt *Uzun c/* Allemagne, 2 septembre 2010), téléphonie mobile (arrêt de Grande chambre *Roman Zhakarov c/ Russie*, 4 décembre 2015). Il faut aussi souligner l'extension du domaine de la vie privée réalisée par l'arrêt *Peck c/ Royaume-Uni* du 28 juin 2003 pour mieux protéger contre l'enregistrement, la mémorisation et la divulgation des données obtenues par vidéosurveillance des lieux publics.

B. LA SURVEILLANCE DE MASSE

Rendue nécessaire pour lutter contre des opérateurs invisibles qui, grâce à des moyens surpuissants, multiplient à l'infini les risques de terrorisme, de trafic de substances illicites, de traite des êtres humains, d'exploitation sexuelle des enfants, de perturbation des systèmes démocratiques par des cyber-attaques, la surveillance de masse est exercée dans le plus grand secret sur des milliers et des milliers de personnes anonymes sur lesquelles ne pèse encore aucun soupçon précis et qui ne sont pas encore prises dans les mailles d'une procédure pénale. Or, par l'effet d'un troublant parallélisme, elle provoque des atteintes au droit de l'homme et particulièrement au droit au respect de la vie privée, du domicile et de la correspondance d'une telle ampleur qu'elle est presque aussi redoutable que les périls qu'elle prétend endiguer. La surveillance de masse constitue donc un terrible défi pour la société démocratique dont la sauvegarde et la promotion sont au cœur des objectifs du Conseil de l'Europe, de la Convention et de la Cour européenne des droits de l'homme. La Cour de Strasbourg lui a d'ailleurs consacré plusieurs arrêts en quête d'un improbable équilibre d'autant plus difficile à trouver que les communications qui en sont l'enjeu sont acheminées par des réseaux internationaux de câbles sous-marins de fibre optique exploités suivant des modalités à peu près indifférentes aux frontières étatiques.

Il s'est agi tout d'abord de l'arrêt *Liberty et autres c/ Royaume-Uni* du 1er juillet 2008. Il avait admis que, compte tenu de la gravité des menaces et nonobstant les risques d'arbitraire, les régimes d'interception en masse relevaient de la marge d'appréciation relativement large reconnue aux États en matière d'interception ciblée sous réserve du respect de six garanties minimales dont l'énumération peut être épargnée ici. Or, deux de ces garanties, qui correspondent à des exigences de procédure pénale dirigée contre des auteurs d'infractions déjà commises, ne sont pas adaptées à la surveillance de masse où la prévention des risques prime sur la répression des crimes.

C'est ce dont la Cour européenne des droits de l'homme s'est rendu compte par ses deux arrêts de Grande chambre *Big Brother Watch c/ Royaume-Uni* précité, qui constitue l'aboutissement européen des révélations de l'impétueux lanceur d'alerte devenu russe en pleine guerre d'Ukraine Edward Snowden, sur les programmes de surveillance électronique mis en œuvre par les services secrets britanniques et américains et de l'arrêt *Centrum För Rättvisa c/ Suède* (requête n° 35252/08). Ces arrêts ont donc aménagé les deux dernières garanties en exigeant qu'il s'agisse de garanties dites « de bout en bout » qui, dans un souci de prééminence du droit et de renforcement de la lutte contre l'arbitraire obligeant, à chaque étape du processus de surveillance de masse, à se munir de l'autorisation d'une autorité indépendante appréciant la nécessité et la proportionnalité de la mesure préconisée. Ces aménagements n'ont cependant pas convaincu tous les juges. Plusieurs d'entre eux, emmenés par le juge belge Lemmens, ont en effet affirmé dans des opinions séparées que la Cour aurait dû aller bien plus loin dans la réaffirmation de l'importance de la protection de la vie privée et de la correspondance, en particulier en introduisant des garanties minimales plus strictes, mais aussi en appliquant ces garanties de manière plus rigoureuse au régime d'interception en masse litigieux.

Tout n'est donc pas encore satisfaisant pour la surveillance par *Big Brother* de ceux et celles qui n'ont pas encore compris qu'ils vivaient dans une grande cage planétaire. Il existe d'autres surveillances exercées sur des personnes humaines confrontées à des réalités qui rendent les cages moins abstraites à leurs yeux.

II. LA SURVEILLANCE EXERCÉE PAR LE FORAIN

À partir de la figure du forain de la « joyeuse famille » surveillant des animaux encagés que tout porte d'ordinaire à se déchirer ou à s'entre-tuer, on peut, sans trop de difficulté, distinguer selon qu'il s'agit d'une personne privée déployant ses talents d'observatrice discrète sur des personnes privées vivant dans une cage située quelque part entre la métaphore et la réalité ou d'un agent public qui a pour fonction de garder des êtres humains enfermés dans des cages bien réelles avec de vrais barreaux d'acier.

A. LA SURVEILLANCE EXERCÉE PAR UNE PERSONNE PRIVÉE AU SEIN D'UNE ENTITÉ PRIVÉE

Une des avancées majeures réalisées par la jurisprudence téléologique et évolutive de la Cour européenne des droits de l'homme est d'avoir déployé l'effet horizontal de la plupart des droits garantis par la Convention en mettant à la charge des États l'obligation de les faire respecter dans les relations interindividuelles. Ainsi importe-t-il de remarquer, pour rester fidèle à l'idée de « joyeuse famille », que la Cour a récemment mobilisé cet effet horizontal pour protéger les femmes contre les surveillances secrètes exercées par leurs maris ou compagnons qui s'adonnent à la cyberviolence. Tel a été l'objet de l'arrêt *Buturuga c/ Roumanie* du 11 février 2020 relayé par l'arrêt *Volodina c/ Russie n° 2* du 14 septembre 2021.

Après la surveillance secrète exercée au sein de la cellule familiale, il faut aborder celle qui est exercée au sein de l'entreprise. Elle a soulevé des difficultés si riches et si nombreuses qu'elles ont justifié la présence d'une intervention à part qui a été confiée à Bernard Bossu, l'auteur qui probablement connaît le mieux les solutions nationales et européennes qu'elles ont reçues. Il serait donc déplacé d'ajouter quoi que ce soit à ce que, du point de vue européen, il n'a pas dû manquer de dire de l'arrêt de Grande chambre *Barbulescu c/ Roumanie* du 5 septembre 2017 célèbre pour avoir dégagé les critères permettant de protéger les correspondances électroniques du salarié depuis son lieu de travail avec son ordinateur professionnel contre la surveillance de l'employeur; de l'arrêt *Libert c/ France* du 22 février 2018 et de l'autre arrêt de Grande chambre *Lopez Ribalda c/ Espagne* du 17 octobre 2019 qui, par une application douteuse des mêmes critères, a jugé compatible avec les exigences de l'article 8 la vidéosurveillance par des caméras cachées des caissières d'une grande surface. Il suffira de souligner que le premier des critères Barbulescu qui gouvernent désormais la matière tient à la vérification du point de savoir si l'employé a été informé de la possibilité que l'employeur prenne des mesures de surveillance de sa correspondance et de ses autres communications ainsi que de la mise en place de telles mesures de façon pourrait-on dire à ce qu'il ait pu prendre conscience qu'il était bien dans une cage sous la surveillance d'un forain un peu particulier.

La surveillance exercée sur des personnes privées par des agents privés, évoque bien entendu la question du contrôle des activités des sociétés de gardiennage. Or, depuis le colloque de Lille a été versée à cet aspect du dossier une importante pièce européenne qu'il importe de signaler. Il s'agit de l'avis n° P16-2023-001, rendu le 14 décembre 2023 par une Grande chambre de la Cour européenne des droits de l'homme au titre du protocole n° 16 à la demande du Conseil d'État belge, sur le point de savoir si la seule proximité ou appartenance à un mouvement religieux considéré par les autorités administratives comme dangereux pour le pays à plus ou moins long terme peut justifier au regard de l'article 9 de la Conv. EDH consacrant le droit à la liberté de religion l'interdiction d'exercer la profession d'agent de gardiennage. La réponse est affirmative sous réserve de la vérification de plusieurs conditions tenant à la légalité, la légitimité et la proportionnalité de la mesure d'interdiction, de son adoption en fonction du comportement et des actes de la personne concernée et de sa soumission à un contrôle juridictionnel indépendant. Peut-être y a-t-il là l'émergence d'un adage, « dis-moi qui te surveille, je te dirais qui tu es », dont une autre illustration se manifeste lorsque la cage a vraiment des barreaux.

B. LA SURVEILLANCE EXERCÉE PAR UN AGENT PUBLIC SUR UNE PERSONNE PRIVÉE DE LIBERTÉ

Les personnes privées de liberté et plus particulièrement les détenus font, par définition, l'objet d'une surveillance permanente par des agents publics. Ils peuvent, comme on le sait, utiliser la force pour en assurer l'efficacité. En revanche, on ignore peut être à cet égard que selon l'alinéa 2 b) de l'article 2 de la Conv. EDH, dont l'alinéa premier affirme que le droit de toute personne à la vie est protégé par la loi, « la mort n'est pas considéré comme infligée en violation de cet article dans les cas où elle résulterait d'un recours à la force rendu absolument nécessaire pour empêcher l'évasion d'une personne régulièrement détenue ». C'est dire que même si la peine capitale est abolie, la mort peut être infligée aux prisonniers qui tentent de sortir de la cage et d'échapper à la surveillance qui s'y exerce. Cette surveillance générale est aussi renforcée, normalement pour des raisons de sécurité, par des surveillances spéciales plus secrètes qui attirent très souvent l'attention de la Cour européenne des droits de l'homme. Elle a d'ailleurs consacré des arrêts retentissants destinés à limiter les abus auxquels la mise en œuvre de certaines d'entre elles peut donner lieu. Ainsi l'arrêt *Wisse c/ France* du 20 décembre 2005 a-t-il considéré que si l'écoute par l'administration pénitentiaire des conversations tenues au parloir est effectuée dans un souci de sécurité de la détention, parfaitement légitime, l'enregistrement systématique de celles-ci à d'autres fins – et particulièrement celle de constituer des preuves susceptibles d'être produites au cours du procès – dénie à la fonction du parloir sa seule raison d'être, celle de maintenir une « vie privée » du détenu – relative – qui englobe l'intimité des propos tenus avec ses proches si bien que les conversations échangées dans le parloir d'une prison peuvent en conséquence se trouver comprises dans les notions de « vie privée » et de « correspondance » protégées par l'article 8 de la Conv. EDH. L'arrêt *Georgi Yordanov c/ Bulgarie* du 24 septembre 2009 souligne, quant à lui, l'importance de soustraire aux surveillances secrètes les conversations d'un détenu avec son avocat. De nombreux arrêts s'en prennent, par ailleurs, au placement des cellules sous vidéosurveillance, par exemple l'arrêt *Gorlov c/ Russie* du 2 juillet 2009 qui considère que lorsqu'il est permanent, il constitue une grave atteinte au droit au respect de la vie privée.

La Cour, qui s'est penchée sur le cas des parloirs et des cellules dont la configuration rappelle l'idée d'une cage où s'exercent des surveillances secrètes, a eu aussi plusieurs occasions surprenantes de s'intéresser à l'utilisation de véritables cages destinées à faciliter, en toute transparence cette fois, la surveillance des détenus. C'est ainsi que l'arrêt de Grande chambre *Svinarenko et Slyadnev c/ Russie* du 17 juillet 2014 a estimé que l'enfermement d'une personne dans une cage de métal pendant son procès constitue en soi, compte tenu de son caractère objectivement dégradant, incompatible avec les normes de comportement civilisé qui caractérisent une société démocratique, un affront à la dignité humaine contraire à l'article 3. La même affirmation a été renouvelée notamment par l'arrêt *Valyuzhenich c/ Russie* du 26 mars 2019 qui l'applique aussi au cas de détention des accusés dans des cages métalliques dans des maisons d'arrêt aux fins de leur participation aux audiences du tribunal effectuée via une liaison vidéo. Il importe d'ailleurs de remarquer que l'enfermement des détenus dans des cages en acier dans des conditions contraires aux exigences de l'article 3 ne se pratique pas seulement dans un État qui a été récemment exclu du Conseil de l'Europe : en témoignent les arrêts *Pugzlys c/ Pologne* du 14 juin 2016, *Piruzyan c/ Arménie* du 26 juin 2012, *Titarenko c/ Ukraine* du 20 septembre 2012, *Natig Jafarov c/ Azerbaïdjan* du 7 novembre 2019 ou, plus récemment, *Sardar Babayev c/ Azerbaïdjan* du 1er février 2024.

Cette longue série jurisprudentielle qui semble inépuisable montre que, à l'heure où de puissants moyens électroniques autorisent dans le plus grand secret les surveillances de masse, des méthodes archaïques permettant des surveillances particulièrement ciblées en pleine lumière sont encore très vivaces. Leur éradication répondrait aux exigences les plus élémentaires des droits de l'homme. Elle serait aussi en cohérence avec un des enseignements du droit animalier qui s'intéresse bien plus qu'à la protection des animaux : nul être humain ne peut être soumis à des traitements que l'on récuse aujourd'hui pour des animaux. Par où l'on peut tenter de retrouver George Orwell et sa *Ferme des animaux*...

Ouverture

De la surveillance à l'« asurveillance », ou l'approche conceptuelle des espaces non surveillés

LAURE LAREF ET MICHAËL LAREF

Beaucoup s'inquiètent de l'avènement d'une « société panoptique[1] ». Le lecteur appréciera évidemment la pertinence de cette crainte. Néanmoins, et quelles que soient la sensibilité et la réflexion de chacun à cet égard, il est très objectivement observable que la surveillance se développe, se diffuse, se dilue. Une question incidente s'impose alors : existe-t-il encore des espaces sans surveillance. L'existence de cette absence de surveillance – des espaces non surveillés –, que l'on pourrait qualifier d'« asurveillance », interpelle tant le maillage technique, technologique et scientifique entraîne vers une société de surveillance autour de laquelle de nombreux auteurs, de champs disciplinaires distincts, concentrent leurs recherches comme en témoigne de nouveau l'ouvrage proposé, pluridisciplinaire. À l'inverse, l'« asurveillance » n'a jusqu'alors concentré que peu, pour ne pas dire aucune, réflexion d'ensemble. La proximie des termes, de la surveillance à l'« asurveillance », semble de prime abord inversement proportionnelle à sa réalité matérielle, l'essentiel des apports à l'étude de la surveillance, les *Surveillance Studies*, concentrant leur réflexion sur le mouvement positif, la surveillance, plus que négatif, l'« asurveillance ». Est-ce à dire que dans le contexte surveillanciel que l'on connaît, il ne pourrait exister des espaces sans surveillance ou, pour le dire autrement, « asurveillanciels » ? La question de l'« asurveillance » serait-elle dépourvue d'intérêt, présomptueuse, voire oxymorique ? Voilà une interrogation à l'évidence trop ambitieuse pour ces propos conclusifs, mais qui ne pouvait pas ne pas être au regard de ceux ayant introduit cet ouvrage. Les

1. CNCDH, avis A-2024-5 sur la surveillance dans l'espace public, p. 6.

premières questions soulevées spontanément sont en effet nombreuses : cette « asurveillance » existe-t-elle, tout d'abord? Le cas échéant, qu'elles en seraient les causes et qui pourrait en être à l'origine? Pour quelle(s) finalité(s) et suivant quelles méthodes? Sont-elles voulues ou/et subies participant alors d'une « asurveillance » volontaire ou involontaire? Et dans ce second cas, à nouveau, quelles en seraient les causes et les réponses? Mais, surtout, cette « asurveillance » pouvant rappeler à certains égards ce que Michel Foucault qualifiait d'hétérotopie[2], est-elle véritablement possible et, le cas échéant, est-elle souhaitable[3]? Certains éléments témoignent déjà de son existence. Le droit lui-même, en empêchant de façon volontaire ou involontaire; l'effet plumeau; la technique, qui trouve ses propres limites; les mondes virtuels et le *deepweb*[4], etc. Sur l'existence de cette « asurveillance », une étude semble donc s'imposer et les directeurs de cet ouvrage vous proposent d'en discuter très prochainement dans le cadre de nouveaux travaux qui seront l'occasion d'interroger ces espaces « asurveillanciels » suivant une méthode similaire. Quant au souhaitable, ils font le choix d'y répondre d'ores et déjà par l'affirmative dès lors qu'elle se conjugue avec les objectifs, impératifs, de préservation de l'ordre social et des droits et libertés de chacun car « ce qui se joue en définitive, c'est un choix de société : assurer la primauté de la liberté, des corps et des esprits, sous réserve des restrictions requises par la sauvegarde de l'ordre public, ou au contraire faire le choix de la brider par une surveillance généralisée et automatisée[5] ». Pour ce faire toutefois, peut-être nous faudra-t-il alors admettre, à l'inverse de la rhétorique politique ambiante, que la sécurité n'est pas la première des libertés. Mais cela suppose également, et cela cristallisera peut-être davantage encore les résistances, de rejeter la société d'exposition[6] à laquelle nous prenons librement part, notre « soi » ne se réduisant pas à notre seule visibilité.

2. M. Foucault, *Le corps utopique. Les hétérotopies*, Lignes, 2009.
3. En lien, pourrait-on qualifier certains de ces espaces d'hétérotopies asurveillancielles.
4. Qui n'est pas uniquement utilisé à des fins criminelles, mais aussi, par exemple, par des ONG souhaitant contourner la surveillance mise en œuvre par certains États autoritaires.
5. CNCDH, avis A-2024-5 sur la surveillance dans l'espace public, p. 19.
6. B. Harcourt, *La société d'exposition*, Seuil, coll. « La couleur des idées », 2020.

Biographie des auteurs

Olivier Aïm

Olivier Aïm est maître de conférences en sciences de l'information et de la communication à la Sorbonne Université, responsable de la licence du Celsa, chercheur GRIPIC, auteur, entre autres ouvrages, d'un ouvrage de référence : *Les théories de la surveillance. Du panoptique aux* Surveillance Studies (Armand Colin, 2020).

Séverine Arsène

Séverine Arsène est chargée de mission Asie au Centre d'analyse, de prévision et de stratégie du ministère de l'Europe et des affaires étrangères. Politologue et sinologue, elle est chercheuse associée au médialab de Sciences Po. Elle est l'auteure de nombreux travaux sur la politique numérique de la Chine. Docteure de l'IEP de Paris, elle a mené des recherches au Centre d'études français sur la Chine contemporaine à Hong Kong, au laboratoire Orange Labs à Pékin. Elle a enseigné à l'Université Lille 3, à l'Université chinoise de Hong Kong et à l'Université Georgetown (Washington DC), notamment un cours sur le crédit social. Elle a été rédactrice en chef de la revue *Perspectives chinoises* et du média en ligne *AsiaGlobal Online*.

Nadia Beddiar

Nadia Beddiar est professeure de droit public des Universités catholiques, responsable du diplôme universitaire Droits et intérêt supérieur de l'enfant à la FLD de l'Université catholique de Lille. Elle est l'auteure de plusieurs ouvrages dont *Enfance placée et service public. Les droits des mineurs au sein de la protection judiciaire de la jeunesse* (Presses universitaires du Septentrion, 2021) et *Le régime de détention des mineurs. Droit et pratique pénitentiaire*, Berger-Levrault, 2020.

Didier Bigo

Didier Bigo est professeur émérite de Sciences Po Paris, ancien Professor of War Studies at King's College London, chercheur associé au CERI – Centre de recherches internationales et actuellement Global chair Professor of social Justice, University of Liverpool, United Kingdom. Il est rédacteur en chef de la revue trimestrielle *Cultures & conflits* depuis sa création en 1990 et corédacteur en chef de la revue *International Political Sociology* de l'*International Studies Association*. Président du Centre d'études sur les conflits, il a été coordinateur scientifique du projet européen Challenge.

Bernard Bossu

Bernard Bossu est agrégé des facultés de droit, professeur de droit privé à l'Université de Lille, directeur du master 2 Droit social de Lille, directeur du DU Pratique du contrat de travail, directeur de l'Équipe de recherche en droit social (EREDS). Il a contribué à de nombreux ouvrages dont *Droit du travail et technologies de l'information et de la communication* (LexisNexis, 2022) et *Droit et loyauté* (Dalloz, 2015).

Guillaume Brie

Guillaume Brie est sociologue, enseignant-chercheur et responsable du Cirap-Énap. Depuis une quinzaine d'années, ses travaux scientifiques portent sur l'étude des fondements de la criminalisation de certains comportements pour en comprendre les dispositifs de prise en charge. Plus exactement, il s'intéresse à la gestion des risques et à l'organisation des politiques publiques – en particulier de sécurité. Actuellement, il travaille sur le concept de la sécurité dynamique dans le champ carcéral.

Yann Bruna

Yann Bruna est maître de conférences en sociologie à l'Université Paris-Nanterre et membre du laboratoire Sophiapol. Il s'intéresse depuis une dizaine d'années aux usages sociaux des dispositifs numériques et plus précisément aux pratiques de géolocalisation sociale et à l'exploitation des traces en ligne. Ses recherches récentes portent sur les enjeux relationnels liés aux usages de la position géographique dans les pratiques de surveillance interindividuelles, par exemple dans le contexte familial ou dans la collecte de la localisation par les pairs adolescents. Il travaille aujourd'hui sur les inégalités sociales-numériques dans les appropriations des outils et plateformes, notamment dans les pratiques juvéniles de lecture en ligne et dans leur encadrement parental.

Xavier Cabannes

Xavier Cabannes est spécialiste de droit fiscal, professeur à l'Université Paris Cité, membre du centre Maurice Hauriou, directeur du master Juriste fiscaliste ; coprésident de la section de droit public (depuis juin 2019) ; président d'honneur de la Société française de finances publiques, après en avoir été président (2017-2021) ; chargé de mission pour Fondafip.

Florent Castagnino

Florent Castagnino est sociologue, maître de conférences de l'Institut Mines-Télécom (Campus : IMT Atlantique). Ses travaux sont à la croisée de la sociologie du travail, des sciences et techniques et des *surveillance studies*. Il a réalisé une thèse au LATTS (CNRS-École des Ponts-Université Paris-Est) sur les dispositifs de surveillance mis en place dans la politique de lutte contre la délinquance et la politique de prévention des accidents dans le milieu ferroviaire en France. Il a poursuivi ses recherches dans le cadre d'un post-doctorat à Télécom Paris (2019-2020), portant sur l'intégration des réseaux sociaux numériques dans la gestion de crise en sécurité civile. Il travaille désormais sur les usages et le développement d'outils d'aides à la décision (notamment issus de la recherche en intelligence artificielle) à des fins de sécurité urbaine. Il coordonne le projet ANR IAAP qui analyse les effets de l'IA sur l'activité policière (2022-2026 [https://anr.fr/Projet-ANR-21-CE26-0023]).

Pierre-Alain Clément

Pierre-Alain Clément est chargé de recherche à l'IHEMI, responsable de l'axe « Terrorisme et radicalisation violente » depuis 2021. Il est titulaire d'un doctorat en science politique de l'Université du Québec à Montréal (2017). Ses recherches portent sur la violence politique, en particulier le jihadisme et l'antiterrorisme en France et sur la géopolitique des États-Unis et du Moyen-Orient. Il travaille également sur la culture populaire (musique, jeux vidéo). Auparavant, il a développé l'ancrage de l'INHESJ dans les sphères académiques (universités et organismes de recherche) tout en poursuivant ses travaux sur les politiques antiterroristes américaines et françaises (2018-2020). Il est également chercheur associé au Centre québécois d'études géopolitiques (Université Laval et Université du Québec à Montréal) et rédacteur en chef de la revue *Regards géopolitiques*. Il est également membre du groupe sur les radicalisations de la plateforme « Violence et sortie de la violence » (Fondation Maison des sciences de l'Homme) et membre de l'association Recherche et action sur les polarisations sociales (SHERPA-RAPS) et de l'Association pour les études sur la guerre et la stratégie (AÉGES).

Philippe Collet

Philippe Collet est docteur en droit de l'Université Paris Panthéon-Assas ; maître de conférences en droit privé et sciences criminelles à l'Université de Rennes, membre de l'IODE (UMR CNRS 6262). Ses recherches portent, à titre essentiel, sur la procédure pénale et, plus particulièrement, sur les mesures de surveillance utilisées par les autorités publiques. Les innovations constantes de la technologie soulèvent des questions juridiques nouvelles. Qu'il s'agisse des interceptions téléphoniques, des sonorisations et fixations d'images, de la géolocalisation, de la vidéosurveillance ou de l'IMSI-catcher, ou même du recours aux drones ; ces différentes techniques probatoires doivent faire l'objet d'une vigilance accrue de la part du juge et, surtout, d'un encadrement législatif strict afin d'éviter des intrusions injustifiées, voire arbitraires, dans la vie privée. Les recherches de l'auteur se consacrent aussi à d'autres questions de procédure pénale, comme l'impartialité du juge, le droit au silence et plus largement les principes directeurs de la procédure, enfin les actes coercitifs (il est l'auteur d'une thèse sur *L'acte coercitif en procédure pénale*, éditions Panthéon-Assas). Il est l'auteur d'articles sur la surveillance : « Les lacunes de la "vidéosurveillance" en procédure pénale » (*D.* 2021. 1099) ; « Le renforcement progressif des garanties applicables à deux mesures intrusives : la géolocalisation et la sonorisation » (*RSC* 2021. 29) ; « La géolocalisation en urgence sous étroite surveillance ! » (*Gaz. Pal.* 2020/40, p. 23) ; « L'insaisissable notion de surveillance en droit pénal » (*RSC* 2019. 549).

Aude Denizot

Aude Denizot est professeure de droit à l'Université du Mans. Ancienne élève de l'École normale supérieure de Cachan, agrégée d'économie et gestion et agrégée des facultés de droit.

Roxana Family

Roxana Family est directrice de la chaire et du master Droit et éthique des affaires, directrice du LL.M. in Taxation, Business Law and Compliance, Faculté de droit, CY Cergy Paris Université (anciennement Université de Cergy-Pontoise), directrice scientifique de la *Revue internationale de la compliance et de l'éthique des affaires*. Roxana Family est diplômée en droit privé ainsi qu'en droit international privé et titulaire d'un doctorat de l'Université de Paris Panthéon-Assas. Sa thèse porte sur la fiducie (étude de droit interne et de droit international privé). Elle a travaillé en tant que juriste d'entreprise et exercé comme avocat au barreau de Paris. En 2001, Roxana Family a rejoint la Faculté de droit de CY Cergy Paris Université en tant que maître de conférences en droit privé. Elle a participé à la mise en place de la réforme européenne LMD avant d'être élue vice-doyen en charge du développement international (2006-2008). Nommée chargée de mission du Président pour le développement (2008-2012), elle a participé à la campagne de levée de fonds de l'Université suite à son passage à l'autonomie et a contribué à la création de la Fondation partenariale de CY Cergy Paris Université dont elle est administratrice. Au mois de mai 2008, elle a été élue doyen de la Faculté de droit, fonction qu'elle a exercée jusqu'au mois d'avril 2016. Elle a été ensuite vice-présidente de l'Université déléguée au développement international et administratrice de l'Université de 2016 à 2020. Depuis 2007, elle est directrice de la chaire Droit et éthique des affaires qu'elle a fondée et dont la mission est de fédérer les activités de recherche et de formation sur cette thématique. La chaire abrite le master Droit et éthique des affaires, première formation universitaire dédiée à la gouvernance, la gestion des risques et la compliance, que Roxana Family dirige depuis son lancement en 2008. Elle a été membre du Conseil national du droit de 2015 à 2020. Roxana Family participe à des conférences et colloques sur les questions liées à l'éthique des affaires, la gouvernance, le management des risques, la compliance et la responsabilité sociétale des entreprises. En octobre 2013, elle a créé la *Revue internationale bilingue (français-anglais) de la compliance et de l'éthique des affaires* (RICEA), publiée par la société d'édition LexisNexis et dont elle assure la direction scientifique. Experte en matière de gouvernance, d'éthique et de conformité, elle est membre sachant de comités de surveillance, d'éthique, de RSE de grands groupes ou de *think tanks* et administratrice du Cercle d'éthique des affaires depuis 2014. Elle a été conseillère en compliance du club Afrique-France Invest de 2016 à 2020 et membre du comité Medicis de 2018 à 2021. En 2021 elle a été nommée membre du comité des parties prenantes du groupe SNCF installé par la loi de réforme et membre du comité scientifique de Smart Global Business. En 2017, elle a reçu la distinction de chevalière dans l'Ordre des palmes académiques.

André Ferragne

André Ferragne est secrétaire général du Contrôleur général des lieux de privation de liberté (CGLPL). À ce titre, il a pour mission : la suppléance de la Contrôleure générale ; l'organisation des missions, la détermination des méthodes de contrôle et la supervision des rapports relatifs aux visites ; la rédaction ou la supervision des documents à portée doctrinale (rapports annuels, rapports thématiques, avis et recommandations) et le contrôle de la cohérence doctrinale ; la conception et la rédaction des Recommandations minimales pour le respect de la dignité et des droits des personnes privées de liberté ; la création d'un suivi formalisé et systématique des recommandations ; la gestion des relations institutionnelles (cabinets ministériels, administrations, services du Parlement, universités, ordres professionnels). Il a également été chef du groupe de contrôle du personnel de la réglementation et du budget au contrôle général des armées ; contrôleur général des armées ; chef de la mission d'organisation des services du premier ministre ; contrôleur des armées ; chargé de mission au cabinet du ministre de la défense ; officier du commissariat de l'armée de terre ; enseignant dans différentes institutions en droit public et finances publiques.

Tony Ferri

Tony Ferri est philosophe et criminologue, docteur en philosophie, chercheur au laboratoire GERPHAU (Groupe d'études et de recherches philosophie, architecture, urbain), spécialiste du monde carcéral et de la détention domiciliaire sous surveillance électronique, chargé d'enseignement à l'Université catholique de Lille (UCL), intervenant à l'École nationale de protection judiciaire de la jeunesse (ENPJJ) et conseiller pénitentiaire d'insertion et de probation (CPIP) au sein du ministère de la justice. Il est l'auteur de nombreux ouvrages et articles portant sur le système pénal, la pénologie, le sens et les fonctions des peines, les services pénitentiaires d'insertion et de probation (SPIP), les prisons, les services de l'application des peines (SAP), la figure des juges de l'application des peines (JAP), la surveillance électronique, le statut et la pratique de la criminologie. Ses études et réflexions s'inscrivent dans la lignée de la criminologie critique, et visent à la refondation de la pensée pénale. Au croisement de la théorie et de la pratique des sanctions pénales, au carrefour de la recherche et des expériences de terrain en ce qui concerne l'accompagnement des personnes condamnées par les SPIP, il élabore une nouvelle conception des pénalités. Il est l'auteur, notamment, de : *Qu'est-ce que punir? Du châtiment à l'hypersurveillance* (2012) ; *La condition pénitentiaire. Essai sur le traitement corporel de la délinquance* (2013) ; *Le pouvoir de punir. Qu'est-ce qu'être frappé d'une peine?* (2014) ; *La compulsion de punir* (2015) ; *Pouvoir et politique pénale. De la prison à la surveillance électronique* (2016) ; *Emprisonner et surveiller. Vers la normalisation du placement sous surveillance électronique?* (2016) ; *Homo Catenarius. La surveillance électronique pénale comme système de « chaîne à la patte »* (2017) ; *La surveillance électronique pénale. Son statut, son sens, ses effets* (2017) ; *Libre et condamné. La détention en milieu ouvert en question?* (2022).

David Forest

David Forest est maître de conférences HDR associé à l'Université Paris 1 Panthéon-Sorbonne, auteur de différents ouvrages, notamment l'*Abécédaire de la société de surveillance* (Syllepse, 2009) et *Le droit au défi du numérique. Libertés et propriétés à l'ère d'internet* (L'Harmattan, 2020).

Jean-Paul Fourmentraux

Jean-Paul Fourmentraux, socio-anthropologue (PhD), est professeur de philosophie et sociologie des arts et médias à l'Université Aix-Marseille. Il dirige des recherches (HDR Sorbonne) à l'École des hautes études en sciences sociales (EHESS), membre du Centre Norbert Elias (UMR-CNRS 8562) et initiateur du programme Art-Science-Société de l'Institut méditerranéen d'études avancées (IMéRA). Il est également membre de l'Association internationale des critiques d'art (AICA). Ses travaux interdisciplinaires portent sur les enjeux politiques et anthropologiques des arts et des technologies contemporaines.

Il est l'auteur des ouvrages *Art et internet* (CNRS, 2005, rééd. 2010), *Artistes de laboratoire* (Hermann, 2011), *L'œuvre commune* (Presses du réel, 2012), *L'Œuvre virale. Net art et culture Hacker* (La Lettre volée, 2013), *antiDATA, la désobéissance numérique* (Presses du réel, 2020), *Sousveillance. L'œil du contre-pouvoir* (Presses du réel, 2023).

Il a également dirigé les ouvrages L'ère post-media (Hermann, 2012), *Art et science* (CNRS, 2012), *Identités numériques* (CNRS, 2015), *Digital Stories* (Hermann, 2016), *Images interactives* (La Lettre volée, 2017).

Jean-Gabriel Ganascia

Ingénieur et philosophe de formation initiale, Jean-Gabriel Ganascia s'est très tôt orienté vers l'informatique et l'intelligence artificielle. Aujourd'hui, il est professeur à la faculté des sciences de Sorbonne Université et membre senior de l'Institut universitaire de France (IUF). Il poursuit ses recherches au LIP6 (Laboratoire d'informatique de Sorbonne Université, UMR 7606 Sorbonne Université – CNRS) où il dirige l'équipe ACASA. Spécialiste d'intelligence artificielle (EurAI Fellow), d'apprentissage machine et de fouille de données, ses recherches actuelles portent sur le versant littéraire des humanités numériques, sur l'éthique computationnelle et sur l'éthique des technologies de l'information et de la communication.

Dans le passé, il a été membre (2011-2016) puis président (2017-2021) du COMETS (comité d'éthique du CNRS). Il est aujourd'hui membre du CNEN (Comité national d'éthique du numérique), président du comité d'orientation du CHEC (Cycle des hautes études de la culture), président du comité d'éthique de Pôle emploi et président de l'AFAS (Association française pour l'avancement des sciences). Outre ses articles à caractère scientifique, Jean-Gabriel Ganascia est aussi l'auteur d'une dizaine d'essais dont *Voir et pouvoir : qui nous surveille?*, paru aux éditions du Pommier en 2009, *Le mythe de la singularité. Faut-il craindre l'intelligence artificielle?*, et le dernier, *Servitudes virtuelles*, publié aux éditions du Seuil en 2022 (prix du livre FIC, 2022).

Catherine Giraud-Bonnet

Catherine Giraud-Bonnet a été, dès 1992, inspecteur de police à la brigade des stupéfiants, 36 quai des Orfèvres à Paris. Elle sera l'une des premières femmes à faire de l'infiltration, une méthode de travail inédite en France dans les années 90. Après une expérience en Amérique latine et dans les Caraïbes, elle intégrera en disponibilité le Groupe IDES, spécialisé dans les domaines de la sûreté et de la sécurité. Depuis 2014, elle dirige un cabinet de recherches privées, dédié à la lutte contre la fraude. Elle est l'auteure du livre *Infiltrée, une femme aux stups* (Nouveau Monde éd., 2019) à l'occasion duquel elle propose une plongée inédite dans le monde des stupéfiants avec un regard féminin sur les difficultés d'être policier dans notre société.

Mehdi Kébir

Mehdi Kébir est docteur en droit qualifié aux fonctions de maître de conférences, prix de la recherche 2018 de l'ENM pour sa thèse *Le libre arbitre du juge* (publiée chez Lextenso). Il est aujourd'hui juge de l'application des peines au tribunal judiciaire de Laval (Mayenne).

Laure Laref

Laure Laref est maître de conférences à la Faculté de droit de l'UCLille, membre du Centre de recherche sur les relations entre les risques et le droit (C3RD) et de l'École de criminologie critique européenne (ECCE). Elle est également assesseur du doyen en charge de la vie étudiante. Elle dirige le master 1 Vie de l'entreprise et droit des affaires et le master 2 Pratique du droit des affaires. Titulaire d'un doctorat en droit privé et sciences criminelles de l'Université de Limoges, elle a rédigé une thèse intitulée *La surveillance en droit pénal*, qui va être publiée (mare & martin, 2024) et poursuit actuellement ses recherches sur la surveillance et/ou l'enfermement à l'aune du droit européen des droits de l'homme. Ont ainsi récemment fait l'objet d'une publication le *Dictionnaire thématique de la Convention européenne des droits de l'homme* (Pedone, 2022) dirigé par D. Tharaud, C. Laurent-Boutot et Y. Lécuyer dans lequel elle a rédigé l'entrée « Surveillance » et « La dangerosité au confluent de l'opportunité pénale et des incertitudes scientifiques » dans l'ouvrage dirigé par C. Ménabé et J. Leonhard, *Réinsérer les femmes et les mineurs face au soupçon de danger terroriste* (L'Harmattan, 2022). Outre son intervention sur *La surveillance* dans le cadre des séminaires philojuridiques de l'Université de Poitiers et d'une masterclass à destination des prépa Sciences Po sur le même thème, elle a rédigé des articles sur la surveillance pour les éditions Dalloz et notamment : « La surveillance post-pénale : l'inexorable fuite en avant » ; « Les limites de la surveillance horizontale professionnelle face à la liberté d'expression » ; « Modalité du droit de communication du détenu avec son avocat ». Outre cet ouvrage, elle dirige actuellement un ouvrage à paraître ayant pour thème *Les pratiques d'enfermement*, à la suite d'un cycle de sept webinaires.

Michaël Laref

Michaël Laref est enseignant à la Faculté de droit de l'UCLille, en classe préparatoire universitaire (CUPGE ENS D1) et au sein du DU Fundamentals of Business Law. Il est également chercheur au Centre de recherche sur les relations entre les risques et le droit (C3RD) et membre de l'École de criminologie critique européenne (ECCE), directeur du DU de criminologie. Il est aussi formateur/conférencier à la cour d'appel d'Angers. Outre ses recherches (et écrits) classiques qui se concentrent principalement sur la question probatoire au prisme des droits fondamentaux et de la protection de la personne, il s'intéresse particulièrement à la surveillance à finalité probatoire et aux nouveaux moyens d'investigation en lien tant techniques, scientifiques que technologiques et des risques corrélatifs qu'ils créent. Il mène aussi des recherches sur la relation entre les mondes virtuels et le droit. Il s'intéresse à l'enfermement, en lien avec la mesure de garde à vue et la surveillance, et ses conséquences probatoires et plus généralement processuelles (v. l'article à la suite de son intervention « Les dérives de l'enfermement à finalité probatoire ou la fabrique de la preuve illicite et déloyale en garde à vue », in *Les pratiques d'enfermement*, à paraître), notamment face à la vulnérabilité que crée cette situation (v. l'article : « Entre nécessité de l'enquête pénale, protection limitée des droits fondamentaux et accès imparfait au juge judiciaire : la vulnérabilité de la personne en garde à vue en "(dé)tension" », in *Vulnérabilité et accès au juge*, IFJD, 2023). Il est aussi impliqué dans le mouvement *Droit et pop culture*. Il a ainsi co-organisé ou organisé différents séminaires, webinaires et colloques. Il a également écrit une dizaine d'articles en ce domaine et a dirigé un ouvrage (publié aux PUAM).

Jérôme Lasserre Capdeville

Jérôme Lasserre Capdeville est maître de conférences, habilité à diriger des recherches, à l'Université de Strasbourg. Il enseigne à la faculté de droit ainsi qu'à Science Po depuis septembre 2006. Il est responsable de l'équipe de droit des affaires au sein de l'UMR DRES 7354. Spécialiste de droit bancaire, il est l'auteur d'un grand nombre de publications dans cette matière (ouvrages, articles, fascicules, notes, observations, etc.).

Benoît Le Blanc

Benoît Le Blanc est professeur des Universités à l'École nationale supérieure de cognitique (ENSC – Bordeaux INP) et directeur de cette école. Il est spécialisé dans l'intelligence artificielle et les sciences cognitives.

Pauline Le Monnier de Gouville

Pauline Le Monnier de Gouville est maître de conférences en droit privé et sciences criminelles à l'Université Paris Panthéon-Assas et membre de l'Institut de criminologie et de droit pénal de Paris. Spécialisée en droit pénal et procédure pénale, elle est également directrice de l'Institut d'études judiciaires Pierre Raynaud (Université Paris Panthéon-Assas). Ses travaux de recherche portent plus spécialement sur la procédure pénale, les droits et libertés fondamentaux et le juge des libertés et de la détention.

Caroline Lequesne

Caroline Lequesne est maîtresse de conférences en droit public, habilitée à diriger des recherches, à l'Université Côte d'Azur. Formée en droit et en philosophie, ses travaux portent sur les enjeux de régulation de l'IA. Ils intéressent plus spécifiquement les technologies de surveillance, l'automatisation des services publics et la transformation des rapports de pouvoir qu'ils engagent. Sa dernière publication porte sur les IA physiognomoniques – ou IA d'identification – dans les espaces accessibles au public. Elle a fondé, et dirige depuis 2019, le master Droit algorithmique et gouvernance des données EUR Lex, UCA) [https://carolinelequesneroth.academia.edu/].

Franck Ludwiczak

Franck Ludwiczak est maître de conférences à l'Institut catholique de Lille où il dirige le master Droit de la matière pénale et l'École de criminologie critique européenne (ECCE) au sein de la Faculté de droit. Il est titulaire d'un doctorat en droit privé et sciences criminelles de l'Université de Lille portant sur une thèse intitulée *Les procédures alternatives aux poursuites, une autre justice pénale* publiée au sein de la collection « Logiques juridiques » des éditions L'Harmattan. Il a dirigé et codirigé plusieurs ouvrages collectifs : *Juste victime dans le procès pénal (la place de la victime dans le processus répressif)* en 2015, *Réformer le droit des mineurs délinquants, d'une évolution de la jeunesse à l'adaptation de la justice* en 2016, aux éditions L'Harmattan collection « Droit, société et risque », *Du sens de la peine* en 2017 et *De la récidive et du pardon* en 2021, au sein de la collection « Criminologie » du même éditeur. Il est, en outre, l'auteur de plusieurs articles et commentaires en matière d'alternatives aux poursuites pénales dont « Les apports de la loi n° 2021-401 du 8 avril 2021 en matière d'alternatives aux poursuites » (*AJ pénal* 2021. 235).

Jean-Pierre Marguénaud

Jean-Pierre Marguénaud est professeur agrégé de droit privé et de sciences criminelles et chercheur au sein de l'Institut de droit européen des droits de l'homme (IDEDH, UR_UM 205). Il est relativement connu pour ses recherches en droit de la Convention européenne des droits de l'homme grâce, notamment, à des chroniques à la *Revue trimestrielle de droit civil (RTD civ.)* depuis 1976 et à la *Revue de sciences criminelles (RSC)* depuis 2008. Il peut aussi passer pour être pratiquement le précurseur du droit animalier. Il est l'auteur, sans exhaustivité, de très nombreux ouvrages, à titre individuel ou dans le cadre d'une démarche collective (*La Cour européenne des droits de l'homme* ; *Dictionnaire des droits de l'homme* ; *L'influence de la jurisprudence de la Cour européenne des droits de l'homme sur le droit privé français* ; *Les grands arrêts de la CEDH* ; *Expérimentation animale* ; *Le droit animalier* ; *Droits des êtres humains et droits des autres entités : une nouvelle frontière ?*), de *Mélanges* (Lombois et Mouly), d'articles (dans l'ensemble des revues juridiques, et au-delà), d'un Code de l'animal (LexisNexis) et il est le fondateur et directeur de la *Revue semestrielle de droit animalier (RSDA)*.

Patrick Perrot

Officier général de la gendarmerie nationale, Patrick Perrot est coordonnateur national pour l'intelligence artificielle au sein de son institution en charge notamment de la mise en œuvre d'une stratégie pour une IA de confiance au bénéfice d'une meilleure protection de la population comme du citoyen. Il a combiné des fonctions de commandement opérationnel à l'exercice de la science au profit de la sécurité que ce soit dans le domaine forensique ou du renseignement. Titulaire d'un doctorat en intelligence artificielle, il est l'auteur de nombreuses publications et chercheur associé en IA auprès de différentes universités, titulaire de la chaire « IA et sécurité » et coprésident du « Strategic Working Group on AI » au niveau européen.

Delphine Pollet-Panoussis

Delphine Pollet-Panoussis est professeure des Universités catholiques à la faculté de droit de l'Institut catholique de Lille où elle enseigne le droit public. Elle est directrice du master Professions juridiques et administratives, orienté vers la préparation des concours. Ses recherches s'inscrivent en droit administratif, libertés fondamentales et procédure administrative contentieuse. Sa thèse, soutenue en 2006, portait sur *Les actes inattaquables devant le juge administratif* et son habilitation à diriger des recherches, soutenue en 2019, avait pour thème *Le droit et le contentieux administratifs à l'épreuve du risque et de la subjectivisation*. Elle a ainsi consacré de nombreux travaux de recherche aux droits des détenus et à la gestion de toutes formes de risques par le droit administratif (notamment par les mécanismes de responsabilité sans faute). Plus récemment, elle a travaillé sur la thématique de l'alerte éthique et, plus particulièrement, la question des lanceurs d'alerte et de leur protection. Codirectrice d'un ouvrage (*Les lanceurs d'alerte. Quelle protection juridique ? Quelles limites ?*, Paris, LGDJ, 2017, 424 p.), auteure de plusieurs articles sur la question, auditionnée par l'Assemblée nationale et le Conseil de l'Europe sur le sujet, elle est également, depuis 2021, la référente-alerte du SDIS 59 (en charge de la mise en place de la procédure de signalement interne et de l'examen de la recevabilité et du traitement des alertes). Elle est aujourd'hui la directrice du centre de recherche de sa faculté (C3RD) et membre de la Commission recherche de l'UCL. Depuis 2021, elle est également juge assesseur HCR à la Cour nationale du droit d'asile.

Myriam Quéméner

Docteur en droit et magistrat depuis 1986, Myriam Quéméner a notamment été sous-directrice de la justice pénale générale à la direction des affaires criminelles et des grâces au ministère de la justice et substitut général au service criminel de la cour d'appel de Versailles. Après deux années passées comme procureur adjoint près le tribunal de grande instance de Créteil, elle a été nommée en décembre 2013 avocat général près la cour d'appel de Versailles. Elle a rejoint le ministère de l'intérieur en septembre 2015 comme conseiller juridique de Jean-Yves Latournerie, préfet en charge de la lutte contre les cybermenaces, conseiller du Gouvernement. Elle a été en 2016 et 2017 conseiller juridique de Thierry Delville, délégué ministériel aux industries de sécurité et à la lutte contre les cybermenaces (DMISC) au ministère de l'intérieur. Ancien auditeur de l'Institut des hautes études de défense nationale (IHEDN), elle est experte au Conseil de l'Europe en matière de cybercriminalité et dirige la session relative à la cybercriminalité de l'École nationale de la magistrature (ENM). Elle est l'auteur de plusieurs ouvrages sur la cybercriminalité : *Cybersécurité des acteurs économiques. Risques, réponses stratégiques et juridiques* (Lavoisier) ; *Cybercriminalité. Droit pénal appliqué* écrit avec Yves Charpenel (Economica) ; *Cybercriminalité. Défi mondial* écrit avec Joël Ferry (Economica) ; *Cybermenaces, entreprises et internautes* (Economica) ; *Établissements financiers et cyberfraudes* (éd. RB) ; *Cybersociété. Entre espoirs et risques* (L'Harmattan, prix livre cyber 2014 du FIC) ; *Criminalité économique et financière. À l'ère numérique* (Economica) ; *Le droit face à la disruption numérique* (Gualino-Lextenso).

Franck Renucci

Franck Renucci est professeur des Universités en sciences de l'information et de la communication, responsable du master IC parcours CIMPN en alternance et responsable mention TSI et de la licence professionnelle TSI et parcours intermedia, directeur honoraire de l'Institut Ingémédia, UFR en sciences de l'information et de la communication et ancien membre élu du conseil d'administration de l'Université de Toulon.

Anaïs Tschanz

Anaïs Tschanz est docteure en criminologie diplômée de l'Université de Montréal, elle est enseignante-chercheure au Centre interdisciplinaire de recherche appliquée au champ pénitentiaire (CIRAP) rattaché à l'École nationale d'administration pénitentiaire (ÉNAP). Ses travaux de recherche s'intéressent à la géographie carcérale, aux technologies de sécurité ainsi qu'aux professionnels de la probation avec pour axe commun de réflexion une analyse des logiques punitives et carcérales qui traversent les institutions et le dévoilement de ce qu'elles produisent sur les individus, et inversement.

Naoko Tokumitsu

Naoko Tokumitsu est maître de conférences à l'Institut français de recherche sur l'Asie de l'Est (IFRAE/UMR 8043), département des études japonaises, sociologie du Japon contemporain (rapport au quartier, police et populations, inégalités et formes de sociabilité locale). Titulaire d'un doctorat en sociologie de l'École des hautes études en sciences sociales (EHESS), elle a soutenu une thèse intitulée : *« Les yeux de la ville » Entre surveillance de l'espace public et quête de reconnaissance locale. Analyse croisée entre la France et le Japon* outre de nombreux articles en lien (e.g. « Le développement de dispositifs techniques de surveillance de l'espace public et la participation des habitants au maintien de l'ordre au Japon », *Carnets de géographes*, « Les dimensions spatiales du maintien de l'ordre », n° 15, 2021).

COLLOQUE
SURVEILLANCE
Sous la direction scientifique de
Laure LAREF & Michaël LAREF
6
AVRIL 2023
8h30 - 17h00
7
AVRIL 2023
8h30 - 17h30
FACULTÉ DE DROIT
UCLILLE
C3RD
UNIVERSITÉ CATHOLIQUE DE LILLE 1875
EN PARTENARIAT AVEC
FONDATION de la Catho de Lille
AJ Pénal
DALLOZ
Dalloz IP / IT
MINISTÈRE DE LA JUSTICE
Énap
Région Hauts-de-France

pca
cmb
édition pré-presse
livres numériques

44400 Rezé

MIXTE
Papier | Pour une gestion forestière responsable
FSC® C108412
FSC
www.fsc.org

723077 (I) OSB - 80g – PCA - (MLN)
Achevé d'imprimer en novembre 2024 par CPI Firmin Didot
27650 Mesnil-sur-l'Estrée – N° d'impression : 181860
Dépôt légal : novembre 2024

Imprimé en France